INTERPRÉTATION ÉCONOMIQUE

DE

L'HISTOIRE

CORBEIL. — IMPRIMERIE ÉD. CRÉTÉ.

INTERPRÉTATION

ÉCONOMIQUE

DE L'HISTOIRE

(COURS PROFESSÉ A OXFORD EN 1887-88)

PAR

JAMES E. THOROLD ROGERS

Professeur d'économie politique à l'Université d'Oxford,
de science économique
et de statistique à King's College à Londres.

———

TRADUCTION ET INTRODUCTION PAR

E. CASTELOT

Ancien consul de Belgique.

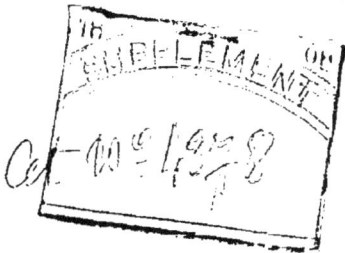

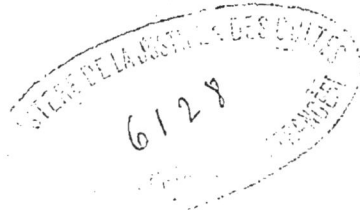

———

PARIS

LIBRAIRIE GUILLAUMIN ET Cⁱᵉ

Éditeurs de la collection des principaux économistes, du Journal des Économistes,
du Dictionnaire de l'Économie politique,
du Dictionnaire universel du Commerce et de la Navigation.

14, RUE RICHELIEU

———

1892

INTRODUCTION

Le livre, dont nous présentons la traduction au lecteur français, a pour ce dernier le mérite d'être la synthèse de l'œuvre du savant historien et professeur que l'Université d'Oxford a perdu au mois d'octobre 1890. On y retrouve à chaque page l'empreinte de la vigoureuse personnalité de l'auteur plus porté à affirmer sans ambages ses convictions qu'à ménager les doctrines et la personne de ses adversaires ; on y retrouve également la substance des patientes et laborieuses recherches dont il a exposé en détail les résultats dans sa grande *Histoire de l'Agriculture et des Prix en Angleterre*, monument considérable qui est malheureusement demeuré inachevé, puisqu'il devait couvrir tout l'espace qui s'étend du xiie siècle aux guerres de la Révolution Française et qu'il s'arrête aux premières années du xviiie siècle.

M. James Edwin Thorold Rogers est né en 1823 dans un village du Hampshire, où son père exerçait la médecine, et fit à Southampton ses études qu'il compléta à Oxford ; il y conquit ses premiers grades académiques en 1846. Trois ans plus tard, il fut reçu

Maître ès-Arts et entra dans les ordres. Pendant plusieurs années, il desservit la petite paroisse de Headington Quarry aux portes mêmes d'Oxford et embrassa avec l'impétuosité, qui ne cessa de le caractériser, les doctrines du parti ecclésiastique connu sous le nom de parti de la Haute Eglise. Mais son humeur batailleuse ne devait guère s'accommoder de la retenue, qui s'impose à un ministre du culte, et peu à peu il se détacha de l'Eglise pour se vouer à l'enseignement, où il se distingua dès l'abord comme préparateur aux examens universitaires. Pendant longtemps sa réputation fut surtout celle d'un humaniste érudit: il publia en 1865 une édition de l'Ethique d'Aristote, en 1872 une traduction des Bacchantes d'Euripide et vers la même époque un volume d'épîtres, de satires et d'épigrammes imitées d'Horace et de Juvénal. Il avait terminé en outre un Dictionnaire d'Aristote, qui n'a pas été imprimé.

Entraîné par Cobden, dont il était l'ami, il s'était passionné pour l'étude des questions politiques et économiques, qui ont agité l'Angleterre contemporaine. Néanmoins il n'avait pas acquis comme économiste une notoriété indiscutable et l'on fut quelque peu surpris par sa nomination en 1862 à la chaire d'Economie politique de l'Université d'Oxford, bien qu'il occupât depuis une dizaine d'années la chaire de Science Economique à King's College à Londres. Le hasard, qui a fait de La Fontaine un fabuliste, a fait de Thorold Rogers l'historien du passé économique et social de l'Angleterre et lui-même a raconté quelle circonstance l'a dirigé vers les études, où il s'est illustré. « Me trouvant, écrit-il, au Congrès International de Statistique de 1860, je fus frappé de quelques réflexions touchant l'intérêt qu'il y aurait à instituer des recherches sur les valeurs anciennes et les rapports qu'on pourrait établir entre les salaires et les prix des denrées alimentaires. Retenu en Angleterre pendant les grandes vacances, je commençai mes recherches par la Bodléienne, où je ne découvris que peu de pièces relatives au xive siècle, mais un grand nombre se rapportant au xvie. J'étais résolu à me confiner dans cette dernière époque, quand espérant trouver des informations dans la comptabilité des collèges universitaires, je m'avisai d'examiner en premier lieu celle de All Souls College. Ayant obtenu ensuite la permission d'explorer les archives de Merton College, j'y mis la main sur un riche trésor de documents importants. J'entamai aussitôt mon ouvrage, non sans consulter également nos archives nationales. Voilà l'accident, qui a fait de moi un archéologue. » M. Thorold Rogers était d'ailleurs admirablement préparé à tirer parti de cet accident fortuné par sa connaissance approfondie et pratique de l'agriculture, connaissance qu'il ne cessa d'étendre au cours de nombreux voyages d'études agricoles qu'il entreprit en Europe et aux États-Unis.

Son premier volume fut publié en 1866 et assit du coup son renom comme historien économiste. Deux ans plus tard il fit paraître son *Manuel d'Économie Politique*, où se dessinaient déjà ses tendances à se séparer des économistes de la première moitié du siècle et à rompre ouvertement en visière avec Ricardo et sa théorie de la Rente. On verra dans

l'*Interprétation Economique de l'Histoire* combien
cette rupture est devenu absolue et irréductible.

Entre temps s'était formé dans l'atmosphère universitaire l'orage, qui allait fondre sur sa tête et
le renverser de sa chaire d'Oxford. Le titulaire en
était désigné pour cinq ans, mais il était rééligible ;
le choix appartenait à la *Convocation* ou Grand
Conseil de l'Université. M. Thorold Rogers, qui proclamait avec plus de franchise que de discrétion ses
opinions politiques radicales, qui se vantait d'être le
membre de l'Université le mieux pourvu de fonctions
gratuites et qui exerçait sans pitié sa verve caustique aux dépens des heureux possesseurs de sinécu-
res grassement rétribuées, s'était attiré de nombreuses inimitiés parmi les dignitaires de l'Université
d'Oxford ; dévouée aux principes du parti conservateur, elle avait conservé plusieurs des caractères
d'une corporation ecclésiastique du Moyen Age.
Lorsque son premier terme quinquennal fut sur le
point d'expirer, il se représenta aux suffrages de la
Convocation; celle-ci, sans contester son mérite,
son zèle et ses talents, lui préféra M. Bonamy Price,
libéral également, mais de nuance plus modérée. Il
est à l'honneur de M. Thorold Rogers qu'après une
période d'éloignement fort naturel, il ait renoué et
entretenu des relations d'amitié cordiale avec le rival
heureux qui l'avait évincé.

Privé de sa chaire, il poursuivit courageusement
ses travaux. Cependant la politique active le solli-
citait de plus en plus et après un premier échec
à Scarborough en 1874, il fut élu en 1880 député de
Southwark à la Chambre des Communes. Il repré-

senta cette circonscription industrielle et populeuse
de Londres pendant six années jusqu'à ce qu'en 1886,
son adhésion à la politique irlandaise de M. Gladstone
lui fit perdre son siège. De même que Gibbon, historien des guerres de la Rome impériale, se félicitait
de l'expérience militaire qu'il avait acquise comme
officier de la milice, de même M. Thorold Rogers
avait coutume d'insister sur l'utilité de la carrière
parlementaire comme correctif à des penchants trop
prononcés vers la politique théorique : « Je ne sais
rien, disait-il, qui corrige des abstractions comme
d'être le représentant au Parlement d'une vaste circonscription de Londres. La tâche est laborieuse et
ingrate, mais éminemment instructive. Je ne l'ac-
cepterais plus ; toutefois, comme économiste, je suis
profondément reconnaissant à mes électeurs de
l'expérience qu'ils m'ont fourni l'occasion d'acquérir. » Il s'était dévoué corps et âme à l'accomplissement de son mandat et avait étudié à fond les questions épineuses qui se rattachent à l'administration
et aux finances de l'immense métropole ; quelques
semaines avant sa défaite, il avait fait voter par la
Chambre une motion en faveur d'une réforme du
système de la taxation locale sur la base de sa répartition par moitié entre les propriétaires et les locataires des immeubles taxés.

En 1888, M. Bonamy Price étant venu à mourir,
M. Thorold Rogers fut élu et remonta dans la chaire
dont il avait été assez peu cérémonieusement délogé
vingt ans auparavant, grâce cette fois à l'appui de
deux adversaires politiques, lord Salisbury, Chancelier de l'Université, et M. Goschen, Chancelier de

l'Echiquier et comme tel appelé à siéger dans le Conseil réorganisé de l'Université. Cette réparation suprême était méritée, car M. Thorold Rogers ne s'était pas laissé absorber par les agitations de la vie politique et n'avait pas cessé de creuser la mine qu'il avait ouverte et d'en extraire des matériaux abondants et précieux. Le cinquième et le sixième volumes de son *Histoire de l'Agriculture* avaient paru l'année d'avant, en même temps que l'*Histoire des neuf premières années de la Banque d'Angleterre,* fondée sur une série de cours et de prix courants de la fin du dix-septième siècle qu'il avait lui-même découverte. Son infatigable activité lui avait encore fait entreprendre et mener à bonne fin plusieurs autres publications : une édition des *Discours de John Bright,* une édition des *Discours de Cobden,* une édition de l'*Essai sur la Richesse des Nations* d'Adam Smith, le Recueil des *Protestations de la Chambre des Lords de 1624 à 1874,* un Essai sur *Cobden et la Politique Moderne,* deux volumes d'*Esquisses Historiques,* un abrégé de l'*Histoire de la Hollande* et jusqu'à un volume d'*Extraits du Dictionarium Theologicum (Liber Veritatum)* de Gascoigne, théologien anglais du xve siècle. Enfin, l'été dernier, la Société Historique d'Oxford a publié un volume de « *Oxford City Documents, Financial and Judicial 1268-1665,* » dont M. Rogers avait surveillé l'édition et écrit le commentaire, et une *Histoire Commerciale et Industrielle de l'Angleterre,* éditée par son fils, a paru tout récemment.

On reste stupéfait devant une telle puissance de travail. Par malheur ce n'est pas impunément que le tempérament même le plus robuste s'astreint à une tension aussi prolongée. Depuis quelques années, les amis de M. Rogers s'inquiétaient du déclin visible de ses forces physiques ; quant à ses facultés intellectuelles elles restèrent intactes jusqu'au dernier jour et quelqu'un qui passa quelques semaines avec lui au bord de la mer, deux mois seulement avant sa mort, lui trouva toujours la même conversation brillante et animée, la même intelligence vive et pénétrante, la même mémoire lucide et tenace. M. Rogers est mort à Oxford le 12 octobre 1891, profondément regretté des siens et de ses amis, car cet homme à la parole caustique et mordante ne l'exerçait que contre les puissances du jour ; son cœur était excellent et il avait toujours témoigné une sollicitude vraiment paternelle pour les jeunes gens pauvres et studieux qui s'apprêtaient à tenter leurs premiers pas sur la route montueuse et malaisée de la vie.

Dans l'énumération des ouvrages de M. Rogers, j'ai passé sous silence celui de ses livres qui, avec l'*Interprétation Economique de l'Histoire*, me paraît destiné à conserver le plus longtemps la faveur du grand public plus désireux de s'éclairer que de se livrer à des études approfondies et sévères : je veux parler de l'*Histoire de Six Siècles de Travail et de Salaires*, dont la première édition, parue en 1884, a été rapidement suivie de deux autres et dont plusieurs chapitres (huit sur vingt) ont été séparés et publiés à part à un prix accessible aux bourses les plus modestes. L'*Histoire de l'Agriculture et des Prix* reste toutefois le *magnum opus* de l'auteur ; il n'est plus possible d'étudier l'histoire de l'Angleterre à partir du XIIe siècle sans la consulter. Ces six gros volumes, dont une moitié n'est que chiffres, continueront à figurer sur les rayons de la bibliothèque de tous ceux qui voudront pénétrer dans la vie économique des contemporains des guerres de France et de la guerre des Deux Roses ou des acteurs de la Révolution de 1642 et de la Restauration des Stuarts. Mais M. Rogers, avec ce penchant à la propagande si fréquent chez les Anglais, ne se contentait pas du suffrage des doctes et des érudits, et la pente de son esprit, qui le poussait à se mettre incessamment en contact avec l'opinion publique, le détermina à élaguer tout ce qui dans son ouvrage devait écarter et rebuter le lecteur qui n'était pas préparé à s'avanturer dans les arcanes de la statistique rétrospective. C'est pour lui qu'il a écrit son *Histoire de Six Siècles de Travail et de Salaires*, qui, conduite jusqu'à nos jours, lui permettait d'exprimer dans les derniers chapitres son jugement sur la situation actuelle et d'indiquer les solutions qu'il recommandait aux problèmes de l'heure présente.

Cette préoccupation se manifeste encore avec plus d'intensité dans l'*Interprétation Economique de l'Histoire*, recueil des leçons qu'il professa lorsqu'il fut remonté dans la chaire qu'il avait été contraint d'abandonner. Cette fois, ce n'est plus seulement l'historien qui rattache les phénomènes, qui se déroulent sous ses yeux, aux lois, aux mœurs et aux institutions des siècles précédents. C'est aussi l'économiste, qui demande compte à ses devanciers des conséquences qu'on a tirées de leurs doctrines ;

néanmoins l'historien domine, puisque c'est au nom de l'histoire qu'il les juge et que bien souvent il les condamne. À ce point de vue, la remarquable préface qu'il a écrite et qu'on trouvera plus loin, doit être considérée comme son testament doctrinal.

Deux phrases, écrites à plusieurs années d'intervalle, nous donnent en quelque sorte les pierres angulaires de sa pensée. « Pour être scientifique, écrit-il dans la préface de son édition de l'*Essai sur la Richesse des Nations*, l'Économie politique doit être constamment inductive. Plus de la moitié des erreurs, dans lesquelles sont tombés ceux qui ont traité ce sujet, sont le produit direct de spéculations purement abstraites. » « En matière politique, écrit-il dans son *Histoire de Six Siècles de Travail (2ᵐᵉ Edit.* p. 13), il est prouvé depuis longtemps que le gouvernement aristocratique est un leurre (*a failure*), qui à la longue ne peut engendrer que le mal, et qu'il constitue un danger permanent. » Bien que la seconde phrase ait été écrite bien longtemps après la première, elle pourrait, me semble-t-il, la précéder dans l'ordre logique, qui a présidé à la filiation des opinions de M. Rogers. C'est l'ascendant séculaire de l'aristocratie terrienne qu'il vise dans ses dénonciations enflammées : son maître et ami, Cobden, lui en avait donné l'exemple. « Si les *landlords* nous défient sur le terrain de l'impôt, s'était écrié celui-ci le 17 décembre 1845, s'ils veulent forcer les classes moyennes et laborieuses à voir comment elles ont été trompées, volées et exploitées, comment eux ont conclu il y a cent cinquante ans un marché avec le Roi pour le rachat de ses droits

féodaux moyennant une simple redevance de 4 sh.
par Livre de leurs revenus fonciers, comment ils ont
voté une loi rendant l'estimation d'alors perpétuelle, comment la valeur du sol a décuplé en Ecosse
et quintuplé dans beaucoup de régions de l'Angleterre, tandis que l'impôt foncier restait immuable-
ment ce qu'il était il y a cent et cinquante ans, comment ils ont jalousement maintenu leurs droits féodaux vis-à-vis de leurs tenanciers *copyholders*, comment ils ont exempté la propriété foncière de tout
droit de succession, comment ils sont parvenus dans
l'innocence de leur âme à se transmettre de père en
fils leurs domaines sans avoir aucun droit à acquitter, s'ils nous forcent à comprendre comment ils
ont déchargé de toute taxe les maisons, les chiens,
les chevaux et jusqu'aux conduits de drainage de
leurs tenanciers, ils feront, je les préviens, un marché plus désastreux que lorsqu'ils se sont opposés à
l'abolition des Lois Céréales. » Cette apostrophe
comminatoire pourrait être du disciple aussi bien
que du maître, si ce n'est que le premier maniait
encore plus volontiers le sarcasme que l'éloquence
et qu'il s'intéressait plus particulièrement au sort
du laboureur et de l'ouvrier, dont l'affranchissement
était d'ailleurs en retard sur celui de la bourgeoisie.

Ce n'est pas ici le lieu de rechercher si, en toute
équité, il ne conviendrait pas de mettre les services
rendus par l'aristocratie anglaise en regard des im-
munités indirectes d'impôt qu'elle a octroyées aux
possesseurs de la terre, dont elle s'était assuré le
monopole. En agissant ainsi, elle n'a fait que suivre

l'exemple que lui ont légué les classes gouvernantes
de tous les temps et que suivront sans nul doute les
classes gouvernantes de l'avenir. Du moins, elle n'a
pas dégénéré en caste nobiliaire fermée et désœu-
vrée. Mais M. Rogers était homme de parti et la
passion politique marche difficilement de compagnie
avec l'impartialité réfléchie et circonspecte, quoique
l'histoire, comme la peinture, soit en général plutôt
faite de demi-teintes que de tons crus et tranchés.
Malgré l'étendue de sa science, M. Rogers n'a donc
pas toujours comme historien accordé à chacune des
causes des événements qu'il raconte, la juste part
d'influence, qui lui revient, et il lui est arrivé de
donner à quelques-unes une prééminence qu'il est
difficile de justifier. Toutes les souffrances, toutes
les calamités qu'a endurées le peuple anglais, il les
impute avec indignation aux méfaits et aux crimes
des princes et des grands. Qu'il s'agisse de la détresse ouvrière sous les Tudors, il la fera à peu près
exclusivement découler des quatre causes politiques
que voici : l'altération des monnaies et le renchérissement, qui en est résulté, la confiscation des
biens des couvents, celle des guildes et la taxation
des salaires par les Juges de Paix, tandis qu'il ne
mentionne qu'en passant une cause économique :
l'extension considérable de l'élevage du mouton, la
transformation des terres de labour en prés et en pâturages et la diminution subite qui s'en est suivie dans
la demande de la main d'œuvre agricole. Dans un
article de la *Political Science Quarterly*, (septembre
1889), le professeur Ashley, autre historien justement estimé du Moyen-Age économique anglais, a

relevé deux ou trois points, où les affirmations trop
absolues de M. Rogers demandent à être contrôlées
et mitigées, et dans son histoire du *Développement
de l'industrie et du commerce anglais au Moyen-
Age*, M. Cunninghan a tenu à formuler également
quelques réserves. Celui-ci n'admet pas, par exemple, que le XVe siècle ait été l'âge d'or de l'ouvrier
anglais. Il reste à M. Rogers la gloire d'avoir découvert et mis au jour un filon absolument ignoré
qu'il a exploré à fond avec un zèle et une persévé-
rance admirables et d'en avoir extrait des monceaux
de renseignements précieux, qui, sans lui, dormi-
raient oubliés dans les chartriers des corporations
collégiales et dans les archives des grandes familles
anglaises. Il s'en est servi pour faire revivre, de leur
existence intime et économique, le laboureur, le
bourgeois et le *landlord* anglais pendant une suite
ininterrompue de plusieurs siècles.

Ce sont ces mêmes prédilections démocratiques
de M. Rogers, qui le poussent à prendre une attitude
d'hostilité déclarée vis-à-vis de ceux qu'il appelle
les économistes métaphysiques. Pour lui, les lois
qu'ils ont considérées comme réglant naturellement
la distribution de la richesse, sont des lois purement
artificielles, qui n'ont été que l'expression et la consécration du droit des plus forts. Il leur reproche, à
eux et à leurs doctrines, une insensibilité hautaine
envers la situation pénible des classes ouvrières,
tant industrielles qu'agricoles. Son animosité la
plus véhémente éclate contre Ricardo et sa théorie
de la Rente, qui à ses yeux est coupable du crime
irrémissible d'avoir été invoquée par les défenseurs

du régime établi ; il ne cesse de reprocher à son auteur d'avoir pris froidement son parti des souffrances
que ce régime a fait naître. Il est tout aussi acerbe à
l'endroit de Malthus et de ses opinions sur les maux,
qui découlent d'une multiplication trop rapide de
la population. Pour M. Rogers, au contraire, la misère des classes inférieures en Angleterre a pour
cause première une législation positive néfaste, à
laquelle il est urgent d'opposer une législation nouvelle fondée sur des principes différents. Ce n'est pas
qu'il soit favorable aux doctrines socialistes en vogue
depuis quelques années : il a conservé pour l'intervention abusive de l'État la méfiance qu'elle inspirait
aux anciens économistes et ne consent à aucun prix
à ce que l'État mette les mains sur les agents naturels de la production. A son sens, ce serait ou bien
une spoliation brutale ou bien une opération ruineuse, si l'État s'engageait à indemniser les propriétaires dépossédés. Ne voulant avec raison ni de l'une
ni de l'autre, ses exigences s'arrêtent au morcellement de l'occupation et à la divisibilité de la propriété
du sol anglais, à une plus équitable répartition des
charges, dont il est grevé et à une révision des droits
et des obligations des propriétaires. En lisant son
livre, il est donc indispensable de conserver présente
à l'esprit la notion du régime foncier, qui a prévalu
en Angleterre à la faveur des mœurs et des lois, régime qu'attaque tout un parti politique actif et grandissant et dans lequel la législation de ces dernières
années a déjà pratiqué plus d'une brèche que le
temps ne fera sans doute qu'élargir. Je me conten-
terai de citer l'Acte de 1883, qui garantit aux fer-

miers le remboursement de leurs dépenses d'amélioration du fonds et protège l'immense majorité
d'entr'eux, qui jusqu'ici était congéable à volonté,
contre le risque d'une éviction imprévue et ruineuse.
Je citerai encore la loi de 1887, en vertu de laquelle
il suffit de la pétition de six contribuables pour obli-
ger les autorités locales à acquérir et au besoin à ex-
proprier de la terre destinée à être mise par lots à la
disposition de l'ouvrier agricole, qui cultivera son
lot pendant ses heures de loisir. C'est un retour à la
législation d'Elisabeth et une application du système des *borderies* préconisées par Le Play.

Oubliant ses anathèmes contre la méthode déduc-
tive, M. Rogers se laisse quelquefois aller à la tendance innée dans l'esprit humain d'asseoir un raisonnement sur la conclusion d'un raisonnement antérieur : il avait trop d'ampleur d'intelligence pour
se réduire au rôle d'un simple catalogueur de détails
et de prix. M. Edgeworth, l'économiste distingué
qui l'a remplacé à Oxford, a même signalé dans
l'*Academy* du 22 décembre 1888 un cas, où M. Rogers n'a pas hésiter à vérifier l'existence d'un fait au
moyen de la simple constatation d'un effet connu
d'une simple loi économique. Parlant des ravages
d'une peste : « Ceux-ci, dit M. Rogers, nous sont ra-
contés par les Chroniqueurs, mais nous en possédons une preuve *convaincante,* c'est le renchérissement de 10 pour cent des salaires après le passage
du fléau. » Une autre fois, à propos de l'Echangeur du Roi, qui, d'après lui, avait pour principale
fonction de s'assurer que les transactions du commerce international, conclues dans les villes

d'Étape, se liquidaient bien par un versement en
monnaie métallique au profit du vendeur anglais,
il fait observer que le contrôle de cet officier a dû
être invariablement mis en défaut. « Si nos Rois
avaient réussi, dit-il, ils auraient déterminé la hausse
générale des prix qu'engendre infailliblement une
surabondance de monnaie et aucune hausse de ce
genre ne nous est signalée : l'Échangeur du Roi fut
donc une entrave et rien de plus. » C'est là bel et
bien un syllogisme ; rien n'y manque, ni la majeure,
ni la mineure, ni la conclusion. Nous conclûrons à
notre tour que M. Rogers avait trop de logique dans
l'esprit pour s'interdire l'emploi d'une méthode légitime, et que, comme tout économiste de valeur,
il savait à l'occasion manier concurremment les deux
méthodes.

Comme économiste, M. Rogers a été avant tout
un infatigable remueur d'objections à certaines théories et à certaines doctrines plus ou moins reçues et
acceptées. Véritable Alceste économique, tout plein.

> « Des haines vigoureuses
> Que doit donner le vice aux âmes vertueuses, »

l'admirateur et imitateur de Juvénal se révèle
souvent dans les pages de l'*Interprétation Économique* par des saillies et des railleries d'une verdeur peu
académique. Il juge ses contradicteurs en bloc et ne
connaît ni nuances, ni circonstances atténuantes.
Aussi n'ai-je pas cru dans cette traduction devoir
le suivre jusqu'au bout de cette pente. J'ai également écarté des répétitions, des allusions et des
digressions que comportaient peut-être les dévelop-

pements de la parole, mais qui constitueraient un
véritable poids mort dans un livre de vulgarisation
historique et de controverse économique transcrit
pour le lecteur étranger. Je me suis donc permis de
condenser, mais j'espère n'avoir pas dénaturé la pensée de l'auteur. Ce qui me rassure, c'est que dans
sa Préface, lui-même s'est cru obligé de s'excuser
d'avoir reproduit son cours textuellement, tel
qu'il l'avait prononcé.

Les notes sont du traducteur. Elles ont pour unique
objet de fournir quelques indications sommaires sur
des choses et des personnages, qui sont naturellement plus familiers à un auditoire universitaire
anglais qu'au public lecteur de ce côté-ci de la Manche.

E. Castelot.

PRÉFACE DE L'AUTEUR

Ce cours ouvert à tous les membres de l'Université et assi-
dûment suivi par eux, a été donné par moi à Oxford, en ma
qualité de professeur d'Economie Politique à l'Université.
Je mentionne ce détail parce qu'il a été imprimé tel qu'il a
été prononcé, ce qui explique ou excuse les allusions locales et les répétitions qu'on y rencontrera. Le premier devoir
d'un professeur, c'est de se faire comprendre le mieux qu'il
pourra.

Je suis le premier à admettre qu'il existe des généralisations économiques, qui sont d'une application aussi universelle qu'elles sont fondées en vérité. Telle est l'affirmation que l'individu possède un droit inaliénable à disposer
comme il l'entend de ses capitaux et du produit de son labeur et que toute entrave mise à ce droit, est un abus de
pouvoir que rien n'a jamais pu, ni ne peut justifier. En
d'autres termes, la liberté des échanges doit être absolue.
Je sais à merveille qu'on a essayé d'excuser des empiètements sur ce droit et que les gouvernements l'enfreignent
constamment, mais ces infractions ne constituent qu'un
brigandage sous des formes légales. D'autres empiètements

1

encore sont à signaler : ainsi l'Etat doit, dit-on, régler le
commerce des instruments du crédit, on assure que certains
services rentrent dans ses attributions légitimes, on ajoute
qu'il a pour mission de garantir l'équitable interprétation des
contrats et de veiller à ce que l'égalité du sacrifice soit la
la seule règle qui préside à la perception des impôts. En
fait, les gouvernements violent les principes économiques et
expliquent leur conduite par des raisons plus ou moins plau-
sibles. Et comme les méfaits des gouvernements ont des
effets durables, il est difficile, sinon impossible, de résoudre les problèmes économiques, sans tenir compte des circonstances historiques, qui ont fait surgir ces problèmes et
en faisant abstraction des conditions politiques du présent.
Bref, toute théorie économique, qui dédaigne les faits,
aboutit dans la pratique à de grossières erreurs, qui deviennent au plus haut chef malfaisantes entre les mains de
personnages ignorants, mais influents. Je pourrais citer de
ces erreurs à la douzaine. Quelques-unes ont été définitivement vaincues ; d'autres sont encore en vie, mais perdent du terrain, car la politique pratique s'inspire d
plus en plus de l'esprit économique. Plusieurs ont la vie
dure, ce sont celles qui ont pris la forme de droits acquis : tantôt on les soutient au nom de la tradition, tantôt on les étaie d'affirmations aussi tranchantes que mal
fondées. Peu à peu elles se plient à des compromis parlementaires et finissent par être abandonnées et rejetées.
Chaque loi d'ordre économique que nous rencontrons dans
le Recueil des Statuts atteste que la sagesse d'une génération devient la folie d'une autre.

Il y a longtemps que j'ai commencé à reconnaître qu'une
bonne partie de l'économie politique qui passe couramment

sous la foi des autorités de la science, n'est qu'un amas de logomachies, qui n'ont aucun rapport avec les faits de la vie sociale. Le hasard et des occasions favorables m'ont conduit à étudier la vie sociale de nos ancêtres et à décou-vrir des faits dont l'existence n'était même pas soupçon-née. J'ai commencé par rassembler des matériaux con-cernant les prix des denrées de première nécessité. Bientôt j'étendis le cercle de mes recherches à tout ce qui pouvait me renseigner sur la condition sociale des Anglais depuis six siècles. Graduellement je suis arrivé à voir comment ils ont vécu au travers des siècles et à discerner — ce qu'il me sera peut-être impossible d'exposer dans son entier — la continuité de la vie sociale de notre pays jusqu'à l'époque où les conditions de la vie moderne se sont à peu près sté-réotypées. Cette étude m'a appris que bien des choses que les économistes en renom considèrent comme naturelles, sont rtificielles au plus haut degré ; que ce qu'ils appellent des ois, sont trop souvent des inductions hâtives, irréfléchies et inexactes et qu'il est aisé de démontrer la fausseté de ce qu'ils considèrent comme irréfutable. J'ai bien souvent cons-taté que les penseurs et les auteurs les mieux intentionnés ont fait le plus de mal et qu'à force de poursuivre un sys-tème, ils ont rendu tout système impossible. Il faut l'avouer, l'économie politique est malade : son autorité est contes-tée, ses conclusions attaquées, son argumentation comparée aux dissertations auxquelles on se livre dans les Limbes de Milton, ses conseils pratiques comparés à ceux des philoso-phes de Laputa et l'une de ses autorités a naguère été dé-daigneusement invitée à aller voir ce qui se passe dans la planète Saturne. Tout cela est fort triste. Les livres des sa-ges sont devenus semblables à ces volumes curieux que les convertis d'Éphèse offraient en holocauste et cette assimilation est juste assurément.

'La méfiance envers l'économie politique ordinaire a été exprimée le plus haut par les ouvriers et il ne faut pas s'en étonner. La question du travail a été discutée par plusieurs économistes avec un dédain aussi hautain qu'irritant. L'économiste enseigne il est vrai, que toute richesse a pour origine le travail, qu'elle est du travail emmagasiné sous forme d'objets désirables, que le capital est le produit de l'épargne et qu'il est accru et multiplié par les efforts du travail. Puis il tourne court tout d'un coup : il reproche à ces mêmes ouvriers leur imprévoyance, leur témérité, leur incontinence à se multiplier sottement et leur déclare plus ou moins ouvertement qu'ils nous rendraient service en émigrant par milliers, tandis que c'est l'absence de plusieurs milliers de nos gens aisés qui ne nous ferait aucun tort. Jamais je n'ai aperçu dans un des nombreux livres sortis de la plume des économistes, le moindre effort pour remonter aux causes historiques du pitoyable spectacle, qui nous environne, ou pour découvrir si quelque iniquité persistante n'a pas été la cause dominante du paupérisme anglais. Les tentatives qu'ont faites les ouvriers pour améliorer leur sort, ont été défigurées ou passées sous silence, ou bien encore on leur a recommandé de prendre garde à ce qu'allait devenir le fonds des salaires, ce fantôme, ce mot vague et creux. Aux États-Unis, le cas est pire encore. Un auteur y a publié un livre sur les salaires et ignore de propos délibéré l'effet du tarif américain sur les salaires des travailleurs. S'il connaissait le premier mot de ce qu'il écrit, à moins qu'il n'écrive pour décrocher une place, il saurait que des recettes douanières plantureuses se prélèvent nécessairement sur la dépense des pauvres et n'aurai pas eu besoin que M. Washburn, l'ancien ministre des États-Unis à Paris, lui rappelât que la fraude est une passion, dont tout Américain riche est dévoré, et que la corruption des douaniers est l'instrument constant dont elle se sert.

Deux choses ont discrédité l'économie politique : son mépris traditionnel pour les faits et son penchant immodéré pour les définitions. L'économie politique a emprunté son vocabulaire au langage journalier. A moins d'avoir un sens strictement limité comme les noms des figures géométriques ou des combinaisons chimiques, un mot ou la définition d'un mot ne coïncide jamais exactement avec la portée que lui donne l'écrivain, qui l'emploie pour définir un objet ou exprimer une pensée. Ses successeurs héritent de ce mot, en étendent ou en varient l'acception sans se rapporter aux faits et en ne consultant que leur sentiment ou leurs impressions. Rien n'est plus agréable que de se livrer à la dissection des mots et de les étendre sur un lit de Procuste. Aucune science n'est nécessaire pour cette occupation : il suffit d'avoir l'esprit subtil. Il est des gens qui tirent de leur for intérieur des définitions à la douzaine et qui en tissent une toile où se prennent les imprudents. Avec tout cela, les économistes ont la prétention d'être pratiques ; ils s'occupent, assurent-ils, d'analyser l'homme social au point de vue particulier des fonctions du gouvernement et de l'Etat, et prétendent imposer leurs conclusions à la législature et à l'administration. On recule épouvanté à la pensée que certaines de leurs soi-disant vérités économiques auraient pu être traduites en lois positives. Il suffit de voir quelles ont été les conséquences de quelques-unes de ces théories irréfléchies, qui ont été acceptées comme guides par nos hommes d'Etat.

Le législateur prescrit d'autorité quel sera le sens des mots, dont il se sert, et n'admet pas que ce sens soit méconnu ; sinon, la loi deviendrait en pratique un chaos indébrouillable. Nul n'est autorisé à discuter ses définitions ; il suffit que l'interprétation en soit fixée une fois pour toutes. Mais pour des questions, qui touchent aux intérêts les plus profonds de l'humanité, aucune autorité semblable n'est admise. Ces questions ont été étouffées sous un entassement de dogmes, de définitions, de logomachies, au point que le tout s'est évaporé en métaphysique impondérable. Là où aucune autorité ne peut définir les mots, leur signification sera éternellement contestée.

Voici comment j'entends traiter mon sujet. Il existe des questions sociales et économiques, qui impliquent des problèmes d'un caractère si sérieux et si urgent qu'un grand nombre d'hommes en sont venus à affirmer que si aucune solution n'intervient, la société devra être reconstruite à nouveau. Leur répondre par la loi de l'offre et de la demande, par le tableau des bienfaits de la concurrence illimitée, leur prêcher un sermon sur la loi de la population de Malthus, sur la théorie de la rente de Ricardo, et sur la marge de la culture improductive, c'est les repaître de querelles de mots, qui ont le don de les exaspérer. Ils en viennent à croire que les économistes font de l'optimisme sur commande, d'autant plus qu'ils comprennent vaguement que la plus grande partie de la misère qui règne autour d'eux, est le produit direct de lois, qui ont été édictées et maintenues dans l'intérêt de certaines classes de la société. Et en gros, cette appréciation est exacte, car la plupart des problèmes, qui tourmentent la société, ont plutôt une origine historique qu'une cause présente.

Remonté dans cette chaire dont on m'a éloigné il y a vingt ans pour me punir d'avoir sondé l'origine des souffrances sociales, le but de mon cours est d'étudier et d'exposer l'histoire sociale de notre pays. Excepté les lois concernant les questions économiques, qui ne figurent que dans l'édition du Recueil des Statuts, qui a été publiée au commencement de ce siècle et qui s'étend jusqu'à l'avènement de la maison de Hanovre, car dans les autres éditions ces lois sont omises comme étant abrogées ou tombées en désuétude — excepté ces lois, dis-je, je n'apporte d'autre autorité que les recherches que j'ai faites pour mon Histoire de l'Agriculture et des Prix. — Cependant je présume que le plus arrogant des métaphysiciens de l'économie politique m'accordera que les faits de la vie sociale ont droit à quelque influence sur la solution des problèmes économiques. Sinon je l'abandonne à sa frénésie comme le poète d'Horace.

Le lecteur remarquera que je fais parfois appel à mes souvenirs de Membre de la Chambre des Communes. Plusieurs de mes auditeurs étaient, en effet, de jeunes hommes, qui allaient bientôt ambitionner un siège au Parlement, et je ne suis pas de ceux qui condamnent la lutte des partis, qui bien comprise, représente la lutte éternelle entre le bien et le mal. Mais l'expérience parlementaire m'a appris comment le mécontentement le plus légitime est leurré, combien il doit se résigner à attendre et à se contenter, sous le nom de compromis, de demi-vérités au lieu de vérités entières. En outre, la sphère de l'activité politique est si vaste, si complexe, la procédure constitutionnelle confère un si énorme pouvoir à l'administration, et celle-ci est si éprise, non du vrai, mais du possible, que le spectacle des batailles parlementaires est la plus instructive des éducations. Pour l'économiste historique, cet enseignement est inappréciable et j'en ai été saturé jusqu'aux moëlles.

Il est sans doute plus facile de se proclamer bruyamment optimiste ou pessimiste, de s'étendre sur l'excès de population et sur le taux des salaires avec l'un, de prédire l'épuisement de nos mines de charbon avec un second ou de s'attacher à la marge de la culture improductive avec un troisième. Cependant les progrès des classes ouvrières sont peu satisfaisants et ont été énormément exagérés, tandis que l'épuisement de la houille et la marge de la culture improductive sont des épouvantails que j'ai balayés dans ces pages. Les économistes sont en général des gens à l'aise et leur sympathie se tient à distance de ceux qui peinent pour leur subsistance. Ils sont profondément ignorants des conditions sociales, au sujet desquelles ils dogmatisent doctement. On peut bavarder à perte de vue sur la marge de la culture improductive et ne pas distinguer un champ de blé d'un champ d'orge, sur l'épuisement des gisements houillers et ignorer l'étendue et les économies de combustible qu'on est parvenu à réaliser, sur la condition des classes ouvrières et ne pas se douter qu'elles ont été cruellement opprimées jusque dans ces derniers temps. J'ai le plus profond mépris et j'espère le conserver toujours, pour de l'économie politique de cette espèce.

Il va de soi qu'une résolution arrêtée d'examiner et d'établir les causes, qui ont puissamment entravé le progrès économique de nos compatriotes, est impopulaire auprès des classes les moins méritantes, mais les plus influentes de la société. Des hommes dénués du sens de la justice politique et sociale sont toujours prêts à accuser leurs adversaires de desseins sinistres contre l'ordre et la propriété ; de même, quelques-uns des avocats les plus enflammés d'une reconstruction violente de l'édifice social ont soutenu que je suis socialiste sans le savoir. Je ne sais que trop quelle est l'issue naturelle, juste et inévitable de toutes les tentatives de réforme, qui ont pour arme la violence et qui opposent aux méfaits des gouvernements la propagande des doctrines anarchiques.

Le communisme doit sa puissance à l'oppression administrative, au maintien de priviléges odieux et injustes et à l'appui donné à ce qu'on appelle les droits acquis, c'est-à-dire à des intérêts qui ne peuvent être justifiés au point de vue de la justice économique. Dans les pages qui suivent, j'ai dépeint la nature de quelques-unes des maladies sociales dont nous sommes atteints et quoique je ne prévoie pas que le peuple anglais se rallie aux théories qui veulent refondre la société et s'approprier par la force le capital et la terre, il est rationnel de prédire que ceux qui ont abusé de leur position et de leur influence, verront leurs droits, même légitimes, méconnus au jour de la revanche du peuple instruit de son passé. La politique qui impose à l'occupant tout le fardeau des contributions locales, qui permet aux propriétaires de parcs et de châteaux de fixer eux-mêmes le montant de leurs contributions, qui, au nom de la liberté des contrats, confisque les améliorations payées par le fermier, cette politique sera suivie d'une revanche contre ceux qui abusent des circonstances présentes. Il saute aux yeux que la confiscation du capital des fermiers a été suivie de la destruction de l'agriculture britannique et d'un mécontentement, qui s'ignore encore lui-même. Mais

il est clair que la réglementation des droits des propriétaires est imminente, qu'elle est à peu près achevée en Irlande, que cette question fait de grands progrès dans le
reste de la Grande-Bretagne et qu'elle est entrée dans le
domaine des réformes possibles. Déjà des hommes respectés et écoutés font l'éloge d'un système de propriété collective du sol, où la part du propriétaire serait fixée une fois
pour toutes et où celle du tenancier serait susceptible d'accroissement. L'Acte sur les Tenures Agricoles (*Agricultural
Holdings Act.*) n'est qu'un premier pas, un essai, dont le
complément n'est plus éloigné. A ceux qui réclament la
jouissance exclusive de la plus-value gratuite du sol, on répond en exigeant d'un ton de plus en plus menaçant que
cette plus-value soit frappée d'un impôt exceptionnel. Les
Anglais commencent à comprendre qu'ils ont été eux-mêmes les auteurs de leurs troubles domestiques et quand ils
en connaîtront les causes, ils auront recours aux remèdes énergiques et radicaux.

L'économie politique, bien comprise, doit interpréter les
conditions du problème social ; on la tiendra avec raison en
suspicion, si elle s'érige en défenseur des abus existants.
Elle a été discréditée du jour où elle a été soupçonnée de
favoriser une répartition injuste de la richesse, car cette
question est le centre où aboutissent toutes les recherches
économiques. Je ne partage pas les opinions de M. Henry
George, je suis même étonné de voir la popularité qui s'attache à sa théorie et cependant celle-ci a jailli tout d'une
pièce d'erreurs économiques qui passaient pour des vérités
incontestables. La *plus-value gratuite* et suivant M. George
absolument imméritée, sert de pierre angulaire aux propositions passionnées et séduisantes de son livre sur le Pro-

grès et la Pauvreté. Les tendances éveillées par ce livre remarquable ne seront pas endormies par des logomachies et des définitions ; l'étude de l'histoire et l'analyse exacte des conditions présentes sont seules capables de les maîtriser en partie, et ce n'est pas par les théories de Ricardo et d'autres semblables qu'on en viendra à bout. La nature humaine se révolte contre une doctrine qui déclare qu'une petite classe de propriétaires percevra à jamais un impôt toujours croissant sur les fruits du travail et du capital, qu'il n'y a aucune issue à cette servitude, et que plus le travail sera actif et intelligent, plus grossira le tribut que la société acquitte aux oisifs et aux désœuvrés. Nul n'est plus nuisible que le propriétaire rapace, qui use à l'extrême des pouvoirs que lui confère la loi existante. Nul par contre n'est un membre plus utile de la société que le propriétaire intelligent et équitable qui respecte les droits de ses voisins, tout en maintenant les siens. Par malheur, les premiers sont nombreux et les seconds sont rares. Le contraste se prolonge dans d'autres professions et pour d'autres catégories de propriétés : c'est pourquoi la doctrine du *Laissez faire* a été citée à comparaître en justice. Le verdict de quelques-uns des juges est déjà prononcé.

Oxford, Juin 1888.

ESSAI SUR L'INTERPRÉTATION ÉCONOMIQUE

DE

L'HISTOIRE D'ANGLETERRE

CHAPITRE PREMIER

L'aspect économique de l'histoire.

Conception étroite de l'histoire et de l'économie politique. — Abondance des matériaux. — La Philosophie de l'histoire. — L'économie politique spéculative. — Exemple de l'influence des faits économiques : la
laine anglaise (1272-1603) et la Conquête de l'Egypte par les Turcs. —
Institutions anglaises primitives : les paroisses rurales et les villes. —
Du Self Government dans les Villages. — Les Famines. — Le Travail et le Capital, leurs diverses fonctions et leurs rapports réciproques. — Les salaires du travail et les profits du capital sont identiques
en principe. — La Grande Peste de 1349 et le soulèvement agraire de
1381.

Dans la plupart des livres d'histoire et d'économie politique, les auteurs négligent les faits économiques, qui
éclairent la vie sociale et la répartition de la richesse aux
différentes époques de l'histoire de l'humanité. Cette omis-
sion rend l'histoire inexacte ou du moins incomplète ; l'économie politique de son côté devient un pur exercice de
l'esprit, peut-être une illusion dangereuse. Et cependant les
historiens reconnaissent, eux-mêmes, qu'un livre qui n'explique pas le progrès d'une race ou l'influence qu'elle a
exercée, n'est pas digne de vivre. De même l'économiste

qui, en étudiant les forces industrielles, ne tient pas compte des circonstances qui les ont créées ou modifiées, aura de grandes chances, à moins d'un miracle, de se tromper lourdement dans ses raisonnements. Sans cette interprétation, l'histoire n'est qu'un dictionnaire imparfait et sans ordre, l'économie politique une métaphysique vague et décevante. Pourtant les manuels les plus élémentaires signalent ces faits, même quand ils s'abstiennent de les analyser. Tous, par exemple, mentionnent la grande peste du xive siècle. Tous font remarquer que dans leurs entreprises contre la France, les rois Anglais se sont invariablement attachés à avoir les Flamands de leur côté. Ils racontent qu'il y eut en Angleterre une formidable insurrection à la fin du xive siècle, une guerre civile acharnée au xve, un affaissement du prestige national au xvie. Mais ils ne se sont jamais demandé si des faits économiques n'avaient pas puissamment contribué à amener ces événements. Le xviie siècle a été tellement absorbé par ses luttes qu'il ne nous a transmis aucune relation ayant un caractère économique. Son histoire politique a été écrite je ne sais combien de fois, mais son histoire économique et sociale est encore à faire. J'ai consacré les meilleures années de ma vie à étudier l'histoire à ce point de vue et j'espère vous démontrer que les plus graves évènements politiques et sociaux ont souvent eu des causes purement économiques.

Les documents (livres censiers, mémoires de maçons, de charpentiers, relevés de salaires payés), dont je me suis servi, reposaient dans un oubli profond depuis qu'ils avaient été vérifiés et mis de côté. Ils avaient été conservés parce que, tout récemment encore, un titre de propriété pouvait être contesté ou appuyé au moyen de pièces quelconques âgées de six siècles et demi ; dès lors toutes étaient bonnes à conserver et une loi barbare sur la prescription a servi à enrichir nos collections publiques et privées.

Croyez que ce n'est pas à la légère que j'attaque la négligence des économistes et des historiens. A la fin du XIᵉ siècle on fit le cadastre presque complet de l'Angleterre, dont vous connaissez tous le nom populaire de *Livre du Jugement Dernier* [1]. Ce véritable trésor historique et archéologique a été imprimé ; on l'a parcouru, mais personne ne l'a analysé à fond. Mon ami, M. Freeman. a écrit une histoire de la conquête normande pour laquelle il a exhumé les moindres renseignements, puisé à toutes les sources nationales et étrangères et les a commentées avec un luxe de détails, qui parfois nous oppresse. Mais il n'a fait qu'un médiocre usage du *Livre du Jugement Dernier*, qui renferme plus de substance vivante que tous ses autres documents réunis.

Quelques historiens se sont exclusivement attachés aux mœurs et aux usages des communantés primitives, sans accorder une attention suffisante à leur développement postérieur. Cependant en Angleterre les archives des Cours des Manoirs [2] ne font pas défaut et nous font connaître avec minutie l'organisation de la vie rurale au Moyen Age, les vestiges, qui survivaient de l'ancien régime communal, et le fonctionnement des juridictions locales, remplacées depuis par les Juges de Paix assemblés en sessions trimestrielles. J'ai pénétré dans la vie de nos ancêtres éloignés, grâce aux centaines de pièces que j'ai compulsées et extraites des rôles de ces manoirs. Hallam s'en est tenu aux sources imprimées ; aussi cet excellent et laborieux historien avouait-il qu'il ne parvenait pas à évoquer par la pensée un village anglais du Moyen Age. S'il avait étudié les documents manuscrits et inédits, il lui eût été facile de suivre la vie d'un contemporain des Plantagenets depuis le berceau jusqu'à la tombe.

1. Domesday book, parce que rien ne lui avait échappé.
2. Manoir a en anglais une acception plus étendue qu'en français : il est l'équivalent de seigneurie.

Les matériaux pour l'histoire administrative et financière n'ont pas, malgré leur abondance, été utilisés comme ils auraient dû l'être. L'Angleterre est immensément riche en collections diplomatiques, qui sans valoir celle de Muratori ou l'ouvrage monumental de Dumont, sont cependant remarquablement complètes. La masse des documents financiers est prodigieuse, car nous possédons la série ininterrompue des *Pipe Rolls*[1] depuis l'avènement du premier Plantagenet. Nul ne les a convenablement explorés. L'examen des archives du Parlement balayerait plus d'une erreur qui s'est incrustée dans nos histoires les plus répandues.

Qu'on ait fait quelques progrès, je ne le conteste pas. On ne se contente plus de récits de guerres et de négociations, de généalogies royales, de dates sans liaison entre elles. On s'est mis à étudier nos antiquités constitutionnelles, malheureusement avec le dessein de demander au passé des arguments à l'appui de thèses empruntées au présent. L'histoire commence aussi à s'intéresser à la jurisprudence, mais continue à méconnaître les conditions économiques, qni ont déterminé sa marche ; enfin, on n'a touché qu'en passant à l'histoire sociale proprement dite, à la condition du peuple, aux vicissitudes de la terre et du travail.

Les historiens se sont adonnés avec un entrain, qui a porté ses fruits, vers l'étude des caractères et des projets des princes et des hommes d'État. Mais plus ils ont eu l'esprit vigoureux, plus ils se sont laissé entraîner par la passion du paradoxe et par celle de condamner sans appel ou de réhabiliter sans mesure. Le public en est venu à se méfier de l'imagination des auteurs, qui, la mémoire trop pleine, ont tracé des tableaux d'un coloris trop brillant. Au cours de recherches sur les débuts de la Banque d'Angleterre, j'ai

---

1. Documents roulés en forme de cylindres ou de *pipes* et conservés aux archives de l'Echiquier. C'était le rôle remis au Trésorier du royaume et résumant les opérations d'un exercice financier.

eu à traverser un terrain que Macaulay avait exploré avant moi et j'eus l'occasion de rendre hommage à l'impartialité prudente avec laquelle il avait traité ce sujet. Un de nos hommes politiques ne voulut jamais souscrire à mon éloge : « L'imagination colorée de Macaulay, me répondit-il, ne pouvait pas lui permettre d'être exact. »

S'il est difficile à l'histoire philosophique de rester toujours impartiale, il lui est impossible de ne pas être accusée de parti pris. Le volcan semble éteint, le voyageur s'aventure sans crainte sur la croûte de lave refroidie, mais tout au fond des crevasses, s'éveille encore par moments une lueur rouge et menaçante. Dans la critique des grands hommes du passé, on découvrira des allusions au présent. On n'est pas encore parvenu à se mettre d'accord sur les vertus et les vices de Marie Stuart, Penn est encore discuté avec colère ; Wentworth, Laud et Shaftesbury ont des avocats honnêtes et convaincus. Si les grands historiens de l'école philosophique n'échappent pas à tout reproche, leurs médiocres imitateurs tombent invariablement dans le paradoxe banal et l'exagération ridicule.

L'historien, qui essaie de la route moins ambitieuse, mais plus ardue de l'interprétation économique, occupe une position plus sûre et moins attaquable. Si je parviens à établir que le prix du blé monta fréquemment pendant la première moitié du xviie siècle à plus de 55 shillings par quarter et que les salaires du laboureur restèrent réduits à moins de six pence par jour par les mesures perfides de l'administration, je n'ai pas à me soucier des critiques qui prétendent que ce n'était pas là de l'oppression. Si je parviens à prouver que la terre arable se louait naguère à dix fois le prix de ce qu'elle était louée pendant la première moitié du même xviie siècle, une légion de Ricardos ne m'empêchera pas de penser que cet homme éminent a donné une théorie incomplète de la rente.

L'économiste de la génération qui suivit Ricardo, ne perdait pas un instant de vue la loi de l'économie des forces qu'il apercevait au fond de tout progrès industriel. Il s'est rarement mis en peine de vérifier ses conclusions par le témoignage des faits ; il a érigé à la hauteur d'une loi naturelle ce qui n'est après tout qu'une tendance incertaine et peut-être une hypothèse sans fondement. Les ouvriers ont rejeté ses conclusions et les hommes d'État les ont dédaignées ; les premiers l'ont accusé d'être partial, les seconds l'ont traité de visionnaire. Souvent il a contredit ses propres théories : tantôt il insiste sur le mérite intrinsèque de la libre concurrence, tantôt il accorde aux sociétés naissantes le privilège de recourir à la protection. Il s'est trouvé pour écrire des pages sur la Loi des Rendements Décroissants des hommes qui n'ont jamais donné un instant d'attention à l'agriculture pratique et qui ont reproché à l'ouvrier anglais d'être imprévoyant et dépensier, sans se demander quelles sont les causes historiques, faciles à découvrir, qui ont déformé son caractère. Le châtiment le plus frappant des économistes spéculatifs, c'est que **la définition de la population de Malthus et la définition de la rente de Ricardo** sont devenues la pierre angulaire de la théorie de M. Henry George, qui réclame la confiscation de la rente au nom des intérêts de la Population.

L'économiste peut prédire l'avenir, s'il a eu soin d'éprouver ses conclusions et ses hypothèses au contact des faits. Par l'étude des circonstances il pourra par exemple démontrer qu'un nouvel essor de la rente est devenu impossible, si les conditions d'affermage ne sont pas modifiées de fond en comble, soit par l'opération de la loi, soit par un réveil spontané de l'intelligence des propriétaires. Sa mission accomplie, commencera celle de l'homme d'État, dont le devoir est de faire intervenir la loi, si son intervention est nécessaire. De même quand l'hygiéniste a prouvé qu'étant donnée telle circonstance, la maladie et la mort exerceront leurs ravages, l'homme d'État sanctionne sa démonstration en promulguant des lois sanitaires.

Un seul auteur moderne, M. Giffen, a la sage habitude de baser ses conclusions sur l'étude des faits. Pour les questions monétaires et commerciales sa méthode ne laisse rien à désirer et on trouvera plus de solide économie politique dans ses essais qu'au milieu des ronces et des épines de l'économie politique officielle. Je vous recommande en particulier la seconde série de ses essais.

Voyons maintenant comment les faits économiques se prêtent à rendre plus aisée l'interprétation de l'histoire. Vous savez que les Plantagenets, et entre tous Edouard III et Henri V, se sont soigneusement ménagé l'appui des Flamands pendant leurs guerres contre la France. Ils agissaient sur ces derniers en facilitant ou en restreignant l'exportation de la laine anglaise. Du XIIIᵉ au XVIᵉ siècle, l'Angleterre seule en Europe produisait de la laine. Les différents comtés en produisaient de qualité différente : ainsi dans une pétition présentée en 1454 au Parlement, il est dit que quarante-quatre qualités de laine ne devraient être exportées qu'à des prix spécifiés, descendant de 260 shillings par sac pour la laine de Hereford à 52 shillings pour celle de Suffolk. Plus d'un siècle auparavant on avait autorisé l'exportation d'une quantité déterminée à des prix un peu moins élevés. Il est possible qu'on avait en vue l'encouragement de la draperie anglaise, mais il est probable qu'on cherchait aussi à peser sur les Flamands et à les forcer de s'allier avec nous après notre défaite et la mort de Shrewsbury à Châtillon.

Ce monopole de production n'était pas seulement dû au climat et au sol de l'Angleterre, il tenait aussi à la sécurité qui régnait dans le royaume. Pendant longtemps, chacun, du roi au serf, fut cultivateur. Après que les propriétaires fonciers eurent abandonné le labourage, ils continuèrent à s'adonner à l'élève du mouton, à produire et à vendre de la laine. Par suite de son morcellement, la propriété était respectée et les Anglais purent posséder des moutons, l'animal le plus facile à élever de tous nos animaux domestiques. Sur le Continent du xiiie au xvie siècle, nul ne songeait à élever des moutons, qui auraient été la proie assurée des nobles et de leurs hommes d'armes. La paix du Roi était en Angleterre la sauvegarde du propriétaire de troupeaux.

L'Angleterre jouissait donc du monopole de la laine. Il était si absolu que le Parlement put sans inconvénient imposer un droit de sortie égal au prix du marché intérieur. En d'autres termes, le droit était acquitté par le consommateur étranger ; on avait atteint ce but que tous les gouvernements ont poursuivi et qui leur a constamment échappé, si ce n'est dans le cas exceptionnel qui nous occupe. Pour qu'un droit d'exportation demeure à la charge du consommateur étranger, il faut en effet le concours de quatre conditions, qui se rencontrent rarement réunies :

1º La marchandise frappée doit être un article de première nécessité.

2º Il doit y avoir impossibilité à la tirer d'un autre pays.

3º Aucune autre marchandise ne doit pouvoir la remplacer.

4º Il doit n'exister aucun moyen d'en réduire la consommation.

C'est ainsi que la laine anglaise était devenue un ressort diplomatique.

Je crois cette appréciation des relations entre l'Angleterre et la Flandre plus instructive que l'étude de la généalogie des ducs de Bourgogne ou le récit stérile des opérations militaires sur la frontière de France. La laine anglaise de première qualité valait au xve siècle 20 shillings par *tod*, [1]

---

1. Le *tod* est aujourd'hui une mesure de poids de 28 livres ; au Moyen âge, il a varié de 14 à 28 livres. Il n'est en usage que pour la laine.

c'est-à-dire que sa valeur équivalait à celle de quatre
quarters de blé. Trois siècles plus tard, elle avait baissé de
moitié, tandis que les autres prix avaient à peu près décuplé.

Voici un autre exemple, qui prouvera combien l'intelligence de l'histoire gagne à l'étude des faits économiques.
Au XII⁰ et au XIII⁰ siècle plusieurs routes transportaient
vers l'Occident les denrées de l'Hindoustan, avidement
recherchées pour assaisonner la nourriture grossière et
souvent indigeste de nos ancêtres. Les principaux ports,
où ces denrées venaient s'embarquer, étaient Séleucie
dans le Levant, Trébizonde sur la mer Noire et Alexandrie. Les marchands Génois et Vénitiens allaient les y
prendre et les réexpédiaient par les Alpes vers le Rhin et
le Haut Danube. De là, la prospérité des villes qui, comme
Ratisbonne et Nuremberg, Bruges et Anvers, étaient situées sur le passage de ce courant commercial étroit, mais
fécond.

Peu à peu toutes ces routes furent coupées par les barbares, qui désolaient l'Asie Centrale et qui sont encore cam-
pés au nord de la Grèce et dans l'Asie Mineure. La route
par l'Egypte resta ouverte la dernière, mais quand Sélim I
(1512-20), Sultan des Turcs, alla occuper ce pays après avoir
conquis la Mésopotamie et les villes saintes de l'Arabie,
la prospérité industrielle d'Alexandrie fut détruite et
l'Egypte cessa d'être la grand'route de l'Hindoustan. Il en
résulta une hausse soudaine et formidable de tous les produits de l'Orient, hausse qui a attiré mon attention et que
j'ai le premier attribuée à la conquête de l'Egypte. Cette
source de prospérité tarie, les villes italiennes tombèrent en
décadence. Les seigneurs allemands, qui avaient acquis le
droit de bourgeoisie dans les villes libres, furent appauvris et se dédommagèrent en pillant leurs vassaux qui se
soulevèrent dans la féroce guerre des Paysans, suivie d'une

non moins cruelle répression et de la naissance des sectes sauvages, qui ont déshonoré la Réforme. La bataille des Pyramides, où Sélim conquit le sultanat d'Egypte, a donc porté la misère et la ruine dans des milliers de demeures, où son nom n'avait jamais été prononcé.

J'aurai l'occasion dans mon cours de vous citer une foule d'exemples tout aussi significatifs. Je ne crois pas m'être complu dans mes études au point d'en exagérer l'importance, et je suis convaincu qu'omettre ou négliger les faits économiques, c'est frapper l'histoire de stérilité et lui enlever toute base solide et durable. D'autres chercheurs viendront les compléter et jeter des lumières nouvelles sur des points que j'ai peut-être éclairés d'une manière insuffisante.

Quelques institutions anglaises ont eu une existence des plus tenaces. La *vestry* ou assemblée paroissiale procède directement de l'assemblée des hommes libres de la *Mark* teutonique [1]. Le système des grands et des petits jurys a pour point de départ la procédure des cours populaires et leur droit d'imposer des amendes et quelquefois des pénalités plus rigoureuses. Les peines qui frappent la trahison, sont copiées de celles qui frappaient les violateurs des limites sacrées de la *Mark*. Le « *Steward* » ou sénéchal du manoir exerçait, quand il siégeait en justice, une fonction identique à celle de nos juges d'assises. D'autres usages semblent avoir survécu aux assemblées du *frank-pledge* ou associations d'assistance mutuelle et de responsabilité solidaire. Les rôles des impôts sous les Plantagenets, avec leur énumération de tous les propriétaires de biens mobiliers dans les paroisses, équivalent à un recensement des paroisses à cette époque.

La paroisse rurale comptait de trente à cent habitants,

---

1. N'oublions pas qu'en Angleterre la *vestry* ou assemblée paroissiale, qu'il ne faut pas assimiler à nos conseils de fabrique, a conservé de nombreuses attributions municipales.

parfois davantage, et embrassait quelquefois plus d'un manoir. Le *lord* ou seigneur, fréquemment absent, ne visitait son domaine et ses tenanciers qu'à des intervalles irréguliers. En son absence et à défaut du sénéchal, le recteur ou curé était le premier dignitaire et présidait de droit les assemblées du village. Si les dîmes n'avaient pas été appropriées par quelque monastère, elles constituaient un revenu que grossissaient des offrandes et le casuel ; ce revenu était considérable pour le temps. Aussi était-il d'usage qu'il choisît et instruisît quelque jeune villageois intelligent, même de naissance servile, et qu'il l'envoyât à l'Université pour devenir prêtre. De même, quelle que fût son origine, un homme jeune, brave et ambitieux était admis dans l'armée royale ; le premier pouvait devenir un savant docteur comme l'évêque Grossetête, le second capitaine et chevalier, comme Sale, qui tous les deux, étaient de naissance infime.

Bâties de claies enduites de terre glaise à l'intérieur et à l'extérieur, les demeures des villageois étaient groupées autour de l'église ; dans les paroisses étendues quelques habitations étaient éparses dans la campagne. Partout l'église était la maison communale et la forteresse en temps de danger ; elle occupait l'emplacement où les premiers colons avaient établi leur réduit de palissades. On y emmagasinait les denrées, les graines et la laine. Elle servit, je crois, de lieu de fête et de réunion jusqu'à ce que la guilde ou corporation locale se trouva assez riche pour se bâtir sa propre maison. Les seules demeures dont le toit s'élevait au-dessus des autres, étaient celles du seigneur, du curé et du meunier banal, chez qui tous les habitants étaient tenus de faire moudre leur grain. Il passait généralement pour un personnage remuant et peu scrupuleux.

La plupart des villageois détenaient des terres, soit comme francs tenanciers moyennant une rente fixe, soit comme *copyholders* ou tenanciers en vertu de la copie du

rôle du manoir et à charge de services déterminés une fois
pour toutes. Les terres de labour n'étaient pas encloses ;
elles s'étalaient en bandes séparées par des levées gazonnées
et étaient réparties dans des proportions variables entre le
seigneur, le curé et les tenanciers. Quand la maigre moisson
avait été enlevée, la terre servait de pâturage commun. A
côté de ces champs se trouvaient les communs du village,
un espace vague réservé au seigneur et le bois de celui-ci,
qui était généralement situé à l'extrémité du territoire.
Quelques villageois n'avaient qu'un enclos attenant à leur
chaumière : c'étaient les laboureurs à gages. Dans ses intervalles de loisir, le petit fermier cherchait également du
travail rétribué. Tous, je l'ai dit, acquittaient une rente en
argent, en nature ou en main d'œuvre, mais ces dernières
furent de bonne heure rédimées en argent à un taux inférieur au cours moyen des salaires.

Leurs travaux agricoles terminés, les habitants se réu-
nissaient sous la présidence du recteur ; leur assemblée
était en outre officiellement convoquée trois fois l'an, pour
la session de la Cour du seigneur. C'est dans ces cours manoriales qu'ils apprirent à s'administrer eux-mêmes : les
uns présentaient leurs griefs et dénonçaient les délits commis, d'autres formaient un jury de compurgateurs[1]. Dans
ces temps primitifs, aucun étranger n'était admis dans la
commune et une amende frappait ceux qui enfreignaient
cette règle. La plupart des villages avaient une foire annuelle. Des marchés et des foires se tenaient dans les villes
et Walter de Henley[2], notre plus ancien agronome, accorde

---

1. Les compurgateurs se portaient garants, sous la foi du serment,
d'un de leurs voisins mis en cause : ils étaient à la fois jurés et témoins.

2. Les détails sur Walter de Henley manquent ; tout ce qu'on sait de
lui, est compris dans l'indication suivante qu'on rencontre en tête d'un
manuscrit de la Bibliothèque de l'Université de Cambridge : « Ceste ditee
si fesoyt sire Waltier de Hengleye, qui primes fut chiualier et puis se
rendesist frere precheur e le fist de housebonderie et de gaygnerie et de

plusieurs jours par an à des visites à ces réunions périodiques d'affaires et de réjouissances. Presque partout se rencontraient des terres appartenant à des guildes, qui venaient au secours des vieillards et des indigents : elles furent confisquées par le Protecteur Somerset, sous le prétexte qu'elles étaient affectées à des usages entachés de superstition romaine.

Les abords des maisons étaient malpropres et insalubres à l'instar des cabanes irlandaises de nos jours, quoique le seigneur eût tout intérêt à faciliter l'écoulement du purin vers ses propres prairies situées en aval et en bordure du ruisseau, qui traversait le village. Peut-être l'existence d'un Anglais du Moyen Age était-elle moins monotone que celle du paysan moderne. En dehors de ce qu'il produisait lui-même, il était forcé de se procurer ce qu'il avait besoin aux foires des environs ou, ce qui lui revenait plus cher, dans les bourgades, qui étaient à sa portée. C'est là qu'il vendait l'excédent de ses denrées. Chez lui, il apprenait les nouvelles du dehors par les nombreux religieux, qui parcouraient en tous sens les campagnes. S'il penchait vers Wiclif et ses « pauvres prêtres, » il demandait conseil à ces prêcheurs errants, leur confiait ses griefs et ses doléances et il concerta avec eux une résistance armée, qui vers la fin du XIVᵉ siècle ébranla l'Angleterre jusque dans ses fondements.

L'essence des contrats conférant le droit d'exploiter la terre, s'il est permis de donner le nom de contrat à ces anciennes tenures, c'était la fixité et l'immutabilité des obligations du tenancier. Ce principe de la fixité des redevances s'étendait à tous les rapports entre le seigneur et le vassal. Il s'étendait encore aux subsides accordés à la Couronne, dont l'assiette dans les comtés ne paraît pas avoir changé

issue de estor. » Une phrase de son traité nous apprend qu'il a été intendant ou « baylyf. »

du temps des Plantagenets à celui des Tudors ; il a encore
prévalu lors de l'établissement sous Guillaume III de la
Land Tax ou impôt foncier, dont l'assiette est restée intacte depuis près de deux siècles.

Je suis convaincu qu'en temps ordinaire, les vivres
étaient abondants et qu'il n'existait pas de misère excessive.
Une fois ses redevances acquittées, les biens et les profits
du petit tenancier jouissaient de la même sécurité que le domaine du seigneur. Sous ce rapport, le contraste était
frappant entre la condition du paysan anglais et celle du
manant français ou du « Bauer » allemand. La population
presque tout entière s'adonnait à la culture, qui n'avait pas
à nourrir, comme plus tard, une foule de consommateurs
inactifs. Mais à d'autres points de vue, sa situation était
moins satisfaisante. Forcé, faute de légumes, de vivre de salaisons pendant la moitié de l'année, le paysan était condamné à une nourriture malsaine ; aussi la lèpre et le
scorbut exerçaient-ils leurs ravages en permanence. Au
XIVᵉ siècle les villes étaient sans doute plus salubres que
les campagnes. Au XVIIᵉ ce rapport fut renversé. La mortalité normale à Londres était alors de 41, 5 par mille ;
dans les périodes mauvaises, les décès étaient doubles
des naissances, tandis que, dans les campagnes, la mortalité
n'était évaluée qu'à 29 par mille.

L'Angleterre eut à subir plus d'une famine. Les plus formidables furent celles de 1315, de 1316 et de 1321, années
où les pluies détruisirent les récoltes et où la mortalité fut
très forte. En plus des récits des chroniqueurs, nous en possédons une preuve convaincante par la hausse de 10 pour
cent qu'éprouvèrent les salaires. Après chacune de ces calamités et après la Grande Peste de 1349, la hausse la plus
forte se manifesta sur les salaires des travaux qui avaient
été auparavant les moins rétribués, par exemple le battage
de l'avoine et la main d'œuvre féminine. C'est une loi que

confirme l'étude des faits : après la raréfaction d'un produit
ou d'un service, l'élévation des prix est toujours la plus forte
pour ceux qui étaient cotés le plus bas. Ainsi, lors de la
disette du coton il y a un quart de siècle, le Surate monta
beaucoup plus que le Sea Island. Ainsi après la peste que je
viens de citer, le battage du blé monta de 33 pour cent,
celui de l'avoine de 88 pour cent, tandis que la main d'œuvre féminine doublait et triplait de valeur.

Avant de nous engager dans l'étude de l'histoire économique, il convient d'exposer les relations du travail et du
capital. La richesse est ou passive et improductive ou active et productive ; la première sert de réserve d'alimentation à la seconde. Cette double fonction explique la rapidité
avec laquelle dans les périodes de demande intense, la richesse prend la forme active et fait grossir les profits et les
salaires. M. Mill vous a sans doute troublés par son affirmation qu'une demande de produits n'implique pas une
demande de travail, affirmation que contredit l'expérience.
L'erreur de M. Mill — dans les dernières années de sa vie
il l'a reconnue — provenait de ce que d'après lui la richesse
active n'existait qu'en quantité limitée. En fait, la richesse
destinée à assurer la continuité du travail, existe toujours
en quantité indéfinie ; elle est capable d'une extension considérable et soudaine, en prenant la forme de richesse susceptible d'être prêtée ou louée.

La fonction du capital est d'assurer l'emploi continu du
travail et d'égaliser autant que possible les prix et les profits. L'ouvrier loue son travail à l'employeur qui le plus
souvent ne perçoit son profit que longtemps après avoir
payé l'ouvrier. Il lui rend le service de lui assurer un emploi permanent, car à mesure que la division du travail se
développe et que le travail humain est remplacé et peut
être déplacé par l'adoption de machines coûteuses, le
patron sait que tout arrêt du travail se traduit pour lui par

une perte croissante. La fonction du capitaliste employeur est encore de maintenir le niveau moyen des prix. Les fluctuations les plus violentes se produisent quand le producteur est contraint de vendre à la discrétion de l'acheteur ou de la demande. Mais le producteur capitaliste n'offre ses produits sur le marché que lorsqu'il est assuré d'un prix convenable et le producteur le plus prévoyant est aussi le plus prospère.

J'entre dans ces détails, qui sont conformes à l'enseignement de la plupart des économistes, parce que de nos jours, on émet couramment les opinions les moins réfléchies sur les rapports du travail et du capital ; le rôle de ce dernier est ravalé et on propose la concurrence forcée entre les capitalistes isolés et l'Etat se mettant à la disposition de la multitude qui ne possède que ses bras. L'expérience a été faite. Elle a inspiré la législation d'Elisabeth sur les pauvres, a misérablement échoué et a valu plusieurs siècles de misère aux classes inférieures. S'il est inutile d'exalter outre mesure le capital, on ne gagnera rien non plus à déprécier les services véritables qu'il rend. Le travail et le capital sont comme les deux branches d'une paire de ciseaux ; séparées, elles ne servent de rien, ajustées elles s'acquittent à merveille de la besogne qu'on leur réclame.

Les économistes sont d'accord pour déclarer que les profits se répartissent entre trois éléments. En premier lieu, les intérêts sur les avances du capital, soit que le patron l'ait avancé de ses propres ressources, soit qu'il l'ait emprunté à d'autres personnes, qui, ne sachant ou ne pouvant pas l'employer elles mêmes, lui en accordent l'usage moyennant une rétribution. Le taux de l'intérêt est élevé si le capital disponible est rare, bas s'il est abondant ; il est toujours possible de le stipuler à l'avance. Le risque à courir constitue un second élément, qu'on ne peut déterminer à l'avance et qu'il faut se contenter d'estimer. Il varie beaucoup suivant les professions ; c'est probablement l'agriculteur qui court les plus grands risques. Le troisième élément, c'est le travail de direction et de surveillance : la peine, les inquiétudes, l'habileté du patron et le temps qu'il doit consacrer aux détails de son entreprise. Il convient peut-être d'ajouter un quatrième élément, qui se confond avec le second : l'usure des ustensiles et l'éventualité de devoir remplacer un outillage coûteux avant qu'il soit amorti. C'est le troisième élément, personnel à l'employeur, qui déterminera la mesure de ses profits. Le patron capitaliste est donc un travailleur et sa rémunération dépend entièrement de l'efficacité de son travail. Qu'on discute quelle part il prélèvera sur le produit final, mais plus les ouvriers chercheront à se passer de lui, plus ils rendront sa gestion indispensable et plus grande sera sa part de l'œuvre commune.

Passons au travailleur, à l'ouvrier qui reçoit un salaire. Les philosophes grecs l'avaient appelé un organe ou mécanisme vivant et cette phrase a plus de sens pour nous que pour eux qui avilissaient le travail en pratiquant l'esclavage. De nos jours l'ouvrier est un mécanisme qui a coûté cher à construire, mais bien plus importante que son prix est l'habileté transmise ou acquise que l'homme civilisé déploie dans nos diverses industries. Vous connaissez ces merveilles de l'art du Moyen Age, les grandes cathédrales de notre pays et de l'Europe Occidentale. Elles sont l'œuvre d'ouvriers, la plupart demeurés inconnus, de maçons ou de charpentiers, qui savaient l'art de traduire par le dessin la conception de l'édifice qu'élevaient leurs bras. Familier comme je le suis avec la culture, je constate sans cesse avec surprise les talents variés d'un bon valet de ferme. Il a l'œil d'un artiste pour tracer un sillon dans un champ immense. Il donne à un fossé la pente voulue, il construit une meule bien d'aplomb ; il fauche avec adresse. Les mains exercées du berger manient avec dextérité des cisailles grossières.

Un bon valet de ferme est aussi habile qu'un vétérinaire à soigner le bétail. Il faut payer les intérêts de cette éducation comme ceux du capital et assurer l'éducation technique des ouvriers de l'avenir.

L'assurance du risque à courir, de l'usure inévitable et de la disparition finale de cet instrument vivant doit être couverte par le salaire ; sinon elle le sera d'une manière indirecte. Le mécanisme des lois anglaises sur l'Assistance Publique permet au propriétaire et au fermier, qui recueillent le profit du travail de l'ouvrier, de se décharger sur autrui de ces frais d'Assurance. Certes nos meilleurs ouvriers agricoles s'efforcent, avec une prévoyance louable, d'y pourvoir eux-mêmes par leurs sociétés de secours mutuel ou de coopération ouvrière ; mais au Moyen Age, ils étaient soutenus par leurs guildes et leurs corporations. Par malheur, ils considéraient comme un devoir de charité de faire dire des prières pour leurs morts, et sous prétexte que cette coutume était superstitieuse, on confisqua tous leurs biens. C'est ainsi que nos gouvernants leur ont donné des leçons de prévoyance.

Nous arrivons donc à la conclusion que la rémunération du patron et celle de l'ouvrier sont génériquement identiques et ne diffèrent que spécifiquement. La question à résoudre est de savoir quelle part chacun d'eux s'attribuera après le remboursement des matières premières. Le problème devient insoluble si chacun se proclame seul juge de la valeur de sa propre collaboration. Aux temps anciens, la distribution était réglée par voie d'autorité, la violence était le seul moyen de résistance. Peu à peu on s'aperçut que la question pouvait être discutée et on eut fréquemment recours à l'arbitrage. Espérons que les unions des patrons et les associations ouvrières apprendront bientôt à régler leurs différends par quelque mécanisme autonome et impartial.

J'ai tenu à rappeler ces principes économiques élémentaires parce que dans le cours de ces conférences, j'aurai plus d'une occasion de montrer comment l'association des producteurs a été faussée par la violence légale.

Il y a cinq ou six siècles, la vie des travailleurs anglais était des plus simples. Les trois quarts étaient agriculteurs, cultivant leurs petites fermes ; un certain nombre d'ouvriers agricoles cherchaient de l'ouvrage dans les villages. Pendant la moisson, tous, sauf quelques rares oisifs, étaient aux champs, car le règlement qui repoussait les étrangers, était suspendu pour les moissonneurs. Les employeurs fournissaient à leurs frais aux artisans, les matières premières, le fer, l'acier, la chaux, le plomb, la pierre et le bois de construction, comme dans l'Hindoustan moderne. Quand on le pouvait, on travaillait à la tâche. Même les artisans s'adonnaient à la culture pendant une partie de l'année.

Soudain une peste épouvantable envahit l'Europe. Comme toutes les contagions, c'est à ses débuts qu'elle fut le plus meurtrière, mais en Angleterre elle couva pendant plus de trois siècles. Elle emporta probablement le tiers de la population. Les salaires doublèrent et la ruine des grands propriétaires parut imminente : les profits des capitaux investis dans l'agriculture tombèrent de 20 pour cent à zéro. Lésés dans leurs intérêts, les seigneurs se servirent du Parlement et de l'administration pour comprimer les salaires et les faire redescendre au niveau antérieur à la peste.

En même temps, les paysans étaient travaillés par les enseignements de Wiklif et de ses adeptes prêchant que toute supériorité doit avoir une base morale et que le droit de domination doit être fondé sur la grâce, c'est-à-dire sur les services rendus. On mit le travail au-dessus de la naissance et on se demanda :

> Quand Adam bêchait
> Et qu'Ève filait,
> Le gentilhomme où donc était?

Le mécontentement populaire se fit jour par l'insurrection de Juin 1381, qui souleva l'Angleterre de la Manche au Yorkshire. Elle fut écrasée, ses chefs exécutés, les attaques contre les moines, naguère applaudies, furent condamnées comme hérétiques et le bras séculier mit le fer et la flamme au service du clergé jadis conspué et honni. Toutefois les dépouilles matérielles de la victoire restèrent pendant trois siècles acquis aux paysans ; cette longue lutte fera le sujet de notre prochain entretien.

CHAPITRE II

Les lois sur le travail et leurs conséquences.

Effets de la Grande Peste. — Coutume de fixer les prix par voie d'autorité. — Le premier Statut des Laboureurs. — Statuts postérieurs. —
Les travailleurs invoquent l'autorité de Domesday-Book. — Les événements de 1381. — Législation sous Henri IV, V et VI. — Guildes des
artisans. — Henri VII et Henri VIII. — Prodigalité de celui-ci. — Ses
émissions de fausse monnaie. — Situation d'Elisabeth. — But du Statut
des Laboureurs passé sous son règne. — Ressources indirectes des travailleurs. — Taux effectifs des salaires. — Tarification plus large sous
la République.

La guerre entre le travail et le capital a eu plus de durée
que toutes nos autres guerres réunies. Aucune n'est plus
obscure à étudier, car il faut en chercher l'histoire dans le
Recueil des Statuts, au milieu de lois dès longtemps abrogées, oubliées ou tombées en désuétude, qui ne sont pas
réimprimées dans les éditions courantes. On ne les rencontre que dans les volumes *in-folio* publiées *in extenso*
par ordre du Parlement et nos grandes Bibliothèques publiques sont seules, je crois, à les posséder.

Leur témoignage demande à être corroboré par le cours
des salaires, qui ont été effectivement payés aux différentes
époques de notre histoire. C'est ce dernier témoignage que
je suis parvenu par un travail assidu et solitaire à extraire

de la poussière des siècles. J'avoue que cette étude n'a pas accru mon respect pour le mécanisme légal, qui a engendré l'état social de l'Angleterre moderne.

Derrière les efforts les plus énergiques du patriotisme collectif, se dérobe un mobile intéressé et l'homme qui étudie l'histoire économique de l'Angleterre doit se préparer à subir des impressions pénibles, même aux âges héroïques de l'histoire politique. Toutefois ne blâmons pas les hommes qui individuellement ont profité de ce que les lois leur accordaient ; disons à leur honneur qu'à la longue ils sont devenus et sont restés plus généreux que la loi elle-même.

Dans ma dernière leçon j'ai parlé des ravages de la Grande Peste que dans des temps plus récents on a appelée la Mort Noire. Avant elle, tous, du roi au serf, cultivaient la terre pour leur propre compte. Aucun état social ne pouvait engendrer plus de respect pour la loi et la propriété que celui où la richesse de chacun consistait en denrées exposées aux rapines des maraudeurs. Je suis convaincu que le respect de la propriété agricole, qui distingue les Anglais depuis le XIVe siècle, a contribué dès l'abord à former le caractère de toutes les classes de la Nation. Même dans les temps les plus troublés — je m'appuie sur le résultat négatif de mes propres recherches — il était rare que les produits de la ferme fussent volés. Assurément, je ne prétends pas qu'en dehors du ressort des cours locales, le marchand étranger, le changeur Lombard, l'envoyé du Pape pouvaient suivre en absolue sécurité la route royale. Je n'affirmerai pas que les abbés et les prieurs des monastères pouvaient sans s'exposer au risque de rencontrer un Robin Hood, faire voyager leurs trésors et leurs objets précieux. Mais le taux de l'assurance de l'argent transporté par le voiturier ou le messager public était très bas et je n'ai pas trouvé la mention d'un seul vol parmi les milliers de comptes de collèges et de monastères que j'ai compulsés. Les Anglais étaient prompts à défendre par l'insurrection leurs droits, réels ou imaginaires, à déposer les rois faibles ou mauvais, à changer l'ordre de la succession au trône ; mais ils violaient rarement la paix du royaume. Même pendant les guerres civiles du xve et du xviie siècle, il y eut peu de maraudage. En 1461, quand l'armée de Marguerite se fut mise à piller, on eut bien vite fait d'appeler Édouard au trône et dans la guerre parlementaire de 1642-5, les Royalistes de l'Ouest, qui ne témoignaient que d'un respect insuffisant pour les droits de la propriété, rencontrèrent la résistance des paysans armés de gourdins.

La coutume s'était établie de fixer les prix par voie d'autorité. « L'Assise » ou taxe du pain et de la bière se perd dans la nuit des temps ; pendant des siècles, les autorités locales eurent la mission de régler les prix. Au xviie siècle le Vice Chancelier d'Oxford réglait le prix maximum de la viande, de la volaille, du vin, même celui des places dans les coches nouvellement établis. Cependant la loi se gardait de régler le prix du blé et de l'orge ; cette intervention aurait excédé sa puissance et eût été contraire aux intérêts des législateurs, mais elle réglait le prix du blé et de l'orge transformés en pain et en bière. Le Recueil des Statuts est plein de règlements du prix des denrées alimentaires et des vêtements. Il ne semble pas que ces interventions aient causé de mécontentement ; on jugeait peut-être avantageux de voir certains services indispensables soumis à la surveillance de la police locale. Une grande partie des affaires soumises aux cours des manoirs se composait d'accusations portées et d'amendes prononcées contre le boulanger, le boucher ou le meunier de mauvaise foi, qui avaient enfreint l' « Assise » ou trompé les tenanciers. Les grands propriétaires fonciers n'entraient donc pas dans une voie nouvelle et inconnue lorsqu'en présence du manque de bras causé par la Grande

Peste, ils s'agitèrent pour obtenir la promulgation du Statut des Laboureurs.

Edouard III commença par adresser une proclamation au primat Guillaume, enjoignant aux ouvriers de travailler aux anciens salaires. Puis le Parlement fut convoqué et le premier Statut des Laboureurs (1349) fut promulgué.

Après avoir dans le préambule rappelé les effets de la Peste, la détresse des maîtres privés de leurs serviteurs, qui ne veulent plus travailler qu'à des salaires excessifs, il enjoint que toute personne âgée de moins de soixante ans, qui n'exerce pas un commerce ou un métier, qui n'a pas ni ressources personnelles ni terres qu'elle occupe, et qui ne sert aucun maître particulier, pourra être réquisitionnée pour la culture, quel que soit le maître qui la requerra, et recevra les salaires usuels pendant la vingtième année du règne [1]. Les lords ou seigneurs, qui ont des serfs et des vilains, auront un droit de priorité à leurs services, preuve qu'après s'être acquittés des redevances attachées à leurs tenures, ceux-ci avaient jusque-là été libres de disposer de leur travail à leur gré. Sur la dénonciation faite par deux personnes au Sheriff, celui-ci devait faire emprisonner le récalcitrant. Un ouvrier, abandonnant son travail aux champs, devait être emprisonné et la même peine devait frapper le maître, qui l'emploierait après sa libération. Si des salaires plus élevés que les salaires d'usage étaient acceptés, une amende égale au double de ce qui avait été payé était infligée et l'affaire était portée devant la cour du seigneur. Mais si le seigneur lui-même était en faute, il devait être cité devant l'assemblée du comté où une amende triple lui serait imposée. Les artisans, la plupart spécifiés, tous d'ailleurs compris dans une clause générale, devaient se contenter des salaires de 1346. Puis

---

1. C'est-à-dire en 1347, deux années avant l'apparition de la Peste.

vient une autre clause déclarant que les provisions doivent
être vendues à des prix raisonnables ; cette prescription de
la loi est également entourée de sanctions pénales et l'application en est confiée aux maires et aux baillis communaux. Défense est faite, sous peine d'emprisonnement, de
faire l'aumône aux mendiants valides. La loi devra être
publiée dans toutes les églises par les soins des archevêques
et des évêques et il est recommandé au clergé paroissial d'en
surveiller l'application.

La loi de 1349 resta sans effets à cause de la procédure
qui exigeait une plainte en règle suivie d'un jugement à
obtenir du jury. Pour l'éluder on prit l'habitude d'inscrire
dans la comptabilité le montant du salaire réclamé par l'ouvrier, de le biffer d'un trait de plume et de porter en sur-
charge le taux édicté par les Statuts, dont on ne respectait
que la lettre.

En 1350-51, toujours sous Edouard III, le Parlement
avec l'assentiment des prélats, des comtes, des barons et
d'autres grands personnages, se plaint du mauvais esprit
des travailleurs, qui ne respectent pas le Statut et refusent
de travailler, si ce n'est à des salaires doubles ou triples de
ceux qui étaient fixés. De nouveaux règlements sont établis. Les salaires exprimés en argent de tous les ouvriers,
travailleurs agricoles et artisans, resteront en vigueur tant
que le blé sera à moins de 6 sh. 8 d. par quarter [1]. Les dé-
linquants sont soustraits à la juridiction seigneuriale pour être
soumis à celle des Juges de Paix, qui devront à cet effet se
réunir et siéger au moins quatre fois l'an et qui pourront
infliger quarante jours de prison pour la première infraction, trois mois pour la seconde et six pour la troisième ;
on maintient en outre les amendes fixées par le premier
Statut, leur produit sera dorénavant versé à l'Echiquier.

---

1. 1 Quarter = 290 litres.

Les réfractaires, qui auront fui dans un autre comté, seront arrêtés. Les écrivains contemporains assurent que ces fuites étaient fréquentes ; les ouvriers recherchaient les localités où le travail était demandé et avaient organisé tout un système d'information et de protection mutuelles. En fait, ils avaient, nous dit-on, formé des associations en tout semblables aux *Trades Unions* modernes ; les membres se cotisaient en vue de se secourir et de payer les amendes, dont ils seraient frappés.

Cet acte demeura aussi inefficace que le précédent. Si nous pouvons juger des causes de son insuccès par la législation postérieure, son impuissance doit être attribuée à ce que les amendes étaient acquises à la Couronne. Le manque d'ouvriers persistant et le vide ne pouvant être comblé par l'emprisonnement des réfractaires, la partie lésée l'employeur, ne se remuait guère pour faire imposer des amendes, dont le Roi seul profitait. De plus les propriétaires renoncèrent bientôt au système du faire valoir direct dirigé par leurs intendants et inaugurèrent un nouveau système de bail à cheptel, (*stock and land lease*) par lequel le propriétaire donnait à bail au fermier, non seulement la terre, mais encore le mobilier et le bétail nécessaires à l'exploitation. Six ans plus tard, il fut décidé que les amendes seraient perçues au profit des seigneurs et que Londres et tous les bourgs seraient assujettis à la loi générale.

Trois ans après, un nouveau Statut réorganisa l'institution des Juges de Paix [1]. On supprima l'amende infligée au laboureur récalcitrant, ainsi que la juridiction seigneuriale. Mais l'emprisonnement fut maintenu et les inculpés ne furent plus admis à fournir caution. Les artisans étaient compris dans la nouvelle législation. Les salaires devraient

---

1. Les Juges de Paix, d'abord électifs puis nommés par la Couronne, ont toujours été choisis parmi les gentilshommes du comté.

être fixés par jour, et non par semaine, mais il était loisible de contracter à forfait. Ce Statut jette un jour curieux sur les associations des artisans, quand il déclare que « les alliances, conventions, congrégations, chapitres et ordonnances et serments des maçons et des charpentiers seront tenus pour nuls et sans effets. » Nos francs maçons découvrent volontiers dans ces associations le germe des Loges auxquelles ils sont affiliés ; l'économiste y voit surtout les *Trades Unions* du xive siècle. L'acte ordonne que les laboureurs fugitifs ne jouiront plus de la protection des lois et seront marqués de la lettre F. Ils avaient donc été jusquelà distingués des serfs, qui seuls avaient toujours pu être réclamés. Il est enjoint aux maîtres et baillis de livrer les laboureurs fugitifs sous peine d'une amende de 10 L au profit du Roi et de 100 shillings au profit de la partie lésée. Les chapelains domestiques furent soumis au Statut des Laboureurs et il fut décidé que 5 marcs (L 3-6 sh. 8 d.) constituaient des émoluments suffisants pour eux.

Dès la seconde année du règne de Richard II, le Statut des Laboureurs fut de nouveau confirmé. « Les vilains, dit le préambule, se soustraient aux services coutumiers envers leurs seigneurs avec l'aide et l'appui de conseillers et de défenseurs, qui les encouragent par des prétextes fallacieux tirés du « Domesday-Book » ; ils affirment qu'ils ont été déchargés de leurs obligations et ne souffrent pas d'être appréhendés. Il en résulte qu'ils se rassemblent en bandes et qu'ils prétendent ainsi résister à leurs seigneurs par la force de leurs confédérations. » Les juges connaîtront de ces tentatives, emprisonneront les coupables et frapperont leurs conseillers d'amendes au profit du Roi et du seigneur.

Ce préambule curieux vise sans doute les « pauvres prêtres » institués par Wiklif pour lui servir d'intermédiaires auprès des serfs mécontents. Il est avéré que ceux-ci avaient pris l'avis d'hommes de loi, qui leur avaient déclaré que conformément à l'autorité antique et vénérable du *Livre du Jugement Dernier* (*Domesday-Book*), le fait pour un vilain d'avoir satisfait à ses obligations légales, l'exonérait de tout autre service vis-à-vis de son seigneur et entraînait la nullité de toute réclamation de ce dernier, quand même elle s'appuierait sur le Statut des Laboureurs ou ferait valoir son droit de priorité au travail extra-légal de son serf au taux des anciens salaires.

Ce préambule m'a fourni, il y a plus de vingt ans, la clé de l'insurrection de Wat Tyler en 1381. Il établit que les seigneurs tentaient de soumettre leurs serfs à de nouvelles exigences et qu'ils étaient soutenus par le Parlement, enclin à élargir les obligations attachées à leurs tenures. Ils réclamaient les anciennes redevances en travail, qui avaient été depuis si longtemps rachetées que nul n'en avait gardé le souvenir. Il n'existait pas de tenures vilaines dans le comté de Kent, mais Tyler, qui en était originaire, fit cause commune avec les révoltés et nourrissait probablement des projets plus ambitieux que celui d'obtenir le redressement de leurs griefs sociaux. Quelques nobles et quelques bourgeois penchaient, semble-t-il, du même côté. Le but poursuivi par l'insurrection, c'était l'abolition totale des charges du vilainage. En fait, tout l'édifice social et politique de l'Angleterre fut mis en péril et après les événements de Smithfield [1], le jeune roi put dire avec raison à sa mère que, ce jour-là, il avait perdu et recouvré sa couronne.

Malgré le langage menaçant que les chroniqueurs mettent dans sa bouche après la défaite des rebelles, il est évi-

---

1. Les paysans s'étaient emparés de la Cité et de la Tour de Londres, quand le jeune Roi rencontra par hasard à Smithfield, Wat Tyler et ses partisans. Dans une querelle entre ceux-ci et l'escorte royale, Wat Tyler fut poignardé par le lord maire. La veille, dans une conférence avec les paysans, Richard avait accédé à leurs demandes.

dent qu'il s'efforça de faire droit aux demandes des serfs. Il consulta le Parlement pour savoir s'il devait donner suite aux chartes d'affranchissement qu'il avait accordées. Quand le Parlement eut refusé avec indignation, les juges, cédant, j'en suis convaincu, aux instances du roi, interprétèrent les tenures serviles dans un sens favorable aux serfs qu'ils protégèrent contre toute mesure arbitraire. Richard lui-même répondit par un refus catégorique à la pétition du Parlement demandant que les fils de serfs ne pussent entrer dans les ordres. Dès lors la démarcation entre le vilainage et le servage alla en s'effaçant, quoiqu'on découvre des traces d'incapacité personnelle jusqu'au xvie siècle. Il devint courant de désigner la tenure vilaine sous le nom de tenure selon la copie du rôle de la Cour manoriale (*copyhold*) et grâce à la passion pour la terre, qui régna au xve siècle, le discrédit qui s'attachait à la propriété *copyhold* disparut et les nobles et les chevaliers n'hésitèrent plus à l'acquérir à prix d'argent.

Une amnistie fut accordée, d'abord à tous ceux qui s'étaient rendus coupables d'actes illégaux pour la répression des troubles, ensuite aux insurgés eux-mêmes. Il y eut cependant une longue liste d'exceptions, portant presque tout entière sur des habitants de Londres. Les insurgés d'Edmundsbury furent graciés, mais obligés de solliciter leur pardon et de fournir caution à l'abbé de Bury [1]. En outre, un acte de Richard II établit que si des serfs de l'un ou de l'autre sexe, intentaient un procès contre leur seigneur, celui-ci pourrait leur répondre en justice sans être présumé déchu de ses droits. Par la coutume ancienne, le seigneur qui acceptait de plaider contre son serf reconnaissait, *ipso facto*, son affranchissement.

J'ai tracé cette esquisse des événements de 1381, parce que

---

1. Pendant le soulèvement, les paysans insurgés lui avaient arraché de force une charte d'affranchissement.

l'émancipation graduelle des serfs, qui en est résultée, a fortifié la résistance de tous les travailleurs de la terre aux Statuts qu'on persistait à leur imposer. Les laboureurs libres avaient fait cause commune avec leurs frères ; jouissant de certains droits et de certaines libertés, ils crurent de leur devoir de leur venir en aide et furent à leur tour soutenus par ceux qu'ils avaient aidés à émanciper.

Ne nous figurons pas que le Roi et le Parlement ayant rendu moins oppressive l'étreinte du seigneur féodal, étaient prêts à céder sans plus de résistance à toutes les revendications du laboureur. L'Acte originaire d'Edouard fut renouvelé et de nouvelles clauses y furent ajoutées. « Les serviteurs et laboureurs ne voulant servir qu'à des gages outrés et excessifs », les gages des serviteurs logés et nourris furent également fixés. Il fut décidé que les serviteurs se rendant d'un endroit à un autre devaient être munis d'un certificat de leur dernier maître ; un passeport fut imposé aux mendiants et aux pèlerins sous peine d'exposition au bloc et la production d'un faux passe-port fut punie d'emprisonnement à la discrétion du juge. Nul enfant qui s'était adonné à la culture jusqu'à l'âge de douze ans, ne devait être admis à l'apprentissage d'un métier et son brevet d'apprentissage était nul de plein droit. Les artisans étaient forcés de travailler aux champs en temps de moisson et les personnes qui donnaient ou recevaient des salaires supérieurs au tarif légal, furent passibles d'amendes de plus en plus fortes.

Un Acte de Henri IV prescrit que les ouvriers devront être engagés à la journée et non à la semaine, que les jours et les veilles de fêtes ne leur seront pas payés et que le travail jusqu'à midi ne sera payé qu'à raison d'une demi-journée. Une amende de 20 sh. frappe l'ouvrier qui accepte davantage que son salaire statutaire. Notons pourtant qu'en 1408, à Windsor, Henri IV paya quatre charpentiers 6 deniers par jour à raison de 365 journées par an. Le statut n'était donc pas plus observé par le roi que par ses sujets.

Par un Acte de la septième année de son règne, Henri IV ratifia une pétition présentée par le Parlement à l'effet que seules les personnes possédant au moins 40 sh. de revenu annuel en terre ou en rentes foncières pourraient engager leurs fils comme apprentis. Cette somme équivaut à un revenu de 80 L. de nos jours. Après avoir constaté que l'apprentissage avait aggravé le manque de main d'œuvre, l'auteur de l'Acte réduisit toutefois le chiffre du revenu à 20 sh., mais frappa d'une amende de 100 sh. toute personne qui prendrait un apprenti en dehors de ces conditions. Toutes les dénonciations devaient être examinées. Cependant les parents avaient toute discrétion pour envoyer leurs enfants à l'école.

Sous Henri V, le statut des Laboureurs est de nouveau confirmé ; les shériffs le feront publier dans toutes les Cours de Comté. Une nouvelle clause permet d'interroger les maîtres et les ouvriers sous la foi du serment et de nouveaux pouvoirs sont conférés aux juges pour lancer des mandats d'arrêt contre les fugitifs. Deux ans plus tard, les amendes à l'occasion de salaires excessifs, ne sont plus imposées qu'aux ouvriers, qui les auront reçus.

Pendant la longue minorité de Henri VI, on continua à légiférer sans obtenir plus de résultats. Une nouvelle clause, qui devait devenir funeste par la suite, fut introduite, par laquelle les juges de paix reçurent le pouvoir de régler les salaires dans leurs sessions trimestrielles. Il est vrai que l'Acte ne devait avoir qu'une durée temporaire. L'année d'après, les ligues et assemblées annuelles des maçons furent interdites sous peine d'amendes et de prison.

Six ans plus tard, les statuts de Richard furent remis en vigueur ; on maintint et on étendit encore les pouvoirs des Juges de paix. Ceux-ci dans chaque comté et le maire dans chaque cité ou bourg devaient faire proclamer chaque année à Pâques et à la saint Michel le salaire qui serait payé à chaque catégorie d'ouvriers ou d'artisans, avec ou sans nourriture, et ces proclamations devaient avoir force de loi. Ce statut devait rester en vigueur « jusqu'à ce que le roi le révoque en Parlement. » Le statut d'apprentissage fut renouvelé, mais Londres fut exempté de la clause restrictive concernant les 20 shillings de revenu annuel, « les habitants de Londres en ayant été vexés et rendus furieux. »

En 1437 on s'en prend aux *guildes* d'artisans et d'autres ouvriers : il est déclaré « qu'elles interprètent leurs chartes à leur propre avantage et au dommage d'autrui. » La nouvelle loi décrète qu'à l'avenir toutes leurs lettres patentes et chartes seront enregistrées par les Juges de paix du comté et le gouverneur de chaque ville. Une amende de 10 L. frappera toute ordonnance qui ne sera pas conforme aux chartes. Les guildes devaient être nombreuses, puisqu'on les assujettissait à une inspection et à une législation spéciales. Le cens d'éligibilité des Juges de paix fut élevé à un revenu annuel en terres de 20 L.

Huit ans après, la loi ordonne à tout serviteur de donner congé à son maître avant de quitter son service « afin que celui-ci puisse se pourvoir d'un autre serviteur. » Elle publie enfin un règlement qui correspondait à peu près au taux courant des salaires : les ouvriers avaient remporté la victoire. Aucune législation n'est mentionnée sous Edouard IV et Richard III, mais sous Henri VII la ville de Norwich est exemptée du statut d'apprentissage et il est publié un règlement de salaires très libéral, si l'on tient compte du bon marché des denrées à cette époque. Jamais les salaires anglais, considérés au point de vue de leur puissance d'acquisition, n'ont été aussi élevés, mais de mars à septembre, la durée de la journée de travail fut portée à douze heures et du lever au coucher du soleil pendant le reste de l'année. Cinquante ans plus tôt, elle n'avait été que de huit heures.

La loi s'occupa peu des ouvriers sous Henri VIII. Elle affranchit de toute pénalité les maîtres qui payaient des salaires trop élevés, exempta la ville de Londres de l'action du Statut des Laboureurs et interdit aux corporations de retenir les apprentis, dont le terme d'apprentissage était écoulé ou d'exiger d'eux le paiement de droits supérieurs à ceux que la loi avait institués.

Je ne me dissimule pas que l'énumération de ces anciennes lois peut paraître stérile et fastidieuse, mais il est impossible d'étudier l'histoire d'un pays sans tenir compte de ses lois, surtout lorsque, comme en Angleterre, les lois sont constamment dictées par un esprit de compromis et de transaction. Pendant toute cette période, les travailleurs anglais, pris en masse, ne réclamèrent qu'une rémunération raisonnable de leurs services et prospérèrent sous l'égide de leurs guildes et de leurs associations. Petit à petit les paysans achetèrent la terre et fondèrent la classe des petits *francs-tenanciers* qui couvrirent le territoire pendant la première moitié du xviie siècle. Les artisans étaient passés maîtres dans leurs métiers et élevaient de leurs mains, après en avoir eux-mêmes dessiné les plans, les élégants et solides édifices de l'architecture perpendiculaire. Mais la ruine qui menaçait leur prospérité, était proche ; j'en ai recherché et je vais vous en exposer les causes.

Jamais l'Angleterre n'eut de souverain aussi follement dépensier que Henri VIII. Grâce à l'esprit d'économie de son père, il avait hérité d'une fortune considérable pour l'époque. Il l'eut bientôt dissipée. Ses guerres, ses alliances et ses subsides à l'empereur d'Allemagne toujours besoigneux, lui coûtèrent gros sans rien lui rapporter ; même en temps de paix ses dépenses étaient prodigieuses. Il avait vingt ou trente palais qu'il démolissait et rebâtissait sans trêve, occupant des légions d'ouvriers jour et nuit, jusqu'aux dimanches et aux plus grands jours de fête de l'Eglise. Le coût de son train de maison était énorme. Sa méfiance et son goût pour l'apparat le poussaient à enrichir sa noblesse qu'il avait installée dans ses nombreux palais. La maison de sa fille Marie, jusqu'au jour où il la désavoua, celle d'Elisabeth et d'Edouard encore enfants, coûtaient davantage que n'avait coûté la maison de son père : les registres de la Garde-Robe en font foi. Il construisit de lourds vaisseaux qui ne purent naviguer, d'immenses palais, caprices d'une heure qu'il laissait ensuite à l'abandon. S'il l'avait pu, il aurait dépensé toute la fortune particulière de ses sujets et essaya de tout pour s'en emparer. Cependant il fut populaire, car les prodigues sont toujours populaires, même lorsqu'ils gaspillent ce qui ne leur appartient pas.

Il confisqua les biens des petits monastères et vit bientôt le bout de leurs richesses. Il épargna quelque temps les grands, déclarant qu'ils étaient les asiles de la piété et de la religion. Puis il s'engagea à ne plus frapper son peuple d'impôts nouveaux, même en cas de guerres légitimes, à condition que les dépouilles des monastères lui seraient attribuées. Bientôt les grands monastères furent absorbés. Prévoyant la tempête, les moines avaient loué leurs terres par baux à long terme, de sorte qu'une grosse part du butin ne lui revint que plus tard, mais les trésors accumulés pendant des siècles tombèrent dans ses griffes. Une longue file de chariots emporta l'or, l'argent et les pierres précieuses, que quatre siècles avaient amassés autour de la châsse de Becket, le sanctuaire le plus riche de l'Angleterre, peut-être de la chrétienté. Mais Winchester, Westminster, cent autres lieux consacrés étaient presque aussi riches, quelques-uns étaient plus anciens ; leurs trésors équivalaient probablement à toute la monnaie en circulation à l'époque et les terres des couvents occupaient, dit-on, le tiers de la superficie du royaume. Le tout s'évanouit comme la neige en été ; rien ne lui séjournait entre les mains que le temps de le jeter au loin.

Après ces exploits, il semble n'avoir plus osé demander d'argent à son peuple. Toutefois il s'avisa d'un moyen sûr de s'attaquer à sa bourse et se mit à émettre de la monnaie altérée. Dans les premiers temps l'alliage fut de peu inférieur à celui qui avait été adopté jusque-là. Puis il perdit toute retenue et se mit à frapper de la monnaie de plus en plus avilie : il est le seul souverain anglais qui se soit rendu coupable de ce crime bas et perfide, puisque Charles Stuart ne fit qu'en caresser le projet. C'est à Henri aussi qu'il convient de faire remonter la responsabilité de l'altération de la monnaie sous le règne de son fils, car ce fut lui qui désigna les tuteurs scélérats du jeune prince. A la fin, alors qu'usé par le vice et la débauche, malade et dégoûté de tout, il glissait vers la tombe, il projeta de dépouiller les travailleurs en confisquant les terres de leurs corporations. S'il avait vécu, il aurait confisqué les biens des Universités. Pendant le règne de son fils, Somerset acheva son œuvre et confisqua les biens des corporations et des métiers.

Quand Elisabeth monta sur le trône, la royauté et le peuple étaient également épuisés et l'Angleterre ne comptait guère plus en Europe qu'une mince principauté d'Allemagne. La monnaie falsifiée avait réduit le travailleur à la mendicité et les chefs avides de la nouvelle aristocratie lui avaient volé les terres de ses guildes, qui, au Moyen Age, l'avaient constamment secouru aux moments difficiles. Le prix de la vie était monté de 150 pour cent et les salaires étaient restés invariables, car la hausse des salaires ne suit pas celle des prix.

La première mission que s'imposa Elisabeth, fut de rétablir le titre de la monnaie ; après quoi elle et ses conseillers publièrent un nouveau Statut des Laboureurs, qui figure au

Recueil des Statuts comme le 5me d'Elisabeth, chap. IV[1]: Il abrogeait en bloc la législation des deux derniers siècles, écartait les mesures les plus vexatoires et rassemblait les autres en un ensemble méthodique, qui devait dorénavant régir les rapports du maître et du travailleur. Elisabeth et ses conseillers n'avaient pas l'intention d'opprimer le travailleur, quelques-uns des articles tendent même à le protéger, mais l'Acte le prit épuisé et abattu et le livra à la merci des juges de paix, c'est-à-dire de ses maîtres, à l'heure où il était incapable de se défendre. Le Gouvernement qui se souvenait des révoltes de Cade, de Tyler et de Ket, s'était décidé à user d'un instrument capable de venir à bout même du désespoir et d'imposer la soumission par la famine. Nous allons voir ses efforts couronnés de succès.

Pour certains services les serviteurs devaient être loués à l'année. Toute personne non mariée âgée de moins de 30 ans, ne possédant pas un revenu annuel de 40 sh. et n'exerçant aucune profession était forcée de servir moyennant un gage annuel dans le métier, où elle avait été élevée. Les auteurs du statut ne tinrent donc pas compte de ce qu'un shilling d'Elisabeth ne valait plus le tiers d'un shilling sous Henri VI ; ils paraissent avoir espéré le retour des anciens prix et s'être imaginé qu'il suffisait d'appeler shilling une pièce de monnaie, qui ne valait qu'un tiers de shilling, pour lui conférer une puissance d'acquisition triple de sa valeur intrinsèque. Le serviteur loué à l'année ne pouvait être renvoyé sans que le motif de son renvoi eût été approuvé par deux juges ; même à l'expiration de l'année, son renvoi devait lui être notifié trois mois à l'avance. Aucune personne entre l'âge de 15 et de 60 ans, sans occupation et n'étant pas en apprentissage, ne pouvait se refuser

---

1. On sait qu'en Angleterre, les lois sont encore désignées, non d'après l'année de l'ère chrétienne, mais d'après l'année du règne du Souverain.

au travail agricole. Les maîtres, qui congédiaient leurs serviteurs sans cause, étaient passibles d'une amende de 40 sh. et les serviteurs, qui quittaient leurs maîtres sans y être dûment autorisés, devaient être emprisonnés. Ils ne pouvaient quitter la ville ou la paroisse sans un certificat, à peine de prison ; la peine du fouet était appliquée à ceux qui se servaient de faux certificats. Le maître, qui prenait un serviteur sans certificat, était frappé d'une amende de 5 L. Comme par les lois précédentes, la journée de travail demeure fixée à douze heures en été et à l'intervalle entre le lever et le coucher du soleil en hiver. Le travailleur défaillant est passible d'une amende d'un *penny* par heure. La grève est punie d'un mois de prison et d'une amende de 5 L, pénalité qui porta le coup fatal à ce qui survivait des antiques associations ouvrières.

Les juges de paix devaient se réunir en session spéciale — elle se tint généralement un peu après Pâques — pour régler les gages et les salaires de toute espèce de travail, soit au jour, soit à l'année, avec ou sans nourriture. Ces réglements étaient déposés à la Cour de Chancellerie, approuvés par le Conseil Privé et proclamés par le shériff, qui devait appeler l'attention sur les pénalités infligées. Les juges de paix touchaient une indemnité de 5 sh. par jour ; en cas d'absence, ils subissaient une amende de 10 L. Celui qui payait des salaires supérieurs au règlement, était frappé d'une amende de 5 L. et de dix jours d'emprisonnement ; celui qui les avait reçus, de vingt et un jours de prison et leur contrat était déclaré nul. Les ouvriers, menaçant leur maître, étaient emprisonnés pour une année ou plus. Les artisans pouvaient être contraints de travailler à la moisson.

Il était loisible aux ouvriers de passer d'un comté dans un autre. Les femmes célibataires entre 12 et 40 ans pouvaient être obligées à travailler à l'année, à la semaine ou à la journée, au choix du maître et certaines personnes furent autorisées à engager des apprentis agricoles. Dans les villes, les chefs de famille pouvaient engager des apprentis pour un terme de sept années, au nombre de deux si ceux-ci étaient fils d'artisans ; tout artisan pouvait avoir comme apprenti le fils d'un homme ne possédant pas de terre. L'apprentissage devait être conclu pour un terme de sept années, sous peine d'une amende de 40 sh. pour chaque mois en moins. Les marchands ne devaient prendre comme apprentis que les fils de propriétaires ayant un revenu annuel de 40 sh. en terre ; dans certains commerces, notamment celui des lainages, il était établi qu'eux-mêmes devaient justifier d'une propriété d'un revenu annuel de 3 L. Il y avait un ouvrier par trois apprentis et, au-delà de ce nombre, un ouvrier par apprenti. Les apprentis réfractaires devaient être emprisonnés, ainsi que les fugitifs.

Les Juges de paix eurent mission de s'enquérir périodiquement du fonctionnement de l'Acte et de réviser leurs règlements de salaires suivant les fluctuations du prix des vivres. Le produit des amendes devait être partagé entre le dénonciateur et la Couronne. Trente-trois ans plus tard, l'Acte fut remanié : les tisserands furent soumis à ses prescriptions, les juges de paix autorisés à faire, pour les subdivisions des comtés, des règlement distincts, qui continuèrent à être publiés par le shériff, mais l'intervention de la Cour de Chancellerie et du Conseil Privé fut abolie. C'est le *Custos Rotulorum* [1] qui devait les ratifier et leur donner force de loi. Suivant l'usage, l'Acte ne devait avoir qu'une durée temporaire, mais il fut régulièrement renouvelé. D'Edouard III à Jacques I, le Parlement a voté trente-sept Actes réglementant le travail.

Les juges de paix se mirent à l'œuvre et nous avons encore leur premier règlement, celui du 7 juin 1563, s'appli-

---

1. Garde des Rôles, premier juge du Comté.

quant au comté du Rutland. Il servit, je présume, de modèle pour les comtés au sud de la Trent, car un autre règlement de 1593 s'applique aux comtés du Nord. J'ai découvert treize de ces règlements pour l'intervalle de 1563 à 1725. Ils cessèrent d'être renouvelés au xviiie siècle : la loi avait atteint son but et réduit les salaires des travailleurs au minimum compatible avec les nécessités les plus réduites de leur subsistance.

L'objet de ce Statut aussi néfaste que célèbre avait été triple :

1° Briser la coalition des travailleurs,

3° Fournir les moyens de les soumettre à une surveillance incessante et

3° Augmenter l'offre de la main d'œuvre agricole en restreignant le droit à l'apprentissage. Quand les juges de paix se relâchaient, on pouvait compter sur la magistrature des Stuarts, qui, de l'aveu des hommes de loi les plus entichés de leur profession, se montra, à part quelques exceptions, servile et impitoyable. Les Juges ne demeurant en fonction que durant le bon plaisir du souverain, furent avertis qu'ils seraient révoqués, si leurs décisions et leurs interprétations déplaisaient à l'autorité suprême. « Vous avez dû survivre à tous les hommes de loi, dit un jour Guillaume d'Orange au vieil avocat Maynard. » « Oui, Sire, fut sa réponse, et sans l'arrivée de Votre Majesté, j'aurais survécu à la loi. » Les Stuarts n'osaient pas abroger les lois, mais ils en pervertirent l'application en nommant des Juges corrompus. Les juges ne devinrent honnêtes que lorsqu'ils devinrent propriétaires de leur charge.

Les auteurs du Statut avaient prescrit à l'exemple d'Edouard III et du Parlement de 1495, que les juges de paix tiendraient compte, « du bon marché ou de la cherté des vivres. » Mais ils n'en firent rien et comme leurs décisions étaient sans appel, ils imposèrent au travail des salaires de famine.

Il y a quelques années j'ai publié un livre intitulé : « Six

Siècles de Travail et de Salaires », dans lequel j'ai démontré
que l'Acte de 1495, aux prix contemporains des denrées, permettait à l'artisan de se procurer une quantité donnée de vivres moyennant une quinzaine et à l'ouvrier agricole
moyennant trois semaines de travail. Sous l'empire du dernier Statut, le règlement des Juges de paix extorquait du
laboureur, pour l'achat de la même quantité de vivres, un
travail incessant d'une et quelquefois de deux années. Quoique dure pour l'artisan, la loi opprima surtout le paysan et
eut comme principal objet d'avilir le prix de la main d'œuvre agricole. En l'absence de méthodes de culture perfec-
tionnées, c'était, avec la cherté des denrées, le seul moyen
de faire monter les fermages.

Les recherches et les découvertes que j'ai faites depuis,
ont confirmé mon appréciation. A la vérité, sous certains rapports, le paysan était mieux partagé qu'aujourd'hui, car il
disposait d'un coin de terre. L'Acte de Lotissements d'Elisabeth stipulait que toute chaumière aurait une dépendance
de quatre acres de terre et que chaque chaumière ne serait
occupée que par une seule famille. Cette stipulation fut
abrogée dans la seconde moitié du xviiie siècle, parce qu'elle
faisait obstacle à la clôture des champs, qui devint la règle
à cette époque.

En dehors de cette jouissance exclusive, le paysan avait
des droits plus ou moins étendus sur les terres communales.
Si celles-ci étaient insuffisantes pour lui fournir la pâture
d'une vache, il y lâchait ses volailles, et pouvait à l'occasion mettre la poule au pot. Lorsqu'au xviiie siècle, ces terres
communales furent encloses et attribuées aux grands propriétaires moyennant des indemnités dérisoires et rapidement dépensées, on ne manqua pas de comparer le traitement infligé à celui qui volait une oie dans un pâturage aux
condescendances qu'on affichait pour celui qui avait volé le
pâturage lui-même. Bien que la clôture systématique des

terres ait accru la production agricole, la perte de ces avantages indirects a aggravé le sort du paysan et augmenté sa détresse.

Il y a deux siècles, le gibier pullulait sur de vastes surfaces de terrains vagues et marécageux. Dès les temps primitifs, quelques-uns de ces animaux, les cerfs, les daims, les lièvres et les sangliers avaient été réservés aux plaisirs ou à la consommation des grands personnages et plus tard, particulièrement sous Jacques I, la loi restreignit de plus en plus le droit de chasse, sous prétexte qu'il poussait le laboureur à l'oisiveté. Mais il est certain que ces lois ne furent pas observées. J'ai examiné la comptabilité domestique des grands seigneurs et des corporations du xvie et du xviie siècle. La quantité de gibier à poil et à plume, qui est achetée en hiver, est vraiment prodigieuse. On y rencontre des noms d'oiseaux qui ne figurent plus sur nos tables. Or, si la chasse au filet ou à tir du gibier à plume avait également été réservée, ces articles ne seraient pas inscrits dans la comptabilité. Ils étaient sans doute achetés aux petits fermiers et aux paysans, qui les avaient capturés ou abattus et qui pouvaient les consommer eux-mêmes.

Sous Henri VII, ces avantages indirects avaient été plus étendus encore. Leur disparition graduelle ne fut compensée que par la garantie d'une subsistance fournie par la taxe des Pauvres et strictement réduite aux nécessités indispensables à la vie. Le silence à cet égard des livres d'agronomie me fait présumer que les Juges de paix cessèrent de régler les salaires, dans le midi vers le milieu du xviie et dans le nord vers le commencement du xviiie siècle. Leur œuvre néfaste était en effet terminée.

Nous possédons par comté les états des recettes et des dépenses de l'Assistance Publique sous Charles II. C'est sur les comtés au sud de la Trent qu'elle pesait le plus. Elle n'atteignait pas le dixième du chiffre auquel elle s'élève de nos jours, mais elle était égale au tiers du revenu de l'Etat en temps de paix : si cette proportion existait aujourd'hui, nous dépenserions de ce chef vingt millions de livres sterling. A la fin du XVII⁰ siècle, Gregory King a établi par des calculs que j'ai pu vérifier, que l'insuffisance des salaires agricoles était invariablement comblée par la taxe des Pauvres.

Toutefois deux circonstances doivent être notées. Les salaires effectivement payés étaient toujours supérieurs au tarif établi par les Juges de paix. J'ai comparé la moyenne de huit salaires officiels pour cinq catégories d'artisans et trois catégories de travail grossier ou agricole à la moyenne obtenue en relevant des salaires payés effectivement aux mêmes catégories de travailleurs. Entre 1593 et 1684, la moyenne des salaires officiels est de 5 sh. 6 d. par semaine, celle des salaires effectifs de 6 sh. 1 d. Le patron était plus libéral que le magistrat.

Les règlements furent aussi établis sur une base plus libérale sous la République que sous la Monarchie. Les salaires effectifs ne dépassent plus les salaires officiels que de 4 1/4 deniers en 1651 et de 2 1/4 en 1655 ; après la Restauration, l'écart monte tout d'un coup à 3 sh. par semaine. C'est que si les Puritains étaient des hommes peu aimables, ils avaient quelques notions du devoir. Les Cavaliers plus polis n'avaient d'autre vertu que la fidélité au roi et si j'avais été paysan au XVII⁰ siècle, j'aurais assurément préféré les Puritains.

En 1825, toutes ces lois furent balayées, grâce aux efforts de feu M. Joseph Hume, mais nos Annales parlementaires n'ont pas recueilli la discussion qui a précédé leur abolition. La loi d'Elisabeth avait consommé la ruine de l'ouvrier, et même depuis qu'elle était tombée en désuétude, il est resté soumis à notre Loi Commune et aux interprétations perfides que nos ingénieux légistes en ont données sous le nom de « conspiration constructive, l'instrument de tyrannie le plus élastique qui ait jamais été inventé.

CHAPITRE III

Des amodiations successives du sol anglais.

Effets des progrès agricoles. — Le duc d'Argyll et la rente. — Histoire
des progrès agricoles. — Les erreurs de la théorie. — Les denrées agricoles. — Régularité de la comptabilité agricole au Moyen Age. — Loi
des prix de Gregory King. — Famines en Angleterre. — L'agriculture
au xviie et au xviiie siècle. — Le plan terrien de Gamlingay. — Les
terres communales. — Les vaines pâtures et les communaux. — Le
clergé régulier et l'agriculture. — Le droit d'aînesse. — Le bail à
cheptel. — Nouveaux modes de tenure, baux à terme et viagers, fermages excessifs.

Le progrès de l'agriculture est l'indice qu'une nation
est sortie de la barbarie ; il sert de mesure à la population que le territoire national peut nourrir sans le secours
de l'importation étrangère. Quand l'importation est libre
et abondante, l'ensemble des nations qu'unissent les relations commerciales, doit être considéré comme ne formant
à ce point de vue qu'une seule et même communauté.

Le développement de l'agriculture détermine aussi la limite du développement des autres industries. Même aux âges
primitifs, le cultivateur ne disposant que d'outils rudimentai-
res parvient cependant à extraire du sol plus de vivres qu'il
n'en faut pour la subsistance de sa famille. Son travail lui
fournit les moyens de nourrir ceux qui le protègent, et
de rétribuer les hommes qui lui procureront les denrées qu'il

ne produit pas lui-même, et dont il ne peut se passer. L'agriculture joue ainsi un rôle primordial dans l'Etat et toute loi, toute coutume, tout usage qui arrête ses progrès, est un fléau public, quelque vénérable que soit son antiquité. Il a existé et il existe encore de ces obstacles et il est du devoir des législateurs de les détruire ou du moins d'en circonscrire l'influence.

Les progrès de l'agriculture déterminent le taux de la rente. Celle-ci est le prix payé pour l'usage d'un instrument naturel indispensable à la société humaine, et touchant à ses intérêts les plus intimes. Le duc d'Argyll, le grand défenseur, peut-être le défenseur trop confiant, des propriétaires fonciers, a comparé la location de la terre arable à celle d'un instrument de musique. La comparaison est ingénieuse et exacte, peut-être le duc n'en a-t-il pas compris toute la portée. Admettons que la location d'une pièce de terre soit identique à celle d'un violon de Stradivarius. Mis entre les mains de la plupart d'entre nous, certainement entre les miennes, il ne vaudrait pas un loyer d'un sou par an ; confiez-le à M. Joachim, il en tirera de l'or. De même la terre ne peut se passer de l'habileté, de l'expérience, de l'éducation et de l'intelligence de celui qui l'exploite. La rente est donc le produit de deux facteurs. Les économistes ordinaires ne mentionnent que le premier, celui qui s'appuie sur les facultés naturelles du sol qu'on a quelquefois appelées originaires et indestructibles, sans doute parce que nul n'en peut dire l'origine et qu'il n'y a d'indestructibles que celles qui certes ne contribuent pas à sa fertilité. Le second facteur, de beaucoup le plus important, c'est l'habileté acquise du cultivateur, le talent, pour rester dans l'exemple du duc, de jouer du violon avec succès. Malheureusement ce talent est destructible et a été détruit.

Contrairement à ce qui a lieu pour la répartition de la richesse, les lois qui en gouvernent la production, sont des

lois naturelles : c'est par leur connaissance et leur application que l'industrie humaine confère l'utilité à la matière. Quelques-unes sont simples et frappent à première
vue : telles sont celles qu'ont reconnues les premiers artisans, les premiers mineurs, les premiers métallurgistes.
D'autres n'ont été découvertes qu'à la suite de longues observations, d'études approfondies, de recherches minutieu-
ses. En monnaie du quatorzième siècle, le fer ouvré coûtait
L. 12 la tonne. En nous tenant au multiplicateur généralement admis de 12, comment le prix du fer est-il tombé de
144 à 4 L, si ce n'est grâce à la découverte et à l'application
de lois naturelles inconnues au quatorzième siècle ?

L'intelligence humaine, qui les a discernées et appliquées,
est progressive et nous ignorons où elle s'arrêtera. Quicon-
que aurait prédit il y a cent ans qu'on voyagerait à la vitesse de soixante milles à l'heure et qu'on extrairait les cou-
leurs les plus délicates et les parfums les plus subtils du
goudron minéral, eût été enfermé aux Petites Maisons. En
aucune matière les économistes n'ont avec un aplomb malheureux entassé plus de vaines prédictions, que pour tout
ce qui touche à la production et en particulier à toutes les
branches de la production agricole.

Quand nous lisons les livres, où l'élément spéculatif
obscurcit le côté pratique de l'économie politique, nous tom-
bons à tout moment sur des prédictions pessimistes à propos de la marge de la culture, de la loi des rendements décroissants, de l'épuisement de la terre, le tout proclamé par
des gens profondéments ignorants des réalités de la culture.
Il en est résulté que le monde s'est habitué à considérer
notre science comme une logomachie intolérable et creuse.

Je ne m'occuperai pas aujourd'hui de l'histoire économique de la rente. Cependant il me faut bien dire ceci : la
rente, contrairement à ce que croyait Adam Smith et à ce
qu'il était excusable de croire, est une conséquence, et non

une cause, de la valeur des choses. Elle prend naissance, quand les produits agricoles et similaires obtiennent sur le marché un prix supérieur au coût de production couvrant le remboursement des avances et un profit moyen. Si nous admettons que chaque producteur cherche à obtenir le maximum de produits avec la moindre dépense possible d'énergie nerveuse et musculaire, personnelle ou complémentaire, l'idéal pour l'économiste serait donc que les denrées nécessaires à la vie fussent obtenues si régulièrement, si aisément et au prix de si peu d'efforts, c'est-à-dire à si bon marché, qu'aucune rente ne pourrait en résulter. Je ne vais pas jusqu'à contester le droit du propriétaire foncier à la rente qu'il perçoit. Je crois que la théorie, qui veut l'en dépouiller par voie d'autorité, est odieuse et injuste. Je suis persuadé qu'il eût été ruineux pour l'Etat de la racheter, ainsi que le proposait M. Mill, quand il mit au jour sa théorie de la *plus value gratuite (unearned increment)* ; j'en ai dès le début fait la remarque à cet homme distingué. Quant à la nationalisation de la terre —, je présume qu'on entend par là l'expropriation forcée au profit de l'Etat — il faut que j'arrive à avoir une toute autre idée des vertus administratives pour y voir autre chose qu'un expédient, qui serait le point de départ d'une série de tripotages perpétuels et néfastes. La terre était nationalisée sous la République romaine ; nous savons ce qui leur est arrivé à l'une et à l'autre.

Les vicissitudes et l'histoire de l'agriculture anglaise nous fourniront la clef de l'interprétation des plus graves problèmes sociaux du passé, peut-être celle des difficultés du présent et d'un avenir rapproché. Car on ne saurait assez le rappeler et le répéter : nous sommes les descendants d'une nation ancienne, et nous avons hérité des conséquences des folies comme de la sagesse de nos ancêtres. Nous sommes ce que nous sommes en vertu de causes, qui sont nées dans le cours de notre histoire et qui ont exercé une influence durable. Celui qui analyse l'histoire, s'il possède une conception adéquate du présent, n'acceptera qu'atténuée l'antique maxime : *Cessante causa, cessat effectus*. Ainsi, dans ma dernière leçon, j'ai démontré que les règlements issus des sessions trimestrielles des juges de paix, ont exercé sur les conditions du travail une influence, qui a persisté alors que ces règlements étaient depuis longtemps mis de côté et ou bliés. Nous allons voir d'autres preuves de la survivance d'influences de cette nature.

Certains évènements historiques ont exercé une influence marquée sur la marche de l'agriculture anglaise. Tels sont, pour citer les principaux, le grand changement dans le mode d'exploitation de la terre inauguré dans la seconde moitié du XIVe siècle, — je l'ai déjà étudié avec vous, — la remarquable prospérité agricole du siècle suivant, la mutation de la propriété résultant de la suppression des monastères et de l'extension de l'élevage du mouton au XVIe siècle, les fermages excessifs au XVIIe, le développement de la clôture des terres et l'introduction de la nouvelle culture au XVIIIe siècle. Je ne sais si j'aurai l'occasion de vous entretenir aujourd'hui de la remarquable dépression, qui s'est fait sentir au XIXe siècle. Dans tous les cas, le moyen le plus sûr d'éclairer notre route, sera de vous communiquer les données que j'ai recueillies sur les différents rendements obtenus aux différentes époques de notre histoire agricole.

De 1333 à 1336, c'est-à-dire pendant quatre années, les membres du collège de Merton à Oxford se firent dresser un relevé des semences employées et du rendement au battage dans dix de leurs fermes, cultivées pour leur compte à l'aide de leurs propres capitaux et sous la gérance de leurs propres intendants. La culture du blé ne se répète pas dans chacune des quatre années ; là où elle est omise, les terres avaient sans doute été laissées en jachère. Les meilleures terres sont réservées aux surfaces les plus étendues d'une même culture. Le rendement moyen dans les années de bon marché, c'est-à-dire d'abondance, est de 9 boisseaux de blé et de 15 d'orge pour 2 et 4 boisseaux de semence. Ce rendement dépasse la moyenne générale, car notre plus ancien agronome, Walter de Henley, déclare expressément et avec preuves à l'appui que le fermier devait récolter au moins 6 boisseaux par acre pour n'être pas en perte [1]. Ces quatre années sont antérieures au grand bouleversement consécutif à la peste.

Le second relevé, que je vous soumets, date du milieu du xve siècle ; il a été fait à Adisham dans le comté de Kent, entre Douvres et Canterbury ; la culture s'y pratiquait dans des conditions favorables. Les rendements sont : Blé 12 boisseaux, orge 16, pois et vesces 8 et avoine 20. L'année est abondante et les prix inférieurs à la moyenne.

En 1655 Hartlib [2] nous dit que la production du blé varie de 12 à 16 boisseaux par acre, mais vers 1693 Gregory King déclare que le rendement en céréales quelconques n'est pas supérieur à 12 boisseaux. Je crois l'évaluation de King plus exacte que celle de Hartlib, qui avait en vue des applications de méthodes nouvelles. Au début du xviiie siècle, le rendement général était certainement de 20 boisseaux, peut-être même un peu plus élevé.

De ces faits et d'autres faits semblables, je conclus que la production moyenne du blé en Angleterre et dans le pays de Galles, de l'avènement d'Edouard III à la fin du xvie siècle, n'a pu guère dépasser deux et demi millions de quar-

---

1. Rappelons que l'acre mesure environ 40 ares et que 8 bushels ou boisseaux = 1 quarter = 290 litres.

2. Hartlib, négociant d'origine polonaise, né en Hollande et établi à Londres vers le milieu du xviie siècle, fut très estimé de ses contemporains, Milton lui dédia son Traité sur l'Education. — Son livre sur l'agriculture est intitulé : *The Legacy of Husbandry*.

ters nourrissant une population qui s'élevait au même chiffre. Le pain de froment était l'aliment populaire et universel, les racines alimentaires étant encore inconnues. Cette évaluation se trouve vérifiée, quant à la population, par un état de recouvrement d'un impôt de capitation prélevé au xive siècle et par un dénombrement véritable effectué au xvie siècle dans certains districts du comté de Kent.

La terre était morcelée et les plus petits occupants jouissaient d'un enclos ou *curtilage* dépendant de leur habitation. Ce morcellement est attesté par les nombreuses pièces de comptabilité agricole que nous possédons et qui remontent jusqu'à l'an 1237. Les seigneurs ne faisaient ordinairement valoir eux-mêmes que la moitié des terres de la seigneurie; nous possédons la comptabilité de leurs collecteurs de rentes ou intendants, mais rien n'a surnagé de celle des paysans, si, bien entendu, ils en avaient une. Ayant sous les yeux la culture du seigneur, ils bénéficiaient de ses expériences, de ses réussites et de ses insuccès. Au xiiie et pendant la première moitié du xive siècle, les grands propriétaires ont été les instructeurs de leurs voisins moins fortunés.

Aucune comptabilité n'est plus soignée et plus minutieuse que celle de l'intendant [1]. Ce personnage annotait journellement ses recettes et ses dépenses et sur ses notes provisoires, dont quelques-unes ont traversé les siècles, i basait le compte définitif, qui était ensuite vérifié et transcrit au rôle du manoir. Presque toujours rédigé en latin, l'écriture en est celle des moines des ordres mendiants. Cependant l'intendant ne rendait pas ses comptes dans une langue qu'il ne comprenait pas : petit tenancier ou serf, il entendait généralement le latin et l'anglais. Les recettes

---

1. Pour un spécimen de cette comptabilité, voir p. 617, vol. II du grand ouvrage de M. Thorold Rogers : *History of Agriculture and Prices*.

comprennent celles du tribunal seigneurial, toutes les redevances et les quantités récoltées. Les surfaces mises en culture, la semence employée, le bétail et le mobilier aratoire,
tout est méticuleusement relaté ; on n'omet ni un œuf, ni
un picotin de criblures ; les pertes et les paiements sont
portés en détail, puis le compte est vérifié, clôturé et l'intendant se remet tout aussi méthodiquement à la comptabilité de l'année suivante. Toutes les fois que nous avons la
bonne fortune de posséder la comptabilité de deux années
consécutives, il est facile de calculer les rendements obtenus.

Le peuple anglais vivait donc à peu près exclusivement
du produit de son sol. Parfois il importait des grains de la
Baltique : c'est cette importation qui a donné naissance à
la « double tonne » en usage dans les comtés de l'Est jusqu'au xviiie siècle. En temps de disette, les exportations de
céréales étaient interdites. Ainsi en 1438-9, seule année de
famine du xve siècle, le gouvernement rejette une pétition
du Parlement demandant la libre circulation des grains par
les voies navigables intérieures ; il craignait que cette tolérance ne fût interprétée comme une autorisation d'exporter.

Vous connaissez peut-être la loi des prix de Gregory King,
une des généralisations les plus importantes tirées de la
statistique [1]. Quoique King ne l'applique qu'aux prix des
denrées agricoles, elle est applicable à tous les produits.
Les variations des prix, dit cette loi, ne sont pas propor-
tionnelles au déficit dans les quantités produites. Ainsi
d'après King, un déficit de :

---

1. Gregory King, né en 1648, déjà apprécié de son vivant par ses travaux statistiques, devint secrétaire de la Commission de la comptabilité
Publique. C'est son contemporain Davenant, qui a le plus Contribué à
faire connaître les résultats auxquels il était arrivé.

1 dixième élève les prix au-dessus du prix moyen de 3 dixièmes
2 dixièmes	«	«	«	«	8	«
3	«	«	«	«	«	1.6	«
4	«	«	«	«	«	2.8	«
5	«	«	«	«	«	4.5	«

La loi agit dans le sens de la hausse comme dans celui de la baisse. Elle s'applique à toutes les marchandises, mais la baisse est plus accentuée en cas de surproduction de produits d'un usage facultatif et la hausse est plus rapide en cas de déficit de marchandises d'un usage indispensable. C'est pour ce motif que le phénomène que King avait en vue, les effets d'une disette, est plus sensible encore s'il s'agit de la céréale qui est l'objet de la plus forte consommation.

A l'époque dont nous nous occupons, les prix étaient les plus élevés en mai, surtout si les apparences de la prochaine récolte étaient défavorables, alors que les approvisionnements de la dernière récolte commençaient à s'épuiser. Une mercuriale du temps nous fournirait les données d'une série de bulletins météorologiques.

La famine la plus rigoureuse, qu'on ait jamais éprouvée en Angleterre, est celle des deux années consécutives 1315 et 1316, l'une et l'autre signalées par un excès de pluie et un manque de chaleur solaire. Cependant nos ancêtres coupaient leurs moissons à la hauteur de l'épi et presque toujours à la faucille, ce qui leur permettait de couper, de rentrer et de sécher leurs récoltes par tous les temps. Ils évitaient ainsi de mêler à leur grain les graines de mauvaises herbes qu'engendraient les jachères fréquentes de terres qu'aucune culture de racines fourragères ne fouillait par des labours profonds. Ils coupaient le chaume à loisir et obtenaient des pailles non meurtries par le battage, qu'ils utilisaient comme fourrage et pour la couverture de leurs habitations.

En 1315, à la moisson, le prix est élevé sans être excessif. Au mois de mai suivant, il atteint rapidement quatre ou cinq fois la valeur normale et reste à ce niveau en juillet et en août. L'année d'après, il ne descend pas au dessous du triple du prix ordinaire et remonte au quadruple, mais sans atteindre les prix maxima de l'année précédente. L'effet de la récolte prochaine ne se fait sentir que tard, quoique la température ait dû s'améliorer en juillet ou en août. Dans les temps modernes, la plus forte disette et les plus hauts prix furent ceux de décembre 1800 ; ils sont du double des prix ordinaires de l'époque, tandis qu'en 1315, ils avaient atteint l'apogée de la hausse proportionnelle énoncée dans le tableau de King. Il y eut encore des disettes sérieuses en 1321, en 1351 et en 1369, mais seulement par années isolées. Une seule grande disette est signalée au xve siècle, celle de 1438, déjà citée. Au xvie les années de cherté sont 1527, 1550 et 1551, 1554, 1555 et 1556, alors que la fausse monnaie était en circulation ; les plus terribles furent 1595 et 1596, qui furent presque aussi dures que 1315 et 1316. Toutes ces disettes furent occasionnées par le manque de chaleur solaire, ainsi que l'atteste la coïncidence [du prix élevé du sel. Celui-ci, fabriqué uniquement par les procédés d'évaporation solaire, était un article de première nécessité pour une population, qui consommait des salaisons pendant la moitié de l'année.

Il est plus difficile de nous rendre compte de ce qui se passa au xviie siècle. Les affaires politiques absorbaient l'intérêt public et les auteurs contemporains s'occupent peu de la misère extrême des classes ouvrières. A aucune époque de notre histoire, il n'y eut cependant autant d'années de disette continue. Les années 1646 à 1651 furent une période de disette ininterrompue, l'année intermédiaire, 1648, étant comme de coutume la plus rigoureuse. Une période semblable s'étend de 1658 à 1661, cette dernière année fut la plus pénible du siècle. Enfin viennent les sept années de disette (1692-98) qui le terminent.

La population avait certainement doublé par suite de l'immigration des réfugiés politiques et religieux de Flandre, de France et d'Allemagne, de la prospérité de l'industrie lainière et surtout de la colonisation des parties septentrionales du royaume après l'union des couronnes d'Angleterre et d'Ecosse et la pacification de notre frontière septentrionale. Nous savons, par le produit de la taxe sur les feux, que vers la fin du siècle le Nord de l'Angleterre était aussi peuplé que le Midi, bien que plus arriéré et plus pauvre. L'aire cultivée s'était étendue, quoique les procédés employés fussent encore fort grossiers. Des opinions exprimées par les auteurs, qui ont traité de l'agriculture, il résulte que le fermier était assujetti à des fermages exorbitants qui l'appauvrissaient et l'empêchaient d'améliorer sa culture. L'ouvrier agricole souffrait encore davantage, car les propriétaires savaient à merveille que le bon marché de la main d'œuvre leur permettrait d'élever leurs fermages et, guidés par cette conviction, les juges de paix réglaient les salaires en conséquence. Il est heureux que de la Restauration des Stuarts à la Révolution de 1688, le prix du blé soit presque constamment resté assez bas.

Si ce n'est pendant deux années, les prix des denrées nécessaires à la vie, restèrent encore à un niveau inférieur pendant la première moitié du xviiie siècle, grâce à l'énergie patriotique des grands propriétaires, qui inaugurèrent le faire-valoir direct et les nouvelles méthodes de culture intensive, dont ils fournirent l'exemple à leurs tenanciers. Ils se mirent à enclore de vastes surfaces, dont une partie fut prise sur les communaux : l'existence des primes à l'exportation ne fut sans doute pas étrangère à ce mouvement. Mais après la folle et longue guerre contre l'Amérique révoltée et plus encore pendant les longues guerres continentales, l'Angleterre se lança dans une ère de gestion financière insensée, de dettes publiques énormes, d'impôts indirects oppressifs, frappant la consommation du pauvre. Les grands propriétaires cessèrent de cultiver eux-mêmes ; nous reviendrons à ce sujet quand nous ferons l'historique de la rente foncière.

Le système de culture du Moyen Age était immémorial, peut-être préhistorique, et n'a été tout à fait abandonné que dans un temps très rapproché de nous : je l'ai connu en usage dans le comité de Warwick.

Dès les âges reculés, les enclos et les prairies constituaient généralement le domaine privé du seigneur ; le territoire paroissial, à l'exception de ces enclos et de ces prairies, était réparti de la manière suivante. Dans les champs communaux on assignait à chaque propriétaire ou occupant une certaine largeur de terrain découpée en sillons plus ou moins répétés. Entre chaque série de sillons courait une levée laissée inculte, large d'un pied, qui servait de limite et était livrée à certaines saisons à la pâture [1]. Fitz Herbert, dans son traité publié au commencement du xvie siècle, décrit avec précision la distribution et l'aménagement de ces terres communales. Mais j'ai [mieux à vous offrir.

Voici la copie exacte d'un plan terrien, dont l'original existe encore, de la paroisse de Gamlingay dans le comté de Cambridge. Il a été levé en 1603 par un certain Thomas Langdon pour le compte du collège de Merton, qui lui paya son travail 12 L. et lui adressa en même temps des compliments mérités. Le plan original et la copie appartiennent encore au collège. J'en ai vu de plus anciens, je n'en ai pas vu de plus exact, ni de plus élégant. Gamlingay est une vaste paroisse dans l'est du Cambridgeshire, d'une

---

1. L'unité de tenure était d'une *virgata* de 30 acres, soit 12 hectares.

superficie de 3755 acres, dont une partie fut donnée à Merton College par son fondateur. Downing College de Cambridge y est aussi propriétaire.

Merton y possède deux manoirs, Mertonage et Avenells, dont dépendent 816 acres d'enclos, de bois et de prairies. Un troisième manoir, Woodberry, appartenait à l'Abbaye de Saltreye. Merton était le principal, mais non le seul propriétaire ; parmi les autres propriétaires est mentionnée une famille St-George avec qui le collège eut des démêlés dès 1344 et notre plan à été levé et produit en justice à l'occasion d'un procès pendant avec cette famille.

Vous remarquerez que chaque champ est divisé en bandes nombreuses (il y en a en tout quelques milliers) et que leurs dimensions et le nom de chaque occupant sont marqués. Trente-quatre maisons sont relevées sur le plan, de sorte qu'en 1601 la population devait varier de 150 à 170 habitants. Aujourd'hui ils sont 2000.

L'assolement des terres communales comprenait deux récoltes de céréales et une jachère. Même si la culture des racines et des plantes fourragères, déjà pratiquée en Hollande, avait été connue, elle n'aurait pu être appliquée, car, après la moisson, tout le bétail et les moutons étaient lâchés dans les champs pour y pâturer sur les levées et dans les chaumes. Le propriétaire de pâtures particulières jouissait donc d'un avantage notable, puisqu'il pouvait envoyer son bétail aux champs communaux et se réserver le regain de ses propres pâturages. Les clôtures du xviiie siècle ont assurément causé de vives souffrances, mais sans elles, les nouvelles méthodes eussent été impossibles à appliquer.

Les habitants jouissaient en outre de différents droits de vaine pâture et avaient des droits sur les bois du seigneur. L'existence des vaines pâtures était universellement répandue ; on y affectait les terres les moins accessibles et les

plus rebelles à la charrue. Le droit à la vaine pâture était
généralement illimité, mais il en était différemment pour
le droit de *panage* ou de glandée dans les bois du seigneur.
Celui-ci était assujetti à des restrictions. Les tenanciers devaient acquitter un droit de *panage*, généralement d'un
demi penny par porc ; ce péage acquitté, tout tenancier
avait le droit d'envoyer ses bêtes sous la surveillance du
porcher communal. C'est du moins ce que j'ai cru discerner
dans la comptabilité seigneuriale : j'y vois des amendes
appliquées pour défaut de paiement, mais je n'y trouve aucune poursuite pour violation de propriété.

J'ai déjà parlé du prix inabordable du fer ; aussi la charrue
était-elle rudimentaire [1]. Cependant les contemporains prétendent qu'on labourait en moyenne un acre par jour. Je
présume que la terre n'était qu'égratignée. Même au xvie
siècle, le paysan ne pouvait pas encore payer le prix d'une
herse en fer ; quand il hersait un terrain pierreux, il se servait d'une herse aux dents en bois de chêne soigneusement séchées et durcies au feu. La charrette était montée
sur des roues pleines sciées à même d'un tronc d'arbre ; au
xvie siècle, malgré une baisse de moitié du prix du fer, les
roues étaient encore rarement garnies de bandes métalliques.

Le bétail malingre était épuisé par les privations de l'hiver. On ne songeait pas à améliorer la race. Les vaches
coûtaient moins que les bœufs et les taureaux valaient encore moins. Je n'ai trouvé que rarement des mentions de
grands prix payés pour des béliers et cependant les possesseurs de moutons devaient être tentés d'en perfectionnner les
races, puisque certaines laines comme celles de Leominster
valaient huit fois les laines du Suffolk. En 1734, alors que
l'Angleterre avait perdu le monopole de la production de la

---

1. La pointe du soc et son armature étaient seules de fer.

laine, lord Lovell n'obtenait que 3 pence par livre de laine
du Suffolk, mais au xive siècle, le prix nominal était triple.
L'élève ne pouvait être soignée faute de fourrages d'hiver.
Je crois qu'entre le xive et le xviiie siècle il n'y a eu aucun
progrès pour nos bœufs et presque aucun pour les moutons.

Le clergé régulier a joué un grand rôle dans l'économie
agricole du Moyen Age. Célèbres par leur érudition, les Bénédictins se sont encore distingués dans la culture, tandis
que les moines de l'ordre de Cîteaux se signalaient dans
l'élevage du mouton et le commerce des laines. Le don fatal des richesses a peut-être corrompu les ordres primitifs,
comme la fausse pauvreté a corrompu les Franciscains et
les Dominicains, mais la civilisation sociale de l'Angleterre
eût été bien retardée sans l'activité du clergé régulier. Ce
sont ces moines industrieux, qui ont défriché des milliers
d'arpents et transformé des surfaces nues et stériles en riches
domaines qu'ont accaparés depuis les favoris et les complices de Henri VIII. Jusqu'à leur dispersion, ils ne cessèrent
d'être des propriétaires accommodants et faciles, peut-être à
cause du sentiment de leur impopularité. Ils maintinrent le
bail à cheptel, qui enrichissait leurs tenanciers, bien longtemps après que les autres propriétaires l'eurent abandonné.
Ils entretenaient les routes, car leurs domaines étaient dis-
séminés et il fallait que l'accès du monastère fût aisé pour le
recouvrement des fermages prélevés en nature. Après leur
suppression, les routes furent négligées, sans tomber cependant sous Elisabeth dans l'état scandaleux des routes royales du règne de Georges III.

Les rendements étaient minimes, les conditions sanitaires défectueuses et la durée de la vie moyenne beaucoup
plus courte que de nos jours, mais on n'était pas froissé par
ces extrêmes de misère et d'opulence qui déroutent le phi-
lantrope et excitent l'indignation du travailleur. Si une vie
rude était la règle commune, le pauvre ne périssait pas ou-

blié dans un coin : chacun connaissait et assistait son voisin.

Il me faut dire un mot de l'influence des systèmes d'amodiation sur la condition civile de la classe propriétaire. La loi de primogéniture était depuis longtemps consacrée par la jurisprudence et le droit coutumier. Au xive siècle le mobilier et le bétail d'une terre bien exploitée — et chaque propriétaire exploitait la sienne — représentait le triple de la valeur du fonds, car la rente n'était que de six pence par acre et on achetait couramment la terre à des prix correspondant à des taux de capitalisation variant de 8 à 16 pour cent. Si la terre allait au fils aîné, la fortune mobilière était partagée également entre les cadets ou faisait l'objet de dispositions testamentaires. Dans un but politique, Guillaume le Conquérant avait tenu à concentrer la propriété du sol entre les mains des chefs des familles conquérantes qu'il destinait à surveiller les Saxons vaincus et mécontents, mais il avait eu soin de les disperser et se garda d'accroître inutilement leur puissance. Les biens mobiliers avaient donc continué à échapper à la centralisation des majorats et, pendant des siècles, le cadet de famille n'avait été à charge à personne. Sa part mobilière lui suffisait, et le statut qui abolit la subinféodation, eut pour résultat de lui faciliter l'acquisition de la terre et de le soustraire à la dépendance de son frère aîné. Les rois ne s'opposèrent pas à ce statut, qui multipliait les chances de retour à la Couronne. Le système des substitutions ou *entails* ne s'est répandu que plus tard pendant les guerres civiles du xve siècle et les cadets de famille devinrent alors une plaie sociale. Les propriétaires, affermant leurs domaines, étaient devenus les héritiers uniques des biens familiaux et les cadets durent chercher fortune dans l'armée et dans l'Eglise. Véritables partisans, ils furent les fauteurs et les victimes de la guerre de succession des deux Roses, où le parti d'York voulait réformer l'Etat et celui de Lancastre s'emparer de ses dépouilles.

Après la Grande Peste et la raréfaction de la main d'œuvre, les grands propriétaires avaient adopté à leur tour le bail à cheptel déjà usité par les ordres monastiques qui prenaient ainsi leurs précautions contre des exactions éventuelles et s'assuraient pour leurs épargnes un placement sûr et avantageux.

Par ce bail, le propriétaire, renonçant à faire valoir lui-même, affermait un domaine et fournissait la semence, le bétail et le mobilier aratoire ; à l'expiration du bail, le fermier devait restituer en bon état les objets inventoriés ou en rembourser la valeur suivant l'estimation arrêtée à son entrée en jouissance. Cette estimation était généralement assez basse, d'abord afin d'attirer les tenanciers et ensuite afin de couvrir un risque très sérieux accepté par les propriétaires, celui d'assurer leurs tenanciers, contre le risque d'épizooties, au-delà d'une franchise déterminée. Le bétail figure pour la grosse part dans ces estimations que l'intendant inscrivait dans sa comptabilité. J'ai pu constater que sauf le cas d'épizooties exceptionnellement meurtrières, les propriétaires se trouvèrent à peu près aussi bien du bail à cheptel que du système de l'exploitation directe.

Il demeura en vigueur pendant environ soixante-dix années. Merton College s'était mis à affermer ses terres d'après ce système peu après la Grande Peste et y resta fidèle pendant le premier quart du xve siècle. New College faisait valoir pour son propre compte, du moins partiellement, et ce n'est qu'à partir de 1425 qu'il consentit des baux à cheptel. Les monastères furent les seuls propriétaires qui persistèrent dans cette voie jusqu'à l'époque de leur suppression ; sous Edouard VI, une grosse part de leurs biens mobiliers consistait en matériel de ferme et en bétail loués à leurs tenanciers. Je ne pense pas que les autres propriétai-

res aient spontanément abandonné ce système, qui avait
été fructueux pour eux. Ce sont les fermiers qui l'écartèrent,
lorsque grâce à la prospérité du xvᵉ siècle, ils eurent gagné
et économisé de quoi acheter le bétail, le mobilier et parfois la terre elle-même. En outre, les seigneurs qui prirent
part à la guerre civile, avaient besoin d'argent et consentirent des ventes de mobilier avantageuses pour leurs fermiers,
qui étaient encore, d'après leurs baux, en droit de racheter leur mobilier sur la base des estimations de l'inven-
taire d'entrée.

Toutefois le système du faire valoir direct ne disparut pas
absolument. Chaque monastère conserva pour son approvisionnement une ou deux fermes des plus rapprochées et,
dans ce cas, l'intendant débitait invariablement ses maîtres
et se créditait lui-même des livraisons qu'il leur faisait.
C'est pour leur approvisionnement que l'abbé et les moines
de Westminster exploitaient le domaine de Covent Garden
à Londres, jusqu'au jour où il leur fut arraché par le premier lord Bedford qui l'a transmis tout entier à la famille
des Russell. Fastolfe, le capitaine bien connu des guerres
de France, s'adonnait en grand à la culture de l'orge
dans le comté de Suffolk et au commerce avec les Pays-
Bas. Waynflete, évêque de Winchester, et fondateur
de Magdalene College à Oxford, fut l'exécuteur testamen-
taire de Fastolfe et trouva moyen d'enrichir son collège d'une
partie du domaine que le testateur avait destinée à d'autres
fondations charitables. L'affaire parut suspecte, car ses contemporains l'appellent : *Nefarius iste episcopus*, ce qui ne
l'empêche pas d'être en bon renom auprès de la postérité.

L'adoption du bail à terme constitue l'étape suivante. La
situation des tenanciers s'était bien améliorée et ils faisaient
valoir de nombreuses parcelles, dont les baux expiraient
souvent à des échéances diverses. On rencontre jusqu'à
douze parcelles affermées dans ces conditions au même te-

nancier. Comme le bétail était le seul gage du propriétaire, cette multiplicité de tenures rendait fort difficile les saisies en cas de non paiement et il fallut imaginer des artifices de procédure pour atteindre les fermiers en défaut.

Les tenures viagères ou à titre d'usufruit étaient fréquentes. Vers le milieu du xve siècle, Oriel College hérita d'un millier de livres sterling que les membres de la corporation affectèrent avec un désintéressement louable à l'acquisition de la nue propriété d'un domaine situé dans le Berkshire et appartenant à un couple marié. Le mari mourut bientôt, mais la femme fut terriblement longue à le suivre. Le collège, qui se livrait à un trafic lucratif d'offices religieux, lui prodigua ses offres temporelles et spirituelles. La veuve demeura inexorable et survécut, je crois, à tous les acquéreurs.

La dernière étape a été la tenure verbale et congéable au gré des propriétaires, qui ne manquèrent pas d'en profiter pour extorquer des fermages de torture (*tenancy at willand at rackrents*.) Jusqu'au commencement du xviie siècle, ils n'avaient eu, au contraire, d'autre arme contre leurs tenanciers que l'exaction abusive de pots de vin et d'amendes en vertu des coutumes du manoir. C'est ce que fait entendre Fitz Herbert et ce qu'avoue Norden [1].

Au xviie siècle, l'exaction de rentes excessives devint générale et fut dénoncée avec indignation par tous les écrivains contemporains comme étant l'obstacle qui arrêtait tout progrès agricole. Nous y reviendrons, ainsi qu'au progrès remarquable de l'agriculture anglaise au xviiie siècle.

---

1. Fitz Herbert, magistrat et commissaire royal dans plusieurs procès d'Etat sous Henri VIII. — Parmi d'autres ouvrages, il a laissé un manuel pratique d'agriculture et un exposé des lois réglant les rapports du *landlord* avec ses tenanciers : the « Boke of Husbandrie » et « the Boke of Surveyinge. » John Norden (1548-1625) a publié des poésies, des livres de dévotion et des ouvrages sur la topographie de certaines provinces anglaises. Il s'agit ici de son livre : « The Surveyors'Catalogue. »

CHAPITRE IV

De l'influence sociale des mouvements religieux.

L'Europe après la chute de l'Empire d'Occident. — L'Eglise et les ordres
religieux, en particulier les Bénédictins, sauvèrent la civilisation. — Le
parti officiel, le parti national et le parti papal au sein de l'Eglise
d'Angleterre. — Wiklif et la société contemporaine. — Objet de sa
Somme Théologique. — Les Pauvres Prêtres et le paysan. — Conditions
de succès des mouvements religieux. — Les conseils donnés par Pecok•
— Les sectes de la Réforme. — Les Indépendants et la Révolution
de 1878. — Wesley et le Méthodisme. — La prospérité du Norfolk dans
le passé.

Il va de soi qu'en étudiant avec vous l'influence sociale
des mouvements religieux, je n'entends pas discuter les
doctrines. Qu'il me suffise de déclarer qu'à mon avis, les
acteurs de ces drames émouvants ont agi de bonne foi et que
bien des actes que nous avons appris à considérer comme
des crimes, tels que les cruautés ordonnées par saint Domini-
que, les appels à la violence d'Hildebrand et d'Innocent, les
persécutions des Huguenots et l'introduction du Code Pénal
en Irlande, ont été aux yeux de leurs auteurs des mesures
de salut public. Cette concession ne nous empêchera pas d'en
signaler les funestes effets.

A part quelques débiles municipalités, une seule puissance organisée, l'Eglise, resta debout au milieu du chaos,

qui succéda à la chute de l'Empire d'Occident. Les envahisseurs germaniques ne reconnaissaient aucune autorité centrale et l'Empire de Charlemagne n'eut qu'une durée éphémère. L'Eglise sauva la civilisation ; les ordres religieux et en particulier les Bénédictins, ont sauvé le trésor des lettres et des lois de l'antiquité, protégé l'agriculture et ouvert des refuges contre la violence effrénée des princes et des grands. Sans leur accorder tous les mérites que M. de Montalembert attribue aux moines d'Occident, je confesse que pendant six siècles nous leur avons été redevables du maintien de l'esprit de soumission à la loi, du respect accordé au travail, des progrès de l'éducation et de toutes les connaissances historiques que nous possédons sur cette époque.

La politique constante de Guillaume le Conquérant fut de favoriser l'indépendance de l'Eglise d'Angleterre vis-à-vis de Rome et de la faire administrer par ses créatures. Il s'opposa résolûment à toute intervention étrangère, quelque justifiés que fussent ses titres quand elle émanait des mains réformatrices de Grégoire VII. Plus avisé que Henri IV d'Allemagne, il n'eut jamais à faire un pas sur la route de Canossa. De nombreux monastères furent fondés sous le règne de son petit-fils Etienne.

A partir de Henri II et jusqu'à la Réforme, trois partis ou, comme on disait alors, trois écoles se dessinent dans l'Eglise d'Angleterre. Le premier, le parti officiel s'inclinait devant l'autorité royale et nos rois purent toujours s'appuyer sur lui. Dans ses rangs se recrutèrent les hauts fonctionnaires de l'Echiquier ; il comprenait du temps de Becket, la plupart des évêques et par la suite nous y voyons figurer les chanceliers et les trésoriers du royaume, tous ecclésiastiques pendant des siècles.

Au second parti, celui que j'appellerai le parti national ou anglican, se rattachent Becket, Langton et Grossetête ; il fut particulièrement nombreux au xviᵉ siècle, alors que des hommes tels que Gardiner, étaient prêts à secouer avec Henri VIII la suprématie de Rome, pourvu que le dogme fût respecté.

Le troisième était le parti papal ou ultramontain, qui dominait dans les monastères et qui finit par y être refoulé. La papauté avait consacré leur existence et les avait comblés d'exemptions et de privilèges ; leur but constant fut de se soustraire à l'ingérence épiscopale. Mathieu Paris, qui, bien que moine, était attaché au parti anglican, loue Grossetête de résister aux nominations faites par le Pape, mais il le blâme de chercher à soumettre à la discipline épiscopale les monastères de son diocèse.

Parfois, comme au xve siècle, le parti anglican était absorbé par le parti officiel : les évêques ne résidaient plus dans leur diocèse et suivaient la cour en tout lieu. Parfois le clergé séculier faisait cause commune avec le clergé régulier, comme lorsqu'ils s'unirent pour obtenir de Boniface VIII la fameuse Bulle : *Clericis laicos*, mais si la Réforme avait éclaté deux siècles plus tôt, le premier aurait vu avec satisfaction la suppression des ordres religieux devenus avides, riches et insolents. Au xve siècle, le pieux et savant Gascoigne [1] ne trouve pas à un mot à dire en leur faveur et conseille leur suppression.

Il était nécessaire de vous tracer cette esquisse de la situation ecclésiastique de l'Angleterre vers le milieu du xive siècle, pour vous permettre de mesurer l'intensité et la persistance du remarquable mouvement de réforme religieuse, politique et sociale, qui fut instigué et dirigé par Wiklif. Il est curieux qu'Oxford soit le lieu d'origine de tous nos mouvements religieux, depuis le premier jusqu'au der-

---

1. Thomas Gascoigne (1403-1458), théologien et chancelier de l'Université d'Oxford, a fait une guerre acharnée à la fois à Wiklif et aux abus dominants dans l'Église. M. Rogers a publié des extraits de son *Dictionarium Theologicum* sous le titre : *Loci e Libro veritatum* (Oxford 1881).

nier. C'est par l'histoire de quelques hérétiques chassés des écoles et morts de faim sous Henri II que nous apprenons l'existence de l'Université. Elle paraît avoir accueilli avec faveur les premiers moines mendiants protégés par Grossetête. Au siècle suivant, l'enseignement de Wiklif prend naissance dans ses murs. Pecok, l'avocat avant l'heure du rationalisme, sortait d'Oxford ; c'est d'Oxford qu'Erasme, Colet et More prêchèrent la réforme de la discipline de l'Eglise associée à la renaissance des lettres. C'est à Oxford que Wolsey, au moment de sa disgrâce soudaine, voulait faire la première application des réformes qu'il projetait. Sous Elisabeth, c'est à Oxford que naquirent le mouvement puritain dirigé par Sampson et le mouvement littéraire guidé par Laurence ; c'est d'Oxford que surgit la réaction de Laud. Au xviiie siècle, nous y voyons naître à la fois la propagande des frères Wesley et la polémique déiste de Toland et de Tindal, qui ne passa pas aussi inaperçue qu'on l'a prétendu. Enfin de nos jours, Oxford a été le centre du mouvement anglican, qui malgré tout a agi, sinon sur le rituel, du moins sur les opinions de ses adversaires les plus résolus. C'est que l'Université a toujours joui de privilèges extraordinaires. Elle se gouvernait elle-même et son autorité en matière de science était indépendante de celle des Papes et de l'épiscopat. La liberté avec laquelle on y discutait les sujets les plus sacrés, favorisait le langage sceptique qui caractérisait les écrits et les discours de ses membres.

Le gouvernement anglais se montrait assez enclin à tolérer, sinon à protéger, les attaques contre l'autorité pontificale. En effet, les papes, depuis leur installation à Avignon, subissaient l'influence des rois de France et avaient mis leur autorité spirituelle au service de ceux-ci et contre les prétentions d'Edouard III et de ses descendants à la couronne de France.

Les revenus ordinaires du siège romain ayant diminué pendant la captivité de Babylone, comme on appelait leur résidence à Avignon, il se mit en quête de ressources nouvelles. Les Papes évoquèrent des causes, soit en première instance, soit en appel, devant les cours pontificales, où les frais de justice étaient considérables et les délais excessifs. Ils créèrent des charges qu'ils vendirent à deniers comptants, laissant les nouveaux dignitaires se rembourser aux dépens de leur troupeau spirituel. L'un d'eux inventa le système des premiers fruits et se réserva ainsi la première année du revenu de tous les bénéfices de la chrétienté. Mais le plus grand grief des Anglais, c'était l'habitude prise par les Papes de nommer à des bénéfices vacants sans se soucier des droits des patrons ecclésiastiques, et de ne pas attendre qu'ils fussent vacants pour en conférer la succession par des lettres dites de Provision. Les sommes énormes obtenues par ces moyens étaient envoyées à Avignon sous forme de lettres de change fournies par les marchands flamands et le peuple s'indignait à la pensée que le Pape soutirait d'Angleterre des sommes égales à la totalité des revenus royaux. On se répétait que les autres peuples riaient de la longanimité des Anglais.

On croit que Wiklif est né vers 1324 dans un village du Yorkshire, qui porte le même nom. Ses descendants collatéraux y résidaient encore après la Réforme ; ils étaient restés fermement attachés à la foi catholique. On est certain de la date de sa mort, qui eut lieu le dernier jour de l'année 1384. Il fit ses études à Oxford, mais on ne sait dans quel collège. Il fut certainement agrégé de Merton et probablement Maître de Balliol et très populaire à l'Université, puisqu'elle lui décerna le titre de Docteur Angélique.

Imitant l'exemple de Saint Thomas d'Aquin, cédant peut-être au dessein de le supplanter auprès des étudiants, Wiklif composa une Somme Théologique sous le titre « *de*

Dominio Civili. » On a souvent cité sa fameuse maxime
que le droit de domination doit être fondé sur la grâce, ce
qui pour moi signifie qu'en cas d'indignité personnelle du
souverain, le sujet est dégagé de son allégeance. Tant qu'il
ne s'agit que du Pape français d'Avignon, ce langage ne
rencontra en Angleterre que des approbateurs, mais du
jour où il fut appliqué aux gouvernants anglais, il excita
des alarmes et finit par susciter une hostilité déclarée.

Cet ouvrage de Wiklif a longtemps été perdu. Trente
ans après sa mort, sa mémoire fut condamnée par le concile de Constance, ses ossements exhumés et brûlés, ses
écrits recherchés pour être détruits. Cependant en 1453 on
vendait encore de ses livres à Oxford et même à des prix
élevés, car Oxford fourmillait de Lollards[2]. L'ouvrage original a récemment été retrouvé à Vienne et publié en partie : des étudiants d'Oxford l'avaient sans doute introduit
en Bohême où les Hussites tenaient ses livres en grand honneur. C'est après la défaite de ceux-ci à la bataille de
la Maison Blanche en 1620, qu'ils furent sans doute trans-
portés à Vienne, où ils ont été retrouvés.

J'ai lu ce qui a été publié de ce traité. Le style n'en est
pas facile ; il abonde en répétitions, et nous désappointe
par l'indécision apparente de l'auteur, qui n'ose pas avouer
tout haut ce qu'il pense tout bas. Dès ses débuts, Wiklif
avait eu en matière de propriété des tendances communistes, dont il recommanda l'application immédiate à l'Eglise
et aux fondations monastiques, qui détenaient un tiers du
territoire anglais. Ceci n'était pas pour déplaire à Oxford,
où l'on détestait les moines, et où l'on s'ingéniait à les écarter à coup d'incapacités académiques, et ne choquait pas
davantage les hommes d'Etat, embarrassés des charges
continuelles des guerres de France et cherchant à contrain-

---

1. Nom donné aux disciples de Wiklif.

dre l'Église à participer plus largement aux dépenses publiques.

Les opinions de Wiklif le désignèrent pour les emplois politiques et en juillet 1374, il fut envoyé avec d'autres ecclésiastiques anglais pour négocier avec Grégoire XI au sujet des lettres de Provisions pontificales. Les négociations eurent lieu à Bruges et furent couronnées de succès : à son retour, Wiklif obtint la cure de Lutterworth, où il est resté jusqu'à sa mort. Son hostilité envers les prétentions pontificales ne fit que s'accroître, mais il demeura fidèle aux principes du parti national. C'est ainsi que dans le livre que je viens de citer, il loue tout particulièrement Becket et Grossetête d'avoir refusé d'accepter les Constitutions de Clarendon [1], qui prohibaient l'ordination des fils de vilains en l'absence de l'assentiment de leur seigneur. Wiklif s'est toujours élevé contre l'inégalité en matière civile.

Peu après son retour de Bruges, désireux de répandre ses doctrines antipapales, il fonda un ordre de « Pauvres Prêtres » sur le modèle des moines mendiants que le parti réformateur avait pris en aversion. Les Pauvres Prêtres devaient prêcher les doctrines sociales et théologiques de Wiklif, vivre parmi les pauvres et en particulier parmi les paysans, se vêtir de bure et ne jamais avoir de résidence fixe. Leur caractère religieux et leur vie errante désarmaient la méfiance ; nul, pas même Wiklif, ne soupçonnait quel enseignement ils allaient semer sur leur chemin. Ils se vouèrent à la propagation de la doctrine de l'égalité civile et la répandirent à grands flots. Isolés, ne relevant d'aucun abbé, ni d'aucun supérieur, ils prêchaient aux paysans un Évangile, qui aurait fait bondir les maîtres de ceux-ci, s'il était parvenu à leurs oreilles. Ils furent les trésoriers du fonds commun des ouvriers et semblent avoir possédé des signes

1. Concordat réglant les rapports entre l'Eglise et le roi, et ratifié par le concile de Clarendon en 1164 sous Henri II.

et des mots de ralliement : par eux, la ligue des paysans couvrit bientôt toute l'Angleterre.

Pendant les premières années du règne de Richard II, la reine Anne de Bohême se montra favorable à Wiklif. La guerre de France traînait en longueur. Le peuple en était las, mais il n'était pas appauvri, car par leur ténacité, les travailleurs étaient arrivés à s'assurer des salaires élevés, qui les mettaient à même d'épargner et de se cotiser pour leur fonds de secours. L'immigration flamande avait introduit la manufacture de la laine dans les comtés de l'Est et de là dans ceux du midi et de l'ouest. Les habitants y avaient embrassé avec ardeur les doctrines des Pauvres Prêtres, prêchant l'égalité religieuse et la liberté naturelle et se plaisaient à citer les prophètes de l'Ancien Testament courbant devant eux les rois insolents ou négligents de leurs devoirs. Wiklif avait traduit la Vulgate en anglais et sa traduction estimée à l'égal d'un trésor, circulait de main en main.

Tandis que les paysans s'imprégnaient de ces prédications, les seigneurs s'efforçaient de rétablir les droits depuis longtemps rachetés par les serfs attachés à la glèbe. Tout à coup éclata le cri : « A tes tentes, Israël ! » suivi du soulèvement général, du massacre de l'archevêque Sudbury au pied de la Tour, de l'occupation de Londres par les révoltés, de l'entrevue à Mile End avec le roi et de la tragédie de Smithfield.

J'ai déjà raconté la répression des troubles et l'émancipation finale des serfs. Les Pauvres Prêtres proscrits se cachèrent chez les tisserands du Norfolk. L'un d'eux, William White, qu'on dit avoir été le disciple direct de Wiklif, échappa jusque dans sa vieillesse à ses persécuteurs ; il ne fut pris qu'en 1427 et brûlé avec deux de ses compagnons dans la fosse aux Lollards devant les portes de Norwich.

Les pays manufacturiers ont toujours été prompts à

embrasser les idées nouvelles, témoins le comté de Toulouse, la Flandre et l'Angleterre orientale. L'Italie seule fait exception, mais la papauté a été pour elle une source de profits et sans porter un respect bien vif à ses représentants, elle a préféré ne pas lui chercher querelle. Le Lollard a été l'avant-coureur du Puritain, qui ne parut que deux siècles plus tard ; comme lui il fut d'humeur revêche, peu communicatif, raide et entiché de ses opinions. Il épargnait d'autant plus aisément qu'il ne se souciait pas de donner au prêtre, au moine et au marchand d'indulgences. Il s'attaquait volontiers aux objets du culte, abattait les croix, brûlait les images et donnait des surnoms injurieux aux personnages sacrés. Le Lollardisme des comtés de l'Est n'a été supprimé qu'à la surface, et ne fut jamais extirpé. Au xve siècle, ces comtés soutinrent le parti d'York, au xvie ils embrassèrent la Réforme et furent les victimes de la réaction catholique sous Marie Tudor. Ils s'enrôlèrent dans les régiments des « *Côtes de Fer* » de Cromwell et de nos jours encore on y remarque la froideur des paysans pour les ministres de l'Église établie.

L'histoire semble démontrer que les mouvements de réforme religieuse n'agissent sur l'état social qu'à deux conditions.

En premier lieu, il faut que les propagateurs des idées nouvelles visent à la fois l'amélioration matérielle et l'amélioration morale de leur auditoire. Soupçonnés d'être les agents du gouvernement du jour, les défenseurs de l'ordre établi, leur échec est certain. Les religions historiques se sont corrompues dans la prospérité, mais à leur naissance, elles se sont engagées à assurer le bonheur de leurs prosélytes. Tel fut le secret du succès de Zoroastre et de Bouddha, des premiers Chrétiens et de l'Islam primitif. Elles s'emparent du mécontentement populaire pour prêcher la liberté, le bris des chaînes, l'ouverture des portes des prisons, l'égalité naturelle des hommes, les devoirs des grands et des puissants. Sous des formes variées, elles affirment comme Wiklif que la domination doit être fondée sur la grâce. Chez nous les dissidents ont sans cesse reproché à l'Église Anglicane d'être la créature d'un compromis favorable aux seules classes dirigeantes : « C'est, disait-on du temps de Selden [1], un instrument créé par les dignitaires ecclésiastiques, les courtisans et le roi en vue de leurs propres intérêts. » Quel ministre anglican possède le millième de l'influence qu'exerce le prêtre irlandais? Les Lollards, les hommes de la Bible, comme on les appelait, s'attachaient leurs auditeurs en compatissant à leurs souffrances et en les assistant dans leurs luttes contre leurs oppresseurs.

En second lieu il est inutile de chercher à provoquer une révolution sociale si les classes, qu'on veut entraîner, ne jouissent pas déjà d'un certain bien-être. Je parle bien entendu des tentatives d'un prosélytisme nouveau et non pas d'agitations séculaires, comme celle des catholiques d'Irlande. Nul n'eût écouté les Pauvres Prêtres à une époque de misère et de dénûment absolus. Les forces conservatrices de la société viennent aisément à bout des explosions du désespoir, témoins la Jacquerie en France et la guerre des Paysans en Allemagne. Les hommes ne songent à s'organiser que lorsqu'ils ont leur pain quotidien assuré ; aussi la guerre des paysans d'Angleterre a-t-elle éclaté pendant une période de bon marché et de salaires rémunérateurs. C'est même le sentiment qu'avait le gouvernement de la force de résistance et de la prospérité relative des classes insurgées, qui le détermina, sa première colère assouvie, à les traiter avec ménagement et à faire tacitement droit à leurs revendications, ce qui ne l'empêchera pas de faire pendant un siècle et demi peser sur leurs descendants le

---

1. Savant publiciste de l'époque des premiers Stuarts.

joug d'une législation savamment machinée. Quelques-uns d'entre eux ne se sont pas encore relevés de cet écrasement.

Le rationalisme de l'évêque Pecok [1] jure avec l'état des esprits au xvᵉ siècle, ce siècle à la fois prospère et troublé par les appétits féroces des nobles et des grands. Archaïsmes à part, ses écrits sonnent à l'oreille comme les apologies de la tolérance à la mode au xviiiᵉ siècle. » Pourquoi troubler le calme que le destin nous a accordé ? Je ne sais si vous avez tort ou raison, mais gardez-vous d'être querelleurs et tranchants. Se disputer à propos de religion est insensé, attaquer les usages consacrés est impertinent. Quoique vous pensiez, il est probable que tout homme qui s'acquitte des devoirs de sa position, s'acquitte par là même de ses devoirs envers Dieu et envers le prochain. » Quelle singulière apparition que celle de cet évêque né avant son temps, prêchant l'évangile de l'indifférence au début d'une guerre civile furieuse, où les nobles allaient se mettre en pièces et les dignitaires ecclésiastiques se ranger invariablement du côté du vainqueur.

L'enseignement de Pecok fut proscrit par Henri VI, comme l'avait été celui de Wiklif. Le pieux et faible fondateur d'Eton et de King's College à Cambridge fut toute sa vie incapable d'asseoir un jugement et les statuts qui condamnèrent impartialement l'évêque hérétique et le prêtre hérétique, furent suggérés par quelque conseiller du pauvre roi. Mais quel contraste entre les deux sectes. D'un côté les prédicateurs secrets chers aux tisserands de Norwich et aux paysans, prêchant la vigilance, l'esprit d'épargne, le mépris de l'arrogance sacerdotale, la vie sérieuse à la poursuite d'un idéal élevé. De l'autre, un évêque bien rénté plaide

---

1. Pecok, agrégé d'Oriel College, évêque de Saint-Asaph et plus tard de Chichester, fut dégradé en 1457 et renfermé dans un monastère. Il s'attacha surtout à défendre le clergé séculier dans son livre intitulé *le Répresseur du Blâme Excessif, qu'on adresse au clergé.*

pour ses frères bien rentés, supplie ses lecteurs de ne pas troubler la tranquillité de l'Etat et de jouir en repos des bienfaits qu'une sage Providence et des lois libérales leur ont dispensés. Les unes devaient engendrer l'austère puritanisme gonflé de richesses et de colère, l'autre préparait le chaos de la guerre civile, la ruine de la prospérité publique, le gaspillage et les attentats de Henri VIII et l'irrémédiable appauvrissement du travailleur anglais.

Le mouvement puritain est né au sein des classes moyennes, parmi les marchands des villes et les fermiers des campagnes. L'altération des monnaies sous Henri VIII avait frappé surtout les propriétaires, qui vivaient de leurs fermages, et les ouvriers, qui vivaient de leurs salaires. Le petit fermier fut moins atteint. Cultivant son champ ou sa portion de la terre communale moyennant un fermage fixe et modéré, il consommait lui-même la plus grande partie de ses récoltes. S'il exerçait une industrie domestique comme le tissage de la toile ou de la laine, ainsi qu'elle était, nous en avons la preuve, exercée dans les demeures de ses maîtres, les profits de ce métier accessoire compensaient le prix plus élevé qu'il payait son outillage et sa matière première. C'est ce qui est arrivé dans l'Ulster, où le fermier a vécu content tant que le produit du tissage des toiles a suffi à acquitter le montant du fermage. Quant au laboureur et à l'artisan, ils restèrent indifférents et ne prirent aucune part à la guerre qui éclata entre la prérogative royale et les défenseurs des libertés publiques, et qui ne se termina qu'à la seconde révolution, celle de 1688.

La révolution de 1642 donna naissance à des sectes religieuses nouvelles, dont les plus importantes furent les Quakers ou Trembleurs et les Indépendants. Les premiers vécurent à la campagne et s'adonnèrent à l'agriculture, les seconds se rassemblèrent dans les villes. Ceux-là, qui s'intitulaient aussi Société des Amis, paisibles, réservés, laborieux et parcimonieux, s'interdisant le superflu et jusqu'à certains plaisirs innocents, devinrent des fermiers modèles et se distinguèrent parmi les propagateurs des méthodes de culture nouvelle au XVIIIᵉ siècle ; leurs mœurs simples et inoffensives et peut-être aussi leur prospérité les firent respecter. Quelques-uns des meilleurs rapports agricoles cités par Arthur Young sont l'œuvre de fermiers quakers. Leur résistance au paiement de la dîme, qu'ils érigèrent en point de foi, les a éloignés dans les premières années de ce siècle d'une profession à laquelle ils semblaient particulièrement destinés.

Les Indépendants jouent un rôle plus saillant dans notre histoire économique. C'étaient les républicains du XVIIᵉ siècle, comme les Presbytériens en étaient les royalistes modérés. Les Cavaliers étaient de furieux royalistes, tandis que le clergé ne songeait qu'à réparer ses pertes et que les travailleurs restaient inertes et indifférents. En considération des services qu'ils lui avaient rendus, la Restauration toléra les Presbytériens et leur alloua même quelques modiques subsides ; de nos jours ils sont représentés par les petites congrégations unitaires qui sont disséminées dans les villages écartés et ne forment de corps compact et nombreux que dans le nord de l'Angleterre. Les grandes villes, et Londres en particulier, demeurèrent fidèles aux Indépendants ; ce fut la secte la plus détestée par la monarchie et par l'Eglise restaurées. Leur richesse les sauva de la persécution et grâce à la prospérité commerciale de la fin du XVIIᵉ siècle, ils devinrent les grands financiers de la capitale. Charles les eût volontiers rançonnés, comme il avait rançonné son propre parti quand il fit fermer l'Echiquier en 1672. Mais il n'avait pas envie, disait-il, de recommencer ses voyages à l'étranger, ce qui n'eût pas manqué de lui arriver, s'il avait tenté de renouveler les exploits de taxation illégale de son père. Plus tard, les Indépendants assurèrent la stabilité de l'œuvre de la seconde Révolution en lui prêtant leurs capitaux, moyennant de bonnes garanties commerciales. Les Presbytériens avaient déjà largement aidé la première Révolution, l'existence de la Dette Publique intéressa des classes nombreuses au maintien de la seconde.

Les Indépendants ont été les principaux fondateurs de la Banque d'Angleterre. Il eût été absurde pour l'Etat d'entrer avec eux en rapports d'affaires et de les tracasser à propos de leurs croyances et de leur discipline. La tolérance a été la conséquence naturelle du nouveau système financier, comme elle l'était du nouveau système politique. Le parti des gentilshommes campagnards les haïssait d'une haine impuissante. Une seule fois, il essaya de ruiner la Banque ; son échec le rendit encore plus impuissant et plus furieux.

Les financiers de ce parti, c'est-à-dire les hommes qui avaient désavoué les Stuarts, mais détestaient les Whigs et les Dissidents, dominaient encore à la Compagnie des Indes Orientales, qui, fondée par une charte d'Elisabeth, était maintenant à la tête d'un immense commerce. Dans les bonnes années, ses actions atteignaient des cours de quatre ou cinq fois le pair. Le Parlement ayant déclaré que lui seul avait le droit de conférer des monopoles de commerce, la Compagnie se vit menacée d'une concurrence redoutable malgré les sommes énormes qu'elle avait employées à corrompre les membres du Parlement et le Président de la Chambre des Communes lui-même. De 158 en 1692, ses actions tombèrent à 38 en 1696.

Les Whigs avaient résolu de fonder une nouvelle Compagnie des Indes Orientales, dont le capital fût aussitôt souscrit par les Dissidents de Londres. Elle eut bientôt distancé l'ancienne, quoique la situation de celle-ci se fût améliorée depuis qu'elle distribuait honnêtement ses bénéfices en dividendes au lieu d'en faire le prix de la vénalité. En 1703, à l'automne, au moment où l'Angleterre s'engageait activement dans la guerre de la succession d'Espagne, les actions de l'ancienne Compagnie étaient à 134 et celles de la nouvelle à 219.

La Révolution de 1688 aurait été suivie à mon avis d'une réaction, peut-être d'une restauration des Stuarts, sans l'appui de la finance Whig de Londres et des grandes villes. Les hommes politiques, presque tous corrompus, étaient sans cesse à l'affût de gains officiels suspects et les deux premiers rois de la famille de Hanovre ne furent ni respectés, ni respectables. Les Whigs, qui se maintinrent au pouvoir de l'avènement de Georges I à la mort de Georges II, n'eurent donc garde de s'aliéner leurs plus solides soutiens et insistèrent d'autant moins pour l'application des lois qui frappaient les Dissidents d'incapacités politiques et administratives, que la connivence intéressée du clergé anglican n'était pas refusée à ceux d'entre eux qui étaient désireux de les éluder.

Les traditions de la Révolution et l'attitude de la Cité envers les non conformistes ont persisté pendant tout le XVIIIe siècle. La Cité a soutenu Wilkes dans ses attaques contre George III ; elle a bravé le Parlement qui voulait empêcher la publication de ses débats, forcé le premier ministre Bute à se retirer et osé adresser des remontrances ouvertes au roi, après avoir encouragé des démonstrations outrageantes à l'adresse de sa mère.

Le mouvement méthodiste des frères Wesley a pris naissance et s'est propagé au sein des classes ouvrières. Wesley ne visa d'abord que la torpeur des membres de l'Eglise anglicane ; leur intolérance le fit malgré lui dévier de son but primitif. Il fonda une organisation puissante, mais je suis convaincu qu'au XVIIe la misère du peuple aurait fait avorter son apostolat. Pendant la première moitié du XVIIIe, les denrées restèrent bon marché, les salaires avaient légèrement monté et la plupart des travailleurs agricoles cultivaient pour leur compte quelques parcelles de terre. Cette aisance relative fut favorable à Wesley, dont l'œuvre a survécu à la terrible secousse des grandes guerres de la Révolution et de l'Empire.

Les progrès remarquables des travailleurs pendant le xive, le xve et la première moitié du xvie siècle ont été en rapport intime avec les croyances prêchées par Wiklif. Persécutées par les Lancastriens victorieux, elles ne s'étaient pas éteintes au fond des cœurs, puisque Pecok, le défenseur de l'ordre établi, crut devoir se mettre en peine de les réfuter.

Il est possible assurément d'extirper une religion. Le calvinisme a été absolument déraciné en Flandre et en Espagne, presque entièrement en France et dans une proportion moindre dans le midi de l'Allemagne. On en est venu à bout par un système complet d'espionnage et de rigueur inexorable. La religion romaine a été extirpée en Scandinavie par des moyens tout aussi rigoureux, mais quelque violentes qu'aient été nos lois, elles n'ont pas eu et ne pouvaient pas avoir un caractère qui répugnait à notre instinct national. La Cour de la Haute Commission n'a jamais été qu'un pâle simulacre de l'Inquisition d'Espagne.

L'opulence du Norfolk à l'époque des Lollards et de l'extension de l'industrie textile est prouvée par sa part contributive dans les impôts. Ceux-ci ayant tous le caractère d'impôts de répartition, la richesse relative de chaque comté peut se mesurer à la part qui lui incombait. Quand la taxe de la laine fut établie en 1341, l'acre de terre du Norfolk, malgré la nature de son sol léger et marécageux, fut taxé à un chiffre plus élevé que celui des autres comtés, à l'exception de celui de Middlesex qui comprend la ville de Londres. Il précède l'Oxfordshire, le plus fertile de nos comtés à cause de l'abondance des pâturages et de la rareté des jachères. En 1375 Oxford est un peu plus imposé que le Norfolk, mais tous les deux dépassent de loin les autres comtés et cependant les pestes du xive siècle n'avaient sévi nulle part avec autant d'intensité. Le même rang lui est assigné en 1453 et en 1503.

L'honneur de cette prééminence persistant pendant un siècle et demi, revient aux mœurs de cette population de tisserands et de cultivateurs, mœurs basées sur les croyances religieuses et sociales des Lollards. Un grand nombre était d'origine flamande, car les noms germaniques y étaient fréquents. Ils avaient conservé des relations suivies avec les Pays-Bas, quoique leur laine fût de qualité médiocre, mais ils y exportaient de fortes quantités d'orge et importèrent en retour la culture du houblon et l'art de faire les briques, art perdu chez nous depuis le temps des Romains.

A mon grand regret, je n'ai pas découvert d'états de recouvrement des impôts entre 1503 et 1636, l'année où fut établie la taxe pour les navires. Le Norfolk figure dans ce dernier au vingt-cinquième rang ; il passe successivement au septième en 1641 et en 1649, au dix-huitième en 1660, au douzième en 1672, au dix-neuvième en 1695. Pourtant Norwich était encore en 1641 et en 1649 la deuxième des villes du royaume Le déplacement et la renaissance des industries du comté après la guerre parlementaire expliquent ces fluctuations. Prospère aux jours des Lollards, le Norfolk a vu les causes morales de sa prospérité se répandre dans d'autres comtés, ses principes acceptés en substance par l'Église Anglicane et Wiklif glorifié du nom d'Etoile du Matin de la Réforme. Mais la désignation de tisserand est longtemps restée synonyme d'hérétique.

CHAPITRE V

De la diplomatie commerciale de l'Angleterre.

Abondance des documents diplomatiques. — Des effets du commerce international. — Opinions erronées sur le rôle de la monnaie dans les échanges internationaux. — Des exportations et des importations. — Comment une nation peut dépenser plus qu'elle ne gagne. — Premiers rapports commerciaux de l'Angleterre. — La Ligue Hanséatique. — La Flandre. — Routes vers l'Orient. — La découverte du Nouveau Monde, le passage par le Cap de Bonne-Espérance et la conquête de l'Egypte par les Turcs. — Erreurs commerciales des Hollandais. — L'Intercursus Magnus. — Des traités de commerce : le traité de Methuen avec le Portugal, celui de 1786 avec la France et celui de Cobden.

Malgré l'abondance des documents imprimés qui s'y rapportent, je ne traiterai qu'en résumé le vaste sujet que nous abordons. La grande collection de Dumont nous donne le texte de tous les traités, politiques et commerciaux, qui ont été conclus en Europe jusqu'au milieu du XVIIIe siècle. Les nombreux volumes de Rymer, l'historiographe de Charles II, constituent un choix des documents conservés dans nos archives nationales. Toutefois, comme richesse, ils sont effacés par Muratori, qui nous présente dans leur infinie variété le répertoire des rapports qui se sont établis entre les diverses cités italiennes, et nous a conservé de précieux fragments du droit commercial de l'antiquité, au temps où la Rome des Rois et de la République trafiquait avec Carthage et les autres colonies tyriennes.

Les avantages économiques du commerce international sont incontestables. Il profite surtout à l'acheteur et nous fait naturellement distinguer les produits d'un sol et d'un climat étrangers, auxquels le travail national peut s'appliquer avec fruit. Il nous stimule à rechercher les procédés de fabrication économique et nous fait découvrir des richesses naturelles, dont nous ne soupçonnions pas l'existence. En Angleterre, par exemple, il nous a appris à produire le sel et le fer, que nous importions de l'étranger.

Le commerce international fortifie les notions de moralité en nous apprenant à respecter les droits d'autrui. Avant lui, le législateur s'évertuait en vain à faire respecter les obligations ; les sanctions pénales étaient si rigoureuses qu'il devint nécessaire d'en atténuer la rigueur par les lois sur l'usure, qui en somme équivalent à nos lois modernes sur les faillites et les banqueroutes. Le progrès de la moralité internationale a donné naissance au droit des gens, qui est l'interprète de la conscience publique, nationale ou étrangère. Par l'extravagance de nos prétentions maritimes, nous avons peut-être contribué à en retarder l'avènement, mais nous sommes enfin arrivés à des opinions plus raisonnables et moins barbares.

Peu de nations sont plongées dans la barbarie au point de méconnaître l'importance du commerce. Mais comme elles ont un moindre besoin des marchandises qu'elles vendent que de celles qu'elles achètent, elles surveillent leurs exportations avec une sollicitude toute particulière. Une autre cause est encore venue fortifier cette tendance.

En effet, une personne, qui s'adonne au commerce, n'a aucun intérêt à garder par devers elle la monnaie qu'elle reçoit, monnaie qui ne rapporte rien par elle-même et n'a d'autre avantage que de fournir un instrument d'échange précis et d'une valeur relativement stable. A mesure que la civilisation s'affermit, l'avantage de cette stabilité de valeur se fait de moins en moins sentir et il devient onéreux de thésauriser ; comme les rouages de l'échange deviennent en même temps plus compliqués et plus délicats, le marchand proprement dit abandonne au négociant en métaux précieux le soin de pourvoir aux besoins du marché monétaire. Nicolas Oresme, évèque de Lisieux, s'était déjà aperçu de ces tendances au xive siècle. Bref, le commerçant ne prend la monnaie que pour la remettre en circulation.

Le cas est différent pour les gouvernements, surtout au temps où Oresme écrivait. Comme le gouvernement, quelque nécessaire et quelque indispensable qu'il soit, ne produit rien et qu'il ne fait que dépenser, l'acquisition et la conservation d'une réserve de monnaie est pour lui une source de force et de sécurité. Comme le répétait Louis XIV pour se consoler de ses revers, c'est toujours la dernière pistole qui l'emporte.

Se plaçant à ce point de vue, les gouvernements européens ont confondu les intérêts de leurs sujets et les leurs et ont cherché à retenir la monnaie dans le pays qu'ils administraient. Ils ont inventé la théorie de la Balance du Commerce qu'Adam Smith a appelée le système mercantile. En Angleterre, ils ont décidé que toute opération de commerce international devrait se liquider par un solde versé en monnaie entre les mains du marchand anglais. A cet effet, ils ont circonscrit à quelques villes, dites villes d'Etape, le droit de vente de leurs principales marchandises et désigné un haut fonctionnaire, nommé l'Echangeur du Roi, (*the King's Exchanger*) qui devait s'assurer par lui-même ou par ses agents de la réalité de ces paiements.

Le gouvernement anglais n'a pas et ne pouvait pas réussir. On parvient à faire passer en fraude des marchandises autrement encombrantes que la monnaie et la police des ports et des côtes était fort imparfaite à cette époque. Si nos rois avaient réussi, ils auraient déterminé la hausse générale des prix qu'engendre infailliblement une surabondance de monnaie et aucune hausse de ce genre ne nous est signalée : l'Echangeur du Roi fut donc une entrave et rien de plus.

Cependant cette sujétion, dont aucun de nos marchands ne voulait pour lui-même, il jugeait bon d'y soumettre le pays tout entier, et, alors que nous étions déjà devenus la nation la plus commerçante du monde, de bonnes gens se mettaient l'esprit à la torture s'ils voyaient le total des importations dépasser celui des exportations : ils s'écriaient que l'Angleterre dépensait plus qu'elle ne gagnait et qu'elle courait à sa ruine. Je crois que pour calmer ces honnêtes rêveurs, on a plus d'une fois manipulé les tableaux de notre commerce.

Quand les exportations d'un pays ne suffisent pas à rembourser ses importations, il s'acquitte en titres de dettes publiques ou privées ; c'est le signe que ses dépenses dépassent ses recettes et qu'il dépense plus qu'il ne produit. Si par contre un pays n'est pas débiteur de l'étranger, ses importations exprimées en monnaie ont une tendance constante à dépasser ses exportations.

Jusqu'ici j'ai envisagé le commerce direct entre deux pays sans l'intermédiaire d'un troisième. Mais qu'un navire transporte des lainages à Hambourg, y prenne des cuirs à destination de Bordeaux et revienne en Angleterre chargé de vins ; les tableaux de notre commerce ne mentionneront que les lainages et les vins, mais comme ceux-ci y figurent augmentés du montant accumulé des trois frêts, notre importation semblera dépasser notre exportation. Nos ancêtres du xve siècle savaient, mieux que certains de nos contemporains, apprécier les avantages de ce commerce maritime, et la France de son côté cherchait à lui susciter des obstacles. Toutefois le pouvoir des rois, et même celui des Parlements, dut et doit encore céder à la pente naturelle du commerce.

Il est difficile d'y voir clair dans le commerce d'un pays qui, comme le nôtre, détient une quantité inouïe de valeurs mobilières, étrangères et coloniales. On m'a affirmé qu'il en est passé pour deux milliards de livres sterling par le *Stock Exchange*. Les intérêts de cette masse énorme nous sont payés en marchandises, ce qui fait que nos importations paraissent hors de toute proportion avec nos exportations [1]. Les ignorants s'en alarment et certaines gens avisés se promettent de tirer parti de ces alarmes. En théorie, nos débiteurs devraient s'acquitter en monnaie ; en réalité ils s'acquittent en produits, surtout en matières premières à bon marché, au grand avantage du capitaliste, du travailleur et du consommateur anglais.

Je l'ai dit et je le répète : nous reconnaissons à un signe infaillible qu'une nation dépense plus qu'elle ne produit lorsqu'elle exporte des valeurs de bourse. Il peut être sage de contracter des dettes, par exemple dans le cas où une colonie veut construire des chemins de fer productifs et emprunter à l'étranger à un taux d'intérêt inférieur à celui qu'elle aurait à payer aux prêteurs nationaux. Mais il serait absurde d'emprunter, par exemple, pour construire un chemin de fer dans une région qui, de longtemps, ne sera pas en état d'exploiter ses richesses naturelles ; dans ce cas, mieux vaut s'abstenir. Il arrive donc souvent, surtout dans les pays nouveaux, qu'ils empruntent, non de la monnaie, mais des rails, des wagons et d'autres articles manufacturés. Si le pays emprunteur met des droits d'entrée sur ces articles, il les paie plus cher ; si le pays prêteur

1. En 1889 les importations en Angleterre ont atteint 427 millions de livres sterling et les exportations 314 millions.

frappe trop lourdement les matières premières qu'il reçoit en échange de son prêt, il peut mettre son débiteur dans l'impossibilité de se libérer.

En bouleversant notre politique commerciale, nous nous ferions donc tort à nous-mêmes en notre qualité de manufacturiers et de consommateurs, et nos capitalistes courraient grand risque de voir leurs emprunteurs, surtout nos colonies, répudier leurs dettes et les vouer ainsi à une ruine complète. Les emprunteurs, qui repoussent nos produits, nous font sans doute du mal, mais ils s'en font encore davantage à eux-mêmes. En leur appliquant la loi du talion et en repoussant les matières qu'ils nous envoient en paiement de leur dette, ce qui est pour eux le seul moyen de s'acquitter, nous les ruinerions, mais à nos dépens, et le crédit public éprouverait une secousse, dont il lui faudrait plus d'un siècle pour se remettre.

Pendant les premiers siècles de son histoire commerciale, l'Angleterre n'eut de relations qu'avec la Baltique et les villes Hanséatiques, les Pays-Bas et le duché de Guyenne, qui faisait partie des possessions françaises de nos rois.

La ligue Hanséatique était une confédération de villes libres de la Baltique et de la mer du Nord, unies dans le but de défendre leur commerce contre les déprédations des pirates. L'Europe occidentale leur doit la suppression de la piraterie sur les mers, qui la baignent. Leur siège central était à Bergen en Norvège et leur trésor était gardé à Wisby dans l'île de Gothland. Ils eurent de bonne heure une succursale établie à Londres sous le nom de *Compagnie des Aldermen et des Marchands de Steelyard,* non loin de la Tour, mais nous ne possédons malheureusement aucune bonne histoire de la Ligue, car les ouvrages de Werdenhagen, de Mallet, de Schlozer et de Lappenburg sont d'assez pauvres compositions. Entre 1235 et 1567 trente-cinq chartes lui furent octroyées en Angleterre. En 1578 Elisabeth la supprima ; la plupart des villes confédérées furent petit à petit absorbées par les monarchies grandissantes du Nord et à la fin, Hambourg, Brême et Lubeck restèrent seules à la représenter. C'est au XVe siècle que la Ligue fut le plus florissante, vingt-cinq des chartes déjà citées datent de ce siècle. Le commerce de la Ligue avec l'Angleterre, est dépeint sous le nom de « Commerce Danois » dans le « Livre sur la Politique Anglaise » (*Libel of English Policy.* ») [1] ; elle nous fournissait des fourrures, du drap, des plumes, parfois du froment et du seigle, du fer, du goudron, du verre et de la cire. Il semble qu'à une certaine époque les produits de l'Extrême Orient, après avoir traversé toute l'Asie par voie de terre, nous parvenaient par l'intermédiaire des villes Hanséatiques ; des restes de vieille porcelaine parfois remis au jour sont les reliques de ce commerce tout à fait oublié.

Notre commerce avec les Flamands est né de bonne heure et fut d'une importance extrême jusqu'au jour où les Pays-Bas furent dévastés par les armées et l'Inquisition espagnoles. Les cités flamandes s'étaient enrichies par le travail des toiles et des lainages, dont l'Angleterre était seule à fournir la matière première. La Flandre avait donc un intérêt majeur à rester en bons termes avec l'Angleterre, et les rois anglais, dans leurs guerres contre la France, cultivèrent avec sollicitude les bonnes dispositions des Flamands et de leurs chefs. De là l'amitié d'Edouard III et de Van Artevelde, l'alliance de Henri V et du duc de Bourgogne devenu maître par héritage et par usurpation de la totalité des Pays-Bas, l'alliance de la famille d'York avec Charles le Téméraire et l'*Intercursus Magnus* de Henri VII, dont il sera question plus loin.

Les lainages, les soieries et les toiles alimentaient l'indus-

1. Poème attribué à l'évêque de Moleyns de Winchester et recommandant à l'Angletrre de rester maîtresse du Pas-de-Calais.

trie des villes de la Flandre. La population était si dense que comme en Hollande un siècle plus tard, le sol ne suffisait pas à nourrir les habitants et qu'elle importait des quantités de froment et d'orge originaires des comtés de l'Est de l'Angleterre. Elle était le marché des produits de l'Orient, dont les épices et les fruits très appréciés s'achetaient surtout à Bruges. Les villes flamandes et Anvers étaient des places financières de premier ordre et nous fournissaient les lettres de change, qui servaient à payer les tributs ecclésiastiques que nos ancêtres transmettaient à la cour pontificale. Cependant entre l'Angleterre et les Flamands turbulents par nature et fiers de leurs privilèges communaux, il y eut plus d'une querelle et parfois les intérêts commerciaux ont été sacrifiés aux exigences et aux jalousies de la politique.

Le commerce avec la Guyenne se faisait par le port de Bordeaux et consistait surtout en vins et en sel, qui nous coûtèrent des prix modérés tant que la Guyenne nous fut soumise. Quand la France eut reconquis son littoral et voulut y introduire son système d'impôts, les Gascons se révoltèrent et furent secourus par Talbot, qui fut, ainsi que son fils, défait et tué à la bataille de Châtillon. Calais seul nous restait, mais bien longtemps après que nos souverains eurent abandonné toute velléité de reconquérir leurs anciennes possessions continentales, ils stipulaient la libre sortie du vin et du sel dans leurs traités avec la France.

Jusqu'à la fin du xve siècle nos marins ne dépassèrent pas la Baltique, la Flandre, et la côte française. L'Espagne ayant vers cette époque expulsé les Maures, ils longèrent les côtes d'Espagne et de Portugal et poussèrent jusqu'à Séville. Mais ils ne s'aventurèrent que plus tard dans la Méditerranée et n'osèrent explorer les régions visitées par Henri de Portugal. Le pape Alexandre Borgia a donc avec justice attribué aux Espagnols toute la côte Occidentale et aux Portugais toute la côte Orientale de l'Atlantique.

Entretemps les Anglais se lançaient vers le Nord. Depuis longtemps les navigateurs du Yorkshire fréquentaient les pêcheries d'Islande ; aidés de la boussole, les marchands de Bristol y parvinrent en traversant les Hébrides. Un acte de Henri VIII s'attacha à régler le commerce de l'Angleterre avec les parties de l'Europe, où elle avait noué des relations.

Notre avenir commercial se présentait sous des auspices favorables. Dans une dissertation entre deux hérauts d'armes, écrite entre la prise de Bordeaux en 1453 et la mort de Charles VII en 1461, et publiée par une société d'archéologie française, le Français reconnaît que la marine marchande anglaise est nombreuse et active et que l'Angleterre jouit d'une bonne position géographique, mais il l'accuse de se livrer à la piraterie aux dépens des navires français, espagnols, danois et écosssais et de vouloir accaparer le commerce du monde. Il insiste sur le besoin qu'elle a des produits de la France et la menace de représailles rigoureuses. Ce tableau me paraît beaucoup plus exact que les histoires qu'on débitait sur notre décadence maritime au xve siècle et que les railleries que les Flamands nous prodiguaient à ce propos [1].

Les Anglais s'efforcèrent d'atteindre par le Nord la Russie qui n'avait pas au xvie siècle de port européen accessible. Un de nos navires pénétra jusqu'à Arkhangel en 1555 et l'ambassade, qui se trouvait à bord, eut une entrevue avec Ivan le Terrible. Il semblait possible d'établir des relations fructueuses avec Arkhangel et Astrakhan, mais la mort d'Ivan et le règne troublé de son successeur vinrent tout arrêter.

Ce n'est que dans la seconde moitié du xvie siècle que des navires anglais franchirent pour la première fois le détroit

---

1. Ils conseillaient aux Anglais de supprimer le vaisseau qui figurait sur certaines monnaies et de le remplacer par un mouton. C'est un jeu de mots sur *Ship* et *Sheep*.

de Gibraltar. Malheureusement les progrès des Turcs, ces destructeurs de toute prospérité, rendaient le commerce de la Méditerranée irrégulier et précaire.

Les premières données précises que nous possédions sur les routes suivies par le commerce avec l'Extrême Orient, se trouvent dans un écrit inséré dans le Recueil intitulé : « *Secreta Fidelium Crucis* » et adressé en 1321 à Jean XXI, l'un des Papes d'Avignon, par l'envoyé vénitien Sanuto. Sanuto [1] n'espérait sans doute pas grand résultat direct de cet appel au plus égoïste des Papes, mais il trouvait une occasion d'élever la voix et d'avertir le monde commerçant du danger qui menaçait ses rapports avec l'Orient.

D'après lui, l'entrepôt des produits de l'Orient, c'est-à-dire de l'Inde, était Bagdad ; son opinion est corroborée par le témoignage d'autres voyageurs et celui des récits d'aventures de l'époque. Bagdad conserva cette situation tant qu'elle fut gouvernée par les califes Abbassides et qu'elle demeura le centre de l'Islam ; elle la perdit le jour où les hordes venues de l'Asie Centrale coupèrent les routes que suivaient les caravanes. Sanuto cite deux de ces routes. L'une se dirigeait au travers des plaines de la Mésopotamie et de la Syrie de Bagdad vers Licia, l'ancienne Séleucie, et alimentait le commerce de Venise, de Gênes, de Nice et de Florence ; elle fut interceptée la première. L'autre partant également de Bagdad, remontait le cours du Tigre jusqu'à sa source en Arménie et suivait ensuite l'itinéraire immortalisé par la Retraite des Dix Mille pour aboutir comme ceux-ci au port de Trépèze ou de Trébizonde. C'était la route la plus pénible, mais la plus sûre ; elle n'était pas praticable en hiver. Les marchandises qu'elle transportait étaient livrées aux établissements vénitiens de la mer Noire.

---

1. Les lecteurs de Michelet se rappelleront l'analyse qu'il donne de l'ouvrage de Sanuto au chap. I Livre VI de son histoire de France.

A la longue elle aussi fut occupée par les barbares descendus du Grand Plateau asiatique.

Sanuto nous apprend en outre que dans l'Inde même, les marchandises arrivaient s'embarquer dans deux ports qu'il appelle Mahabar et Cambeth, d'où elles étaient dirigées vers le Golfe Persique et le Tigre. Une partie s'en allait à Aden et transitait par l'Egypte ; après les incursions des Turcs, ce fut la seule route qui resta ouverte. D'Aden à un endroit sur le Nil qu'il appelle Chus, le voyage durait neuf jours et la descente du Nil de Chus à Babylone, comme on appelait le Caire au Moyen Age, en prenait quinze. Les marchandises continuaient leur route par un canal du Caire à Alexandrie, où elles étaient embarquées pour l'Europe, après avoir acquitté un droit du tiers de leur valeur, prélevé par les Sultans d'Egypte. Leur coût de revient se trouvait considérablement augmenté et leur conditionnement souffrait de ces transports par terre et par mer, donnant lieu à des transbordements fréquents. Aussi quelques hardis trafiquants se hasardaient-ils à suivre les anciennes routes avec des charges réduites ; s'ils échappaient aux dangers, qui les harcelaient, ils réalisaient des bénéfices considérables.

A Alexandrie, les épices de l'Orient étaient échangées contre certains métaux d'Europe, — Sanuto cite le mercure — des bois, du goudron, l'ambre et le corail, et le Vénitien nous fait connaître les droits dont ces articles étaient frappés : $6\frac{2}{3}$ pour cent pour l'or, $4\frac{1}{2}$ à $3\frac{1}{2}$ pour l'argent et de 25 à 20 pour cent pour les autres métaux et les autres articles. L'Egypte étant forcément tributaire de l'étranger par suite du peu de variété de ses productions, Sanuto insiste pour qu'une flotte suffisante pour la bloquer soit rassemblée et impose au Sultan la révision de son tarif, en le menaçant de la réouverture de l'ancienne route de Bagdad à Antioche et à Licia.

Les remontrances de Sanuto furent vaines, mais la baisse des prix au xve siècle indique que les Sultans d'Égypte jugèrent prudent de ne pas frapper trop lourdement un commerce indispensable à leurs états. Le poivre, le plus recherché des condiments tirés de l'Orient, demeura à bas prix et une fabrique installée à Alexandrie fournissait le sucre à un bon marché tel, qu'au commencement du xvie siècle, le prix était descendu au huitième de ce qu'il avait été cent ans auparavant.

Sauf l'expédition de Sébastien Cabot, qui fit voile de Bristol en 1496 et découvrit Terre Neuve, l'Angleterre abandonna le champ des explorations océaniques aux Espagnols et aux Portugais : le premier des Tudors était trop avaricieux et le second trop dépensier pour subsidier des entreprises de ce genre.

Les découvertes des Espagnols et des Portugais vinrent à point, car, au commencement du xvie siècle, Selim, un des plus habiles, mais aussi des plus cruels des sultans Turcs, s'empara de la Mésopotamie et des Lieux Saints, prit le titre de Calife pour lui et ses successeurs et conquit l'Egypte par sa victoire des Pyramides (1516). Le commerce d'Alexandrie fut détruit, le trafic avec l'Orient anéanti et la vallée du Nil fut plongée dans la misère, dont elle ne sortira que le jour où le dernier Turc aura évacué l'Egypte. Les produits de l'Inde que les longues traversées maritimes ne parvenaient pas encore à apporter en quantités suffisantes, montèrent à des prix exorbitants, les cités d'Italie, de l'Allemagne du Sud et du Rhin furent ruinées et les marchés des Flandres devinrent pour longtemps déserts.

Entretemps l'Espagne conquérait les royaumes et entassait les trésors du Nouveau Monde, royaumes qu'elle dévastait comme le Turc dévastait l'ancien monde, trésors qu'elle allait gaspiller à la poursuite de plans chimériques. Le Portugal établissait des factoreries, s'emparait de quelques-unes des Moluques et cherchait à étendre son influence sur les autres. L'Angleterre et le Nord de l'Europe avaient secoué le joug pontifical et partout s'allumaient les guerres de religion qui devaient avoir une durée séculaire. Lentement, à mesure que leur indépendance s'affermissait, les nations du Nord commencèrent à contester la validité de la bulle d'Alexandre Borgia.

Soyons sincères et avouons que Drake et ses compagnons de découvertes furent des pirates, constamment et ouvertement engagés dans le pillage du commerce d'un Etat avec qui nous avions sans doute des démêlés, mais avec lequel nous n'étions pas toujours en état d'hostilités officiellement déclarées [1]. Drake a rendu le service de donner l'essor à l'esprit d'entreprise et d'affirmer l'audace des Anglais, mais il a aussi confirmé la détestable réputation qu'on nous avait faite. Les exploits par lesquels il s'illustra, étaient de même nature que ceux qui valurent au capitaine Kidd d'être pendu sur les bords de la Tamise un peu plus de cent ans après la mort du héros de Plymouth Hoe.

La Charte de la Compagnie des Indes Orientales fut signée le dernier jour du xvie siècle, le 31 décembre 1600. — A la tête de l'entreprise se trouvait Clifford, comte de Cumberland, ancien boucanier, ce qui était la manière polie de désigner un pirate. La « boucanerie » dans les possessions espagnoles du Nouveau Monde avait été longtemps l'occupation favorite de ceux de nos ancêtres, que la nature avait doués d'un trop plein d'énergie. Paterson, le fondateur de la banque d'Angleterre, avait été tantôt missionnaire et tantôt boucanier dans les Antilles. Blackburn, qui au xviii^e

---

1. Voici un extrait du journal de Cavendish, explorateur renommé pour sa piété : « Je naviguai le long du Pérou, du Chili et de la Nouvelle Espagne et j'y fis beaucoup de butin. Je pillai et je brûlai toutes les villes et tous les villages, où je débarquai, et si je n'avais été surpris, j'aurais ramassé de grands trésors. Le Seigneur soit loué de ses bienfaits ! »

siècle devint archevêque d'York, avait débuté par le métier stimulant et lucratif de boucanier. On le disait de son vivant et le digne prélat ne songeait pas à s'en offenser, encore moins à s'en défendre. Le commerce avec les Indes Orientales était également infecté de ce vice originel et nos difficultés dans ces régions, nos querelles avec les Hollandais, nos procédés arbitraires à Amboyne s'expliquent par les habitudes de licence sans frein, chères aux premiers fondateurs du commerce et de l'empire anglais dans l'Inde.

La Compagnie Néerlandaise des Indes Orientales fut fondée en 1603 avec un capital au moins huit fois aussi fort que celui de la Compagnie anglaise. De 1580 à 1640, celle-ci chercha à s'implanter dans les parties de l'Hindoustan où les Portugais ne s'étaient pas installés. Les Hollandais, anciens sujets de l'Espagne, visaient les Moluques et particulièrement celles qui produisaient le clou de girofle, épice qui a fait couler des flots de sang. Les navires marchands hollandais étaient armés en guerre et poursuivaient un double monopole : celui de la récolte des épices aux lieux d'origine et celui de leur vente en Occident. Cette conception parut un chef d'œuvre, mais n'empêcha pas la Compagnie de s'endetter de plus en plus et d'entraîner dans sa chute la grande banque d'Amsterdam, où durant un siècle et demi s'était concentré le mouvement financier du monde civilisé.

Si le but du commerçant avisé doit être de soutenir ses prix de manière à s'assurer un bénéfice, il est indispensable qu'il élargisse ses débouchés et qu'il se crée une clientèle nombreuse et fidèle. Au besoin il sacrifie une partie de ses bénéfices, car il sait qu'une clientèle satisfaite est généralement stable et qu'il vaut mieux faire cinquante opérations donnant un bénéfice de 5 pour cent que cinq opérations avec un bénéfice de 10. Les résultats sont dans la proportion de 250 à 50.

Malheureusement les Hollandais acharnés à la poursuite de prix excessifs, restreignirent ainsi leurs débouchés. Ils se raidirent et épuisèrent leur crédit à tenter d'écarter toute concurrence, et, à force de s'attacher à la poursuite de gros bénéfices isolés, ils se trouvèrent en perte sur l'ensemble de leurs opérations.

Feu M. Mac Culloch, dont les opinions économiques ne jouissent plus d'aucune considération, a hasardé à ce sujet une opinion que les statistiques qu'il rassemblait et dans lesquelles il prétendait voir clair, suffiraient à réfuter. Il a soutenu qu'en Hollande, c'est le fardeau accablant des impôts, qui a maintenu le taux de l'intérêt à un niveau très bas. Or, des impôts élevés empêchent la formation du capital et déterminent ainsi la hausse de l'intérêt. S'ils favorisent le développement de certaines industries, c'est en détournant les capitaux d'autres branches du travail. Aux époques de forts emprunts, les valeurs préexistantes baissent, en d'autres termes le taux de l'intérêt monte. Ce qui au contraire le fait baisser, c'est une accumulation d'épargnes plus rapide que la formation des placements disponibles. C'est précisément ce qui arriva en Hollande. Les Hollandais étaient très adonnés à l'épargne ; par ignorance des vrais principes, ils diminuèrent le nombre des placements qui auraient pu absorber leurs capitaux. Aussi le taux de l'intérêt tomba-t-il à 2 pour cent, au moment même où la Compagnie des Indes Orientales contractait emprunt sur emprunt à la banque d'Amsterdam. Les marchands anglais de l'époque n'étaient pas plus clairvoyants que leurs confrères hollandais, mais ils eurent la bonne fortune de ne pas rencontrer la même tentation sur leur chemin.

Quoique rivaux aux Indes, aucune grande guerre n'éclata dans ces parages entre les Anglais et les Hollandais. Par contre, l'Angleterre entama contre la France des guerres formidables, qui toutes, de la paix d'Utrecht aux guerres de la Révolution française, ont eu pour objectif la conquête de monopoles commerciaux. A la fin de la guerre de Sept Ans, la France avait perdu ses colonies et ne possédait pour ainsi dire plus un pouce de terrain aux Indes ni dans l'Amérique septentrionale. Vingt ans après, l'Angleterre perdait à son tour sa plus importante colonie, perte qui prouve combien il est absurde de faire la guerre pour conquérir le monopole d'un marché.

L'Intercursus Magnus de 1496 est le premier en date de nos traités de commerce. Voulant tenir en échec les intrigues des membres du parti d'York qui s'étaient réfugiés aux Pays-Bas, Henri VIII comprit qu'il convenait d'intéresser ceux-ci à la suppression des complots qu'on pourrait tramer contre lui. Le premier article de ce traité célèbre stipule la liberté du commerce entre les deux pays, moyennant une licence ou passeport; le second permet aux navires marchands d'être armés en guerre et le troisième concède le droit de pêche dans des eaux que les Anglais s'étaient jusque-là réservées. Par le quatrième et le cinquième article, les ports des deux nations devaient être fermés aux corsaires, mais rester constamment ouverts aux bâtiments de commerce en détresse. Le sixième prohibait les marchandises ennemies et le septième adoucissait les lois réglant le sauvetage des naufragés. Les négociants flamands étaient autorisés à résider en Angleterre et les anglais dans les villes des Pays-Bas; les droits devaient être perçus de façon à ne pas détériorer les marchandises qu'ils frappaient. Aucune vente ne pouvait être imposée par voie d'autorité aux débiteurs offrant une garantie suffisante. La coutume barbare des représailles était abolie et remplacée par des procès réguliers soumis aux tribunaux, dont les deux États s'engageaient à exécuter les arrêts. Enfin le commerce des métaux précieux était déclaré libre.

La sagesse et la largeur de vues de ce traité, qui sur bien

des points est de quatre siècles en avance sur son époque,
ont de quoi nous surprendre. Malheureusement ces stipulations ne furent respectées que tant que l'exigèrent les intérêts des parties contractantes. La petite-fille de Henri et
l'arrière-petit-fils de Maximilien entrèrent en guerre ouverte et les principes de ce monument de sagesse furent
foulés aux pieds pendant l'ère de barbarie qu'inaugurèrent
les guerres de religion.

Comme les guerres, les traités du xviiie siècle ont eu en
vue l'acquisition de monopoles commerciaux; ils furent
tous rédigés sur le modèle de celui de Methuen signé en
1703 entre l'Angleterre et le Portugal. Dans la guerre de
succession d'Espagne, les alliés avaient intérêt à s'assurer
l'appui du Portugal, dont la dynastie, née depuis soixante
ans à peine d'une révolution heureuse contre la couronne
espagnole, était de son côté intéressée à obtenir la garantie
des puissances. Cet arrangement assurait en même temps les
Indes portugaises contre les agressions des Hollandais,
qui eux avaient à protéger leur propre frontière. On s'en-
tendit grâce à la concession de monopoles réciproques :
l'Angleterre s'engagea à exclure les vins de France et à admettre ceux du Portugal, qui devait ouvrir ses portes aux
lainages anglais. Les vins de France cessèrent de figurer
dans les registres d'entrée de la douane anglaise, mais les
amateurs anglais, qui les préféraient au Porto, ne continuèrent pas moins d'en avoir dans leur cave. Je ne veux
pas médire du patriotisme, mais il ne l'emporte pas toujours sur les tentations du goût. Le traité de Methuen resta
le type préféré de notre diplomatie commerciale jusque
vers la fin du siècle.

Un autre modèle fut alors adopté, celui qui stipule des
avantages réciproques et le traitement de la nation la plus
favorisée. Tel fut le traité négocié en 1786 par M. Eden entre la Grande Bretagne et la France, suivi bientôt de traités

semblables entre la France et la Russie et entre les États-Unis et la Prusse. L'Europe allait tenir dans un réseau de traités, qui, espérait-on, seraient une garantie de paix entre les nations. Huit ans après les laborieuses négociations de M. Eden, la Révolution française éclata et avec elle le grand bouleversement des gouvernements et des rois.

Le traité de 1860 entre la France et la Grande Bretagne a été conclu par mon ami, M. Cobden, sur le modèle de celui de 1786. Avocat convaincu du libre échange absolu, il dut se contenter d'accepter une partie de ce qu'il demandait et ne se laissa pas arrêter par la méfiance que lui inspirait le caractère de Napoléon III. Il m'a avoué que, Français, il aurait toujours été de l'opposition au gouvernement de l'Empereur, mais il ne voyait pas de raison de refuser l'appui de son autorité quand il s'agissait de développer la prospérité des deux pays et de leur procurer à l'un et à l'autre le bienfait de relations amicales. Quelques doctrinaires du libre échange se sont élevés contre ce qu'ils ont appelé une consécration de demi-vérités. Tant que les hommes ne seront pas assez sages pour voir le côté défectueux des compromis politiques et sociaux, il faudra bien y avoir recours. Je n'affirmerai pas que le traité de 1861 soit le meilleur arrangement qu'on puisse imaginer, mais c'était le meilleur arrangement possible pour l'époque. Neuf ans plus tard, quand un ouragan furieux eut balayé le trône de l'Empereur, je suis convaincu que le traité de 1861 a contribué à alléger le poids des calamités qui se sont abattues sur la France, calamités qui auraient écrasé une nation moins élastique et voué une nation moins courageuse à un irrémédiable désespoir.

CHAPITRE VI

Du caractère des anciens impôts en Angleterre.

Conditions auxquelles doit satisfaire l'impôt d'après Turgot et Adam
Smith. — La première est la plus importante. — Critique de l'expression d'Adam Smith « jouir sous la protection de l'Etat. » — Le Domaine du Roi. — Consentement préalable des Contribuables. — Extension du pouvoir du Parlement. — Insuffisance des droits de Douane au
Moyen âge. — *Income-tax* graduée. — Assessement ou rôle de recouvrement de Tandridge en 1600. — Les subsides fréquents en temps de
guerre. — Taxes payées par les villes et Tailles. — L'income-tax de 1435
et de 1450. — Rivalité des maisons d'York et de Lancastre. — Origine
du droit de priorité financière de la Chambre des Communes. — Les
aides de 1453 et de 1503. — Importance croissante de la Chambre des
Communes. — Le tarif de Cecil. —La taxe des Navires.

Les règles en matière d'impôt qu'Adam Smith a empruntées à Turgot, sont au nombre de quatre. L'impôt doit
frapper également tous les contribuables, en d'autres termes, il doit être proportionnel. Il doit être perçu sur des
bases certaines et non arbitraires. Il ne doit être exigible
qu'au moment où le contribuable pourra s'acquitter le
plus commodément. Les frais de perception doivent être
réduits au strict minimum.

Ces trois dernières règles étant en fait comprises dans
la première, c'est celle-ci qu'il importe de bien comprendre
et de bien préciser. Par malheur les expressions d'Adam

Smith, comme celles de Turgot, manquent de précision ;
peut-être ce défaut de clarté est-il inévitable à cause de la
pauvreté de la langue économique.

Voici ce que dit Adam Smith : « Les sujets doivent contribuer aux charges de l'État en proportion de leurs facultés
respectives, c'est-à-dire en proportion du revenu, dont ils
jouissent sous la protection de l'État. » L'emploi du verbe
« jouir » ne m'a jamais satisfait. Je préférerais l'expression
« peut épargner », car si vous prélevez l'impôt sur ce qui est
indispensable à l'entretien de chaque citoyen, vous attaquez
la source de ses facultés productives et vous vous exposez à
les faire tarir. Cette correction nous conduirait à examiner
l'incidence de notre *income tax*, dont une moitié sert,
comme chacun le sait, à dégrever nos propriétaires fonciers
de charges et de dépenses, sans lesquelles leurs domaines
perdraient toute valeur. Constatons en passant les exemptions iniques dont profitent leurs châteaux et leurs hôtels
et dont eux-mêmes jouissent en matière de droits de succession.

En Angleterre, l'ensemble du produit des impôts, à
l'exception de ceux qui sont perçus pour faire face à des
dépenses locales, a le caractère d'une subvention accordée à la Couronne. Telle est la théorie légale et traditionnelle depuis les temps anciens, où les impôts n'étaient
qu'un supplément aux revenus ordinaires du domaine de
la Couronne. Cette théorie domine toute l'histoire sociale
de nos ancêtres. C'est parce que nos rois ne parvenaient pas
à s'acquitter des charges de leur office au moyen des seuls
revenus de leur domaine que le mécontentement alla jusqu'à provoquer leur déposition ; ce sentiment survécut à la
Révolution, fit imposer des restrictions aux libéralités de
Guillaume III et dicta à Davenant sa *Doctrine des Donations
et des Résomptions Royales*.

Le domaine du roi comprenait la masse des propriétés

foncières répandues par tout le territoire et connues sous le nom de *terra regis* et de *domaine ancien*[1] : elles sont énumérées et estimées dans le cadastre de Domesday. Tous indistinctement, nobles normands, *franklins* ou petits propriétaires libres, bourgeois, entendaient qu'en temps ordinaire ce domaine, avec ses revenus nombreux et multiples, devait suffire à l'entretien du roi et de sa maison, de son armée et de ses gardes, de ses juges, des officiers du Trésor, en un mot de tout le mécanisme administratif du royaume. En plus des profits réalisés dans l'exploitation de ses domaines, exploitation dirigée par des intendants comme celle des nobles et des corporations, le roi avait la jouissance des recettes provenant d'aides, de reliefs et des biens tombés en déshérence ou confisqués à la suite de forfaiture. Il percevait en outre de faibles droits à l'entrée et la sortie des marchandises, les redevances des villes, qui dépendaient directement de la Couronne, ainsi que le produit des droits et des amendes judiciaires. Le total de ces revenus devait le mettre en état d'assurer la paix publique, la sécurité de nos côtes et l'accomplissement des autres devoirs incombant à sa dignité.

Dans les circonstances exceptionnelles, il demandait et obtenait une subvention exceptionnelle et extraordinaire. En dehors de l'obligation imposée à tous les hommes libres de servir à leurs frais dans la milice, il pouvait réclamer le service personnel pour un terme défini de tous ses tenants-chevaliers ; ce service fut de bonne heure rachetable en argent[2] s'il s'agissait d'un service à l'étranger. Becket fut, dit-on, l'inspirateur de cette concession, qui fournit les fonds pour recruter les armées mercenaires du XIVe et du XVe siècle. Elle contenait le germe des pouvoirs du Parle-

---

1. *Ancient Demesne.*
2. Moyennant le paiement du droit de « *scutage* » ou écuage.

ment en matière financière, car si le roi avait pu à sa volonté déterminer les circonstances, où ses tenants seraient contraints de se racheter de l'obligation du service militaire, il aurait eu entre les mains un instrument pour taxer ses sujets à discrétion.

Cette prérogative de taxer à sa discrétion, il ne l'a jamais eue en droit que sur son domaine et vis-à-vis des villes qui relevaient directement de lui et qui seules étaient assujetties à la taille. Mais ici encore la prudence lui prescrivait de ne pas soumettre la patience des bourgeois à une épreuve par trop forte. N'oublions pas qu'il était de l'essence du régime féodal que les obligations fussent réciproques et les charges déterminées. Dans les plus anciens documents historiques, nous voyons toutes les redevances, aussi bien celles du serf que celles du seigneur, fixées, définies, inscrites dans des instruments ayant force de loi, sans pouvoir être étendues. Le cadastre de Domesday est le type de ces instruments et les serfs de la fin du XIVe siècle y puisèrent des arguments en faveur de leur affranchissement. Ce n'est que dans les cas de danger national extrême qu'on a enfreint ces restrictions. Ainsi les chroniqueurs du règne de Richard I s'accordent pour témoigner des charges accablantes que s'imposa le pays pour parfaire la rançon du roi captif en Allemagne. Dans tout le cours de notre histoire, ni le peuple, ni le Parlement n'ont refusé de s'imposer pour défendre l'honneur de la Couronne, pour maintenir les droits ou pour assurer la protection de la personne royale.

Je n'ai pas le loisir d'examiner à fond ce que les historiens de nos antiquités constitutionnelles ont accumulé de détails et de commentaires concernant les barrières qu'on opposa aux tentatives de taxation arbitraire des premiers Plantagenets. A mon avis le consentement du contribuable à l'imposition d'une aide extraordinaire a toujours été indispensable, et les auteurs de la Grande-Charte n'ont stipulé que la consécration de droits reconnus avant la conquête normande. Avant comme après les Grandes Chartes de Jean sans Terre et de Henri III, c'était au roi à présenter à ses sujets une requête, qui était généralement accueillie.

C'est ce que nous constatons lors du projet insensé qu'on caressa d'installer dans le royaume de Sicile Edmond, fils de Henri III. Les contribuables intervenaient par leurs représentants et leurs procureurs, accordaient les aides et en réglaient la répartition. La substitution des services et la responsabilité s'exerçant par personne interposée étaient de l'essence de la vie sociale de nos ancêtres. Dans leurs villages, les habitants se portaient garants les uns des autres ; le chef de ménage était responsable de son hôte. Il suffit de citer l'exemple du jury des compurgateurs, de la caution fournie pour la dette d'autrui et la vieille loi d'attournement collectif [1]. La théorie de la représentation était donc d'application journalière au village ; d'autre part, l'institution des assesseurs ou répartiteurs d'impôt avait été antérieure aux convocations périodiques et régulières du Parlement.

Depuis 1258 Simon de Montfort cherchait à s'assurer l'appui de la nation s'exprimant par ses mandataires électifs. Le souvenir du Parlement qu'on a appelé le « Parlement de Montfort [2], » hanta la mémoire royale au point qu'Édouard I laissa s'écouler un intervalle de trente ans sans convoquer de nouveau Parlement.

Toutefois il était trop sage pour se laisser détourner par un sentiment de méfiance de la tâche qu'il s'était assignée de conquérir et de soumettre le pays de Galles et l'Écosse, tâche dont il ne réussit à accomplir que la première moitié. Ayant fait procéder à un recensement équi-

---

1. L'attournement était l'acte par lequel en cas d'aliénation d'un domaine, le tenant reconnaissait le nouveau propriétaire et suzerain.

2. C'est au Parlement de 1264, que les bourgs furent pour la première fois invités à se faire représenter par deux députés élus.

table et complet de tous les biens imposables de ses sujets, il comprit que l'assentiment formel du Parlement, accompagné du choix judicieux des assesseurs, pourrait seul calmer l'irritation populaire. Les biens de tous, libres ou serfs, furent recensés, mais sans esprit de fiscalité : les archives publiques renferment de nombreuses pièces provenant de ce recensement et j'ai pu comparer leurs évaluations avec les prix de l'époque. Les représentants du peuple invités à présenter librement leurs pétitions, donnèrent leur adhésion aux projets de lois du roi. Celui-ci se souciait apparemment moins de l'assentiment du Parlement que de son utilité comme instrument dans l'établissement et la mise en recouvrement des impôts.

Rien n'est plus frappant que l'extension qu'ont prise les pouvoirs du Parlement entre sa convocation en 1291 et le statut d'York édicté trente ans après. Chaque fois qu'une aide fut demandée, on s'habitua à discuter les motifs de la requête, on présentait des pétitions et des remontrances, on réclamait le redressement des griefs de la nation et le Statut en question déclare expressément qu'aucune loi ne sera valable sans l'assentiment des deux Chambres. Bien qu'introduit par le roi pour obtenir l'annulation de la sentence, qui avait frappé ses favoris, les Despensers, la portée de ce statut fut universellement reconnue, et, ce qui est significatif, c'est qu'il fut dès lors signalé dans tous les traités de droit de l'époque.

Les impôts anciens ont presque tous été des impôts directs. Même avec un commerce plus considérable, il eût été impossible de tirer des ressources suffisantes des droits de douane ; la côte Sud de l'Angleterre, qui était la partie la plus riche du royaume, est découpée en une infinité de baies, qui facilitait la contrebande aux bâtiments à faible tirant d'eau de l'époque. Bien longtemps après, avec une population double, on avouait qu'il était impraticable de percevoir des, droits élevés. « C'est en matière de droits d'entrée, disait Swift, que deux et deux ne font pas quatre. » Au xviiie siècle après l'acte d'Union, les frais de perception des droits de douane dépassaient en Ecosse ce qu'ils rapportaient, et dans ses romans historiques si vrais, Walter Scott a mis en scène des Écossais patriotes et dévots, qui regrettaient les vins de France exclus par le traité de Methuen, maudissaient l'Union et protestaient contre elle en favorisant consciencieusement la fraude toutes les fois que l'occasion s'en présentait. Je conçois tout le plaisir qu'on éprouve à cultiver à la fois son patriotisme et son intérêt. Récemment encore, au temps des tarifs protecteurs, la contrebande était organisée, avait ses capitaux, ses entrepôts et travaillait de connivence avec les fermiers et les gentilshommes campagnards.

L'impôt direct est toujours vexatoire et moins équitable que l'impôt indirect. Un homme qui a de grandes charges, est taxé de même que celui qui en a de légères. Cette inégalité est surtout choquante en Angleterre. Qu'un homme riche achète un château de 100.000 livres sterling, qu'il l'entoure d'un parc immense et qu'il y accumule les embellissements. D'après l'Acte des Assessements de Guillaume IV, qu'il s'agisse des taxes locales comme occupant, de *l'income tax* comme propriétaire, de l'impôt locatif, des droits de succession, il ne paiera pas plus d'un quart pour cent du revenu annuel véritable que ce château représente. Son voisin, qui ne possède qu'une maison de mille livres sterling, paiera en proportion vingt fois davantage. Que les riches ne s'étonnent donc point de voir se répandre les idées socialistes et d'entendre exprimer l'opinion qu'il est urgent de réformer les lois, qui président à la distribution des richesses, lois, dit-on, qui sont évidemment d'institution humaine, puisqu'elles n'ont servi qu'à enrichir les riches et à appauvrir les pauvres.

Soyons justes envers nos ancêtres ; ils n'ont pas eu recours à ces pratiques mesquines et malhonnêtes. Ils ont admis, même à la Chambre des Lords, qu'un impôt sur le revenu doit être gradué et ils ont agi en conséquence. Dans un impôt de capitation de 1377, le duc de Lancastre fut taxé à 520 fois ce que devait payer un paysan. En 1435 et en 1450, une *income tax* graduée fut perçue sur la base de 2 1/2 pour cent sur les petits revenus et de 10 pour cent sur les gros. Un siècle et demi plus tard, le même principe réglait les taxes locales. En mars 1600, — je cite d'après les manuscrits originaux conservés à la bibliothèque Bodléienne (*Rawlinson Papers C.* 642) — une commission des habitants de Tandridge dans le comté de Surrey, procéda au relevé cadastral et à la taxation de la paroisse à l'effet de se procurer les ressources nécessaires à l'assistance des pauvres et des soldats estropiés, à l'entretien des prisons et de l'hôpital du comté, et au rachat du droit de pourvoyance[1]. La paroisse avait une superficie de 2391 acres et l'unité de perception fut fixée à 1 penny par acre. Les magistrats décidèrent que cette taxe ne serait payée qu'une fois l'an par les habitants occupant moins de 10 acres, deux fois par ceux qui en occupaient moins de trente, et que le déficit éventuel serait réparti entre ceux qui en occupaient davantage. Ceux-ci étaient au nombre de quatorze sur cinquante-cinq occupants. Les magistrats ajoutent cette clause significative : « Il reste entendu que ceux des habitants qui sont propriétaires et gens fortunés, tout en n'occupant que peu de terres, devront toujours, nonobstant cette taxe, contribuer à notre discrétion à l'assistance des pauvres. »

Le peuple manifestait une méfiance extrême toutes les

---

1. Le droit de pourvoyance conférait au roi le privilége de réquisitionner les approvisionnements nécessaires à sa maison à un prix qu'il déterminait et à l'exclusion de tout autre acheteur. C'était l'équivalent de l'ancien droit de prise et de pourvoierie des rois de France.

fois qu'un subside extraordinaire était sollicité sans nécessité bien apparente. Aussi avait-il pris en haine les favoris royaux, qui s'enrichissaient aux dépens de la Couronne. Nobles, bourgeois, paysans se trouvèrent d'accord pour détester les demi frères et les parents de l'épouse de Henri III, d'autant plus que ces derniers étaient étrangers et que le peuple anglais n'a pas cessé d'être hostile aux influences étrangères, qu'elles s'introduisent par l'escalier d'honneur ou par l'escalier dérobé. Il détesta les Gaveston, les Despensers, qui étaient pourtant de race anglo-normande, les De Vere et les protégés obscurs de Richard. La faveur excessive témoignée aux Pole et aux Beaufort fut pour beaucoup dans la déposition de la dynastie de Lancastre. La fortune des Seymour et des Dudley, gorgés des dépouilles des ordres monastiques, excita jusqu'aux Lollards contre la Réforme religieuse. La faveur de Buckingham fut le premier acte de la tragédie qui se termina sur l'échafaud de Whitehall. Pour ses contemporains, la plus grave erreur politique de Guillaume III a été son attachement pour Keppel et pour Bentinck, qui de modeste gentilhomme hollandais devint un des nobles les plus opulents de l'Angleterre. Quand la cassette royale fut à sec, la Révolution réduisit la Couronne à une Bourse Privée modeste et décida que même pour sa liste civile, le souverain serait sous la dépendance du Parlement. Lorsque ce principe fut abandonné en 1850, lord Brougham protesta au nom de la théorie constitutionnelle qu'il exposa et défendit avec énergie.

Edouard I avait clairement discerné que des impôts arbitraires seraient moins fructueux que des impôts légalement consentis. Sa maxime était, dit-on, que tous devaient participer aux dépenses nécessitées par la défense des intérêts de tous. Aussi ses bills financiers n'omettent-ils personne et constituent-ils un recensement minutieux de la population. Il se heurta à la coutume invétérée des Anglais de n'allouer que des subsides déterminés et d'en surveiller eux-mêmes la perception. Un subside, c'est ainsi qu'on s'habitua à nommer ces allocations parlementaires, représentait à l'origine une allocation de 100.000 L; sous Elisabeth il était tombé à 50.000 L. L'opinion publique admettait des remises d'impôts, mais n'admettait pas qu'ils fussent illégalement augmentés. Les pétitions sollicitant des dégrèvements, étaient renvoyées à une commission d'enquête nommée *ad quod damnum*, ayant le mandat de rechercher la perte que subirait le revenu royal s'ils étaient accordés. Au xve siècle on déchargeait les localités qui pour un motif temporaire ou permanent, étaient incapables de fournir leur cotisation. C'est ainsi que les Universités et les Collèges d'Oxford et de Cambridge et les écoles de Winchester et d'Eton ont été déchargées des taxes, qui les grevaient du chef de leurs emplacements, mais cette faveur n'a pas été étendue à leurs autres domaines.

Sauf sous les règnes de Richard II et de Henri IV, les votes de subsides parlementaires furent fréquents pendant la durée de la guerre de Cent Ans. Chaque fois, le roi devait écouter des remontrances, dont un grand nombre figure aux Rôles du Parlement. Je crois toutefois que, pour le xive siècle, ces rôles sont incomplets, car je n'y ai trouvé aucune mention de plusieurs taxes, qui ont donné lieu à des paiements que j'ai relevés dans la comptabilité des intendants. Je présume que si ces paiements n'avaient pas été justifiés, ils n'auraient pas échappé à la vérification de ceux-ci.

Toutes ces taxes frappaient le capital. L'assessement ou état de recouvrement était l'œuvre de commissaires nommés en grand nombre afin que les opérations pussent s'effectuer simultanément par tout le royaume. Le mobilier agricole et les récoltes sur pied n'étaient pas taxés, mais on taxait la laine déposée dans les bâtiments de la ferme et le grain obtenu par le battage. Les fermages du propriétaire étaient taxés, ainsi que les marchandises des boutiquiers et le mobilier domestique des plus pauvres comme des plus riches. J'ai examiné plusieurs de ces assessements et il me semble que les estimations étaient de 30 à 40 pour cent inférieures à la valeur courante. Il eût sans doute été périlleux de taxer les objets à leur pleine valeur.

Les taxes imposées aux villes avaient un caractère particulier. Celles-ci avaient longtemps été considérées comme étant la propriété du roi ou de quelque grand personnage laïque ou ecclésiastique, et elles étaient restées sous leur dépendance directe. Par exemple la ville d'Oxford dépendait du Roi, celle de Bury du puissant abbé de St-Edmond. Ces personnages octroyaient des chartes ou des privilèges moyennant une somme d'argent, plus une rente-ferme appelée *firma burgi*, qui, comme toutes les redevances, était fixe et invariable. L'attribution d'une rente-ferme par le roi ou le seigneur était un mode de libéralité fort en usage. C'est ainsi que la rente-ferme d'Oxford a été l'objet d'une donation à l'hospice de St-Bartholomew ; Edouard II la transféra au Collège d'Oriel, y compris l'hospice et les terres y attachées, avec obligation pour le collège de pourvoir à l'entretien des indigents qu'on y avait recueillis. La rente-ferme de Scarborough a été octroyée par Henri III à King's Hall à Cambridge ; cette dernière fondation a depuis été absorbée par Trinity College. De même les licences des corporations urbaines, notamment à Londres, faisaient l'objet d'un paiement en argent. Les privilèges les plus variés, le droit de vaquer à leurs propres affaires, d'élire leurs juges, d'administrer leurs propres biens manoriaux, étaient, à chaque confirmation nouvelle, accompagnés d'un nouveau paiement. Un de nos collèges, Magdalene, a payé de ce chef à l'avènement de Henri VIII une somme considérable pour le renouvellement et la confirmation de sa Charte. Bref, il n'est aucun droit ancien qui n'ait été payé et repayé largement.

En dehors de ces redevances périodiques, nos anciennes villes étaient assujetties à ce qu'on appelait les tailles. Ne nous hâtons pas de conclure que le Souverain avait le droit de les frapper d'impôts au gré de son caprice ; non, mais il leur réclamait par intervalles des sommes fixes à titre de contributions exceptionnelles. Les villes jouissaient d'une certaine latitude pour les refuser ou les éluder ; du moins ceci paraît résulter, au moins indirectement, d'une déclaration d'Edouard promettant formellement de ne plus imposer de taille à l'avenir. A partir de 1332, le droit de les accorder fut réservé par la coutume au Parlement. Dix ans auparavant, en 1322, le dernier écuage avait été perçu. En fait le consentement du contribuable a toujours été présumé et quelquefois expressément demandé. C'est ainsi qu'en 1255 les habitants de Londres refusèrent de se soumettre à une taille ; forcés de céder, ils prouvèrent à Lewes que leur résistance avait été réfléchie.

L'acte du Parlement, accordant un subside, nommait les commissaires chargés de le répartir entre les comtés et dans les campagnes ; dans les villes les autorités municipales étaient chargées de ce soin. Parfois les commissaires s'étaient laissé corrompre et sous Richard I, Fitz Longue Barbe prétendant que les bourgeois les plus pauvres étaient indûment taxés, les poussa à résister. Son intervention lui coûta la vie. Je suis porté à croire que la répartition s'opérait en général honnêtement, car je n'ai rencontré que peu de plaintes à ce sujet, pas plus d'ailleurs qu'au sujet du droit de pourvoyance que les officiers du roi semblent avoir exercé avec modération.

Les longues guerres avec la France coûtaient cher et la Cour était toujours en quête de ressources en outre des subsides du Parlement. La rentrée des droits de douane n'était assuré qu'en certains points spéciaux comme les villes d'étape. Aussi les premiers essais de taxation des produits anglais participent-ils plutôt de la nature de droits d'accise ou de consommation que de celle de droits de douane. Telles furent la taxe de 40 sh. par sac de laine de 1297 et l'imposition en 1341 de 21.000 sacs, que le Parlement répartit à une demi livre près entre les divers comtés ; sur les domaines, où il n'y avait pas de moutons, la comptabilité des intendants prouve que la taxe fut acquittée en argent. Tels furent les impôts de capitation (*poll tax*) établis en 1377 et continués jusqu'après la Révolution.

Quand Calais eût été déclaré ville d'étape ou de livraison pour la laine, les financiers du xvᵉ siècle s'aperçurent que cet article pourrait rapporter au Trésor de grosses recettes, qui demeureraient à charge du consommateur étranger. Se flattant aussi de l'espoir prématuré de pousser au développement de l'industrie lainière, ils mirent des droits de sortie de 100 pour cent sur les laines et les toisons. Les droits n'arrêtèrent pas l'exportation, car l'Angleterre jouissait à cette époque du monopole de la production de la laine. Par contre les cuirs et les peaux ne purent supporter qu'un droit modéré.

A la même époque l'*incometax* fut établie sur les revenus permanents ; quant aux revenus précaires, ils ne furent pas touchés. D'après les rôles du Parlement, le premier en date fut établi en 1435 afin de pourvoir aux énormes dettes du roi (celui-ci avait alors quatorze ans), provenant du pillage éhonté de la cour pendant sa minorité. La taxe fut graduée : 2 1/2 pour cent sur les revenus permanents et annuels de 5 à 100 L ; 3. 33 sur ceux de 100 à 400 L. et 10 pour cent sur tous ceux dépassant ce dernier chiffre. En 1450, lors de la perte de nos possessions françaises, une nouvelle taxe fut imposée : de 2 1/2 pour cent sur les revenus de 1 à 20 L, de 5 pour cent de 20 à 100 L et de 10 pour cent sur les revenus supérieurs. Dans les deux circonstances, l'excédent du revenu dépassant respectivement 400 et 200 L fut seul taxable à raison de 10 pour cent. Ces fortes taxes sur les gros revenus n'étaient pas sans précédent, car en 1382, les propriétaires fonciers s'imposèrent une taxe spéciale » à cause de la pauvreté du pays » et en 1404, une taxe spéciale de 5 pour cent fut consentie par les lords temporels, pour eux-mêmes, leurs épouses et les autres sujets ayant un revenu supérieur à 500 marcs (le marc valait treize shillings). Sous Henri VIII, on essaya, mais en vain, de taxer les revenus professionnels. Aucune nouvelle *income-tax* ne fut établie jusqu'à Pitt.

Celui-ci n'y eut recours qu'en 1799, alors que les finances anglaises étaient aux abois. Dans son projet la taxe était de 10 pour cent pour les revenus supérieurs à 200 L ; les revenus de 200 à 60 L étaient soumis à des taxes graduées. Addington la supprima pendant la courte paix d'Amiens, et la rétablit ensuite en lui enlevant son caractère progressif. Abolie à la fin de la guerre, Peel la rétablit en 1842 pour compenser le déficit qu'on redoutait sur les recettes douanières. Celles-ci ont au contraire subi une augmentation considérable. Lorsque j'ai présenté au Parlement une motion sur les contributions directes, motion qui a été votée par une forte majorité le 23 mars 1886, j'ai démontré que près de la moitié du produit de l'*income-tax* est employée à dégrever les propriétaires fonciers de charges anciennes et traditionnelles, frappant directement ou indirectement leurs domaines, alors que ce sont ces charges qui ont donné à ces domaines leur valeur actuelle. Autant frapper le public en masse d'une taxe destinée à leur rembourser les frais de fumure et de drainage de leurs terres.

L'argument que fit valoir Peel pour justifier le rétablissement de cet impôt inique, c'est que le dégrèvement douanier qu'on allait voter, constituerait une économie pour le contribuable et qu'il était équitable de lui réclamer un sacrifice équivalent sur ses revenus. Ne parlons pas d'une infinité de droits grotesques qui ne rapportaient absolument rien, mais observons que la plupart de ceux qu'on diminuait ou supprimait, étaient des droits de consommation ou d'accise grevant des produits de l'industrie nationale, au détriment sans doute des fabricants et de leurs ouvriers, mais qu'ils ne touchaient que fort peu la majorité des consommateurs. De plus les droits sur les denrées d'une consommation universelle ne furent réduits que plus tard et furent même augmentés pour certains articles dits de luxe. L'accroissement formidable des recettes a enlevé toute validité à l'excuse que fit valoir le ministre. Tel qu'il est appliqué, cet impôt opprime la classe la plus gênée de la population, celle qui n'a pas la facilité qu'ont les commerçants d'en récupérer le montant sur leur clientèle.

La maison d'York ne demanda que peu de subsides au Parlement, malgré tout ce qu'on a écrit à ce sujet sous les Tudors. Les rôles du Parlement sous Edouard IV, fourmillent de pétitions présentées par des nobles et des gentilshommes du parti de Lancastre, sollicitant l'annulation des sentences d'*attainder* [1] prononcées contre eux, et toutes furent accueillies. Il est vrai qu'Edouard inventa ou, pour être plus juste, réclama plus fréquemment que ses prédécesseurs, une nouvelle contribution, les « Benevolences, » auxquelles les rois et les ministres ont eu recours pendant les deux siècles suivants. En théorie, les « Benevolences, » étaient des prêts, mais en fait c'étaient des dons forcés extorqués aux sujets opulents. Richard III n'en réclama au-

---

1. La sentence d'*attainder* entraînait la déchéance de la noblesse et la confiscation des biens : c'était une véritable mort civile venant s'ajouter à d'autres peines.

cune, mais Henri VII y eut de nouveau recours et fit décider que la simple promesse rendait recevable une action en recouvrement.

Il est extrêmement malaisé de découvrir l'origine du droit de priorité de la Chambre Basse en matière financière, droit qui a été reconnu dans tous les pays civilisés, là même où la Chambre Haute est élective. Il ne fut définitivement établi qu'à partir du Parlement des Pensionnaires sous Charles II et à la suite d'une bataille en règle entre les Lords et les Communes. Les premiers conservèrent leur juridiction d'appel en matière judiciaire, qui a souvent fait le désespoir et excité les railleries des hommes de loi, mais ils reconnurent implicitement que les Communes avaient le droit exclusif d'initiative et d'amendement en matière de lois d'impôts. Les Lords ne conservèrent que le droit de les rejeter en bloc.

La composition de la Chambre des Lords varia sans cesse jusqu'au xviie siècle. En théorie, elle était le Conseil du Roi et le Roi convoquait ses conseillers à son gré et interprétait de même leur absence, qu'il lui arrivait d'interpréter comme une manifestation d'hostilité ou même de rébellion. Henri VIII, qui avait pourtant ses raisons pour exiger la présence des Lords qu'il entendait surveiller, inventa le système des procurations confiées par un membre absent à un membre présent, qui se portait ainsi garant de son mandant. Les lettres de convocation étaient envoyées sans régularité et suivant les caprices de la Couronne. Sous les Plantagenets, la composition de la Chambre Haute variait de session en session. Les lords temporels ou laïques se félicitaient s'ils n'étaient pas convoqués à une Assemblée, où ils se trouvaient perdus dans une majorité écrasante de pairs spirituels, qui votaient leur part d'impôts dans une enceinte distincte, [2] et suivant d'autres principes. Les pairs

---

1. Le clergé avait son assemblée spéciale, dite *Convocation*.

ne réclamèrent leurs lettres de convocation comme un droit, que sous Charles I et à l'occasion de l'emprisonnement de lord Arundel et de lord Bristol, dont ils exigèrent la libération. Charles, qui ne voulait pas se brouiller avec les deux Chambres à la fois, céda tacitement à leur réclamation. Le roi était toujours présumé présent et assistait souvent en personne à leurs délibérations. Une assemblée aussi flottante, où les deux tiers des membres n'avaient pas qualité pour taxer les laïques, pouvait-elle discuter les exigences financières en présence du roi? Si elle passait outre, quel mandat avait-elle pour faire présumer le consentement du contribuable?

Au contraire, les Communes ont été dès l'abord convoquées pour voter l'impôt. Leurs membres étaient les délégués des villes et des comtés, ils avaient reçu avant leur départ les instructions de leurs électeurs et restaient en communication avec eux. De même qu'ils représentaient leurs électeurs, leur Président ou *Speaker*, les représentait. C'est lui, pour me servir d'une phrase moderne, qui préparait le budget et qui proclamait la décision de la Chambre. Le discours qu'après son élection il adresse au Souverain, le priant de ne pas lui imputer d'intention offensante et d'accorder une interprétation favorable à ses paroles et à ses actes, détonne aujourd'hui à nos oreilles, mais il fut un temps où ce cérémonial avait sa signification. Il va de soi que si les Lords manifestaient l'intention de frapper leur ordre d'une taxe spéciale, comme ils le firent en 1404, nul ne songeait à s'y opposer. J'imagine que si par impossible les Lords s'engageaient à payer une triple *income-tax*, nos Communes n'interposeraient pas leur veto constitutionnel.

Deux taxes offrent un intérêt historique particulier; ce sont celles de 1453 et de 1503.

En 1452, à la suite de la révolte de la Gascogne contre le roi de France, l'Angleterre essaya d'y reprendre pied et le vieux Shrewsbury fut envoyé avec une armée pour soutenir les révoltés. Les Communes votèrent une force de 20, 000 archers (la Couronne n'en accepta que 13,000) qui devaient être payés à raison de six pence par jour, c'était le plein salaire d'un artisan, au moyen d'un impôt réparti par le Parlement entre tous les comtés. — La défaite de Shrewsbury à Châtillon arrêta l'entreprise, mais lorsqu'en 1472, Edouard songea à attaquer la France, le Parlement remit en vigueur cette contribution, qui uniquement destinée à pourvoir à l'entretien d'une armée faisant campagne à l'étranger, fut, contrairement aux précédents, imposée indistinctement à tous les habitants non ecclésiastiques du royaume.

En 1503, Henri VII réclama, pour la première fois après un intervalle d'un siècle et demi, deux anciennes aides féodales exigibles des seuls tenants devant un service de chevalerie, lors du mariage de la fille aînée du roi et lors de l'admission de son fils aîné dans la chevalerie. Marguerite, la fille aînée du roi, était mariée depuis quelque temps à Jacques IV d'Ecosse, et Arthur, son fils aîné, venait de mourir. Pour se consoler, le père imagina de frapper tous ses sujets de cette taxe à laquelle n'avaient été soumis que les tenants en chevalerie. Avec le consentement du Parlement, elle frappa à la fois ceux-ci, les tenants en socage et les tenants suivant la copie des rôles des manoirs. Elle lui rapporta même 31,000 L au lieu des 30000 qu'on lui avait promis.

Les recettes des douanes avaient suivi le développement du commerce. Quoique de temps immémorial affectées aux revenus de la Couronne, le Parlement renouvelait la concession de cette affectation à chaque renouvellement de règne et pour toute la durée de la vie du Souverain. A la

---

1. Le tenant en socage était soumis au *soc* ou juridiction du seigneur, mais n'était assujetti qu'aux redevances *précaires* (et non hebdomadaires) de travail. Il était fréquemment astreint au service militaire.

suite du renchérissement général, qui se produisit sous son règne, Elisabeth fit publier un tarif, dont les droits furent calculés sur les prix relevés. A l'instigation de Cecil, Jacques I imposa un tarif instituant des droits nouveaux et jeta ainsi les semences de la querelle, qui devait se dénouer par l'exécution de son fils [1].

De 1636 à 1641, le *ship-money* ou taxe pour la construction des vaisseaux de guerre fut perçu dans tous les comtés ; quelque fût son caractère illégal — et je crois tous les historiens d'accord sur ce point — la répartition en fut laborieusement équitable. On prétend que l'Attorney Général Noy, qui la suggéra, avait découvert des précédents dans les archives de la Tour. Les villes et les comtés maritimes ont à la vérité toujours été taxés pour la défense des côtes et les privilèges des Cinq Ports ne leur ont été accordés qu'en rétribution de ce service. Les navires marchands avaient de même été soumis à la réquisition en temps de guerre ; Edouard III usa de ce droit à la veille de sa victoire navale de l'Ecluse, mais on croit qu'à l'origine la taxe n'était pas applicable aux comtés de l'intérieur. J'ai cependant découvert quelques domaines situés dans l'intérieur qui au xive siècle ont été taxés *pro warda maris*.

Au commencement de la guerre civile de 1642, le Parlement eut l'immense avantage de s'appuyer sur Londres, où était concentrée plus de la moitié de la fortune nationale. En regard de cette opulence, la vaisselle plate des Cavaliers, que les Têtes Rondes appelaient par dérision l'argent des dés à coudre, faisait assez piteuse figure. Mais l'adhésion au Parlement des sept comtés de l'Est n'ayant pas persisté, il fallut chercher de nouvelles sources d'impôt et on introduisit l'accise imitée de l'exemple qu'avait

---

1. Ce tarif, connu sous le nom de « *Cecil's Book of Rates,* » fut édicté et maintenu sans l'assentiment et malgré les remontrances du Parlement.

donné la Hollande pendant sa guerre de l'Indépendance.
C'était un Octroi universel et permanent. Les royalistes
protestèrent contre cette institution, qu'ils qualifièrent de
tyrannique, et se hâtèrent de l'implanter dans les localités
qu'ils occupaient. Avec l'accise maintenue par la Restauration, commence le système financier moderne, mais quelques-uns des anciens errements sont restés en vigueur jusqu'après la Révolution de 1688. Un seul a été maintenu
jusqu'à nos jours. C'est celui d'après lequel l'impôt foncier
(*land tax*) est encore perçu suivant une assiette vieille de
deux siècles. La révision en paraît inévitable et prochaine.

CHAPITRE VII

De la localisation de la richesse en Angleterre aux différentes époques de son histoire.

Importance du sujet. — Aperçu sur la localisation contemporaine de la richesse. — Autonomie des villages. — Utilisation des édifices ecclésiastiques. — Les comtés riches et les comtés pauvres. — Assessements ou états de répartition par comtés de 1341, de 1375, de 1453 et de 1503. — La prospérité des comtés de Norfolk et d'Oxford. — Richesse relative des villes. — Assessements de 1660 et de 1672. — Évaluation de la population. — Les maisons et les feux en 1690. — Des progrès de l'Angleterre septentrionale.

Il n'est pas dans l'histoire d'Angleterre de question plus intéressante que celle qui va nous occuper, mais il en est peu de plus obscures et il n'en est pas, dont les données soient plus inégalement réparties. J'ai consacré un quart de siècle à ces recherches et bien que je sois parvenu à éclairer certaines époques d'un jour nouveau, il reste de longs intervalles plongés dans des ténèbres, où aucun manuscrit, aucun livre imprimé ne vient nous guider. Je n'ai notamment rien découvert de précis et d'authentique se rapportant à la période longue et troublée qui s'étend du règne de Henri VIII à l'explosion de la guerre civile en 1642, car pour ce qui est des vagues appréciations sociales des historiens contemporains, qu'il s'agisse de moines comme Mathieu Paris on d'historiens comme Clarendon, je m'en suis toujours méfié. Celui-ci par exemple vante la prospérité de la nation pendant les onze années durant lesquelles le gouvernement se dispensa de convoquer le Parlement ; or, d'un examen comparatif des salaires, des fermages et des prix, est résultée pour moi la conviction qu'elles ont été une période de misère intense pour les travailleurs et pour les fermiers.

Si nous possédions des données exactes sur la localisation de la richesse aux différentes époques de notre histoire, nous nous rendrions un meilleur compte de la naissance et du développement de nos industries, des avantages que l'intelligence de nos pères savait tirer des produits de notre sol et de notre climat, de l'efficacité des mesures prises par le gouvernement pour le maintien de la sécurité et la défense nationale, nous constaterions les effets de la législation sur l'industrie et la prospérité publiques et nous pourrions estimer le nombre, la densité et le groupement de la population. C'est ce que je vais malgré tout tenter de faire, dans l'espoir d'arriver avec vous à quelques résultats durables.

Même de nos jours, ensevelis, comme nous le sommes, sous une avalanche de statistiques, il n'est pas aisé de déterminer avec certitude la localisation de la richesse. Depuis le commencement du siècle, nous faisons des dénombrements décennaux, mais une région, où la population est dense, n'est pas toujours une région prospère : témoin l'Irlande et l'état misérable de la race qui l'habite.

Les deux éléments d'appréciation les moins trompeurs sont les tableaux dûment analysés du rendement de l'*income tax* et les estimations officielles, qui servent de base à la perception des impôts. Mais ni les uns, ni les autres ne nous garantissent absolument de l'erreur. Le législateur a confié le soin de dresser ces estimations, même pour la propriété urbaine, aux magistrats des comtés que leurs préjugés de classe rendent suspects de partialité. Sous le prétexte que la valeur locative en est minime, de somptueux hôtels sont taxés trop bas. Ici la propriété est estimée d'après son revenu brut, là d'après son revenu net. Telle propriété dont le possesseur jouit des avantages d'un monopole indirect et perçoit un surplus de loyer, reste indemne de toute taxation de ce chef.

Sans nous arrêter aux anomalies de l'*income tax*, n'arrive-t-il pas que telle usine située dans tel comté fait la fortune d'un industriel, qui réside dans un autre comté ? Le rendement par comté ne donne pas l'image exacte de la localisation de l'industrie productive, surtout pour les villes comme Londres, où la classe qui dépense est plus largement représentée que la classe qui produit. Le Yorkshire et le Lancashire représentent incontestablement un ensemble de richesse plus considérable que les comtés de Middlesex et de Surrey, qui cependant les précèdent dans nos relevés statistiques.

Pour une partie du Moyen Age le problème est infiniment moins compliqué, mais nous n'avons qu'une seule source d'information, le Cadastre de *Domesday*. Dressé dans le but de fournir pour chaque région, l'énumération de toutes les richesses qu'elle renfermait, il relève en détail les ressources de chaque seigneurie, de chaque paroisse, de chaque manoir, le nombre des propriétaires et des habitants, ainsi que l'état de leurs redevances personnelles et réelles. C'est un document, non seulement remarquable, mais unique, qui ne se rencontre dans les archives d'aucune autre nation et qui a été le premier et le dernier travail de ce genre exécuté en Angleterre. Pourtant il n'a jamais été analysé au point de vue de la statistique et du problème, qui nous occupe, problème qui, je le répète, était moins complexe, alors que la société se décomposait en un moindre nombre d'éléments, qui étaient tous en contact direct les uns avec les autres.

En effet, le paysan et le bourgeois ne se mouvaient que dans le cercle étroit, manoir ou paroisse, où ils vivaient soumis à un système de solidarité basé sur la coutume. Ils se sentaient étrangers partout ailleurs, si ce n'est peut-être aux assemblées de la centurie (*hundred*) et de la Cour du comté. Au-delà des confins des villages s'étendaient des espaces, parfois assez vastes, qui n'appartenaient à personne et où erraient les hommes qui n'avaient pas de terre. La tradition, qui nous dépeint les *Bannis* (*outlaws*) vivant dans les forêts de braconnage et de rapine, punis, s'ils étaient pris, de peines plus rigoureuses que les habitants des villages, qu'ils ne molestaient d'ailleurs jamais, est confirmée, non seulement par nos vieilles ballades, mais par les récits des chroniqueurs. Telle est l'histoire des voleurs de grand chemin d'Alton dans le Hampshire, racontée par Mathieu Paris : Henri III eut grand'peine à réprimer leurs déprédations commises dans la forêt, qui de Southampton, borde la route que suivaient les marchands venant de France. Les riverains des cours d'eau du Hampshire ne protégeaient pas ces pillards, mais ne s'opposaient pas à leurs expéditions.

Une étude même superficielle des archives des manoirs au XIVe siècle, à l'époque du complet épanouissement de l'ancienne juridiction de la *Court Leet* [1] avec son grand et son petit Jury, nous initierait au fonctionnement de ce mécanisme légal savamment balancé. De même que le roi présidait ses cours de justice par la personne d'un délégué, de même le seigneur du manoir se faisait représenter par son sénéchal ou intendant. L'accusé devait être amené devant lui et si l'accusation était grave, un jury était constitué pour le juger. Il y a quelques anné j'ai publi é le compte rendu d'un

---

1. Cour de Justice, *Curia Litis*. Elle avait une juridiction civile et criminelle et semble avoir eu pour origine l'assemblée plénière des propriétaires fonciers de la localité.

de ces procès criminels, ainsi que de la sentence rendue et de son exécution dans le manoir d'Holywell en 1337. Quand une amende était prononcée, le Sénéchal en encaissait le montant pour compte du seigneur. A mon avis, la justice de ces cours a été plus équitable et plus efficiente que celle des Juges de paix, qui leur a succédé.

A l'exception du meunier et du messager public, tous s'adonnaient exclusivement à l'agriculture. Le rouet et le métier à tisser se rencontraient sous chaque toit, et les paysans tissaient eux-mêmes les étoffes, dont ils s'habillaient. Ceci résulte du classement invariable de la laine en laine marchande et en *locks* ou boucles vendues à bon marché pour le tissage domestique. Le chanvre était cultivé sur une petite échelle et cette culture fut même imposée par Henri VII, à un moment où l'on craignait de la voir abandonner.

A côté de ces industries domestiques disséminées par tout le royaume, il existait quelques manufactures locales de toiles et de lainages. Ces dernières furent concentrées dans le Norfolk, grâce au voisinage géographique de la Flandre, car son climat froid et sec ne convient pas au tissage, [1] qui exige au contraire une atmosphère humide et une température uniforme. La population y était très dense et les villes d'Aylsham et de Cromer étaient bien plus populeuses et plus étendues que de nos jours. On a cependant voulu attribuer à l'Angleterre du Moyen Age une population supérieure à celle qui l'occupait en effet, en invoquant le nombre des grandes églises construites à cette époque dans le Norfolk. Il ne faut pas oublier que l'église ou plutôt sa grande nef était la salle commune de la paroisse, que l'on s'y rassemblait pour discuter des affaires communes et qu'on y emmagasinait parfois les denrées agricoles précieuses, comme la laine. L'idée que l'église doit être réser-

---

1 A Bruges, il était interdit de tisser la laine en temps de gelée.

vée au culte, ne date que de Laud et du XVIIe siècle. Ici à Oxford, jusqu'au temps de ce prélat, l'église Sainte-Marie servait de salle académique, où l'on soutenait les thèses, où l'on conférait les diplômes et où se rassemblait le conseil universitaire.

Les comtés du centre, de l'Est et dans le Midi, celui de Kent, étaient les plus prospères à cause de l'abondance des prairies naturelles et des terres faciles à labourer. Le Devonshire, la Cornouaille, les comtés de l'Ouest, ceux qui confinaient au pays de Galles et ceux du Nord, étaient les plus pauvres et leur dénûment était encore aggravé par les incursions continuelles des Ecossais et des Gallois. York se trouve à la vérité parfois mise au second rang des villes du royaume, immédiatement après Londres, mais tout le reste du pays au Nord de l'Humber était arriéré, peu sûr et maigrement peuplé. On y apercevait des châteaux-forts et d'opulents monastères, mais les villes étaient petites. Manchester et Liverpool étaient de grands villages et la partie occidentale du Yorkshire n'était que landes désolées sur les hauteurs et marécages stagnants dans les vallées. On y appliquait aux maraudeurs le système de la justice la plus sommaire. Les mœurs grossières des habitants les faisaient craindre et détester de leurs voisins du Sud.

Notre principale, je dirai presque notre unique source d'informations, ce sont les Assessements ou états de répartition, qui étaient dressés chaque fois que le Parlement votait une taxe : les taxes plus fréquentes, surtout en temps de guerre, furent les contributions directes, dites dixièmes ou quinzièmes. Je répète qu'elles avaient une assiette fixe qui, équitable au début, perdait à la longue cette qualité. J'ai découvert onze de ces assessements, mais aucun ne se rapporte à la fin du XVIe siècle, époque particulièrement intéressante, qui vit la suppression des monastères, le changement des modes de tenure et l'afflux des métaux précieux

du Nouveau Monde. Nous allons examiner en détail chaque
assessement et les circonstances, où il a été établi.

En 1344 un peu avant la Grande Peste, Edouard III demanda au Parlement de soutenir sa revendication au trône
des Valois. Il lui fut accordé un subside évalué en laine et à
répartir entre tous les comtés, à l'exception de ceux de
Durham et de Chester, qui avaient une administration séparée. Quatre villes seulement furent l'objet d'une répartition à part : Londres, Newcastle, Bristol et York. Elles
furent classées dans l'ordre, où je les cite. Le versement ne
devait pas nécessairement s'effectuer en nature, quoique je
n'aie pas trouvé dans les rôles du Parlement l'énoncé de la
valeur à laquelle le sac de laine était estimé. Je lui ai assigné la valeur moyenne de la laine à cette époque, soit
4 Livres sterling par sac.

En 1375, après la Grande Peste, en pleine propagande de
Wiklif, Edouard III, ayant perdu ses conquêtes et même
ses possessions héréditaires en Guyenne, adressa un appel
au Parlement, qui vota une contribution fixée en argent
et répartie, comme de coutume, entre les comtés et cinq
villes : Londres, Bristol, York, Kingston et Bath.

J'ai mentionné au chapitre précédent les votes des contributions en 1453 lors de l'insurrection des Gascons contre le
roi de France et en 1473 sous Edouard IV. Le comté de
Durham fut compris dans la répartition, ainsi que dix
villes : Londres, York, Norwich, Bristol, Coventry, Newcastle, Hull, Lincoln, Southampton et Nottingham.

Lorsqu'en 1503, pour la première fois depuis un siècle et
demi, Henri VII réclama du Parlement l'aide féodale « pour
fille marier » qui n'avait jamais été exigible que des te-
nants-en-chevalerie, on procéda à un quatrième assessement, qui comprit dix-sept villes : Londres, Bristol, York,
Lincoln, Glocester, Norwich, Shrewsbury, Oxford, Salisbury, Coventry, Hull, Canterbury, Southampton, Not-

tingham, Worcester, Southwark et Bath. Il est probable que cette liste comprend toutes les villes de quelque importance ; jusque-là on n'avait peut-être imposé à part que les villes dites « *villes de comté* » qui, ayant une banlieue considérable et une circonscription étendue, étaient le siége périodique des Cours d'assises.

Ces quatre assessements, couvrant une période de 163 années et aboutissant à la suppression des ordres religieux et à la dépréciation des métaux précieux, nous permettent d'asseoir notre jugement concernant la richesse relative des villes et des comtés sur l'estimation des contemporains les plus compétents.

La part contributive du comté de Middlesex, en y comprenant Londres, dépasse celle de chacun des autres comtés. Sans Londres, le Middlesex passerait du troisième au neuvième rang et cependant jusqu'au milieu du xvie siècle, Londres ne débordait guère ses anciens remparts et comprenait de grands jardins et de vastes espaces libres. Une grande partie des revenus actuels de la Cité provient même de terrains jadis déserts sur lesquels on a élevé une infinité de constructions ; le plus étendu de ces terrains près de Saint James Street dans le West End, lui fut donné pour y établir des réservoirs d'eau. La population ne dépassait pas 50.000 âmes, mais les marchands et les manufacturiers de Londres étaient déjà beaucoup plus riches que ceux des autres villes du royaume.

Dans le premier assessement, le Norfolk occupe la seconde place, de beaucoup en avant du comté d'Oxford. Mais dans le second, le troisième et le quatrième, Oxford la lui prend, quoique en le serrant de près. La prééminence du Norfolk n'est pas due à son agriculture, puisque la terre y est assez pauvre, mais aux industries florissantes qui s'y étaient implantées. Dans les statistiques de *l'income tax* de 1860 et sur les trente-sept comtés taxés en 1344, le Norfolk figure comme vingt-cinquième et Oxford comme dix-septième.

Le rang élevé attribué à l'Oxfordshire n'est pas difficile à expliquer. Presque tout son territoire était cultivé et il possède d'excellentes terres à blé. Toutefois la cause primordiale de sa prospérité agricole, c'est le grand nombre de riches pâturages naturels, qui s'étendent au Nord et au Nord Ouest de la ville d'Oxford. Au Moyen Age, avant l'introduction des racines et des fourrages artificiels, le fermage des pâturages était de huit à douze fois supérieur à celui des terres à labour.

Les cinq comtés suivants sont ceux de Bedford, Kent, Berks, Rutland et Cambridge. Parfois Kent cède sa place au comté de Hunts.

Le Lancashire, le Cumberland et le Northumberland sont tout au bas de la liste. L'acre de terre du comté d'Oxford supportait une cote décuple de celle de l'acre situé dans ces trois comtés ; malgré sa superficie triple, le West Riding d'York ne contribuait que la moitié du comté d'Oxford. Les richesses minérales du Staffordshire n'étaient pas soupçonnées et les centres de la prospérité moderne étaient des régions nues et désolées. Rien ne troublait le silence de l'estuaire de la Mersey, l'Irwell n'était qu'une rivière torrentueuse. Bradford et Leeds faisaient un chétif commerce de draps et Sheffield fabriquait quelques armes d'acier grossier. Pour le reste, nous étions tributaires des provinces Baltiques, des Flandres et de l'Espagne.

En 1341, la part contributive de Londres à la taxe des laines fut le quart de celle du Norfolk, mais en 1453 sa part dans la Taxe des Archers lui fut supérieure. Londres avait fait des progrès notables pendant la première moitié du xve siècle, ainsi que l'attestent les archives des compagnies de la Cité, qui ont échappé au grand incendie de 1665. Les célèbres familles de marchands, les Walworth et les

Whittington au xive, les Chicheles et les Cannyngs au xve siècle, avaient fait des fortunes rapides.

Ce qui prouve que les répartitions étaient faites avec équité, c'est que la cote de Londres, triple de celle de l'Oxfordshire en 1453, ne fut plus fixée qu'à la moitié de celle-ci en 1503, à la suite d'une épidémie de suette et d'un incendie qui la détruisit en partie. Bristol fut successivement troisième, seconde, quatrième et de nouveau seconde en 1503, tandis que Norwich et Glocester étaient sixième et cinquième. Ces ports de l'Avon et de la Severn étaient alors engagés dans un commerce actif avec l'Espagne et le Portugal, mais ils n'osèrent pas participer à l'expédition de Sébastien Cabot, qui fit voile de Bristol. Les campagnes environnantes se livraient au tissage des toiles et des draps, qui n'était pas exercé dans l'enceinte de ces villes.

Mes recherches ont été infructueuses pour le long intervalle, qui va de 1503 à 1636, et qui vit s'accomplir la suppression des monastères, la décadence des villes et de l'agriculture, l'extension de l'élevage des moutons et de l'industrie lainière, l'altération des monnaies, les guerres de religion, la ruine des Flandres et la formation de la République des Pays Bas. La distribution locale de la richesse fut assurément affectée par ces événements. Le Norfolk, ravagé par l'insurrection de Ket, avait vu son industrie décliner et se répandre dans les villes et même dans des villages éloignés : c'est ainsi que déjà au xve siècle Fastolfe achète du drap pour ses soldats à Castle Combe dans le Dorset et vers la fin du siècle, Merton College se fournit à Norton Mandeville dans l'Essex.

Lorsqu'en 1636 la taxe des vaisseaux fut imposée, le Norfolk et les comtés d'Oxford et de Cambridge étaient descendus au vingt-cinquième, au dix-septième et au trente-troisième rang ; le Middlesex, Herts, Bedford, Bucks,

Northhants, Berks, Leicester et Hunts sont les huit premiers, grâce sans doute au prix élevé qu'avait atteint le blé. Le Cumberland, le Lancashire, le Westmoreland, Durham et le Northumberland restent en queue, l'imposition de l'acre dans le Middlesex étant de 141 fois supérieure à celle du Cumberland.

Passons à l'assessement de 400.000 L de 1641 sur les comtés et les villes d'Angleterre et les comtés du pays de Galles. On y remarque des renversements imprévus dans l'ordre de taxation des comtés : ceux de Norfolk, de Kent, de Suffolk, d'Essex et de Surrey figurent en tête, tandis que le Rutland, North Hauts et Leicester se trouvent refoulés. Les comtés absoluments pauvres restent les derniers, mais le Lancashire passe de la trente-neuvième à la trente-cinquième place. Je ne crois pas que le Parlement ait agi avec partialité, car quelques-uns des comtés, qui lui étaient dévoués, sont les plus lourdement taxés. Cet impôt fut voté et réparti au milieu du tumulte de la guerre civile naissante et le travail de répartition se ressentit de la précipitation avec laquelle elle fut établie.

Il en est de même de l'assessement du 25 mars 1649 de 90.000 L à percevoir mensuellement pendant six mois pour faire face à la solde et à l'entretien de l'armée. Il fut entendu que pendant ces six mois on procéderait à des estimations correctement établies, qui serviraient pour l'avenir ; du reste on corrigea quelques-uns des défauts de l'assessement précédent. Le Devonshire redescendit à la douzième place et le Surrey à la dixième ; les comtés d'Essex, de Cambridge et de Sussex montèrent à la quatrième, à la sixième et à la neuvième place. Pour ce dernier, ce passage du vingt-troisième au neuvième rang, doit être attribué au développement de ses hauts fourneaux et de ses forges, qui étaient alors en pleine activité, mais qui déclinèrent du jour où les bois de la contrée eurent été consumés.

Le 25 décembre 1649, le Parlement promulgua son nouvel assessement, qui, suivant ses promesses, avait été dressé avec un soin minutieux, au point qu'il servit de base à celui de 1672. Le Middlesex vient en tête, suivi du Suffolk, dont la part ne dépasse guère que d'un dixième celle du Middlesex, puis viennent Surrey, Herts, Kent, Essex, Bedford, Rutland, Norfolk et Cambridge. Les comtés de l'Est et voisins de Londres avaient apparemment moins souffert de la guerre civile, qui touchait à sa fin, l'industrie lainière s'était réveillée dans l'Essex et les relations commerciales avec le continent, particulièrement avec les Provinces Unies, avaient pris un nouvel essor. Le Sussex ne se présente plus que vingt-quatrième. Pour les quinze comtés qui succèdent au Middlesex, la cote de l'acre de terre varie très peu et les comtés pauvres restent dans le même ordre relatif. Les villes sont rangées comme suit : Londres, Norwich, Southwark (ce qui prouve que le commerce de Londres avait franchi la Tamise) Bristol, Glocester, Coventry, Chester, Southampton, Hull, Haverfordwest, Newcastle et Poole. La guerre avait cruellement sévi dans le Northumberland, où l'extraction du charbon avait été suspendue.

En 1657 un assessement mensuel de 6000 L fut imposé à l'Ecosse, et un autre de 9000 L, également mensuel, à l'Irlande. Ces deux pays, réunis à l'Angleterre, avaient acquis le droit d'être représentés au Parlement de Westminster. Chaque bourg écossais est taxé, depuis Edimbourg à raison de 334 L 12 sh. par mois jusqu'à New Galloway à raison de 10 sh. Une seule ville d'Irlande est taxée à part et si la répartition a été faite équitablement, Dublin était la seconde ville des Iles Britanniques. Elle est taxée au double d'Edimbourg et celle-ci au triple de Dundee. Glasgow vient troisième.

A la Restauration en 1660, le Parlement comprit qu'il ne fallait pas songer à faire revivre les anciennes redevances féodales, mais se trouva fort embarrassé de combler le vide des 100.000 L que la Trésorerie en avait retirées. Au lieu de les répartir sur leurs domaines, qui seuls y avaient été soumis, l'aristocratie foncière trouva le moyen de s'en affranchir par l'établissement de *l'Accise héréditaire*, qui ne frappa que les brasseries situées dans les villes. Dans l'intervalle on avait pourtant étudié un projet, qui les répartissait entre tous les biens immeubles indistinctement sur le modèle de l'assessement de la taxe des navires en 1642. Le projet fut abandonné, parce qu'on reconnut que les petits propriétaires (*Socagers* et *copyholders*) qui n'avaient jamais été assujettis à ces redevances, ne consentiraient pas sans résistance à payer une taxe de 4 3/4 pence par livre sterling, soit 2 1/2 pour cent. Les circonstances étaient délicates et le gouvernement ne se sentait pas de force à mécontenter les propriétaires, même ceux d'entre eux qui devaient leur fortune aux vicissitudes de la guerre civile.

Dans l'état de recouvrement, qui avait été préparé, on n'avait pas suivi celui de 1636, quoiqu'on eût déclaré vouloir le prendre pour modèle. Le Suffolk, le Bedforshire, les comtés de Kent, de Hertford, d'Essex, de Rutland et de Sussex y viennent deuxième, troisième, quatrième, cinquième, sixième et septième. L'écart entre le premier et le dernier n'est que de 20 pour cent. Le contingent du Middlesex n'est pas tout à fait aussi élevé que précédemment. On avouait donc implicitement qu'il était absurde d'exiger de la Cité de Londres une lourde contribution d'origine féodale.

En 1672, un vote du 4 février accorda un million et quart à Charles II pour les frais de la guerre qu'il avait sans provocation aucune sottement déclarée aux Provinces Unies. Puis il mit la main sur les fonds déposés chez les orfèvres, les banquiers de l'époque. La taxe, suivant la règle introduite sous la République, fut exigible par paiements men-

suels à effectuer par les comtés, y compris celui de Durham
et le Cheshire, et par neuf villes. C'est dans le Middlesex,
Londres non compris, que la cote par acre est la plus élevée, preuve que la ville s'était beaucoup étendue au-delà
des murs de la Cité : elle est le triple de celle des comtés
voisins. Le Suffolk, Surrey, Herts, Kent, Bedford, Essex
et Somerset viennent ensuite. Malgré le grand incendie et
la peste, qui l'avaient dévastée, le contingent de la Cité de
Londres est considérablement supérieur à celui de tout autre comté, car le Yorkshire, le plus vaste de tous, est taxé
à 1600 L de moins. Bristol, en possession du commerce
avec les colonies, vient second, mais est suivi de près par
Norwich, auquel succèdent Exeter, Worcester, Glocces-
ter, Haverfordwest, Lichfield et Poole.

Pour les comtés, nous remarquons quelques fluctuations.
Le Surrey est troisième comme en 1649. Le développement
de l'industrie lainière fait monter le Somerset du quatorzième au huitième rang. L'Essex, sixième en 1649, reste
septième, grâce à la manufacture des lainages communs à
Colchester ; le Norfolk de neuvième devient douzième. En
somme, la position relative des comtés reste à peu près stationnaire et seul le pays de Galles demeure en arrière des
autres comtés. La part contributive des moins riches a subi
une augmentation.

La dernière contribution dont j'aie à m'occuper, la taxe
foncière de 4 sh. par L, fut votée par le Parlement après la
Révolution de 1688 et devait rapporter environ deux
millions, dont un sixième incombant à Londres et au comté
de Middlesex. Les commissaires répartiteurs ne furent pas
désignés par le Parlement, qui laissa ce soin aux autorités
locales, et l'on prétend, non sans quelque apparence de raison, que celles qui étaient favorables à la Révolution, s'imposèrent honnêtement, tandis que les partisans des Stuarts
se taxèrent au-dessous de la valeur réelle de leurs proprié-

tés. L'assiette de cette taxe est restée invariable et cent ans plus tard, le second Pitt la confirma et la rendit perpétuelle. Dans les relevés détaillés, dont elle a fait l'objet, j'ai remarqué que la part contributive de la ville d'Oxford, toute dévouée aux Whigs, était particulièrement élevée, mais que les Collèges de l'Université s'étaient soigneusement ménagés. Notre Université, de tout temps imbue de doctrines réactionnaires et toujours prête à profiter de leurs périodes d'ascendant, ne s'est jamais sacrifiée pour elles dans leurs moments de défaite. Tant que les Stuarts purent nourrir l'espoir d'une seconde Restauration, nos dignitaires académiques et ecclésiastiques sont restés en correspondance clandestine avec les hôtes du château de Saint-Germain, ce qui ne les empêchait nullement de prêter tous les serments réclamés par les usurpateurs. Ils satisfaisaient ainsi leur conscience et gardaient leurs honneurs et leurs bénéfices.

Cette fois viennent en tête Surrey second et Hertford troisième, bien qu'avec un écart considérable. Bucks vient quatrième, Bedford, Berks et Essex respectivement cinquième, sixième et septième, Kent est neuvième, Suffolk dixième et Somerset treizième. L'accusation de répartition inégale semble justifiée, quoique la cote par acre ne diffère plus autant entre les comtés du Centre et ceux du Nord. Par exemple, celle du Suffolk n'est pas double de celle du Shropshire, ni triple de celle du Yorkshire.

Jusqu'à la fin du xvıᵉ siècle, la population de l'Angleterre et du pays de Galles n'a pas dépassé le chiffre de deux millions et demi d'habitants et lui a par intervalles été bien inférieure. A la fin du xvııᵉ siècle, elle était de cinq à cinq et demi millions. Je suis arrivé à cette évaluation en usant de trois méthodes différentes, qui m'ont toutes les trois conduit au même résultat.

Le rendement moyen de l'acre de blé était au Moyen Age

de 8 boisseaux et la superficie des terres ensemencées d'environ 3 millions d'acres. La consommation annuelle, en raison du manque de toute autre alimentation végétale convenable, absorbait 8 boisseaux par tête. Après déduction d'un sixième pour la semence, j'obtiens le chiffre maximum de deux et demi millions d'habitants qu'il convient peut-être de réduire à deux millions et un quart, car l'attribution d'un sixième pour la semence paraît insuffisante.

Je suis parti en second lieu, du produit de l'impôt de capitation (*poll tax*) de 1377, qui frappa un million et demi d'habitants. J'ai ajouté un tiers pour les enfants au-dessous de quatorze ans, qui étaient exempts, j'ai accordé 162.000, pour les ecclésiastiques, mendiants et vagabonds, et je suis de nouveau arrivé à mon chiffre de deux et demi millions d'habitants.

En troisième lieu, j'ai, pour un district du comté de Kent, comparé un dénombrement fait au xvie siècle avec un dénombrement du même district en 1861 ; le chiffre de la population relevée dans le premier est exactement le sixième de celui que donne le second. Ce district purement rural au xvie siècle, est resté tel de nos jours. Or, le sixième de la population totale de l'Angleterre en 1861 fait exactement deux millions et demi. On a vivement critiqué mes calculs, mais l'expérience m'a appris qu'on perd son temps à discuter avec des adversaires, qui n'ont que des opinions et aucune donnée positive à nous opposer.

D'autres témoignages indirects nous permettent de déterminer la population à la fin du xviie siècle. La superficie des terres emblavées avait augmenté, car les prix élevés poussaient au développement de la culture. Le rendement était monté à treize boisseaux, mais on consommait en plus du seigle, de l'orge et de l'avoine. Après déduction de la semence, le sol devait pouvoir nourrir cinq millions d'habitants, d'autant plus que le régime d'alimentation des classes laborieuses était devenu moins substantiel. Ce chiffre se trouve confirmé par le produit de la taxe sur les maisons et sur les feux, établie en 1690. On les recensa, et, en attribuant quatre personnes à chaque famille, nous arrivons à un chiffre légèrement supérieur. On obtient le même résultat en partant du nombre des baptêmes, des mariages et des enterrements et en s'appuyant sur un recensement des diverses sectes religieuses.

Deux points méritent que nous nous y arrêtions avant de finir. Le recensement des foyers en 1690 donne par comté le nombre des maisons et celui des foyers ; certaines habitation d'un loyer annuel inférieur à 20 sh. étaient affranchies de la taxe. Le Westmoreland et le Cumberland n'avaient qu'une seule habitation par 70.55 et 63.66 acres, tandis que le Middlesex et le Surrey en avaient une par 1.619 et 11.79 acres. Dans les comtés de Durham et du Northumberland, la population était plus dense que dans le Dorset, le Lincolnshire, le Sussex, le Hampshire, mais la proportion du nombre des feux à celui des habitations y était beaucoup moins élevée, de même que dans les comtés du Nord. Dans le Devon et le Dorset, elle est le double de ce qu'elle était dans le comté de Durham. La vie était donc beaucoup plus rude dans les provinces septentrionales, quoique la population s'y fût accrue rapidement, grâce à la pacification de la frontière écossaise et au développement des industries textiles.

Le second point, dont je tiens à vous dire un mot, quoique j'y reviendrai plus tard, c'est le taux proportionnel de la taxe pour les pauvres à la fin du règne de Charles II. Le maximum est atteint par le Middlesex (1 L par 3 acres), suivi du Norfolk et des comtés, qui avaient échappé aux ravages de la guerre civile. Mais ce taux est très bas dans le Nord et dans les comtés, où elle avait sévi. J'en conclus que la population avait émigré en partie vers les régions plus calmes du midi et que celle, qui était restée, s'était accoutumée à des salaires réduits et à un régime plus frugal. C'est sans doute pour arrêter cette migration qu'on vota la loi du domicile de secours paroissial qu'on laissa tomber en désuétude dans le Nord, lorsqu'un siècle plus tard, le développement de l'industrie y rappela le trop plein des populations du Midi.

CHAPITRE VIII

Histoire de la rente foncière en Angleterre.

Controverse sur l'origine de la rente. — Les « facultés indestructibles » du sol. — Selden et la Dime. — L'intérêt, les salaires et la rente. — Rapports entre les propriétaires fonciers et le travail. — La civilisation et le gouvernement. — L'agriculture primitive en Angleterre. — La rente des prairies naturelles. — Livres censiers et registres de fermages. — Obligations du propriétaire. — Propriétés bâties de New Collège à Oxford au xv⁰ siècle. — Du faire valoir direct et de ses effets. — Les fermages compétitifs. — Les fermages excessifs et le droit de saisie. — Les fermages au xviiᵉ siècle. — Industries domestiques et accessoires. — Les propriétaires au xviiiᵉ siècle. — Opinion d'Arthur Young. — Les cultures de Lord Lovell. — Hausse des fermages. — Prix de la laine et du bétail. Les collèges universitaires d'Oxford et de Cambridge.

Depuis les physiocrates et Adam Smith, la théorie de la rente a été une des questions les plus débattues par les économistes. Smith commit l'inadvertance excusable à son époque, de faire entrer la rente dans le coût de revient. Ricardo corrigea l'erreur de Smith, et son explication de l'origine et de la plus value de la rente a été acceptée avec une reconnaissance intéressée. Quoique Mac Culloch ait contesté ses titres pour en faire honneur à West et à Anderson, la théorie avec ses annexes de la loi des rendements décroissants, de la marge de la culture, de la terre qui ne peut payer

aucune rente, a été consacrée et a fourni la matière d'innombrables dissertations. A mon sens, elle repose en partie sur
un lieu commun, en partie sur une erreur et l'adhésion
générale qu'elle a obtenue, est l'un des obstacles qui nous
empêchent de résoudre le problème d'une importance majeure, qui s'impose à nos méditations. L'agriculture est tombée et il est urgent de la relever. Rien ne retarde davantage
son relèvement que les fausses notions qu'on a répandues
sur la nature de la rente.

Seul j'ai étudié la rente au point de vue historique. J'ai
suivi pendant plus de six siècles le passé de plusieurs domaines, domaines dont les « facultés indestructibles, » ainsi
que les appelle Ricardo, n'ont pas varié, mais dont les fermages, comparés à d'autres valeurs mesurables en monnaie, ont subi des mouvements stupéfiants. J'affirme en connaissance de cause, que tandis que le prix du blé a monté
dans la proportion de 1 à 8, la rente, exprimée dans les
mêmes unités ou symboles monétaires, a monté dans la
proportion de 1 à 80. Les « facultés indestructibles du sol »,
qui, aux yeux du cultivateur expérimenté, ne sont rien moins
qu'indestructibles, justifient d'autant moins cette élévation
fabuleuse de la rente de la terre de labour que la rente des
prairies naturelles, qui participent beaucoup plus du caractère d'indestructibilité, n'a suivi que de loin cette progression vertigineuse.

M. Henri George, ayant accepté la théorie de Ricardo,
en a conclu à la confiscation de la rente par l'État et il est
assez curieux que la théorie, qui assigne à la rente une origine providentielle, soit mise au service du théoricien
qui veut la supprimer. Quant à moi, qui la répudie en
m'appuyant sur l'étude des faits historiques, je crois qu'accepter les idées de M. Henri George, ce serait commettre,
non seulement une iniquité, mais une folie et une faute
irréparables. Peut-être me sera-t-on un jour reconnaissant

d'avoir démontré que la rente n'a pas une origine transcendantale et qu'elle est d'institution humaine comme toute théorie réglant la distribution de la richesse. Elle restera ainsi justifiable au point de vue de l'utilité générale. Le clergé du temps de Jacques I croyait à l'origine divine de la dîme. Le juriste Selden prouva que la dîme était d'institution humaine, ce qui lui valut d'être enfermé dans une prison. Mais dans un moment d'éclipse des droits divins du clergé, celui-ci fut heureux de défendre l'existence de la dîme en invoquant les arguments terre à terre que lui avait fournis Selden.

Les économistes disent avec raison que le produit total de l'association du capital, du travail et de la terre est réparti entre les trois agents ou associés de la production, sous forme d'intérêts, de salaires et de rente. Dans les salaires, ainsi que je l'ai déjà expliqué, il faut comprendre la rétribution du travail du capitaliste entrepreneur ; il n'y a en effet aucune distinction logique à établir entre le salaire de la gérance et le salaire du travail manuel : tous les deux se résolvent en une dépense d'énergie musculaire et nerveuse. Le travail reçoit sa part le premier, car sur lui reposent l'entretien et la rémunération du capital par les intérêts, qui sont généralement fixés par un contrat préalable. La rente se prélève sur ce qui reste après ce double prélèvement.

En politique, on dit couramment que les lois doivent être et ont toujours été faites par les propriétaires du sol ; telle a été en effet la tendance dominante. Dans un pays comme le nôtre, où la tradition, les mœurs et les institutions ont été asservies à la volonté des propriétaires, l'énoncé de ce fait est devenu un lieu commun. Quelques indices dénotent que cette suprématie tend à s'affaiblir, mais elle a possédé une force irrésistible. Par malheur, la nature humaine est faible, et toutes les fois que les institutions ont attribué aux propriétaires une autorité prépondérante, ils

en ont abusé et ont repoussé avec indignation toute critique de leur situation privilégiée. Moi-même, qui nourris
des opinions très radicales au sujet des propriétaires et des
tenanciers d'Irlande, je trouverais dur de faire marcher de
pair mes intérêts et mes principes, si je jouissais d'un revenu
de 30.000 L. en fermages irlandais.

Dans une leçon précédente, je vous ai montré, en vous
exposant le mécanisme des Statuts des Laboureurs, comment
les propriétaires ont manœuvré pour s'enrichir aux dépens
du travail et pour maintenir une répartition inégale de la
richesse nationale. Aujourd'hui j'aurai à vous montrer
comment, de l'aveu des contemporains, ils se sont concertés au détriment de leurs fermiers. A vous expliquer
comment ils se sont déchargés du poids des dépenses locales en les imputant sur les ressources générales de l'État,
j'épuiserais le temps dont je dispose, mais je prouverai
qu'au xviie siecle, ils ont agi de façon à mériter un blâme
aussi juste que sévère. Ils ont été moins heureux vis-à-vis
des capitalistes, quoique les lois qu'ils ont fait voter sur
l'usure et sur la reprise des biens hypothéqués, attestent
qu'ils cédaient invariablement au même mobile. Les peuples
ne peuvent se passer de gouvernement central et cependant
les gouvernements, leur action, leurs lois et leurs Parlements leur ont souvent fait plus de mal que tous leurs ennemis extérieurs : les gouvernants ont considéré leurs pouvoirs, non comme un mandat public, mais comme un moyen
d'accroître leur fortune et leur puissance. L'historien, qui
constate que les effets survivent aux causes, est donc en
droit de rechercher les causes passées des maux du présent ;
il risque de paraître s'indigner à tort à propos de méfaits
oubliés et d'être accusé de répandre inutilement l'alarme,
s'il prémunit les législateurs contre le danger de légiférer
pour la défense de leurs intérêts particuliers.

Le fait qui domine l'histoire de la rente, c'est que la culture même rudimentaire produit plus qu'il ne faut pour la subsistance du laboureur et de sa famille. Autrefois comme aujourd'hui, un seul laboureur pouvait suffire à la culture de vingt acres de terre. Admettons que sa famille soit de cinq personnes, qu'un tiers de sa terre soit affectée à la production d'aliments humains, les deux autres tiers restant réservés à celle du fourrage et du bétail, et que le rendement soit d'un quarter par acre : il produira sept quarters de blé, alors que cinq personnes n'en consomment que cinq. Les deux quarters restants fourniront la semence et la rente : c'est de ce surplus que le seigneur s'est emparé en lui donnant le nom de rente. Adam Smith n'avait donc pas tout à fait tort d'appeler la rente un impôt.

L'état idéal de la société serait celui où la terre serait si abondante et si fertile que la valeur de son produit ne suffirait qu'à payer les intérêts des capitaux engagés, à couvrir les avances de la culture et à rémunérer le travail. La rente cesserait d'exister. Elle n'enrichit que le propriétaire ; si elle s'évanouissait par des causes naturelles, nul autre que lui ne regretterait sa disparition. Mais cet état de choses n'existera jamais. Tant que la terre sera possédée à titre individuel — et malheur à nous le jour où elle cessera de l'être — l'inexorable loi, qui réduit les profits à une moyenne générale, fera renaître la rente. Tant qu'il y aura des hommes possédant un capital et des connaissances agricoles, ils consentiront à payer l'usage d'avantages agricoles assurant des profits dépassant cette moyenne. Même si les terres arables s'offraient en quantités illimitées d'une fertilité illimitée, les unes seraient au sens économique plus productives que les autres, quand ce ne serait que par un moindre éloignement du marché. Jusqu'à ce point Ricardo avait raison ; seulement cette découverte remonte au temps des rois d'Égypte et de Babylone. La rente n'est donc pas une chose sacrée, mais elle dérive de l'ordre naturel des choses.

En mécanique, le frottement non plus n'a rien de sacré, mais il est un effet naturel et inévitable, quel que soit le minimum auquel on parvienne à le réduire. Si les progrès de l'organisation économique de la société ont permis de réduire le coût de production et de transport du blé, de façon à ce que nous soyons un peu plus rapprochés de l'état idéal, il serait aussi absurde de le déplorer que de persister à nous servir de canaux et de routes à barrières, quand nous avons un chemin de fer à notre disposition. Je consens à plaindre l'homme, dont les capitaux ont servi à creuser le canal abandonné, mais je ne le plains qu'au même degré que toute autre personne, qui a subi des revers de fortune. S'il insistait pour que le canal fût déclaré chose sacrée et pour que je fusse forcé à m'en servir et à lui garantir ses péages, ma pitié tournerait bien vite en colère.

Je n'entends pas prédire que le sol anglais ne pourra plus supporter de rente dans l'avenir et que la concurrence des champs de blé de l'Amérique et de l'Inde a rendu sa culture impossible et impraticable. Ce que je crois, c'est que l'ancien système, qui a servi de base aux rapports entre le propriétaire et le fermier, a fait son temps et qu'il est urgent d'entrer résolùment dans une voie nouvelle. Le retour au protectionnisme agricole ne changerait rien aux souffrances qu'engendre la situation d'aujourd'hui.

Depuis l'époque à laquelle remontent nos plus anciens documents jusque vers le milieu du xvie siècle, c'est-à-dire pendant trois siècles entiers, la rente de la rente arable a varié entre 6 et 8 pence par acre. C'est le prix payé par les tenants à bail, par les socagers ou francs tenants ; la tenure était fixe et la rente invariable pour eux comme pour les serfs que nos pédants jurisconsultes dépeignaient comme n'ayant qu'une tenure terminable au gré du seigneur. Les rôles des cours manoriales prouvent au contraire que leur tenure était fixe, quoique chargée de redevances d'un caractère humiliant. L'immobilisation des familles dans chaque paroisse eut des conséquences économiques significatives, et explique la résistance plusieurs fois séculaire qu'elle opposa à des tendances funestes. Elle retarda le règne des fermages compétitifs : elle apprit aux habitants que puisqu'il était malaisé d'implanter un étranger sur le sol du manoir, il convenait que les occupants n'enchérissent pas les uns sur les autres et que le propriétaire devait se contenter de la rente traditionnelle. A l'époque du renchérissement universel, les propriétaires s'efforcèrent de faire monter indirectement la rente sous forme de pots de vin supplémentaires qu'ils exigeaient à la signature et à chaque renouvellement du bail. Au commencement du xviie siècle, ils s'évertuaient à imposer des amendes fréquentes aux francs tenanciers, et saisissaient l'occasion de la moindre infraction pour élever ainsi le montant de leurs rentes et accroître les redevances des *copyholders* à leur entrée en possession, tant à la suite d'une aliénation que d'un héritage.

La rente tirée des prairies était beaucoup plus élevée. J'ai compulsé vingt-quatre années de fermages payés entre 1295 et 1388 pour les prairies de Holywell, qui s'étendent le long de la Cherwell, du Parc de l'Université à la limite de Magdalen College. On affermait séparément la première coupe de foin et le regain désigné dans la comptabilité sous le nom de *rewannum*. Pour la première, le prix maximum a été de 9 sh., pour le second, de 2 sh. 8 pence par acre ; prenons comme moyennes 6 sh. et 1 sh. 6 pence, soit pour l'année entière 7 sh. 6 pence par acre. Des locations semblables ont été découvertes pour le xve et le xvie siècle. Ces fermages élevés des pâturages naturels s'expliquent par la rareté des fourrages d'hiver et le peu de frais qu'entraîne cette exploitation.

Au xviie siècle la rente de l'acre de terre arable varia de

3 sh. 6 p. à 6 sh. J'ai ici trois documents venant à l'appui de ces chiffres. Le premier est l'état des fermages encaissés à Holkham sur le domaine du célèbre Juge Coke, depuis sa retraite en 1629 jusqu'en 1706, époque où le domaine appartenait à un de ses descendants. Pendant cet intervalle la rente reste à peu près invariable et vingt occupations assez grandes se louent à un fermage moyen d'un peu moins de 6 sh. par acre.

Le second de ces livres censiers ou registres de fermages (*rentals*) m'a été prêté par lord John Manners et énumère les fermages du domaine de Belvoir avant et après 1692. Le fermage moyen de 3 sh. 6 pence avant 1692, monte à 3 sh. 10 pence après cette date. La noble famille des Manners a de tout temps été libérale envers ses fermiers et les fermages ont toujours été bas à Belvoir, malgré la bonne qualité de la terre.

Le troisième document est un relevé de fermages perçus par le comte de Kingston en 1689 et se trouve parmi les papiers de Pepys dans la Collection Rawlinson ; je me demande comment il est venu aux mains de Pepys [1]. Les fermages sont très élevés en apparence, mais plus de la moitié du domaine est en prairies et en pâturages, qui avaient conservé une valeur relative élevée. Seules deux petites occupations entièrement composées de terre de labour, sont louées, y compris une habitation pour chacune d'elles, à 6 sh. 8 p. par acre. En somme, je considère 4 sh. 8 p. comme la rente moyenne au xviie siècle pour une terre à labour de bonne qualité moyenne.

Dès les temps primitifs, la coutume anglaise a voulu que toutes les améliorations permanentes et toutes les réparations fussent à la charge du propriétaire du fonds, qu'il

---

1. Samuel Pepys, attaché à l'Amirauté sous la Restauration des Stuarts, a laissé de nombreux papiers et un journal souvent consulté.

s'agit de propriétés rurales ou urbaines. Ayant élevé les bâtiments à ses frais, ce fut à lui de les entretenir quand il cessa de faire valoir lui même. Au xve siècle, il assurait même son tenancier contre des pertes extraordinaires. Ainsi New College affermait un domaine dans le Wiltshire et assurait à son tenancier toute perte dépassant 10 pour cent du nombre total de ses moutons. Le risque n'était pas minime, car en deux années consécutives, en 1447 et en 1448, le Collège remboursa 73 et 116 moutons sur cette seule occupation. En 1500, Magdalen College remboursa 607 moutons à ses tenanciers. Les charges traditionnelles du propriétaire n'étaient donc pas légères et il ne pouvait s'y soustraire. La loi, dite des Dilapidations Cléricales, est un reste de cette antique coutume, jadis universelle [1], qui a d'ailleurs continué à régir les obligations du propriétaire anglais au point qu'on lui a donné le nom de système anglais. Naguère encore un système tout à fait opposé dominait en Ecosse et régit encore l'Irlande, où tous les travaux d'amélioration et la construction des bâtiments incombent au fermier. Aussi avons-nous vu le Parlement y établir sous le nom de *tenant right* (droit du tenancier) un véritable système de propriété collective entre le propriétaire du sol et son fermier.

Quelques documents du xve siècle jettent un jour curieux sur la manière dont cette coutume s'appliquait à la propriété bâtie dans les villes. New College possédait en 1453 des maisons d'un revenu annuel de 58 L 1 sh. 1 p., revenu sur lequel étaient imputées des charges fixes, notamment des pensions ecclésiastiques, jusqu'à concurrence de 12 L 11 sh. 7 pence. Le revenu net paraîtrait devoir être de 45 L 9 sh. 6 p., mais les frais d'entretien sont énormes. On

---

1. C'est la loi qui oblige les ecclésiastiques, ayant la jouissance d'une résidence attachée à leur bénéfice, à pourvoir à leurs frais à son entretien et aux réparations devenues nécessaires.

remplace les enseignes des cabarets, les seaux et les cordes des puits, le loquet et la serrure des portes. Après défalcation de ces frais et des loyers des logements vacants, le Collège arrive à n'encaisser que 3 L 5 sh. pour toute l'année.

Qu'en disent nos propriétaires contemporains?

Il ne paraît pas que la concurrence des fermiers ait déterminé le cours de la rente au xve, ni même qu'au xvie siècle elle ait influé sur lui d'une manière constante. Nous rencontrons cependant des témoignages, qui indiquent que les propriétaires se servaient de la menace d'éviction ou de chicanes légales pour obtenir des fermages exagérés. Fitz Herbert, qui écrivait vers les débuts du règne de Henri VIII, et Latimer, dans ses sermons prêchés vers la fin du règne, parlent, l'un des dangers que la rapacité des *Landlords* fait courir au cultivateur, qui améliore sa terre, l'autre du contraste qu'il signale entre la tenure florissante de son propre père et la misère du successeur de celui-ci, ruiné par des fermages excessifs. Vers la fin du siècle, nous entendons formuler la même plainte visant l'exaction d'une rente exorbitante sur les améliorations introduites par le tenancier. Le seul moyen d'action du propriétaire, c'était la menace d'une éviction toujours redoutée, quoiqu'elle eût alors des conséquences moins désastreuses que de nos jours. L'acte de 1576, qui autorisa ou plutôt obligeait les Universités et les Collèges d'Eton et de Winchester à réclamer un tiers de leurs fermages en nature ou en denrées évaluées en argent, eut sans doute pour objet de leur procurer indirectement quelques-uns des avantages des fermages compétitifs.

A l'origine et pendant des siècles, la rente fut un impôt destiné à rétribuer la protection vraie ou apparente que les seigneurs devaient à leurs tenanciers. La fixité de la rente le démontre, puisque pour l'augmenter, il fallait recourir à des moyens indirects ou à la violence avouée. Les fermages stipulés dans les baux à terme ne dépassèrent guère le taux des redevances coutumières, et il ressort des livres censiers que le prix des denrées n'aurait pas permis de faire face à des fermages surélevés.

En cas de défaut de paiement, il n'était pas aisé au propriétaire de pratiquer une saisie (*distraint*). La rente étant due pour la tenure, et le tenancier occupant concurremment des parcelles différentes, ainsi que nous l'avons constaté sur le plan terrien de Gamlingay, le propriétaire se trouvait souvent dans l'impossibilité de pratiquer une saisie valable, sans s'exposer à une action en dommages-intérêts pour violation de propriété (*trespass*)[1]. Dans la comptabilité des intendants au XVe siècle, les rentes sont pour ce motif souvent portées comme irrecouvrables. Les *landlords* parvinrent néanmoins à obtenir une loi, qui les mit à même d'intenter une action pour dette et pour rupture de contrat : la rente est devenue une dette privilégiée et imprescriptible, au détriment des tenanciers, qui ont perdu tout crédit auprès des banquiers ruraux.

Dans la pratique, les fermages compétitifs et les fermages excessifs (*famine rents*) se confondent. Théoriquement, la concurrence laisse le fermier libre de prendre ou de ne pas prendre une ferme, et d'en retirer son capital aussi aisément qu'il transfère son compte d'un banquier chez un autre banquier. La plupart des économistes, induits en erreur par leur goût pour l'abstraction et leur dédain des

---

1. N'oublions pas que ces parcelles éparses affectaient la forme de bandes oblongues d'une largeur de 4 perches (soit environ 20 mètres.) Dans les cartulaires, elles sont mêmes désignées sous le nom significatif de *selliones* (sillons). Le propriétaire se heurtait à d'autres obstacles encore ; il ne pouvait pas non plus saisir les récoltes sur pied, car la saisie ne pouvait s'exercer que sur les biens meubles, ni les gerbes, car le gage saisi devait pouvoir être restitué sans avoir subi de dommage. La monnaie ne pouvait être saisie que si elle était renfermée dans un sac cacheté.

réalités, s'imaginent que son capital est aussi fluide qu'un liquide quelconque. Le fermier semble libre au moment, où il va contracter, mais souvent il cède à la crainte de perdre son gagne-pain, et n'est pas plus libre que l'habitant d'une ville investie et affamée. Dans tous les cas, il n'est plus libre du moment qu'il a signé son contrat, car il est impossible de mobiliser le capital engagé dans une occupation agricole, à moins de subir une perte que j'avais estimée à 10 pour cent, mais qu'un juge des plus compétents, Sir James Caird, affirme être au moins de 15 pour cent. C'est sur cette situation difficile que tablent les propriétaires avides et leurs régisseurs malfaisants; c'est ainsi qu'ils ont réduit l'agriculture à une détresse sans issue. Le fermier se soumet, espérant vaguement un renchérissement des denrées et se promettant de réduire ses dépenses. S'il avait une comptabilité en règle, il verrait qu'il court à une ruine certaine.

Aucun propriétaire équitable ou intelligent n'exigera le maximum de la rente que donnerait la concurrence. Il sait ce que sa terre peut rapporter et n'invoquera pas comme excuse les offres que lui adressent des fermiers insensés. Quand un emprunteur offre 15 pour cent d'intérêts à un banquier prudent, celui-ci s'empresse de lui refuser la moindre avance.

Les fermages du XVIIe siècle, quelque modestes qu'ils nous paraissent, devinrent bientôt des fermages de famine, c'est-à-dire ne laissant à l'occupant que le strict nécessaire pour ne pas mourir de faim, et lui enlevant toute possibilité d'épargner et d'améliorer sa culture. Alors comme aujourd'hui, les défenseurs des propriétaires invoquèrent le droit de ceux-ci et repoussèrent dédaigneusement les doléances des cultivateurs. Par contre les écrivains sérieux prêchèrent l'exemple de la Hollande, où l'introduction de nouvelles méthodes avait rendu la culture florissante et s'apitoyèrent sur le sort misérable du cultivateur anglais, forcé par l'avidité des propriétaires à se tenir à des méthodes surannées. Leur avidité était l'obstacle insurmontable à tout progrès. A la fin du siècle, Gregory King a dressé un tableau des revenus des différentes classes de la société, d'après lequel un évêque pouvait épargner 400 L par an sur son traitement officiel de 1300 L, tandis que le cultivateur, qui figure tout au bas de l'échelle, ne peut épargner que 25 shillings sur un revenu évalué à 42 L 10 sh.

Cependant dans certaines régions de l'Est, du Nord et de l'Ouest de l'Angleterre, les fermiers s'adonnaient à domicile à des industries accessoires, qui leur permettaient de faire face aux augmentations de la rente. Telle était la fabrication domestique des lainages, particulièrement des flanelles, dans quelques parties du Yorkshire et du Lancashire ; les produits en étaient achetés par des agents commerciaux ambulants. Tel était naguère le tissage des toiles dans l'Ulster en Irlande. Les progrès de la grande industrie ont en partie détruit ces industries du foyer et la situation du paysan n'a fait qu'empirer.

Tous les états civilisés de l'Europe ont été forcés de régler les rapports du propriétaire et du fermier et de protéger ce dernier contre la rapacité du premier. En France, ce fut l'œuvre irrésistible de la Révolution de 1789, en Allemagne, celle de Hardenberg et de Stein après le désastre d'Iéna. En Hollande la réforme eut lieu plus tard ; le Danemark, jusque-là misérable et turbulent, fut pacifié par les efforts éclairés de l'évêque Monrad. En Russie, le dernier Empereur s'acquitta de cette tâche. La réforme ne s'est pas partout effectuée suivant une méthode irréprochable, mais partout il était devenu impossible de la retarder plus longtemps.

Au commencement du xvIIIe siècle la rente agricole était de 7 sh. par acre, d'après Jethro Tull [1], un des premiers avo-

1. Inventeur de machines agricoles, Jethro Tull (1680-1740) a écrit des

cats des nouveaux procédés. Vers 1775 Arthur Young, qui venait de parcourir la plus grande partie de l'Angleterre, l'estime un peu au-dessous de 10 sh. Cette fois la hausse a été légitime et justifiée par les progrès qne les propriétaires avaient eux-mêmes introduits. Cependant le prix du blé restait bien inférieur à celui de 41 sh. par quarter, auquel il s'était maintenu au xviie siècle. D'autres prix agricoles étaient restés stationnaires, quelques-uns étaient ce que nous appellerions ruineux. Par exemple, la laine ne valut longtemps que 3 pence par livre : c'était un prix nominal inférieur à celui du xive et du xve siècle. Cela n'empêcha pas la rente de doubler, ce qui prouve qu'elle varie à un faible degré suivant la fertilité naturelle du sol, fertilité facile à épuiser, et à un degré beaucoup plus marqué suivant la diffusion de la compétence agricole parmi les cultivateurs.

Je ne m'imagine pas que la passion subite et universelle pour l'agriculture, qui s'empara au xviiie siècle des gentilshommes anglais, ait été uniquement inspirée par le désir de se vouer à l'instruction de leurs fermiers ; elle eut, je crois, pour point de départ, la saine appréciation des profits qu'ils allaient tirer d'une culture perfectionnée. La jalousie qu'éveillait dans leur cœur la vue de l'opulence et de l'influence croissante de la nouvelle aristocratie d'argent, les poussa à rivaliser de richesse avec une classe qu'ils méprisaient et qu'ils détestaient. L'aristocratie nobiliaire était tellement imbue du préjugé de son rang, que les Lords proposèrent de faire fonder par acte du Parlement une école entretenue aux frais du public, où les fils de nobles seraient seuls admis. Devant l'opposition de Walpole, ils résolurent sagement de se distinguer en se rendant utiles et en s'adon-

ouvrages d'agronomie, en particulier sur le labourage, et a exploité près de Huntingdon une ferme connue sous le nom significatif de « Prosperous Farm. »

nant à l'agriculture. « On a, dit Young, tenté plus d'expériences, fait plus de découvertes et déployé plus de bon sens en dix années que pendant les cent ans qui les ont précédées. » Puis il ajoute : « Si ce noble esprit se soutient, nous verrons l'agriculture portée à la perfection et fondée sur des principes aussi exacts et aussi scientifiques que l'art de la médecine. » Young avait raison, mais il fait vraiment beaucoup d'honneur à la médecine de son temps.

Louant l'exemple donné par les propriétaires anglais du xviiie siècle, il serait de mauvais goût d'insister sur les avantages qu'ils en ont retirés. Ils renouaient la tradition de leurs prédécesseurs du xiiie et du xive siècle, qui s'étaient efforcés d'améliorer la race de leurs moutons en achetant des béliers de choix, et leurs terres, en les soumettant au marnage, opération qui exigeait une somme de dépenses égale à la valeur du fonds. Les fermiers, qui leur avaient succédé, avaient été forcés de renoncer à ces amendements trop dispendieux pour eux.

De tous les adeptes de la nouvelle école, lord Lovell, dont son descendant, lord Leicester, a bien voulu nous confier la comptabilité, fut certainement un des premiers innovateurs et l'un des plus entreprenants. Il récoltait des céréales, avait établi une boucherie et ne dédaignait pas de vendre de la viande à ses nobles voisins. Il fut le brasseur, le briquetier et le fabricant de chaux de la contrée. Il surveillait ses fermes, vérifiait les comptes poste par poste, et après déduction du montant approximatif de la rente, après avoir largement rétribué ses ouvriers, marné une partie de ses terres et introduit d'autres amendements considérables et coûteux, il réalisa un bénéfice net de 36 pour cent sur les avances de sa première année d'exploitation. Les anciens du pays hochèrent sans doute la tête d'un air méfiant et se demandèrent ce qui sortirait de ces cultures de navets et de fourrages inventés de fraîche date. Quant aux fermiers, suivant de l'œil le développement des procédés nouveaux, ils les adoptèrent peu à peu ; toutefois ils ne purent jamais se résoudre — Arthur Young s'en plaint — à tenir une comptabilité régulière. Les fermages montèrent, mais aucune classe d'hommes n'a plus mérité la fortune, qui lui est échue en partage, que nos propriétaires du xviiie siècle.

La nouvelle agriculture ne se répandit pas sans difficulté. Elle n'était pas praticable dans les *champs ouverts*[1] et la clôture de ceux-ci fut longue et coûteuse à établir. Gardons-nous de confondre cette clôture avec l'appropriation des terres communes laissées en friche, qui ont à peu près disparu, quoique j'aie encore vu des champs ouverts dans le comté de Warwick ; cette dernière appropriation a été un vol organisé. Je crois qu'il existe cependant encore des terres de *lammas*, qui sont propriété privée du jour de l'Annonciation (25 mars) à la Saint-Michel et propriété collective pendant le reste de l'année[2].

Les fermages de 3 sh. 6 pence en 1692 ont atteint 36 sh. 8 pence en 1854. L'agriculture avait continué à progresser, tandis que les matières premières avaient considérablement baissé, et que grâce à l'avilissement scandaleux des salaires, l'écart était devenu considérable entre le coût de revient et les prix de vente des denrées agricoles.

Il est un ou deux points sur lesquels je voudrais encore m'arrêter un instant. Le prix de la laine fut souvent très élevé au Moyen Age et pourtant il n'est pas de trace d'une hausse de la rente résultant du renchérissement de la laine.

---

1 Les Anglais appellent *open fields*, champs ouverts, les domaines découpés en bandes suivant le système ancien, exposé plus haut.

2. Ce sont généralement des prés, sur lesquels tous les habitants ont un droit de vaine pâture, après l'enlèvement de la première coupe. *Lammas* est le nom anglais du 1er août ; pourtant M. Rogers mentionne la Saint-Michel.

C'est que le principal levier de la hausse des fermages pour les terres de labour, c'est la crainte de la dépossession et des pertes qu'elle entraîne pour le fermier. L'éleveur, qui n'a pas son capital enfoui dans le sol, le mobilise à peu de frais et sans difficulté. L'élevage demande pourtant un flair particulier et devait être une profession fort hasardeuse au Moyen Age, alors que les racines fourragères étaient inconnues et qu'un été brûlant, suivi d'un hiver rigoureux, ne manquait pas d'être fatal aux troupeaux.

Les biens des Universités et ceux des collèges d'Eton et de Winchester n'ont pu, malgré mes recherches, me fournir de renseignements sur le taux des fermages à l'époque de la Réforme. Si Henri VIII avait vécu plus longtemps, il les aurait immanquablement dévorés. Elisabeth laissa ses ministres se tailler des domaines dans les propriétés des diocèses ; les Cecil rançonnèrent impitoyablement le siège épiscopal de Peterborough, et celui d'Exeter, qui était très riche, fut irrémédiablement appauvri par le pillage des familles nobles des comtés avoisinants. On connaît l'histoire du chancelier Hatton, de l'évêque d'Ely et la lettre menaçante d'Elisabeth [1]. A la fin, cédant peut-être aux prières du Parlement, la Reine consentit à protéger les prélats.

Les collèges universitaires n'eurent que trop lieu de s'alarmer et ne conservèrent leurs biens fonds qu'en les affermant à vil prix aux personnages influents du royaume. C'est ainsi que les Cecil et les Derby louèrent à moitié prix des terres appartenant à King's College. Ces doctes cor-

---

1. Hatton s'était fait construire une maison sur un terrain situé à Londres et appartenant à l'évêque d'Ely. Celui-ci voulut résister à cette spoliation, mais reçut de la Reine la missive brutale que voici : « Orgueilleux Prélat. Souvenez-vous de ce que vous étiez et de ce que je vous ai fait. Si vous ne cédez pas immédiatement à mon injonction, par Dieu, je vous défroquerai.

ELISABETH.

porations se trouvaient dans une situation difficile, résultant du renchérissement des prix, qui avaient triplé, et de la réduction de leurs revenus. L'Acte de 1576 vint à leur secours en les autorisant à recevoir une partie de leurs revenus en nature. Elles avaient tenté de sortir de leurs embarras en essayant de se faire payer des pots de vin au renouvellement des baux, mais elles restèrent longtemps victimes des baux onéreux qu'elles avaient consentis.

Depuis deux siècles et trois quarts, le prix du blé a donc monté huit fois et la rente de la terre à blé jusqu'à quatre-vingts fois. La rente des pâturages a monté environ dix fois. Si la rente représentait le prix de l'usage des « facultés indestructibles » du sol, c'est pour les pâturages que la hausse aurait surtout dû se manifester, mais sa cause première et déterminante a été la diffusion des connaissances agricoles et la concurrence des fermiers. Comme au xviie siècle, victimes de pratiques familières aux propriétaires, les fermiers sont de nouveau acculés à subir ce que j'ai appelé des fermages de famine ; en Irlande, où ils ne sont neuf fois sur dix que des ouvriers payés en terre, ils ne connaissent pas d'autre régime. Aussi la Némésis vengeresse s'est-elle abattue sur nos deux pays ; même le bail de dix-neuf ans, qui pour le duc d'Argyll constitue la quintessence de la sagesse humaine, est aujourd'hui bien discrédité. Quand reconnaîtra-t-on que la rente n'a rien de providentiel, ni de divin, qu'elle est d'origine humaine et qu'elle est le produit de l'intelligence, non du propriétaire, mais de celui qui cultive ?

Au cours de notre histoire, les propriétaires ont cherché à soutenir artificiellement le prix de la rente, d'abord en affamant l'ouvrier et ensuite en se déchargeant sur la masse du public du soin de pourvoir à sa subsistance. Je vous ai exposé les effets désastreux de ce système, mais je ne sais si les propriétaires et les fermiers arriveront jamais à comprendre que des salaires réduits et le bon marché du travail ne sont pas du tout des termes synonymes ; les économistes de l'école stupide, qui du moins ont lu Adam Smith, y sont parvenus. Il était réservé au génie d'un agent de change de Londres de découvrir que la misère du travailleur devait servir de levier à une hausse ininterrompue de la rente foncière ; il était réservé aux économistes et aux gentilshommes campagnards d'accepter sa théorie et aux faits de la réfuter. Sans nous lancer dans des affirmations concernant l'avenir, nous pouvons affirmer que les propriétaires du xviiie siècle ont fait du fermier anglais le premier agriculteur du monde et que les propriétaires du nôtre l'ont réduit à la mendicité.

CHAPITRE IX

La monnaie métallique.

Monnaies anglaises primitives, le marc et la livre. — Diminution du poids du penny d'argent. — Extraction de l'argent en Angleterre. — Le Changeur du Roi. — Des rapports de valeur entre l'or et l'argent et des causes, qui les affectent. — Le bimétallisme. — La loi de Gresham. — Paiements effectués au poids. — Preuves à l'appui. — L'altération des monnaies sous Henri VIII. — Changes sur l'étranger. — La refonte des monnaies en 1696. — Suspension des paiements en espèces. — Du seigneuriage. — Rôle de la monnaie dans les échanges, à l'intérieur et avec l'étranger.

La connaissance exacte de l'histoire de la monnaie métallique est indispensable pour conduire à bonne fin notre essai d'interprétation économique. Seule elle mettra en valeur les résultats des fouilles dirigées par nos érudits dans le passé lointain de la Constitution anglaise. Ne déprécions pas ces matériaux de l'édifice que nous nous proposons de construire, car nul ne peut bâtir sans matériaux, si ce n'est l'auteur d'un traité de métaphysique.

Les nations germaniques, qui échappèrent à la domination romaine, avaient une unité monétaire qu'elles appelaient le marc. L'Occident soumis à l'administration directe de Rome, avait une autre unité appelée la livre. Parfois, comme en Angleterre, les deux systèmes étaient employés simultanément, et aux temps reculés, on y exprimait aussi souvent les valeurs en marcs qu'en livres, le marc valant les deux tiers d'une livre. Toutefois on ne frappa jamais de marcs, c'était une simple monnaie de compte.

L'argent fut longtemps le seul métal qu'on monnayât. En Angleterre la livre Saxonne ou de la Tour était de 5.400 grains ; Henri VIII lui substitua en 1527 la livre de Troyes de 5.760 grains. Le denier ou *penny* d'argent fut donc de 22 1/2 grains de la livre ancienne et de 24 grains de la livre nouvelle. Le titre légal était de 11, 1 d'argent fin et de 0,9 d'alliage ; l'antique « *Dialogue sur l'Échiquier* » [1] nous apprend que les officiers de l'Échiquier étaient tenus de vérifier le titre des pièces de monnaie qu'ils encaissaient.

On ne sait quelle nation a inventé la monnaie, si c'est la Grèce, la Sicile ou l'Italie, qui, soit dit en passant, commença par avoir une monnaie de cuivre, ce métal étant comme l'or fréquemment trouvé à l'état natif. Des peuples civilisés comme les Égyptiens, les Assyriens, les Babyloniens et les colonies phéniciennes n'ont pas eu de monnaie et néanmoins il existait à Babylone un système de banque très avancé. De nos jours, la Chine n'a pas de monnaie d'argent et se contente d'un peu de billon : les piastres mexicaines qui servent à liquider les opérations, sont fondues en barres, aussitôt qu'elles arrivent aux mains des marchands chinois, et ces barres sont poinçonnées à leur estampille. Tels étaient sans doute les procédés d'échange en usage chez les peuples civilisés avant l'invention la monnaie.

Je ne m'étendrai pas sur les motifs qui ont déterminé les peuples civilisés à adopter la monnaie d'or et d'argent. Vous les trouverez clairement exposés dans la plupart des

---

1. Attribué à Richard, trésorier de l'Echiquier et évêque de Londres sous le règne de Richard Cœur de Lion.

traités d'Économie Politique. En matière financière, Ricardo, dont j'ai malmené la théorie de la rente, est une autorité de premier ordre, car, homme de bourse lui-même, il en connaissait à fond le mécanisme et y a fait une fortune brillante en un temps où un financier habile devait posséder toutes les qualités d'un stratégiste émérite.

Les peuples relativement arriérés ont commencé par imiter des monnaies existantes et rien n'est plus ingénieux et plus concluant que le travail dans lequel M. Evans, le numismate, a rattaché les pièces d'or de nos ancêtres bretons à un *Stater* Macédonien des derniers Téménides.

Prenant 3 pour étalon originaire du poids du penny d'argent, Edouard I le réduisit en 1299 à 2,871 ; Edouard III en 1344 à 2.622, en 1346 à 2. 583 et en 1353 à 2, 325. En 1412, sous Henri IV, il descendit à 1.937, en 1464, sous Edouard IV, à 1.55. En 1527, Henri VIII le réduisit à 1.378 et en 1543 à 1.163. En 1560, après la réfection des monnaies par Elisabeth, il est de 1.033 et en 1601, elle le fixa exactement au tiers de ce qu'il avait été 303 ans auparavant. J'ai contrôlé moi-même ces poids en pesant des pièces de monnaie nettoyées et non rognées.

Jusqu'au renchérissement des prix, l'argent fut en Angleterre extrait par grandes quantités de la galène ou sulfure de plomb. Je n'ai trouvé aucune mention d'importation de plomb, tandis que nous fournissions abondamment ce métal, recherché pour la toiture des églises, à la France et à une grande partie de l'Europe occidentale. Malgré les restrictions imposées à son exportation, nous leur fournissions également de l'argent. D'après les plaintes générales, émanant même des moines enclins à soutenir les Papes, une bonne partie de cet argent allait à Avignon et à Rome, et le mécontentement excité par cet écoulement du précieux métal, a contribué à hâter la rupture du XVIe siècle.

Les politiques anglais du temps étaient d'avis que pour

que le commerce avec l'étranger fût profitable à l'Angleterre, il importait que chaque opération fût liquidée par un paiement en espèces effectué entre les mains de nos marchands. On désigna, comme j'ai eu l'occasion de vous le dire, les Villes d'Étape, par où devait s'effectuer la sortie des marchandises. Calais fut la plus importante, particulièrement pour l'exportation de la laine, notre principal produit. Comme on se méfiait des marchands capables de préférer leurs intérêts personnels aux théories de l'Administration, on nomma un haut dignitaire, le Changeur du Roi, qui devait constater, en personne ou par délégué, que chaque opération se soldait par un paiement en espèces. De la Pole, nommé par Edouard III, fut le premier en date de ces officiers et Rich, comte de Holland, le dernier : cet office fut aboli par Charles sur les instances des marchands de Londres, à qui Charles avait beaucoup emprunté, et qui, se basant sur l'argumentation de Selden, soutinrent que les nominations à cet office de Changeur du Roi étaient illégales. L'exportation des monnaies d'or et d'argent a pourtant continué à être prohibée jusqu'en 1816, mais par une anomalie curieuse, l'exportation de l'or en barres, des monnaies étrangères et des lingots provenant de la fonte de monnaies étrangères, était autorisée. Seulement il fallait affirmer sous serment que les barres présentées à l'exportation avaient bien cette origine. On payait des intermédiaires, qui prêtaient ce serment, et l'or juré, comme on l'appelait, valait trois demi-pence de plus par once que celui qui n'avait pas passé par cette cérémonie. C'était le tarif du parjure.

L'intervention du Changeur du Roi fut toujours illusoire, car si elle avait été efficace, elle aurait déterminé une surabondance de monnaie, et un exhaussement général des prix. Or, au quinzième siècle, les prix n'ont pas cessé de descendre. Les marchands se riaient des Villes d'Étape et du Changeur du Roi, et trouvaient moyen de faire passer en fraude des marchandises autrement malaisées à dissimuler que des pièces de monnaie.

L'argent fut longtemps le seul métal soumis à la frappe. Cependant on prétend qu'en 1257, Henri III émit de la monnaie d'or sur la base du rapport de 10 à 1, mais que cédant aux représentations des marchands de Londres, il la reprit moyennant une retenue de 2 1/2 pour cent. On n'a jamais découvert d'exemplaires de cette monnaie et il semble probable qu'il s'agit de monnaies étrangères que le roi tenta de mettre en circulation. En 1262 Henri acheta, sur la base de 9 et 10 pour 1, des florins et des besants d'or destinés à être convertis en vaisselle. Trente ans plus tard, Édouard I acheta des quantités considérables d'or pour dorer les croix qu'il érigea à la mémoire de feu la reine, Éléonore de Castille. Cette fois le rapport fut de 12 1/2 à 1. En 1345 Édouard III frappa des pièces d'or selon le rapport de 13 3/4 à 1. Dans son *Traité des monnaies du Royaume*, ouvrage qu'on affirme avoir été écrit par Ruding, lord Liverpool prétend qu'au quinzième et au seizième siècle le rapport tomba à 10.5 et 11.8 à 1. Au dix-septième, il fut de 15 à 1. A la reprise des paiements en espèces, il fut établi à 15 1/2 à 1, mais l'argent n'eut plus force libératoire. Aujourd'hui il est de 22 à 1.

Le rapport de l'or à l'argent dépend, toutes choses égales d'ailleurs, de l'étendue de leur circulation. Frappé d'une hausse subite de l'or entre 1262 et 1296, j'ai consulté Muratori, qui m'apprit qu'à ce moment plusieurs cités italiennes adoptèrent la monnaie d'or et la firent venir des échelles d'Orient, où elle était d'un usage constant, et avec qui elles entretenaient des relations commerciales régulières. C'est cette demande qui en avait fait hausser la valeur. L'usage s'en généralisa au XIVe siècle : à Avignon, par exemple, la résidence papale, on se servait de monnaie d'or et la curie prélevait un agio lucratif sur les monnaies d'argent qu'on lui apportait. Les témoignages directs sur la cause de la baisse de l'or au xvᵉ et au xvɪᵉ siècle sont assez rares, mais les relations avec le Levant ont dû se ressentir de la chute de l'empire byzantin et de la suppression des routes commerciales par l'Asie Centrale.

Le rapport de 15 à 1 s'établit à la suite de l'affluence des métaux précieux venus d'Amérique, il a subi des fluctuations sérieuses que quelques bimétallistes n'ont pas suffisamment étudiées. En 1853, M. Chevalier croyait que la découverte des mines d'or de la Californie et de l'Australie allait chasser l'argent et Cobden crut devoir traduire son livre en anglais. Depuis la guerre de 1870, l'Allemagne a adopté l'étalon d'or et l'Italie a suivi son exemple. La baisse de l'argent s'ensuivit immédiatement, l'Union Latine limita la frappe des monnaies d'argent et la chute n'a fait que se précipiter. Elle pourrait être arrêtée, si l'Autriche et la Russie convertissaient leur papier monnaie, et si la Chine adoptait l'étalon d'argent pour son immense et populeux empire.

Il est impossible de déterminer jusqu'à quel point un gouvernement peut régler la circulation intérieure de sa monnaie, tant qu'elle n'est pas affectée par le taux du change sur l'étranger, qui n'estime dans une pièce de monnaie que le métal fin qu'elle renferme. On dit qu'en Russie le rouble papier est accepté à sa valeur nominale, quoique d'après les cours du change étranger, il n'en vaille que la moitié et que le rouble d'argent souffre déjà lui-même de la dépréciation du métal, dont il est frappé. Mais les relations de la Russie avec le dehors sont exprimées en or ; c'est en or qu'elle paie ses achats et qu'elle perçoit les droits à l'importation. Il en est de même pour l'Inde. La roupie a conservé sa puissance d'acquisition dans la péninsule, mais nos relations avec elle, comme pays créditeur, sont basées sur l'or. Les pensions civiles et militaires sont, il est vrai, payables en argent et subissent une forte perte de ce chef. Les intérêts de sa dette extérieure sont payés en or.

Dans le cours d'une conversation, je me suis récemment informé auprès du Maître de la Monnaie si l'écart considérable de trente pour cent, qui existe entre la valeur nominale exprimée en or et la valeur intrinsèque des pièces d'argent, n'avait pas amené la fabrication particulière de monnaies d'argent au titre officiel. Il m'a répondu que la Monnaie, mise en éveil, n'avait découvert aucun indice d'une fabrication pareille. On peut l'en croire, car l'administration de cet établissement a un flair plus subtil que le Comité d'Artillerie, qui a reçu les baïonnettes flexibles et les sabres cassants, dont les journaux nous ont tant parlé.

Peut-être aurai-je l'occasion de vous parler du bimétallisme ; c'est un sujet à l'ordre du jour et qui mérite d'être examiné à cause de la notoriété de ses défenseurs. Toutefois, aucun financier spécialiste ne défend ce système. Pour l'admettre, il faudrait que nous fussions plus complètement renseignés sur les fluctuations historiques du rapport entre la valeur des deux métaux, et sur l'étendue du pouvoir des gouvernements qu'on invite à assigner une valeur artificielle à leur monnaie. Il faudrait encore que ses avocats nous apprissent de quelle sanction serait revêtu l'accord par lequel les gouvernements s'engageraient à limiter la frappe de la monnaie dépréciée. La plupart reconnaissent qu'un accord préalable est indispensable.

Revenons à la diminution graduelle du poids des monnaies de 1297 à 1600. Se basant sur la loi de Gresham, qui déclare que la monnaie faible chasse la monnaie forte, on a cru, Adam Smith tout le premier, qu'au xve siècle les prix se sont accommodés à la valeur intrinsèque et réduite de celle-ci. Smith manquait de données pour étudier ce problème, car on ne possédait alors d'autre traité que le

« *Chronicon Pretiosum* » de l'évêque Fleetwood. Un de ses anciens condisciples à Eton, devenu agrégé de All Souls College, jouissait de revenus personnels supérieurs à 5 L par an, ce qui était contraire à la Charte du Collège. Invité par le corps académique à se retirer, il consulta Fleetwood et lui demanda quelle était, sous la reine Anne, la valeur équivalant à 5 L sous Henri VI. Fleetwood entreprit des recherches qu'il publia et pendant longtemps on a cité ses tableaux des prix du pain et de la bière à Eton. La place d'agrégé n'en fut pas moins déclarée vacante.

Arrêtons-nous au xve siècle. En 1412 Henri IV avait réduit d'un sixième le poids du penny d'argent comparé à celui émis par Edouard III en 1353. En 1464 Edouard IV réduisit d'un cinquième le penny de Henri IV ; la réduction totale atteignit peu à peu donc la moitié. Mais aucun mouvement marqué dans les prix n'est signalé ; de 1410 à 1414 compris et de 1462 à 1467 inclusivement, le prix du blé est à peu près invariable, quoique le shilling ait été diminué de 2 pence pendant le premier et de 2 1/2 pence pendant le second intervalle. Le prix du blé resta uniformément bas et le change sur l'étranger immobile.

Ces réductions avaient été opérées par Henri, qui était impopulaire, et par Edouard, récemment arrivé au trône et ayant à lutter contre une faction hostile. Cependant les redevances des tenanciers, le montant des pensions, dont étaient grevés la plupart des domaines, les taxes, les dizièmes, les quinzièmes, tout s'évaluait en sommes fixes et invariables. La monnaie forte ancienne n'avait pas été retirée, car au siècle dernier on voyait encore circuler des pièces remontant aux Plantagenets. Pourtant le peuple anglais, très ombrageux quand on touche à sa poche, ne faisait entendre aucune plainte au sujet d'une réduction de 40 pour cent, qui paraîtrait avoir dû réduire tous les revenus. Je ne puis expliquer cette contradiction apparente qu'en admettant que la monnaie était pesée et non pas comptée comme aujourd'hui, que lorsqu'on avait par exemple stipulé un paiement d'une livre d'argent, on payait 5,400 grains jusqu'à 1,527 et 5.760 grains après cette date et que ce système demeura en vigueur jusqu'à la réfection de la monnaie par Elisabeth[1]. Voici les arguments à l'appui de mon hypothèse.

1° Pendant 280 années, les prix généraux restent pour ainsi dire invariables et ne sont affectés après les pestes de 1348 et de 1361 que pour les articles, dont le coût de revient comprend surtout de la main d'œuvre. De 1261 à 1400, le blé est à 5 sh. 10 3/4 pence, de 1401 à 1540 à 5 sh. 11 3/4 pence par quarter. Les prix des produits de l'étranger tendent plutôt vers la baisse, bien qu'il n'y ait aucune trace de réduction dans les frais de production et de transport. Il en est de même pour la laine anglaise et, cependant, aucun autre pays producteur n'avait pu entrer en concurrence avec l'Angleterre.

2° On achetait de grandes quantités de vaisselle d'argent ; on thésaurisait en achetant cet article, dont la façon ne coûtait pas cher et qu'il était aisé de revendre ou de mettre en gage. Le prix d'achat était exprimé en poids par livres, onces et pence et on équilibrait les poids de la monnaie et de la vaisselle dans les deux plateaux d'une balance. Or, en 1493, Oriel College acheta 33 3/4 onces de vaisselle d'argent, dont une partie était dorée, et qu'il paya 2 sh. 9 1/4 p. par once, prix inadmissible si la monnaie avait été comptée, car les 9 1/4 pence représentent le coût de la dorure et de la main d'œuvre. Je pourrais citer un grand nombre d'exemples analogues.

3° En 1462 l'or se payait 30 sh. par once, le rapport des deux métaux étant suivant Ruding de 11.2 à 1. Ce prix

---

[1] Sous les rois normands et angevins, l'Echiquier vérifiait ses recettes par numération ou par pesées, *numero* ou *ad scalam*.

concorde avec la valeur de la monnaie résultant de la pesée, mais il est inadmissible si elle était comptée.

4° Nous savons que toute la perte sur la monnaie faible mise en circulation de 1543 à 1553 et qui y demeura vingt ans, tomba sur les travailleurs vivant de leurs salaires. Le marchand en effet essayait et pesait la monnaie qu'il recevait ; cette sauvegarde manquait à l'ouvrier.

5° Ce qui se passa à la réfection des monnaies sous Elisabeth est absolument concluant. Henri VIII et les régents de son fils avaient mis en circulation pour 631.950 livres en poids de monnaie avilie, dont la valeur nominale était de 638.115, la différence représentant sans doute le seigneuriage. En réalité, elle ne contenait que 244.416 livres d'argent fin, soit un avilissement de près de 60 pour cent. De cet argent fin Elisabeth frappa 733,248 L en monnaie comptée et prétendit avoir subi une perte sur cette opération, qui semblerait pourtant lui avoir laissé un bénéfice de 95,133 L. Les affirmations d'Elisabeth sont sujettes à caution, mais elle avait été forcée de séparer l'argent de la forte quantité de cuivre, à laquelle il était allié, et les opérations d'affinage n'étaient pas d'une pratique aisée au xvie siècle. On raconte que le résidu ou laitier ne put être utilisé que pour réparer les routes.

6° La conquête du Mexique et la découverte du Potose ne furent pas suivies immédiatement d'un afflux considérable d'argent en Angleterre ; il n'y arriva que par l'opération des échanges, rares et lents à cette époque. Le renchérissement des marchandises entre la réforme monétaire d'Elisabeth et l'époque, où les prix furent incontestablement modifiés en Angleterre par l'affluence de l'argent du Nouveau Monde, est égal à la différence entre les anciens prix exprimés en monnaie pesée et sur la base de la livre de la Tour, et les nouveaux prix, soit 2.75 à 1.

S'il vous semble que je me suis arrêté trop longtemps à

la recherche des preuves à l'appui de ma thèse, qui pour moi est absolument vérifiée, je vous répondrai que d'elle dépend l'interprétation rationnelle des prix et de leur premier mouvement après 1563. C'est parce qu'en pratique, sauf, à une seule époque, la monnaie n'a jamais été falsifiée en Angleterre, que nous sommes en mesure d'édifier une histoire raisonnée des prix dans notre pays. Ailleurs le despotisme s'est donné libre carrière. En Angleterre la livre n'a été réduite qu'au tiers de sa valeur primitive; en France, sous le nom de franc, elle est tombée au cent soixante douzième. En Ecosse, où le despotisme des premiers Stuarts fut tempéré par l'assassinat, elle descendit au vingtième.

Dans le cours de notre histoire, l'altération systématique de la monnaie n'a été perpétrée sciemment que par Henri VIII, le pillard insatiable que son apologiste, M. Froude [1], décore du titre de roi patriote. Cette opération, nous affirme-t-il, ne fut en fait qu'un emprunt. Les faux monnayeurs doivent être bien obligés à M. Froude de cette qualification courtoise.

L'altération fut progressive. Le titre normal était de 11. 1 parties de fin et 0,9 d'alliage. Il descendit successivement à 10 de fin en 1543, à 6 en 1545, à 4 en 1546. En 1549, Somerset, régent durant la minorité d'Édouard VI, émit de la monnaie à 6 et en 1551 à 3. Cette dernière renfermait donc deux tiers d'alliage. On dut s'arrêter, car le

---

1. M. Froude, écrivain brillant et nerveux, auteur d'une *Histoire d'Angleterre depuis la chute de Wolsey* et d'une *Histoire des Anglais en Irlande au* XVIIIe *siècle*, ne fuit pas les thèses hardies et opposées aux opinions reçues. « Henri VIII, dit-il, représentait dans sa propre personne la plus haute moyenne de la sagesse de son temps, nécessairement combinée dans une certaine mesure avec ses erreurs et ses préjugés... Les exécutions capitales (qui eurent lieu sous son règne) doivent être jugées comme le serait la mort de braves gens tombant sur un champ de bataille, qui, pour des questions de vie ou de mort, prennent parti et tuent ou sont tués. » (History of England, vol. III, pp. 67 et 290, édition 1858).

crédit national était perdu. Gresham, qui était l'agent du roi à Anvers, le déclara ouvertement et c'est alors qu'il formula la loi connue sous son nom. Deux nouvelles émissions de monnaie, l'une à peu près, l'autre absolument droite, eurent lieu en 1552 et en 1553, mais elle ne fut pas mise en circulation dans le royaume et fut réservée pour être expédiée à Anvers. Marie Tudor aurait volontiers réformé la monnaie, mais toute son énergie fut vouée à la restauration de la religion catholique. Elisabeth eut ce mérite ; la monnaie n'a plus jamais été altérée depuis son règne. Charles I fut à la vérité dissuadé avec peine de ce méfait : sa nature morale le portait à tromper ses sujets plutôt qu'à les opprimer par la violence.

Il est rare que les opérations commerciales avec l'étranger se balancent exactement ; au lieu de verser le solde en espèces, il est généralement plus commode de le régler par des lettres de change. Cette opération a été de bonne heure connue en Angleterre, d'où nos ancêtres exportaient deux produits : la laine, dont ils avaient le monopole, et l'argent. Les traites tirées de l'Angleterre ou sur elle étaient négociées à Anvers, mais ce trafic y déclina lorsqu'il devint onéreux de faire venir l'argent des mines anglaises et que la ruine des communes flamandes eut arrêté l'exportation des laines anglaises. Notre puissance d'acquisition de marchandises étrangères diminua lors du rehaussement des prix, qui ne coïncida pas avec un accroissement des salaires, des profits et de la rente. Sous Elisabeth le mouvement commercial avec l'étranger et par contre-coup celui de la monnaie n'atteignirent pas le cinquième de ce qu'ils avaient été au siècle précédent. Dans l'état de notre organisation agraire, tous les propriétaires, vivant de revenus fixes, furent réduits à la gêne, car les circonstances arrêtaient toute concurrence entre les fermiers. Les Universités d'Oxford et de Cambridge se trouvèrent terriblement à l'étroit. Elles réduisirent le

luxe du culte, cessèrent d'acheter des livres ; on y but de la
petite bière au lieu de vin, réservant les bières fortes pour
les grandes occasions. Les banquets des générations précédentes firent place à des repas plus modestes de bœuf, de
mouton et de poisson salé. La boîte aux épices ne fut plus
ouverte qu'aux jours de fête ; bref, on adopta un régime
propre à réjouir le cœur d'un protectionniste. Les collèges
ne respirèrent que lorsque l'acte de 1576 les autorisa à percevoir le tiers de leurs fermages en blé calculé aux prix
les plus bas du jour.

Au XVIIᵉ siècle, les prix continuèrent à monter rapidement et la rente foncière suivit, se conformant cette fois à
la loi de Ricardo. La monnaie avait cessé d'être pesée, mais
vers la fin du siècle, surgit une nouvelle difficulté. La monnaie d'argent, assez grossièrement frappée, s'usait et on la
rognait à force. On accusa d'abord les Juifs que Cromwell,
l'usurpateur, avait autorisés à se fixer en Angleterre. D'autres s'en prirent aux orfèvres, les ancêtres de nos banquiers,
sans doute parce qu'ils faisaient des fortunes rapides. On
ne se mit d'accord que pour reconnaître que le rognage de
la monnaie était devenu une profession et pour pendre des
hommes et brûler des femmes à la douzaine. Rien n'y fit :
les demi-couronnes ne passèrent plus que pour des shillings
et les shillings pour six pence. Enfin le Parlement prit
la résolution de procéder à une refonte générale.

Il y eut des débats très vifs, car alors comme aujourd'hui,
il se trouvait des gens qui s'imaginaient qu'en décorant
du nom de shilling une pièce ne contenant que neuf pence
de métal fin, on la ferait passer pour un shilling. Heureusement Montague, le Chancelier de l'Echiquier, trouva deux
alliés : Locke à Oxford et Newton à Cambridge, car, en ce
temps-là, nos Universités encourageaient les hommes de
talent. On frappa des monnaies nouvelles droites de titre et
de poids. Cette honnêteté nous coûta deux années du re-

venu national et il est probable que si l'on avait prévu une charge aussi lourde, on aurait fermé l'oreille aux conseils de l'honnêteté publique, ainsi qu'aux arguments de Locke et de Newton. Jamais dépense ne fut pourtant plus justifiée, puisqu'elle a affermi le crédit public et fourni un précédent inébranlable.

Depuis cette émission, notre pays a veillé au maintien de la pureté de sa circulation métallique et a même assumé la charge du frai ; dès lors on a pu se dispenser de pendre et de brûler comme par le passé. Seulement le gouvernement a pris des mesures de protection indirecte en restreignant d'abord à 40 L et ensuite à 40 sh. la somme jusqu'à laquelle la monnaie d'argent avait force libératoire ; celle-ci, comme le bronze et le cuivre, est devenue en 1816 monnaie de billon. On n'avait jamais avant cette date pris de mesure contre les gros paiements en cuivre, mais en cette année les partisans de lord Cochrane[1], accusé et condamné pour un crime dont il fut plus tard reconnu innocent, souscrivirent et versèrent en pièces d'un penny le montant de l'amende de 1000 L, à laquelle il avait été condamné. Portées à la Banque et échangées contre un billet de 1000 L, lord Cochrane s'en servit pour payer son amende, après avoir écrit au dos sa justification et quelques réflexions sur le ministère. Ce billet est conservé à la Banque à titre de curiosité.

Pendant la guerre ruineuse contre la Révolution française, Pitt avait pris à sa solde tous les souverains étrangers et ramassait toutes nos pièces d'or pour les stipendier. En 1797 les caisses de la Banque étaient à sec et Pitt fit décréter le cours forcé des billets : le peu d'or, qui restait, se

---

1. L'amiral Cochrane, qui avait eu des démêlés avec l'Amirauté, fut impliqué à tort dans une tentative de vaste escroquerie commise à la Bourse de Londres par un réfugié français entré au service de l'Angleterre. Elle était basée sur la fausse nouvelle de la mort de Napoléon Ier.

cacha et disparut complètement. Après la paix, Peel, qui avait étudié le précédent de 1697, proposa de rétablir la circulation métallique. Il eut à combattre le mauvais vouloir de ceux qui pensaient que le poids et le titre d'une monnaie importent peu, et qu'il suffit de lui décerner un nom pour lui assurer une valeur certaine, mais il réduisit ses adversaires au silence par la simple question . « Qu'est-ce qu'une livre sterling? » Rien de tel pour faire taire les gens qui débitent des sottises, que de les prier de définir les termes dont ils se servent. Ma réponse à sa question — et c'est, je crois, la seule bonne — c'est qu'une livre sterling est une pièce de monnaie renfermant 113 1/625 grains d'or fin.

Presque toutes les nations prélèvent sur leur monnaie un seigneuriage, c'est-à-dire le montant des frais de fabrication. Nous ne le faisons pas et c'est pourquoi nous ne voyons jamais de monnaie d'or étrangère circuler en Angleterre, tandis que nos pères recevaient couramment des pistoles et des couronnes d'or, des moidors et des ducats d'or. Sortie des frontières, la monnaie n'a d'autre valeur que sa valeur intrinsèque ; aussi la nôtre est-elle reçue partout en Europe : les étrangers savent qu'ils n'y perdront pas. Notre système peut être discuté ; plus de la moitié de nos souverains et plus des deux tiers des demi-souverains, sont terriblement usés et la Trésorerie aura un jour à subir une forte perte. Comme il n'y a rien d'injuste à faire subir à la monnaie le montant de ses frais de fabrication, on devrait appliquer à cette dépense les fonds provenant des bénéfices considérables, qui sont réalisés sur la fabrication de la monnaie de billon d'argent et de bronze. Il serait facile d'ouvrir à la Banque d'Angleterre un compte spécial à cette circulation d'appoint.

Un homme éminent de mes amis, M. Gladstone, m'a un jour demandé lequel des deux, de l'amour ou de la question monétaire, a dérangé le plus grand nombre de cervelles humaines. J'espère n'avoir pas troublé vos intelligences, mais je tiens néanmoins à toucher encore en passant à deux questions importantes : celle du double objet de notre circulation monétaire et celle de l'influence des dettes contractées chez nous par l'étranger, sur le commerce et sur le cours des changes.

Il faut faire deux parts de la monnaie en circulation dans un pays. La première, considérable, mais variant suivant les pays, est celle qui sert au commerce intérieur, celle que nous portons sur nous, celle qu'emploient les commerçants et les industriels, celle que conservent les banquiers pour faire face aux chèques et aux besoins de leurs clients. Nul n'en connaît le total ; notre monnaie d'or peut quitter le pays, et pour notre monnaie d'argent, nous ne sommes renseignés qu'en gros, faute de connaître la quantité exacte d'argent usé qui repasse à la Monnaie. On présume toutefois qu'il y a en circulation dans le Royaume Uni cent millions de livres sterling en or, trente millions d'argent et dix de bronze.

Les économistes se servent couramment d'une expression excellente : l'usage effectif de la monnaie ; il convient de l'expliquer. Par usage effectif, il ne faut pas entendre le nombre de fois qu'une pièce de monnaie passe de main en main, car elle peut jouer un rôle sans changer de propriétaire, mais l'ensemble d'opérations auquel une quantité fixe de monnaie peut servir de base, en un temps donné. En Angleterre, il nous faut une quantité relative d'or moindre que dans d'autres pays. On estime par exemple qu'il y a pour une valeur de trois cents millions de livres sterling d'or en circulation en France et autant en Allemagne, sans qu'il s'ensuive que ces pays soient plus riches que l'Angleterre.

L'autre part de monnaie est celle qui sert à assurer l'équilibre des changes internationaux et l'on sait à un souverain près à quelle somme celle-ci s'élève chez nous : elle est déposée à la Banque d'Angleterre et le relevé en est publié tous les vendredis. Elle fait partie de ce qu'Adam Smith appelle la monnaie de la grande république marchande ; elle entre et sort suivant les besoins du moment. Pour la retenir, la Banque d'Angleterre élève le taux de son escompte et il devient plus avantageux de nous envoyer de l'or que des lettres de change. Quand une nation éprouve un besoin d'or extrême, elle vend des valeurs mobilières, dont elle inonde parfois le marché, qui alors le refuse.

La seconde question, à laquelle je veux m'arrêter, est celle de l'influence que les dettes de l'étranger exercent sur notre commerce et sur le cours des changes. Nous sommes de prodigieux créanciers des autres nations ; les arrérages de leurs dettes, exprimés et payables en or, sont en fait acquittés en produits. L'existence de ces dettes nous confère une puissance incroyable sur le cours des changes : c'est un levier irrésistible et je crois que la Banque elle-même ne se rend pas compte de la force de l'instrument qu'elle manie en sa qualité de mandataire du commerce britannique. C'est ainsi qu'en étudiant les phénomènes économiques, en se gardant des spéculations métaphysiques et en se cantonnant dans l'étude des faits, on arrive à découvrir à chaque pas des facteurs ignorés, dont on n'appréciait pas la puissance, et à se féliciter des lenteurs que nous impose le mécanisme de notre constitution. Quelque impatience que nous éprouvions de corriger nos erreurs économiques, l'excès de circonspection est préférable à la précipitation.

CHAPITRE X

De la Monnaie de Papier

Les Banques dans l'antiquité. — Les Juifs de l'Asie Mineure. — La Banque de Venise. — La Banque de Gênes. — La Banque d'Amsterdam. — Les premières banques anglaises. — Débuts de la Banque d'Angleterre. — Les relations entre la Banque et le gouvernement. — Du pouvoir des Banques en matière d'émissions. — La Banque Foncière de 1696. — Les Bons de l'Echiquier. — Les cent premières années de la Banque d'Angleterre. — La crise de 1797. — Acte de 1844 de Sir Robert Peel. — Les banques provinciales d'émission.

Les signes représentatifs de la monnaie ont existé avant l'invention du monnayage. La controverse ample et prolongée qui s'est engagée au sujet des garanties que doivent présenter ces signes représentatifs et des fonctions qu'ils exercent, n'a pu aboutir à une solution revêtue de l'assentiment unanime : trop d'opinions différentes ont été exprimées au sujet de la limite qu'il convient d'assigner à la réglementation de leur émission. Si l'Etat se réserve un pouvoir de réglementation absolu, son intervention pèse sur l'indépendance du commerce ; s'il n'intervient que pour régler l'émission de quelques-uns de ces signes, la validité des arguments qu'on fait valoir en faveur de son intervention, se trouverait, assure-t-on, entamée. Pour moi, plusieurs n'en resteraient pas moins irréfutables.

Je vous ai dit dans ma dernière leçon que les Babyloniens se servaient d'instruments d'échange, qui offraient tous les caractères et jouaient le rôle des signes représentatifs de la monnaie. Les plaidoyers des grands orateurs grecs nous renseignent sur le fonctionnement des banques établies dans les cités grecques, ainsi que sur l'échange et la négociation des traites qu'elles émettaient. Alors comme aujourd'hui, les engagements s'exprimaient en monnaie, et, en théorie, le débiteur s'engageait à verser, à l'échéance de son contrat, une quantité déterminée de monnaie ou de lingots à Athènes ou à Égine, à Corinthe, à Carthage ou à Tyr. Mais en pratique, dès les temps les plus reculés, on a eu recours à d'autres modes de règlement. L'acheteur qui avait des débiteurs dans la ville, où il faisait ses achats, et où il avait antérieurement effectué ses ventes, remettait à son créancier les reconnaissances de ses débiteurs. De là à les envoyer dans un autre centre commercial ayant des relations avec cette ville, il n'y a qu'un pas. Peu à peu d'autres personnes intervinrent pour recueillir ces créances, les négocier et les compenser : dès ce moment la chaîne était formée et nous nous trouvons en présence d'un système analogue à celui qui prévaut de nos jours. On s'épargnait ainsi des délais, des risques et des embarras, et vous savez que dans toute opération économique, on évite autant que possible toute dépense et tout risque superflus. Soyons donc certains que l'usage des lettres de change est aussi ancien que la civilisation commerciale et qu'il remonte au-delà des temps historiques. Les relations qui ont existé entre Tyr, Carthage et Gadès durent se régler ainsi que je viens de le décrire. Les preuves documentaires sont perdues, parce qu'une opération commerciale terminée est aussitôt oubliée. Il a fallu notre jurisprudence barbare en matière de prescription pour que nous possédions une telle abondance de documents et de pièces se rapportant aux opérations de nos ancêtres. Le devoir de l'économiste est de les étudier, car ses affirmations ne doivent être acceptées que si elles se conforment à la règle : *quod semper, quod ubique, quod omnibus.*

Le plaidoyer de Cicéron en faveur de Flaccus accusé d'exactions en Asie, nous fournit quelques éclaircissements sur le commerce des métaux précieux pratiqué par les banquiers Juifs. Il semble que Flaccus en avait interdit l'exportation de l'Asie Mineure et que l'accusation insistait sur les empiétements illégaux du préteur. Son défenseur se garde de nous raconter en détail les faits et gestes de son client et cherche plutôt à rejeter les reproches d'intervention abusive et de confiscation qu'on faisait valoir. Quand il soutient que cet or devait être expédié à Jérusalem, il exagère sans doute afin d'éluder une discussion à fond et préfère exciter le mépris des Romains pour les cultes étrangers. Mais il dit vrai quand il affirme que, soixante ans avant notre ère, les Juifs se livraient à ce commerce, non seulement en Italie, mais dans toute l'étendue de l'empire, et qu'en cherchant à le réglementer, on se mettrait à dos des ennemis puissants, non pas tant parmi les Juifs, que parmi les autres personnages intéressés à ce trafic.

Les Grecs appelaient un Banquier Τραπεζίτης et les Romains *Argentarius ;* les auteurs grecs et latins les mentionnent fréquemment. Après la conquête de l'Egypte, ils furent particulièrement nombreux à Alexandrie, centre des échanges entre l'Orient et l'Occident. Ils disparurent lorsque le monde romain fut envahi et submergé par les barbares, pour renaître, ainsi que l'atteste Muratori, en Italie, où le commerce des villes méridionales de la péninsule survécut tant bien que mal à la tourmente et sut résister aux incursions des Normands et des Sarrasins.

La Banque de l'Etat à Venise, la plus ancienne des banques modernes, fut fondée en 1171 au plus fort de la grande querelle du pape Alexandre III et de Barberousse, à une époque où les deux partis, Guelfe et Gibelin, étaient déjà constitués. Venise ne se souciait du Pape et de l'empereur que dans la mesure de ses intérêts. Elle jouissait du monopole du commerce avec l'Orient et trafiquait impartialement avec les infidèles et les chrétiens, laissant aux autres nations européennes l'honneur de verser leur sang dans les Croisades. Leur ville devint riche et prospère et, ainsi qu'il arrive souvent aux peuples prospères, les Vénitiens cessèrent de se piquer de scrupules d'orthodoxie et même de morale. Malgré leur mauvaise réputation, le monde entier était en rapports avec eux, ils acceptaient toutes les monnaies et savaient en tirer profit. Je vous lasserais si je vous lisais la liste des pièces qu'ils recevaient, depuis celles des princes disparus de la Bactriane ou de la Mauritanie, jusqu'à celles des Califes d'Espagne et du grand Duc de Moscovie.

Venise prenait, triait, estimait et encaissait le tout. On remettait un reçu aux marchands, qui n'avaient pas un besoin immédiat de leurs fonds et qui préféraient ne pas s'exposer au risque de les conserver chez eux. Bientôt on s'aperçut que ce reçu, qui spécifiait les quantités de monnaies remises, était plus maniable que la monnaie elle-même. Le reçu ou billet de la Banque de Venise en vint à faire prime et une banque de dépôts se trouva fondée. Elle accorda des privilèges à ses déposants, ou, pour être plus exact, frappa d'incapacités restrictives les personnes, qui n'étaient pas de sa clientèle, par exemple en n'escomptant pas leurs traites ou en refusant le ministère de ses notaires contre les accepteurs en défaut. La reine de l'Adriatique connaissait l'art de donner de la stabilité à ses propres institutions et d'ébranler celles du voisin.

Nous possédons des renseignements chronologiques plus précis sur la Banque de Gênes, fondée en 1407. C'est l'époque où, dans tout l'Occident, le pouvoir royal sortait vain-

queur de sa longue lutte contre la papauté qu'il se flattait
même, mais en vain, d'asservir complètement. Les circonstances étaient propices à l'établissement d'une Banque sur
le littoral de l'Italie occidentale ; les Génois saisirent l'occasion, donnèrent une charte à une compagnie fondée à cet
effet et la dotèrent de privilèges qu'ils augmentèrent encore par la suite. La Banque devint un Etat dans l'Etat, fit
des conquêtes et négocia pour son compte particulier avec
les Etats étrangers. Elle a survécu comme une ombre
jusqu'à la fin du xviiie siècle.

La Banque de Gênes n'était pas une Banque de Dépôts
dans le sens étroit du mot. Elle ne s'engageait pas à remettre aux déposants les pièces de monnaie qu'elle avait reçues.
Elle acceptait leur argent, leur remettait en échange un
Billet transmissible par lequel elle s'obligeait à restituer à
vue une somme égale et trafiquait au moyen de son capital et des dépôts de ses clients. Au xve et au xvie
siècle l'entreprise fut florissante. Quand Philippe II eut
ajouté à ses possessions le Portugal et ses vastes établissements dans l'Inde, il sembla que Philippe et l'Inquisition
allaient devenir les maîtres du monde et qu'il serait lucratif
de devenir leur banquier. Cédant aux suggestions de Spinola, les marchands gênois et la Banque se disputèrent l'escompte de son papier. Je serais curieux d'apprendre à
quel taux ils pratiquaient cette opération. Je présume que ce
fut à un taux exorbitant, du moins Philippe le prétendit, lorsqu'en 1596, il répudia sa dette, ruina la Banque et les marchands et laissa Spinola terminer à sa guise le siège d'Os-
tende.

Philippe s'appauvrit et appauvrit sa patrie à vouloir subjuguer les Hollandais révoltés ; son échec fut plus désastreux
que celui de Xerxès devant Athènes, car pendant leur lutte
infructueuse de cinquante années, lui et son fils apprirent
aux Hollandais à fonder leur propre puissance. Vers la

fin de la guerre, en 1609, ceux-ci résolurent de fonder une Banque sur le modèle de la Banque de dépôts de Venise, le précédent de Gênes n'ayant rien d'encourageant. Hambourg, la seule ville demeurée prospère de la Hanse, suivit bientôt cet exemple.

Amsterdam, grandissant à force d'héroïsme sur les ruines d'Anvers, devint la Banque de l'Europe, comme Venise l'avait été durant les Croisades. Je suis confus d'avouer que l'Angleterre, qui devait beaucoup aux Hollandais, ne cessa d'intriguer contre eux que lorsque la Hollande et la Banque d'Amsterdam eurent été ruinées, en partie d'ailleurs par leur manque de sagesse. Les bourgmestres et le conseil d'Amsterdam devaient jurer chaque année que les dépôts étaient intacts et une panique, qui éclata en 1672 après le meurtre des frères De Witt, prouva qu'à ce moment ils l'étaient en effet. Mais au siècle suivant le capital fut prêté à la Compagnie Néerlandaise des Indes Orientales et perdu par elle. Quand les Français envahirent la Hollande en 1795, les caves de la Banque étaient vides. Cependant Adam Smith écrivant son traité « *de la Richesse des Nations* », avait jugé plus intéressant d'étudier le fonctionnement de la Banque d'Amsterdam que celui de la Banque d'Angleterre et prié M. Hope, un Hollandais de souche hébraïque, de lui fournir un travail sur son organisation.

En Angleterre comme ailleurs, des Banques particulières avaient précédé les Banques montées par actions. Les orfèvres, qui formaient la plus riche des corporations de la Cité, firent des prêts à Charles I, et s'enrichirent de plus en plus sous le Protectorat de Cromwell, gouvernement fort, mais d'une durée trop éphémère. Sous sa domination, on avait déjà soulevé la question de la fondation d'une Banque sur le modèle de la Banque d'Amsterdam. A la Restauration, ce projet fut combattu avec ténacité par le parti de la Cour, qui soutenait qu'une Banque publique

était une institution incompatible avec la monarchie. Elle
l'était assurément avec la dynastie des Stuarts : en 1638
Charles I avait enlevé 204,000 L à la Monnaie et ne les
restitua que contraint et forcé. En 1672 Charles II prit
1,328,526 L à l'Echiquier, ne restitua pas le capital, et
ne paya jamais les intérêts. Jacques II révoqua les chartes
des villes et de la Cité de Londres pour en octroyer de nouvelles plus conformes à ses vues [1]. Une Banque publique
n'aurait jamais été en sécurité sous ces princes : il fallait une
révolution et cette révolution éclata en 1688.

L'idée de fonder à Londres une Banque par actions fut reprise aussitôt que le nouveau gouvernement se fût affermi.
Néanmoins ses promoteurs étaient avec raison hésitants.
Ils pressentaient qu'ils allaient se heurter contre les orfèvres, qui se chargeaient de mettre en lieu sûr les dépôts
de leurs clients — à une époque où Londres fourmillait de
voleurs — et leur délivraient en échange des reçus sous
forme de billets transmissibles. Les orfèvres s'étaient aperçus
que, forts de leur solvabilité, ils pouvaient émettre de ces
billets pour une somme supérieure à l'ensemble des dépôts effectués chez eux et s'étaient lancés dans des entreprises basées sur leur crédit. Cette manière d'agir était
connue et admise, ainsi qu'on le constate dans les pamphlets contemporains. En outre, ils réalisaient de grands bénéfices par l'escompte des traites tirées sur l'étranger. Dans
le cours des changes entre l'Angleterre et la Hollande, ré-
gnaient des fluctuations violentes, qui de nos jours paraî-
traient incroyables et sans parallèle possible. Mais il y a
deux cents ans, les chances de bénéfices exceptionnels, particulièrement sur les marchandises de provenance lointaine,
se présentaient fréquemment. Les prix triplaient en quel-

---

1. Dans la nouvelle Charte de la Cité, il avait fait insérer une clause
par laquelle il se réservait le droit d'exclure les chefs des compagnies et
des corps de métiers, qui ne seraient pas à sa convenance.

ques mois, et le marchand, qui avait des capitaux ou du crédit, spéculait à coup sûr et se montrait indifférent à des taux d'escompte, qui seraient ruineux pour ses successeurs modernes. Par exemple, le prix du salpêtre de l'Inde doublait parfois en une semaine, suivant les prévisions de guerre ou d'arrivée à bon port de la flotte des Indes Orientales. Il était aisé au négociant bien renseigné et de décision prompte de s'assurer le monopole du marché. C'est ainsi que furent faites les grandes fortunes de l'époque.

Les besoins financiers du gouvernement fournirent l'occasion désirée par les promoteurs de la Banque, avec qui Montague, chancelier de l'Echiquier, qui avait encore d'autres visées, entra en pourparlers en 1694. Guillaume, voulant qu'un fait d'armes éclatant fût sur terre le pendant de la victoire navale de la Hogue, projetait le siège de Namur. Les dépenses de la guerre étaient excessives et les gentilshommes campagnards s'étaient résignés à voter la « *Landtax* » ou impôt foncier. Montague, qui avait encaissé un million sterling à l'aide d'une loterie, accorda alors à plusieurs banquiers une charte d'incorporation en échange d'un prêt immédiat de 1.200.000 L rapportant un intérêt de 7 pour cent. Ce prêt fut souscrit en quelques jours. La nouvelle corporation recevait des dépôts et émettait des billets à l'imitation de ses rivaux, les orfèvres : elle comptait pour faire face à ses dividendes sur les arrérages payés par le gouvernement, sur les profits de ses émissions de billets, sur l'emploi prudent des dépôts de ses clients et sur l'escompte du papier de commerce. Bref, elle s'efforça de supplanter les orfèvres et s'attira, comme elle s'y attendait du reste, leur hostilité. Ce n'est pas le moment de faire par le menu le récit des premières luttes et du succès rapide de la Banque d'Angleterre. J'ai raconté dans un volume récent l'histoire des neuf premières années de son existence, basée sur une liste des cours de ses actions que j'ai trouvée

rapportée chaque semaine dans le journal publié par Houghton, dont nous possédons la collection complète à la Bibliothèque Bodléienne[1]. L'exemplaire du British Museum est en
moins bon état et incomplet, ce qui explique le peu de cas
qu'en a fait Macaulay.

Pendant longtemps, la direction de la Banque demeura
exclusivement aux mains des Whigs et des Dissidents. Sir
John Houblon, le premier Gouverneur et deux de ses frères,
qui faisaient partie de la direction, descendaient de réfugiés belges, qui avaient fui les persécutions du duc d'Albe.
Il résulte de la correspondance de Pepys conservée au Fonds
Rawlinson de notre Bibliothèque, que Houblon s'adonnait
à toutes les branches du commerce, mais plus particulièrement à celui des bois, qui était alors centralisé en Hollande,
bien que ce pays n'en produise aucun. En vrais commerçants, les Hollandais les plus patriotes ne se refusaient pas
à vendre à Louis XIV et à Philippe d'Espagne les matériaux
pour leurs armements. Ils se rendaient compte que les
profits qu'ils réalisaient sur ces ventes, serviraient à subvenir aux dépenses de la guerre. C'est ce que nous avons fait
au temps de Napoléon I, qui par ses mesures n'arriva qu'à
enrayer le ravitaillement de ses troupes et à assurer un profit
plus élevé aux marchands et aux industriels anglais. Pour
en revenir à la Banque, d'autres noms, de consonnance
française ou flamande, figurent dans la première liste des
Directeurs. Quoique les jours de persécution violente fussent passés, les Dissidents restaient soumis à des incapacités
humiliantes, qui les rapprochèrent les uns des autres ; à
Londres, ils formaient en quelque sorte une association

---

1. *The first Nine Years of the Bank of England : An inquiry into a
Weekly Record of the Prices of Bankstock fom 1693 to 1703. 1 vol.
Clarendon Press.* Houghton était apothicaire et fut un des premiers membres de la Société Royale ; son journal hebdomadaire, publié de 1693 à
1702, donnait les cours des marchés et des articles sur l'agriculture, la
chimie, l'industrie, etc.

morale, dont les membres étaient toujours prêts à s'entr'assister. Macaulay a dépeint les avantages qu'y trouvaient les débutants dans la carrière commerciale. La persécution, qui n'est pas poussée à l'extrême, unit ceux qu'elle frappe et les stimule à s'organiser pour la défense commune.

Les Directeurs de la Banque étaient sans exception des Whigs, non pas de ceux qui en 1710 s'allièrent à leurs adversaires pour conserver leurs places ou de ceux qui à partir de 1730 firent une sourde opposition à leurs anciens chefs, mais des Whigs convaincus, adhérant sans réserves aux principes de la Révolution de 1688. Les opposants à l'Acte constitutif de la Banque en 1694, avaient heureusement fait stipuler dans ses statuts que les avances extraordinaires, consenties par la Banque au Gouvernement, devraient toujours, sous peine d'une forte amende, être ratifiées par un vote du Parlement. La Banque était donc armée des termes mêmes de l'Acte qui l'avait créée, pour repousser des demandes excessives. Quand en 1797 Pitt fut sur le point de ruiner son crédit en exigeant des avances sur des ressources créées par vote du Parlement, mais sans faire ratifier ces avances par un vote exprès, il viola, sinon la lettre, du moins l'esprit de l'acte constitutif de la Banque.

Les relations politiques existant entre elle et le Gouvernement en vertu de la seconde charte, qui lui conféra le monopole virtuel du commerce de banque, a exercé une incontestable influence sur le développement du régime parlementaire, tel qu'il avait été formulé en 1688. Il est vrai que la Chambre des Communes n'avait que l'apparence d'une Chambre représentative, puisque les députés librement choisis y étaient noyés dans la foule des élus des bourgs pourris. La Banque devint l'agent et fut souvent le souverain financier du Gouvernement. Au renouvellement de ses chartes, elle a été sans doute plus d'une fois forcée de souscrire à des conditions onéreuses, car elle s'abusait sur son pouvoir d'émission et les avantages de son monopole, mais les directeurs savaient à merveille que le Gouvernement ne pouvait ni rompre avec eux, ni se passer de leurs services. La fortune de la Banque était indissolublement liée à celle de la dynastie appelée au trône par l'Acte d'Etablissement de l'an 1700 et jamais on n'a rencontré d'émissaire des Stuarts dans le cabinet directorial. Elle a exercé une autorité discrète et secrète, mais des plus effectives. Dans un des essais qu'il a publiés sous forme de visions, Addison a clairement dépeint comment la Banque s'est identifiée avec le crédit de l'Angleterre. Elle négocia tous les emprunts du xviiie siècle en se portant garante de la loyauté du gouvernement.

Au début, elle posséda un droit d'émission illimité. Elle ne s'engageait pas à restituer à ses déposants les pièces mêmes qu'ils lui avaient confiées et qui constituaient le gage de ses billets. Ne se cachant pas pour faire fructifier les fonds déposés chez elle, elle s'obligeait seulement à les rembourser à la première réquisition. L'expérience lui apprit dans quelle proportion elle pouvait en disposer et jusqu'à quel point, elle pouvait les appliquer à des avances garanties par des valeurs publiques, présentes ou futures. Ses billets, toujours de montants élevés, ont été seuls employés dans les opérations commerciales, et assimilés à des lettres de change à courte échéance.

De nos jours personne n'accumule de la monnaie métallique pour thésauriser ; tous s'ingénient à lui trouver un emploi rémunérateur et immédiat. Il en est de même de la monnaie de papier et il s'en suit que la circulation de celle-ci est limitée par les besoins du public. Si les banques en émettent en excès, elle est présentée au remboursement. Si par circonspection ou pour obéir à des restrictions légales, elles en émettent en quantité insuffisante, le public a bientôt fait de créer une monnaie de papier subsidiaire. C'est ainsi qu'il y a cinquante ans, des traites tirées par MM. Jones Loyd et Cie de Manchester sur leur maison de Londres remplissaient dans le Lancashire les fonctions d'une véritable circulation fiduciaire, au grand profit de la maison dont le chef fut depuis lord Overstone.

On a prétendu à tort que la monnaie de papier exerce sur les prix la même influence que la monnaie métallique. L'or et l'argent agissent sur les prix en vertu de leur valeur intrinsèque résultant de leur coût d'acquisition et de revient. Le billet de banque, qui n'a pas une valeur basée sur son coût d'acquisition et de revient, n'est qu'un signe représentatif des métaux précieux et n'est accepté que tant que dure la conviction qu'il est échangeable contre espèces, à la volonté de son détenteur. Si les billets conservèrent leur pleine valeur pendant les dix premières années de la suspension des paiements en espèces après 1797, c'est que le public savait qu'il existait des garanties de remboursement suffisantes. Quand l'émission est excessive ou que la garantie est trop faible, ce qui arriva pendant les dix années suivantes, les billets subissent une perte inévitable.

Mais, dit-on, une banque qui jouit du privilège d'émission, fait en pratique de la monnaie et peut favoriser ainsi la folie des spéculations. On confond la monnaie, soit de papier, soit métallique, avec le crédit. Une banque, qui aurait le pouvoir de frapper de la monnaie, pourrait tout aussi bien en frapper en excès comme elle peut émettre du papier en excès. Cet excédent ne lui servirait de rien, le trop de monnaie sortirait du pays, comme le trop de billets reviendrait à ses guichets. Assurément, je ne prétends pas que les banquiers doivent être autorisés à lancer dans la circulation du papier au gré de leur fantaisie. Toute Banque, même une simple Banque de dépôt, devrait être assujettie à un contrôle indépendant constatant la supériorité de son actif sur son passif et la nature des ressources, sur la foi

desquelles ses clients traitent avec elle et acceptent ses billets, le tout faisant l'objet d'une publicité claire et détaillée.
La faillite de la banque Greenway nous a montré la différence qu'il y a entre un contrôle sincère et un contrôle apparent. Je vous dirai plus tard pourquoi ce contrôle n'a
pas été imposé aux Banques Provinciales par l'Acte
de 1844.

Les Banques peuvent faciliter des spéculations téméraires
en accordant des crédits à la légère, mais le principe fondamental du commerce des banques doit être de ne prêter
que sur des garanties faciles à réaliser. Une Banque sage
escomptera du papier à trois mois revêtu de noms connus,
mais n'avancera pas de capitaux sur hypothèque, quelle
que soit la valeur du gage, car le terme du remboursement
est trop éloigné et elle ne saurait tirer parti du gage. Toutefois les banquiers trompés acceptent parfois du papier,
qui n'est pas vraiment commercial. Dans ce cas, le crédit
contribue à la hausse des prix, mais uniquement parce
qu'on lui attribue une base solide. En général d'ailleurs, la
période de hausse précède les crédits imprudemment accordés, puisque la prévision d'un bénéfice exceptionnel précède la tentative de se l'assurer.

Une banque devrait toujours placer un tiers de ses billets
et des soldes créditeurs de ses déposants en disponibilités
liquides, telles que monnaie, billets de la Banque d'Angleterre ou dépôts identiques à ceux que reçoit cette
dernière. Elle peut placer un autre tiers en valeurs d'État,
aisées à réaliser ou sur lesquelles elle peut emprunter. Le
tiers restant restera libre pour être affecté à l'escompte du
papier commercial, lequel, en cas de besoin, est aussi réalisable, quoique d'une manière moins rapide et moins certaine. Elle doit posséder en outre un capital propre et des
réserves; suivant les circonstances, un banquier intelligent
aura recours à des placements variés et c'est du discer_

nement, avec lequel il agit, que dépend sa compétence financière.

Il est certain que la quantité de papier qui circule sous forme de Billets de banque, de chèques, de traites et d'autres instruments du crédit, dépasse de beaucoup la quantité connue d'or, spécialement destinée à la couvrir et à la garantir. Plus elle la dépasse, et plus sensible est le pouvoir effectif de la monnaie dans un pays bien organisé ; l'Anglais, sûr de pouvoir toujours échanger son Billet de 5 L contre cinq Souverains en or, s'inquiète fort peu des calculs des spécialistes et de la quantité d'or, qui doit rester disponible et liquide.

En voyant à quel vaste mouvement d'affaires suffit un peu de monnaie métallique, on s'est naturellement demandé s'il n'y aurait pas moyen de la supprimer tout à fait et de lui substituer des garanties productives d'intérêts, comme les fonds d'Etat ou la terre. Ma réponse est négative, nette et formelle : on n'accepte les billets de banque que parce qu'on sait qu'on peut à tout moment se procurer de l'or en échange. Si on nous remettait en remboursement un titre de rente ou une pièce de terre, nous n'en saurions que faire, et pour les vendre, il faudrait nous engager dans une nouvelle opération, compliquée et chanceuse.

La Charte de la Banque d'Angleterre est datée du 24 juillet 1694 et elle est entrée en activité vers le milieu du mois d'août suivant. Pendant les deux premières années de son existence, sa Charte, qui présentait des lacunes, lui fit courir trois dangers sérieux, nés du mauvais état de la monnaie, du projet de concurrence de la *Landbank* ou Banque Foncière et de la situation embarrassée, où la jetèrent des avances exagérées consenties au gouvernement. On remédia au premier danger par la refonte graduelle des monnaies, à laquelle la Banque ne s'associa que de mauvaise grâce, et au troisième, par un exposé sincère soumis au Parlement et prouvant la solvabilité de la Banque, ainsi que par l'adoption d'une conduite prudente, qui, pendant cent ans, l'a mise à l'abri du renouvellement d'un pareil risque. Elle n'en avait pas moins le 4 décembre 1696 une circulation de 1,657,996 L 10 sh. avec un encaisse de 35,664 L 1 sh. 10p., cet écart effrayant était la conséquence des avances faites au Gouvernement sur le produit futur des impôts.

Le second des dangers, dont elle se trouva menacée, fut la rivalité temporaire de la *Landbank*. Les gentilshommes campagnards et les Tories détestaient les Whigs et les Dissidents, qui n'étaient à leurs yeux que des Puritains hypocrites, faisant l'usure à Grocer's Hall, le siège de la Banque d'Angleterre. Ils soutinrent la *Landbank*, ou Banque Foncière, qui venait d'être fondée. Au printemps de 1696, l'heure la plus sombre de l'histoire de la Banque, alors que les Tories acclamaient déjà le triomphe de sa concurrente, Montague parvint à obtenir le droit pour le Gouvernement d'émettre des billets à courte échéance et à intérêts fixes : ce sont les Bons de l'Echiquier, qui depuis ont toujours servi à maintenir l'équilibre dans le service de la Trésorerie, et qui constituent pour les Banques un placement de premier ordre. Ils font l'office de monnaie sans faire hausser les prix.

Pendant un siècle, la Banque resta le centre du commerce et du crédit ; elle rendit d'inappréciables services aux Gouvernements, qui se succédèrent, et leur prodigua des conseils de prudence, qui ne furent pas toujours écoutés. Elle a sans doute commis des erreurs, qui ne l'ont pas empêchée d'accumuler des trésors d'expérience pratique. Tant qu'elle restera fidèle à ses traditions, nul ne s'inquiètera de l'opinion politique de ses Directeurs. Sa place n'est pas au-dessus des partis, car la lutte des partis est la lutte éternelle du bien et du mal, mais à côté et en dehors des partis. Sa création reste un titre de gloire pour les Whigs de la Révolution et pour les meilleurs d'entre eux, les Dissidents établis à Londres à cette époque.

Un siècle après la première crise, en éclata une seconde, (février 1797). Le gouvernement du second Pitt avait contracté à la Banque des emprunts prodigieux afin de soutenir à tout prix la politique qu'il avait adoptée en 1793. Il anticipait sur les recettes des taxes qu'il avait fait voter et le 26 février la créance flottante de la Banque atteignait 7,586,445 L, avec un encaisse de 1,272,000 L. Vous connaissez l'Ordre du Conseil lui enjoignant de refuser le remboursement en espèces de ses billets, remboursement qui ne fut repris qu'au bout de vingt deux ans. La politique du gouvernement et de la Banque continua à être chaudement discutée pendant cet intervalle. Cette dernière eut souvent le désir et le pouvoir de reprendre les paiements en espèces, mais le gouvernement croyait tenir un levier puissant et ne consentit pas à s'en dessaisir. L'or se cacha, disparut ou fut exporté, et l'on n'eut plus en circulation que des billets d'une livre, de la mauvaise monnaie d'argent et du cuivre. Les partisans d'une circulation loyale passèrent naturellement, comme de nos jours aux États-Unis, pour des gens mal intentionnés. Cependant, en 1810, ils obtinrent la nomination d'une commission spéciale ; M. Vansittart, le chancelier de l'Échiquier, se refusa à tenir compte de ses recommandations. C'est à cette occasion que lord King exigea que ses tenanciers le payassent en or, exigence qu'il n'éleva que parce que parmi eux figurait un directeur de la Banque. Vansittart s'efforça de prouver que les billets n'étaient pas dépréciés, mais que l'or avait monté, ce qui était le comble de la sottise, et lord Stanhope demanda par sa motion de juillet 1811 qu'il fût déclaré illicite de donner ou de recevoir de l'or autrement qu'à sa valeur nominale, ce qui était le comble de l'iniquité.

Je ne vous dirai que peu de mots du fameux acte de 1844.

Sir Robert Peel était arrivé à la conviction que les banquiers sont naturellement tentés de faire des émissions excessives et de pousser ainsi à l'abus de la spéculation, conjoncture qui n'est à redouter que sous le régime du cours forcé, quoique même dans ce cas nous disposions d'un baromètre : celui de la dépréciation du papier. Agissant d'après l'avis de M. Jones Loyd, qui devint plus tard lord Overstone et qui avait fait sa fortune par les moyens qu'il allait faire condamner, de M. Norman et du colonel Torrens, il modifia la constitution de la Banque d'Angleterre qu'il sépara en deux départements distincts. Celui, à qui fut attribué le pouvoir d'émission, fut organisé sur la base d'une banque de dépôts : le droit d'émission fut limité dans une mesure déterminée automatiquement par la proportion des disponibilités en valeurs publiques et en encaisse métallique. Le département de l'escompte fut laissé libre et la Banque fut autorisée à augmenter ses émissions du montant de celles des banques provinciales, qui viendraient à disparaître ou à renoncer à cette faculté. Les banquiers de Londres y avaient renoncé depuis longtemps, et l'avaient remplacée par l'invention ingénieuse des chèques. Enfin Peel prescrivit à la Banque de publier un tableau hebdomadaire de sa situation : en matière de finances, on ne saurait fournir trop de lumière.

La règle imposée par Peel pour éviter les excès d'émission, n'est pas infaillible : lui-même fut forcé d'en autoriser la violation et de solliciter un Bill d'indemnité pour se couvrir. Le fait s'est reproduit et cette suspension obligée et périodique d'une loi jette des doutes sur son efficacité, surtout à cause de l'ingéniosité avec laquelle les hommes de finance arrivent à éluder les prescriptions les plus péremptoires.

Peel réduisit le droit d'émission des banques provinciales au montant moyen des billets qu'elles avaient en circulation, et restreignit cette faculté aux seules banques existantes, ne leur imposa aucune publicité et aucun contrôle sérieux de leur actif et de leur passif. C'est que les banquiers de province étaient les maîtres absolus dans les petites villes nommant les députés, qui étaient les soutiens de Peel et de son parti. Braver ces banquiers, leur imposer l'obligation de fournir des garanties de leur honnêteté, c'eût été mettre en péril le triomphe des principes conservateurs. Qu'eût fait Peel, s'il était revenu au ministère après la dislocation du parti conservateur, qui fut la conséquence de l'adoption du libre échange ? Sa mort prématurée en 1850 ne permet pas de répondre à cette question, mais de nouvelles réformes étaient et sont encore nécessaires : il est admis qu'elles ne peuvent être indéfiniment retardées.

CHAPITRE XI

De l'origine et du développement du Paupérisme en Angleterre.

De la puissance indéfinie de l'énergie humaine sur les biens naturels. —
Ses limites actuelles et manifestes. — La disette du charbon en 1873. —
De la progression des rendements agricoles. — De l'économie des forces
et de son influence sur le coût de production. — Des classes qui per-
çoivent la rente. — Leur situation actuelle et conseils à leur donner. —
Causes de dépression des salaires. — Les Sessions Trimestrielles des
Magistrats de comté. — Actes instituant l'Assistance Publique. — Sa
raison d'être. — Du domicile paroissial. — Les paroisses ouvertes et
les paroisses fermées. — Le XVIIIᵉ siècle. — Opinion d'Arthur Young.
— L'Acte de Speenhamland. — Origine et effets de la Nouvelle Loi sur
les Pauvres.

Rien n'est plus stérile qu'une dissertation sur l'origine du
capital. Tout capital est le produit d'un travail antérieur
ayant eu en vue la satisfaction de besoins naturels et l'allègement de travaux postérieurs ; malgré son antériorité,
il n'est pas possible d'étudier le travail économique en faisant abstraction de l'existence du capital. Dans toute société
organisée et progressive, ils sont au contraire étroitement
entrelacés ; nous avons vu comment ils sont rémunérés et
comment le plus puissant de ces deux facteurs est parfois
parvenu à opprimer le plus faible. Discuter l'origine du capital primitif, c'est donc se livrer à une logomachie ; prétendre que l'analyse de cette origine fournit des armes in-

vincibles aux revendications du travail, c'est verser dans un sophisme, qui arrêtera l'amélioration du sort des travailleurs. On a de même fréquemment versé dans l'erreur opposée, qui consiste à exagérer les fonctions du capital.

Les limites que les lois naturelles imposent au déploiement de l'énergie humaine, ont sans cesse été en s'élargissant. Quelques économistes soutiennent pourtant que la limite extrême est atteinte et qu'elle ne sera plus reculée par aucune découverte nouvelle. Cette tendance au pessimisme économique a même entraîné sur sa pente des économistes aussi éminents que M. Mill, qui a souscrit à la doctrine connue sous le nom de loi des Rendements Décroissants et à ses corollaires les plus sinistres. Il a accepté avec une morne tristesse les résultats de l'enquête de M. Jevons sur l'épuisement probable de nos mines de charbon, cette source de nos forces motrices et caloriques, et s'est empressé de nous conseiller de rembourser au plus vite notre dette, puisque nous devons bientôt être réduits à la pauvreté. De ses investigations sur la population et sur les causes présumées de son trop plein, il a conclu à la productivité restreinte des territoires, qui contribuent à notre alimentation et à leur inévitable et prochain épuisement.

J'admets qu'il sera toujours impossible de tirer 300 boisseaux de grain d'un acre de terre, le plus riche rendement actuel étant de 48 boisseaux, et que nous ne voyagerons jamais en chemin de fer avec la vitesse initiale d'un boulet de canon. Si les calculs de M. Jevons sont exacts, et si nous ne parvenons pas à découvrir un substitut du charbon, j'accorde qu'il est possible de prévoir l'épuisement de nos gisements houillers. J'accorde encore que si les prix du fret étaient restés ce qu'ils étaient du temps de M. Mill, leur élévation aurait arrêté l'importation des denrées provenant des régions lointaines. Mais, dans chacun de ces trois cas, un obstacle qui paraissait éternel, s'est abaissé et n'a été en somme qu'un obstacle temporaire.

Mill ne prévoyait pas que les trains finiraient par être lancés en toute sécurité à la vitesse de soixante dix milles à l'heure, que le coût d'entretien de la voie et la consommation du combustible seraient réduits d'un tiers et que les rails seraient fabriqués d'une matière à peu près indestructible. Ne le blâmons pas de n'avoir pas prévu ces progrès, mais ne le louons pas non plus d'en avoir méconnu la possibilité.

Les prédictions de M. Jevons ont à la vérité été suivies d'une demande intense de charbon, déterminée par la nécessité de réparer les dévastations résultant de la désastreuse guerre franco-allemande, et par l'impulsion que le déficit à combler avait imprimée à l'industrie minière anglaise. Les prix montèrent tout d'un coup et tous les propriétaires de terrains houillers s'empressèrent de tenter ou d'activer l'extraction du charbon. Le Professeur Philipps évaluait à 500 et même à 1000 milles carrés l'étendue des gisements qu'on découvrit ; plus du double de fosses furent mises en activité, si bien que le marché n'est pas encore remis des suites de ce surcroît d'extraction. Dans une commission d'enquête pour la construction d'une ligne de chemin de fer dans le Yorkshire, traversant des parages, où aucune localité n'était située à plus de deux milles et demi d'une voie existante, j'ai entendu déclarer par un des intéressés que l'économie du transport sur cette distance minime représenterait le seul bénéfice des entreprises charbonnières.

Il se peut, comme le soutiennent les disciples de Ricardo, que l'augmentation du rendement des céréales ne puisse être obtenue qu'au prix d'un coût de revient relativement plus élevé. J'ai mes raisons d'en douter ; en tout cas, nul n'a jamais pu préciser quelle est la limite de productivité d'une culture faite dans des conditions favorables. La ferme de

Croydon occupe une superficie de 600 acres d'un sol pauvre et sablonneux. Au moyen d'irrigations d'eaux d'égoût, dont les éléments fertilisants sont entièrement absorbés, elle produit dix coupes mensuelles et successives de raygrass à raison de 7 tonnes par acre. Au bout d'un certain temps, on détourne les eaux d'égoût de quelques parcelles et on sème de l'avoine, dont on récolte 100 boisseaux par acre. A ceux qui m'objecteront que c'est là une culture exceptionnelle, je répondrai par un exemple pris dans des conditions ordinaires. Un de mes amis, qui a beaucoup de bétail, a acheté une maison de campagne entourée de 50 acres d'un terrain également léger et sablonneux. Je fus présent en automne à la préparation de ses terres. Il faisait creuser des tranchées de deux ou trois pieds de profondeur avec un écartement de trois pieds, remplir les tranchées de bon fumier et niveler le sol. Au printemps il semait du raygrass et des vesces. Il m'invita à aller voir pâturer ses moutons : la végétation était si vigoureuse qu'elle dépassait le chapeau d'un homme de six pieds et que l'acre lui rendait plus de vingt tonnes de fourrage vert.

Je pourrais citer des exemples analogues pour la réduction des prix de transport. Malgré les restrictions imposées par les protectionnistes, le frêt par terre et par eau n'est plus que le cinquième de ce qu'il était à l'époque de Mill. Les navires coûtent moins cher à construire, voyagent plus vite et plus sûrement, consomment moins de charbon, ont moins d'équipage et chargent et déchargent plus rapidement leur cargaison. La baisse du frêt est, selon M. David Wells, un des économistes américains les plus distingués, la cause principale de la baisse de prix des marchandises pondéreuses, au détriment sans doute du fermier anglais, mais à l'avantage incontestable du consommateur et de l'industriel, qui doit avant tout recevoir ses matières premières à bon marché. Les profits diminuent en apparence et en comparaison du capital immobilisé et du rapport qu'on en attend, mais les prix des articles manufacturés n'ont pas baissé dans la même proportion que les matières premières.

Ces progrès sont dûs à la concurrence, qui nous stimule sans cesse à poursuivre des économies, 1° sur la main d'œuvre et 2° sur les frais de fabrication.

Les machines permettent d'économiser la première, mais il ne s'en suit pas qu'elles fassent à la longue baisser les salaires. Au contraire, le travail devenant plus productif, les salaires ont une tendance à monter, car les profits stimulent la concurrence des employeurs. Un travail productif est comme une terre fertile, qui obtient sans peine une rente spéciale. Le nombre des travailleurs habiles n'étant pas susceptible d'un accroissement soudain, la demande de leurs services sera de plus en plus active dans les conditions de l'industrie moderne.

Les inventions modernes réduisent les frais de fabrication sans peser sur la demande de travail. Dans les fours de Siemens, on obtient des résultats supérieurs avec une moindre dépense de combustible. Par le procédé Bessemer, l'acier se purifie automatiquement par la combustion des substances nuisibles qu'il renferme. Sans doute l'introduction de machines nouvelles et la réduction des frais de production peuvent diminuer momentanément l'emploi du travail. Les économistes ont eu le tort de le nier, suivant leur funeste habitude de considérer toute espèce de capital comme aussi mobilisable que l'est une somme d'argent chez un banquier, et tous les ouvriers comme des commis, aussi aptes à rendre des services dans les bureaux d'un banquier que dans ceux d'un négociant. Le métier à vapeur a tué le métier à la main et ruiné les tisserands. Les chemins de fer ont fait du tort aux carrossiers et aux propriétaires des canaux. Il n'est pas bon de réduire à l'excès l'emploi du travail humain. Mais, pour justifier l'utilité des inventions et la substitution des forces naturelles à la main d'œuvre, il suffit de constater que le travail est simplement déplacé, qu'il devient bientôt l'objet d'une demande plus intense et que les produits nécessaires à la vie deviennent plus abondants et plus accessibles à tous. Ce qui a donné lieu à ces craintes, c'est que, dans les premiers temps, qui ont suivi l'introduction des machines en Angleterre, la misère des classes laborieuses, poussée à l'extrême, est devenue révoltante et intolérable ; c'est pour ce motif, que j'ai tenu à élucider la question des rapports du travail et du capital avec la production, avant d'aborder l'étude du paupérisme lui-même.

Quoiqu'ils leur attribuent une rigidité exagérée, les économistes sont unanimes à admettre que les lois qui règlent la production, sont des lois naturelles. Celles, qui règlent la distribution de la richesse produite, sont, en tout ou en partie, d'institution humaine. Il ne faut pas entendre par là qu'elle est distribuée au hasard de l'arbitraire capricieux des individus, mais que dans une société organisée, elle est distribuée dans la proportion que déterminent les forces dominantes, qui dirigent cette société et l'empêchent de se dissoudre, qu'elles agissent en qualité.de mandataires ou en vertu d'une usurpation. Toutefois, elles ne pourraient aller jusqu'à l'exclusion complète d'un des quatre facteurs de la production, dont l'abstention condamnerait les trois autres à l'inaction.

Il est donc possible aux lois humaines d'entamer fortement la part du produit, qui est affectée à la rémunération de la rente. Simple économiste désintéressé dans la question, je ne conteste pas à la rente le droit d'exister, mais comme je l'ai déjà dit, elle n'a pas un caractère sacré. Elle est simplement la résultante de certains phénomènes naturels, comme le sont la nécessité du travail, la déperdition des forces et le frottement des rouages d'une machine. Elle naît de la limitation du bonheur humain comme les honoraires du médecin naissent de la limitation de la santé humaine. Rien ne justifierait sa confiscation proposée par M. Henry George, ni son rachat obligatoire proposé par M. Stuart Mill. Je ferai cependant remarquer en passant que le propriétaire qui fait valoir sa terre lui-même, échappe en partie à l'influence des lois artificielles qui règlent la distribution de la richesse. Il n'est pas autant affecté par la hausse et par la baisse des prix, car son travail subvient à une partie considérable de sa consommation. Les économistes ne se sont pas suffisamment rendus compte de cet avantage qu'il possède.

La part du produit attribuée aux intérêts des capitaux, tend à diminuer à mesure que s'accroît le total de la richesse publique. Après avoir épargné afin de s'assurer une réserve en vue des éventualités de l'avenir, on continue à épargner en vue d'augmenter son revenu. Envisagées au point de vue de la science pure, les lois sur l'usure et les lois sur les banqueroutes sont au même titre des interventions violant la liberté des contrats. Mais Bentham a eu raison de provoquer l'abrogation des premières, qui consacraient l'intervention de l'État au nom d'une théorie rigide et inflexible, tandis que les secondes sont basées sur l'équité et se plient aux exigences de chaque cas particulier.

Les propriétaires se sont généralement mal trouvés de vouloir faire intervenir la loi en faveur de la rente vis-à-vis de l'intérêt et des profits. Ils ont été forcés de respecter la part de l'intérêt, quoique le débiteur hypothécaire soit, en cas de non paiement, traité plus favorablement que le débiteur ordinaire. Il ne subit pas les conséquences de la dépréciation de son gage et au nom de ce qu'on a appelé « l'équité de la rédemption », il lui est accordé des délais afin de lui faciliter la rentrée en possession des immeubles qu'il a affectés à la garantie de sa dette.

Les intérêts du capital du fermier et ses profits ont été moins bien partagés et sont encore à la merci du bénéficiaire de la rente ; ils ont été réduits afin de grossir celle-ci. La conséquence, c'est l'état de gêne de l'agriculture et la dépression de notre commerce.

Pour ce qui est de la rémunération du travail, il a été au contraire aisé de la restreindre par une série de lois positives, et d'aveugler les fermiers, au point qu'ils se sont érigés en complices de l'oppression du laboureur et qu'ils ont, de toutes leurs forces et de toute leur énergie, aidé à consolider leur propre asservissement. Cependant il y a quarante ans, quand la masse du peuple anglais a brisé les anciennes lois restrictives destinées à favoriser l'exaltation de la rente, ils semblaient avoir ouvert les yeux, mais ils paraissent enclins à se laisser de nouveau séduire par les sophismes, qui avaient abusé leurs pères, et à croire que des lois, qui entravent l'approvisionnement national, leur permettront de payer à leurs ouvriers des salaires plus élevés.

C'est au xive et au xve siècle que les seigneurs et les propriétaires ont pour la première fois tenté de réduire les salaires par voie d'autorité, et cela dans le but de soutenir le niveau des fermages. Leur échec final fut complet, puisqu'en 1495 la loi institua un tarif des salaires donnant pleine satisfaction aux travailleurs demeurés maîtres de la situation. La guilde, à laquelle ils appartenaient, était pour ceux-ci une Trade Union et une société de secours mutuel. Les terres étaient morcelées entre les occupants : à Tandridge, village du comté de Surrey, que je vous citerai plus d'une fois, il y avait en 1600 quarante-neuf propriétaires et occupants, dont la tenure moyenne était de dix-neuf acres et demi, et je suis convaincu que ce état de morcellement a persisté jusqu'à la fin du siècle. Le laboureur à gages, qui détient de la terre, est en excellente position pour défendre la rémunération de sa main d'œuvre. Les propriétaires et les fermiers le savaient et se sont entendus pour le détacher du sol ; ils s'acharnent encore aujourd'hui à l'en tenir séparé.

L'altération des monnaies commença la déroute des travailleurs ; il y en avait en circulation une quantité équivalente à sept années de monnayage d'or et d'argent sous Elisabeth et à dix années de monnayage sous le règne de son père. L'émission de fausse monnaie par les gouvernants pèse presque entièrement sur les classes pauvres ; c'est ce qui rend leur méfait si vil et si lâche. Elle fut suivie de la confiscation des biens immeubles des corporations et des fonds des sociétés de secours mutuel ; joignant l'hypocrisie au vol, Somerset les confisqua en déclarant qu'ils étaient affectés à des usages superstitieux. Puis, survint la hausse des prix ; les provisions montèrent de 275 pour cent et on ne fut pas plus riche avec 16,6 shillings qu'on ne l'avait été avec 6. Les salaires restèrent immobiles, car ils sont impuissants à se défendre contre le renchérissement des prix, malgré les belles promesses que nos protectionnistes prodiguent aux classes ouvrières. Enfin, pour mettre le comble à leur détresse, on promulgua le Statut de la cinquième année du règne d'Elisabeth, qui confia aux Juges de paix, assemblés en sessions trimestrielles, la mission de tarifer les salaires et édicta des peines sévères contre les infractions.

Ce fameux Acte, qui a consommé la dégradation de l'ouvrier, ne fut en fait qu'une codification de tous les vieux Statuts qu'il abrogeait, puisque les pouvoirs des Juges de paix étaient établis dans une mesure plus ou moins restreinte, depuis deux cents ans. Ce qui le caractérise, c'est qu'on saisit le moment, où les ouvriers étaient faibles et désarmés

pour consolider les lois anciennes et rendre plus rigides
les règlements d'apprentissage, de façon à condamner aux
travaux agricoles le plus grand nombre possible de bras
et de fermer toute issue au laboureur cherchant à échapper
à l'étreinte de ses maîtres. Notre Recueil des Statuts renferme des lois atroces, dont plusieurs sont précédées de
considérants hypocrites. L'Acte d'Elisabeth est le plus in-
fâme, car il frappa le pauvre dans tous ses droits, même
dans celui de vivre, le tout uniquement dans l'intérêt des
gros fermages.

J'ai découvert treize de ces règlements et il se peut qu'on
en découvre davantage. Ils fixent invariablement des salaires, qui, même sans intervalles de chômage, ne suffi-
saient pas à procurer du pain à l'ouvrier et à sa famille.
Il devait dès lors solliciter la charité publique ou privée, les
aumônes des âmes généreuses ou des taxes établies afin
d'assurer sa subsistance. Il est consolant de constater que
malgré les pénalités, dont on les menaçait, les employeurs
se montraient généralement plus larges que les Juges,
ces « infimes tyrans des campagnes. » Voici les salaires
officiels moyens, résultant de sept règlements publiés de
1593 à 1684 pour trois catégories de laboureurs et cinq
catégories d'artisans, mis en regard des salaires réellement
payés et tous plus élevés que les prix officiels.

3 Sh. 0.5 pence par semaine.	5 Sh. 4 1/2 pence.
3 — 0.5	5 — 2 1/4 »
4 — 0.75	5 — 5 1/4 »
5 — 3.	5 — 9 »
7 — 0.75	7 — 5 »
7 — 11 1/4	8 — 1 1/2 »
5 — 3.	8 — 3 »

Il est à remarquer que les tarifs de la République sont

les plus élevés et que la Restauration chercha à faire baisser les salaires. Mieux valait pour les travailleurs la domination des Saints que celle des Cavaliers.

Le premier essai de législation sur l'Assistance des pauvres, remonte à l'an 1541 et ne réclame que des contributions volontaires. Entre cet Acte et celui d'Elisabeth en 1601, je compte douze actes du Parlement ; tous sont fort intéressants pour l'histoire économique de l'Angleterre. On ne les trouve guère que dans les éditions contemporaines et dans la réimpression *in folio* ordonnée par le Parlement. Les Recueils ordinaires les omettent comme abrogés ou tombés en désuétude.

On se flatta d'abord de l'espoir que la bienfaisance privée suppléerait au déficit dans les salaires qu'avait engendré l'intervention du gouvernement, mais la bienfaisance privée, même active, est impuissante contre une calamité nationale. Et puis, quand le chef de l'État est, comme Henri VIII, rapace, menteur, extravagant, sans scrupules et sans honnêteté, l'humanité moyenne est plus portée à imiter un exemple venu de si haut qu'à soulager les maux qu'il a causés. Admettons un instant que Henri VIII et les tuteurs de son fils aient sincèrement cru que la charité privée pourvoirait aux besoins des indigents. La « Supplication des Mendiants » estimait à 43.333 L le montant annuel des aumônes recueillies par les ordres mendiants et ils purent espérer que la nation donnerait volontiers pour soulager la misère ce qu'elle avait donné pour soutenir les adhérents et les apôtres d'une religion que le roi avait dépossédée et proscrite. Mais l'expérience nous apprend que les hommes contribuent plus largement pour la défense d'une religion qu'ils croient vraie, que pour l'allègement des souffrances qu'ils ont sous les yeux. Peut-être n'ont-ils pas tout à fait tort, il est si difficile de distinguer entre la vraie et la fausse misère.

Ces Statuts varient dans leur teneur. Ils commencèrent par ne réclamer que des dons volontaires, des quêtes spéciales instituées dans les églises, d'abord en été, puis reportées à la Noël. L'appel à la charité générale se transforma bientôt en exhortations invitant directement les riches à donner de leur superflu. Les récalcitrants furent ensuite dénoncés à l'évêque, qui devait les exhorter en particulier. Sous Marie Tudor, l'obstination dans la parcimonie devint une présomption d'hérésie et donnait lieu à une enquête. Bientôt on eut recours à la coercition et le riche avaricieux fut mis en prison et ses biens frappés d'une taxe. Enfin, on finit par frapper tous les contribuables indistinctement.

J'ai eu la bonne fortune de retrouver et de publier l'état de recouvrement de cette taxe dans la paroisse de Tandridge. L'unité de perception de 1 penny par acre est exigible une fois l'an des possesseurs ou occupants de propriétés inférieures à dix acres et deux fois pour celles de dix à trente acres ; le déficit éventuel était mis à charge des habitants ayant une propriété ou une occupation supérieure à trente acres. Il était tenu compte de la valeur des bâtiments, afin que le propriétaire d'une belle maison entourée de peu de terre ne fût pas dégrevé au préjudice des petits tenanciers. Cette taxe était donc progressive.

Quelques écrivains rattachent l'institution de l'Assistance publique à la suppression des Ordres Monastiques qu'elle a en effet suivie de près. D'autres, jaloux de laver la Réforme de l'imputation d'avoir aggravé le dénûment populaire, ont fait observer qu'il était antérieur à celle-ci, puisque l'État s'en était préoccupé bien avant Henri VIII. Je suis convaincu que la suppression des monastères a fait empirer le mal, au même degré que le développement de l'élevage des moutons, l'élévation des fermages et l'agglomération des petites fermes en grandes exploitations. Ces quatre causes suffisent à nous expliquer la nécessité de cette institution.

L'acte de 1601, d'abord temporaire, fut représenté et renouvelé de session en session. Il ne semble pas probable qu'on se soit flatté de l'espoir de pouvoir un jour se passer de l'assistance légale. Avec le renchérissement général et le système de tarification des salaires, la diminution de la misère sortait du cercle des probabilités. Peu à peu l'idée s'enracina que puisque le pauvre besoigneux était entretenu aux dépens de la terre, il était licite de l'en détacher de plus en plus et de lui enlever ses derniers droits, comme par exemple, celui de vaine pâture. La vieille chanson, qui recommande au laboureur de bannir toute tristesse, puisque la paroisse est tenue de le nourrir, me semble bien plutôt inspirée par un morne désespoir que par une joyeuse reconnaissance. Rendu perpétuel à la Restauration, l'acte d'Elisabeth est demeuré en vigueur jusqu'en 1835.

Je ne sais si, au point de vue économique, il est possible de justifier un système d'assistance obligatoire. L'argument de M. Mill s'appuyant sur ce fait que l'individu n'est pas l'auteur de son existence, ne prouve rien contre les autres hommes, qui n'en sont pas non plus responsables, et serait méconnu dans un état social, où le fardeau de l'assistance publique deviendrait un fardeau écrasant. Si la lutte pour la vie ne laissait absolument aucune marge à ceux qui travaillent, ils ne se condamneraient pas à la mort par inanition afin de sauver ceux qui ne peuvent ou ne veulent pas travailler. Mais au point de vue moral et politique, la défense de cette institution acquiert une tout autre autorité. La cotisation légère de chaque contribuable nous rachète de la dureté des mœurs et des sentiments, où nous serions plongés, si nous nous habituions à avoir, sous les yeux, le spectacle de l'indigence délaissée sans l'ombre d'un secours. Il est salutaire d'accoutumer les âmes à s'indigner à la vue d'un malheureux expirant faute d'un peu de pain. La lutte et la compétition des intérêts sont étudiées par l'économiste, qui note les phases et les résultats du combat, mais le moraliste se réjouit, quand il est suspendu, et qu'une parcelle du prix de la lutte est remise au vaincu. Le politique, qui s'ingénie à éviter tout frottement superflu dans les rouages de la société qu'il administre, redoute les explosions du désespoir, alors même qu'il est certain de les réprimer.

Les crimes de nos gouvernants ont rendu impérieuse la nécessité de la loi sur les Pauvres. Sans les quatre causes que j'ai énumérées, il y aurait eu quand même de la misère, mais elle eût été plus maniable et plus facile à secourir. Aussi nos pauvres sont-ils restés sous l'impression vague que, dans le passé, ils ont été dépouillés de ce qui leur revenait. Il y a certes beaucoup à reprendre au mode d'imposition et de distribution des secours, auquel on s'est arrêté : toutes les charges pèsent sur l'occupation, tous les bénéfices résultant de ce système d'assurances contre la maladie, la vieillesse et l'incapacité des travailleurs, sont pour ceux qui les emploient, et leur permettent de payer de moindres salaires. Dès le début, on avait pourtant compris que les petits cultivateurs, qui n'employaient pas de main d'œuvre étrangère, n'étaient pas en droit tenus de participer au même degré au soulagement de la misère ; l'exemple de la taxe graduée de Tandridge en fait foi. Il est scandaleux que de vastes châteaux et des parcs immenses soient taxés pour une valeur dérisoire par leurs propriétaires mêmes. Cette inégalité flagrante aura des effets dangereux pour eux, le jour où l'on verra clair dans leurs agissements et où on leur imposera une taxation différentielle, basée sur une progression tout opposée à celle qui a été suivie jusqu'ici.

La loi du domicile paroissial fut votée sous la Restauration. Funeste dans ses tendances, elle fut jugée urgente pour protéger les comtés riches, où affluait le flot des indigents, et sans doute considérée comme un retour à l'ancien principe de la responsabilité des paroisses. Elle a amené la distinction des paroisses en paroisses fermées et en paroisses ouvertes, distinction qui, fort heureusement, n'existe plus qu'à l'état de souvenir historique. Les premières étaient celles dont tout le territoire appartenait à un seul propriétaire : celui-ci n'avait qu'à expulser tous les indigents pour contraindre ainsi ses voisins à assister ses ouvriers nécessiteux. Les secondes étaient celles où le partage du territoire entre plusieurs propriétaires, empêchait cette manière d'agir. Pour y remédier, l'Acte connu sous le nom de *Gilbert's Act* autorisa l'union de plusieurs paroisses urbaines ; la nouvelle Loi de 1835 a mis un terme absolu à ces agissements. Je me rappelle l'indignation de quelques-uns des propriétaires, lorsqu'ils furent obligés d'accepter leur part du fardeau commun ; mon zèle pour cette réforme m'a même coûté l'amitié d'un ou deux d'entr'eux.

A la veille de la Révolution, on fit un rapport conservé par Davenant, sur l'incidence de la taxe dans les différents comtés. Elle pesait beaucoup plus sur ceux au Sud que sur ceux au Nord de la Trent, quoiqu'un autre document officiel, le rapport sur l'impôt des foyers, prouve que la population était aussi dense, bien que plus arriérée, dans le Nord que dans le Midi. La taxe pour les pauvres était égale à la moitié du revenu de la Couronne en temps de paix, proportion qui n'a plus jamais été atteinte, même lorsqu'elle s'est élevée à huit millions sterling à la veille du jour, où la loi allait être changée. Après la Révolution, les restrictions du domicile paroissial furent encore rendues plus rigoureuses, et l'affermissement de notre constitution n'a en rien adouci le sort du travailleur. En fait, le xviiᵉ siècle avait été pour lui une ère de misère non interrompue et, au moment où il s'achevait, Gregory King estimait que le fermier ne contribuait presque pas, et que les ouvriers agricoles, pris en masse, ne pouvaient pas contribuer à l'épargne nationale. Néanmoins la population avait doublé et devait encore doubler au siècle suivant.

Arthur Young avait remarqué avec désappointement que, bien que les salaires eussent haussé considérablement, le fardeau de la taxe pour les pauvres était devenu plus lourd et il avait attribué cette malencontreuse coïncidence à la consommation croissante du thé. Il lui eût coûté de reconnaître qu'elle était due à l'introduction du système de culture qu'il préconisait. Malgré l'élévation des salaires agricoles de 7 sh. 6 p. à 9 sh. par semaine, y compris le temps de la moisson, la taxe pour les pauvres avait augmenté, parce que partout on avait enclos les champs[1], aboli la petite culture et laissé dépérir les industries domestiques. Ce sont ces dernières, qui dans le Nord maintenaient le bas prix des salaires et les prélèvements modérés au profit de l'Assistance publique. Dans le Midi, on avait par contre été plus pressé d'enclore les champs. De plus en plus divorcés du sol, les travailleurs voyaient leur gêne s'aggraver, quoique les prix des provisions n'eussent pas fortement haussé. A la fin, on abrogea la loi d'Elisabeth, qui obligeait à annexer quatre acres de terre à chaque chaumière, et s'opposait à ce que les familles y fussent entassées les unes sur les autres : elle était un bienfait pour les laboureurs, mais elle entravait l'œuvre de l'enclosement des cultures. Les laboureurs ne se sont pas encore remis des conséquences funestes de son abrogation.

Grâce aux résultats brillants des cultures nouvelles, la

---

1. On estime que de 1769 à 1799 environ deux et demi millions d'acres ont été entourés de clôtures.

première moitié du xviiie siècle avait été une période d'abondance, de profits agricoles élevés, de bas prix et de salaires
croissants. Je n'ai pas de documents directs concernant les
taxes perçues pour l'Assistance publique, mais je conclus,
de ce que dit Arthur Young, qu'elles furent modérées et faciles à supporter jusqu'en 1775. Le dernier quart du siècle
vit des prix élevés, des salaires avilis et des souffrances
sans égales, qui finirent par éveiller l'attention publique.
Sir Frédéric Eden écrivit son histoire des Pauvres, précieuse à consulter pour l'époque où il vivait, mais sans valeur pour les époques éloignées. Pour celles-ci, il manquait
de données et ne semble même pas avoir consulté le Recueil des Statuts. Les fermages haussaient rapidement et
les fermiers se plaignaient des décisions des juges de paix,
décisions trop libérales, disaient-ils, pour les nécessiteux.
Des actes du Parlement interdirent le brassage des bières
fortes et le blutage excessif des farines ; le Roi se fit servir
du pain bis à sa table et les princesses s'étonnaient que le
peuple pût mourir de faim, alors qu'il n'avait qu'à se nourrir de galette.

Consternés de l'intensité de la crise, et ne sachant où
donner de la tête, les magistrats du Berkshire adoptèrent le
système connu sous le nom de *Speenhamland Act*, du nom
de la localité, où ils s'assemblaient. Se basant sur une
nouvelle interprétation de deux Actes de 1724 et de 1782,
ils fixèrent un salaire minimum, qui, d'après eux, suffisait à
la subsistance d'un homme, de sa femme et d'un enfant.
Présumant que si la famille était plus nombreuse, le salaire
n'en resterait pas moins stationnaire, ils décidèrent qu'une
somme complémentaire par enfant serait prélevée sur le
produit de la taxe pour les pauvres. C'est ce qu'on appela
le système des allocations, (*allowance system*) ; il fut condamné par les Malthusiens fanatiques, qui y virent une
prime à l'accroissement de la population et à l'incontinence.

Nul ne s'aperçut de l'injustice flagrante qu'il y avait à faire payer par ceux des contribuables, qui n'employaient pas de main d'œuvre étrangère, une forte proportion, quelquefois la moitié, des salaires, qui auraient dû être payés en entier par ceux qui s'en servaient. Au Parlement, M. Whitbread chercha, mais en vain, à faire donner la consécration légis lative à ce nouveau système ; on l'appliquait si aveuglément que j'ai connu deux journaliers, qui, par des épargnes clandestines sur les allocations qu'ils recevaient, sont parvenus à mettre de côté le prix d'une petite ferme.

La taxation devint intolérable dans les paroisses ouvertes, où il n'était pas rare de constater qu'elle absorbait la totalité du montant des fermages. Les propriétaires se trouvèrent ruinés par leur propre invention. On essaya du système suivi par M. Nicholls et par M. Lowe à Bingham et à Southwell, il fut sanctionné par la nouvelle loi de 1835[1] que firent passer les Whigs, guidés par les économistes de l'école métaphysique. Il eût fallu que cette loi suivît au lieu de précéder la réforme des Lois céréales, mais les Whigs ne voulurent pas se brouiller avec le parti des grands propriétaires fonciers.

Cette politique égoïste donna naissance au Chartisme, fit le jeu du parti conservateur dans le Nord, et lui rend encore aujourd'hui le service de présenter les réformes politiques comme liées à un programme économique socialiste ou quasi-socialiste. Quelques-uns des articles de ce programme ont eu une influence bienfaisante, par les lois sur le travail dans les manufactures (*Factory acts*), qui ont passé, grâce à l'appui que leur ont donné les ouvriers et leurs chefs. Mais les conservateurs étaient si bornés qu'ils

---

1. Son caractère essentiel est de permettre de refuser tout secours à domicile aux indigents valides, qui sont ainsi forcés d'entrer au *Workhouse*.

se refusaient à accepter l'abrogation des Lois céréales, sous le prétexte que le libre échange réduirait le cours des salaires. Quelques-uns d'entr'eux, assure-t-on, pensent encore que le renchérissement artificiel des prix déterminerait la hausse de ces derniers.

CHAPITRE XII

Effets historiques du renchérissement et de la baisse des prix.

Loi de Gregory King. — Fondement des lois qui régissent les prix. — Causes de renchérissement et de dépression. — Rareté et abondance des métaux précieux. — Réduction du coût de production et du frêt. — Extraction de l'argent en Angleterre. — L'argent et l'or étrangers importés par le commerce. — De l'influence des épidémies sur les prix. — Les cadets de famille et la guerre civile. — La littérature du xvii⁰ siècle : Shakespeare et Dryden. — Les inventions du xviii⁰ siècle. — Arthur Young et les introducteurs de la culture intensive. — Services rendus par Sir John Sinclair à l'agriculture écossaise. — Les prix élevés des denrées agricoles, le taux des fermages et la compétence des agriculteurs.

J'ai longtemps hésité à discuter devant vous la question, qui fera l'objet de notre entretien d'aujourd'hui. Elle est si vaste, les faits, qui s'y rattachent, sont si nombreux et si complexes, le sujet a été si rarement examiné au point de vue historique, et les témoignages, qui s'y rapportent, sont les uns, tellement perdus dans le passé, les autres, si rapprochés et si immédiats, que je désespère par moments de pouvoir tracer un ensemble clair et bien ordonné, propre à servir de point de départ à nos inductions économiques et à nos interprétations historiques. D'autre part, cette question est d'une importance si universelle, de sa solution découlent des conséquences si sérieuses, les intérêts qu'elle affecte sont à la fois si variés et si vitaux, l'avenir qu'elle s'efforce de pénétrer à la lumière de l'expérience du passé, est si proche, si menaçant et si sombre, qu'il y aurait quelque lâcheté à refuser de parler, lorsque, comme moi, on se croit à même de contribuer à l'élucidation d'un aussi grave problème social.

Comme d'habitude, je vais en guise de préambule vous exposer aussi clairement et aussi brièvement que possible les causes qui déterminent le cours normal des prix, ainsi que les lois et les causes secondaires, qui viennent modifier l'action de ces lois. Surtout ne perdez pas de vue qu'il n'est pas de sujet, où il soit plus nécessaire de vous méfier de la méthode métaphysique ou psychologique prônée dans vos manuels et de vous tenir à l'étude des événements ; n'oubliez pas non plus que telle fluctuation, qui aurait passé inaperçue il y a un siècle, excite de nos jours l'alarme du commerce et de l'industrie que leur complexité a doués d'une sensibilité extrême.

Il est une loi des prix que vous devez à tout prix connaître et qui a été trop négligée par la plupart des économistes ; c'est celle de Gregory King, qui fut héraut du duché de Lancastre à la fin du xviie siècle. Frappé des fluctuations extraordinaires des prix, particulièrement du prix du blé, King, qui s'adonnait à la statistique et qui avait le don de ne pas s'y perdre, a formulé la loi que voici :

« Nous estimons qu'un déficit dans la récolte fera monter les prix au-dessus du prix normal dans la proportion suivante :

Un déficit de 1 dixième fera monter le prix de 3 dixièmes
    »   2   »   8 »
    »   3   »   16 »
    »   4   »   28 »
    »   5   »   45 »

King n'avait en vue que les variations des prix des céréales, et, quoiqu'il ait donné une forme mathématique à la progression qu'il exprime, il visait plutôt l'expression d'une tendance et d'une proposition à soumettre aux corrections ultérieures de l'expérience. Comme celle-ci les a confirmées, je vais m'efforcer de les formuler en lois économiques.

1° Le prix d'une marchandise demandée, mais dont l'offre est en déficit, monte suivant une raison mathématique différant de celle, qui serait indiquée par la quantité constatée du déficit. *Vice versa* le prix d'une marchandise demandée, mais dont l'offre est surabondante, ne descend pas en proportion de la quantité constatée de l'excédent. Par quantité constatée, je n'entends pas la quantité exactement mesurée ; il suffit qu'elle soit approximativement déterminée [1].

2° Cette loi s'applique surtout aux prix des objets de première nécessité, dont, en cas de déficit, la masse des consommateurs ne peut réduire la consommation, sans s'exposer à des souffrances, et dont, en cas d'excédent, elle ne peut l'augmenter dans une proportion notable. Si ces objets sont de nature périssable, la loi agit dans les deux sens avec une intensité croissante. Cette loi me semble rappeler la principale loi des valeurs de M. Mill, mais elle est plus compréhensive.

3° En cas de déficit ou de surabondance, lorsqu'il existe plusieurs variétés de la même marchandise, qui en temps ordinaire sont cotées suivant une graduation à peu près

---

1. Dans ses *Notions Fondamentales d'Economie Politique* (p. 68). M. de Molinari donne une formule scientifique de cette loi de la progression des valeurs et la généralise : « Lorsque le rapport des quantités de deux produits ou services offerts en échange, varie en progression arithmétique, le rapport des valeurs de ces deux produits ou services varie en progression géométrique. » Stanley Jevons donne la formule suivante qu'il n'applique qu'aux prix du blé : « En gros, les prix du blé varient en raison inverse du carré des quantités offertes. »

constante et qui peuvent se suppléer dans la consommation, la hausse est la plus forte pour celle qui est d'ordinaire au prix le plus bas, et la baisse est la plus forte pour
celle qui avait été la plus chère. Par exemple, en temps
normal, le blé, l'orge et l'avoine valent 100, 73 et 50. En
temps de disette 73 et 50 monteront davantage que 100, et,
en cas de surproduction, 100 tombera davantage que 73 et
50. Cette loi est d'une application fréquente en pratique et
les hommes d'affaires s'en rendent parfaitement compte.

4° Si les marchandises demandées sont d'un usage facultatif, les prix, en temps de surabondance, tendent à tomber au niveau du coût de production, mais, si c'est l'offre
qui est en déficit, les profits monteront et donneront une
vive impulsion à l'industrie et au commerce. Cette loi peut
subir l'influence décisive de circonstances exceptionnelles,
auxquelles je m'arrêterai plus loin. Si la consommation en
est absolument dépendante de la volonté du consommateur, ces phénomènes se manifesteront avec une intensité
plus grande, à moins que la faculté d'option du consommateur ne prenne la forme d'une réduction de la consommation.

5° Les prix élevés, naturels ou artificiels, des denrées de
première nécessité, diminuent le pouvoir d'acquisition des
salaires et ne font pas augmenter la demande de travail.
Les prix élevés d'une marchandise d'une consommation facultative, dont on peut augmenter indéfiniment la production, font monter les profits et les salaires. Des prix bas
pour les marchandises d'une consommation facultative ne
font pas baisser les salaires, quand la main d'œuvre est répartie sur une vaste échelle, tant que le producteur ne réduit ou ne peut pas réduire les quantités offertes. Si la demande de travail est pressante et si l'offre en est restreinte,
la loi de King s'applique au travail comme à toute autre
marchandise. Pour être enveloppé d'obscurité, le fonction-

nement de cette loi n'en est pas moins indiscutable ; j'espère en élucider les points saillants dans le cours de cette leçon. Contentez-vous pour l'instant de la retenir sous sa forme la plus concise : « Les prix élevés ne font pas les salaires élevés. »

Telles sont, je ne dirai pas les seules, mais les principales formules qu'on puisse extraire de l'exposé de King, qui avait en vue la question suivante : « Pourquoi un déficit de denrées alimentaires égal à la moitié de la production normale, fait-il monter les prix neuf fois ? » J'avoue franchement que je n'ai pas rencontré de trace d'une hausse aussi prodigieuse : la plus forte que j'aie notée, est en 1315, de cinq fois le prix normal du blé, mais je répète que nous ne devons accepter la progression de King que comme l'expression d'une tendance prouvée par des faits acquis et démontrés. Les lois, que je vous ai fait connaître, sont des inductions appuyées sur mes propres recherches.

Indépendamment de ces lois, trois causes gnérales déterminent les mouvements des prix : l'une dans le sens de la hausse, les deux autres dans le sens de la baisse. Celles-ci ne l'ont jamais emporté sur celle-là, sauf dans quelques circonstances remarquables. Les prix ont constamment résisté à subir une révolution complète dans le sens de la baisse ; si cette révolution s'opérait universellement, on ne voit pas comment notre société arriverait à s'acquitter des obligations qu'elle a contractées. Elle appauvrirait les personnes qui ont leur fortune engagée dans des biens dépréciables, c'est-à-dire en terres et en capitaux industriels, et enrichirait les personnes qui sont assurées d'un taux d'intérêt fixe, c'est-à-dire les rentiers, détenteurs de fonds d'Etat et d'obligations à revenu fixe émis par l'Etat ou par les associations industrielles.

Ces trois causes générales sont :

1° L'abondance ou la rareté de l'or et de l'argent ; depuis trois cents ans, elle a déterminé la hausse des prix,

2° La réduction du coût de production,

3° La réduction du coût du frêt.

Ce sont les causes prédominantes, quoique d'autres agissent concurremment avec elles. Les cinq lois, que j'ai énoncées, expliquent les phénomènes passagers ; les causes ont agi d'une manière permanente ou du moins continue. Les lois ont déterminé les valeurs exprimées en monnaie, et, avant l'invention de la monnaie, les valeurs d'échange depuis l'ère des Pharaons, mais les causes se sont surtout manifestées depuis deux siècles. L'essor que les deux dernières ont donné à l'art industriel, défendrait notre civilisation contre l'envahissement des hordes assemblées de Gengis Khan, de Tamerlan et des Osmanlis : deux ou trois bataillons d'infanterie armée à la moderne et quelques batteries de notre artillerie leur feraient mordre la poussière. La civilisation de l'antiquité reposait au contraire sur la fatale institution de l'esclavage ; l'impulsion lui faisait donc défaut pour faire des lois naturelles les auxiliaires du travail et de la production. Moins dédaigneuse des arts industriels, elle n'aurait pas sombré dans une nuit de douze siècles.

Les causes, qui ont fait fléchir les prix depuis deux cents ans, ont eu une apparition tardive et il ne paraît pas que, pendant les siècles précédents, on ait cherché à réaliser des économies sur le coût de production. Seuls le papier et le verre à vitre semblent être deux des articles pour la fabrication desquels on s'en soit préoccupé, car leurs prix sont restés stationnaires, et ont même fléchi au lieu de suivre le mouvement général de renchérissement.

La diminution du coût de production peut s'obtenir :

1° par une économie sur la durée du travail, qui équivaut à une économie d'intérêts, de risque et de profits. Tel l'éleveur qui par des soins judicieux obtient de bonne heure le complet développement de ses produits. Il commence par profiter seul de l'économie réalisée ; elle est absorbée par la rente, lorsqu'il est imité par ses voisins et que son habileté s'est généralisée.

2° Par la découverte d'une nouvelle loi naturelle. Les fers phosphoreux, arsenicaux et sulfureux, n'ont acquis de valeur économique que depuis qu'on a découvert et qu'on leur a appliqué le traitement Bessemer.

3° Par le perfectionnement des détails de fabrication. Par des améliorations dans la construction des hauts fourneaux, on traite le fer avec le tiers du combustible qu'il fallait il y a vingt ans.

4° Par une meilleure manipulation du produit pendant son passage de main en main avant qu'il reçoive la façon finale.

L'économie du coût du transport et du frêt est aussi de date toute récente. En 1600, les bâtiments de la Compagnie des Indes Orientales mettaient deux années pour leurs voyages d'aller et retour par le Cap de Bonne Espérance. Nous faisons ce voyage en deux mois, et dans de tout autres conditions de sécurité et de bon marché. Le navigateur ne vogue plus à l'aventure ; l'astronome, le météorologue et le physicien se sont enrôlés à son service et à celui du commerce. Les opérations se liquident, non plus par des envois de numéraire longs et coûteux, mais par de simples transferts d'écriture.

Quand on se trouve en présence d'un renchérissement général, on est naturellement porté à l'attribuer à une surabondance de métaux précieux et il est certain qu'avant l'invention des substituts de la monnaie, et alors qu'on ne se doutait pas de leur rôle dans les échanges, l'abondance ou la rareté du numéraire avait un effet beaucoup plus direct sur les prix. Pourtant, des renchérissements survenus de

1541 à 1582, de 1583 à 1642 et de 1643 à 1702, le premier fut causé par l'altération de la monnaie et par certaines causes spéciales, qui en dérivaient ; le second fut uniquement amené par l'afflux des métaux précieux et le troisième, qui est d'un caractère beaucoup plus complexe, ne se rattacha que très indirectement à cette cause.

Un pays, qui ne produit pas de métaux précieux, se les procure par l'intermédiaire du commerce international. Jusqu'à l'arrivée des métaux du Nouveau Monde, l'Angleterre produisait de l'argent, car il ne se rencontre en Europe que combiné avec le plomb et au Moyen Age elle exportait du plomb au lieu d'en importer. Dans les temps préhistoriques, il a existé dans les Iles Britanniques des gisements aurifères facilement accessibles, particulièrement en Irlande, où les ornements d'or étaient d'un usage courant, ainsi que l'attestent les collections de l'Académie Royale Irlandaise. Ces gisements sont épuisés depuis un temps immémorial et la circulation de la monnaie d'or resta insignifiante jusqu'au xviie siècle. Partout on se servait de monnaie d'argent et même d'un billon, dans lequel figurait l'argent allié à d'autres métaux plus vils, comme on en voyait naguère en Allemagne et en Suisse. L'or répandu en Italie au xiiie et au xive siècle était d'origine byzantine. Le rapport de valeur entre les deux métaux varia en Angleterre ; il fut 9 3/4 à 1 en 1257, de 12 1/2, à 1 en 1292, de 10 1/3 et de 11 1/2 pendant le xive, le xve et le xvie siècle et de 15 à 1 au xviie. Au xviiie, l'argent déprécié disparut et le rapport légal fut changé. En 1819, il était de 15 1/2 à 1 sur le marché libre. Ces fluctuations sont dues à l'adoption de l'or ; par exemple, l'adoption de la monnaie d'or en Italie à la fin du xiiie siècle fit en trente ans monter le rapport de 9 1/2 à 12 1/2 à 1. Il en a été de même de nos jours en Allemagne et en Italie, et l'émission d'une monnaie d'argent en

Russie, en Autriche et en Chine ne manquerait pas de faire remonter le métal argent.

Jusqu'aux premières années du xviie siècle, l'Angleterre se suffit donc à elle-même. Pendant les quatre-vingt dix années, qui précédèrent la Grande Peste, le prix moyen du plomb fut de 53 sh. 6 p ; pendant les cinquante années, qui la suivirent, il monta à 128 sh. 4 p. pour redescendre au prix de 73 sh. 9 p., où il resta pendant un siècle et demi. Le bon marché du plomb implique une production abondante de l'argent, qui se répandait par toute l'Europe Occidentale.

Aux lieux d'extraction, la valeur des métaux précieux est réglée par le coût de production, comme celle de toute autre marchandise, quoique, comme l'a fort justement remarqué Adam Smith, il faille tenir compte de l'attraction qu'exercent les professions, qui promettent des bénéfices exceptionnels, bien qu'aléatoires. Mais pour les pays, qui n'en produisent pas, elle est déterminée par le coût d'acquisition, c'est-à-dire par la valeur des produits donnés en échange. La différence entre le coût de production et le coût d'acquisition peut être sensible. Pour Philippe II, qui se procurait l'argent en frappant d'une redevance les aventuriers qui le recueillaient, pour les corsaires anglais et hollandais, qui capturaient les galions espagnols, le coût d'acquisition était minime. Mais il n'en était pas de même pour les marchands anglais et hollandais, qui allaient le chercher à Séville ou à Cadix en échange de leurs propres produits. C'est par eux que les trésors d'Amérique se déversèrent sur l'Angleterre à partir du commencement du xviie siècle. A partir de ce moment, l'extraction de l'argent y devint insignifiante.

Les prix se maintiennent à un niveau élevé dans les pays, qui ont les moyens de se procurer les métaux précieux en abondance, en particulier pour les marchandises étrangères dont l'importation n'y est pas entravée par des res-

trictions légales, à moins qu'ils ne soient largement créditeurs des contrées de provenance de ces marchandises. Leurs
créances naissent sous forme d'exportations de produits
vers les contrées débitrices et l'intérêt en est aussi perçu
sous forme de produits, le plus souvent de matières premières. Les débiteurs, quand la somme d'intérêts à payer
est considérable, sont en effet contraints de forcer l'offre de
leurs produits pour arriver à s'acquitter de leurs dettes. Ce
phénomène s'accentue encore davantage dans les pays nouveaux, s'ils ont la mauvaise inspiration d'établir chez eux
des tarifs protecteurs, qui entament leur faculté d'échange.
Par contre le pays créditeur acquiert une influence prépondérante sur le marché monétaire et sur le terrain des échanges internationaux.

Je vous ai, je pense, clairement exposé le fonctionnement des lois, qui régissent les fluctuations temporaires des
prix, et les causes qui les affectent d'une manière permanente et qui exercent une influence prolongée et souvent
durable sur l'organisation des sociétés humaines. Je vais
maintenant aborder l'examen de l'influence que le renchérissement et la baisse des prix ont exercée à différentes
époques sur le travail et sur la rente ; je comprends dans
la rémunération du travail les profits du capitaliste travailleur aussi bien que les salaires de la main d'œuvre.

Rien n'est plus remarquable que l'uniformité des prix, qui
a prévalu, à part quelques intervalles, jusqu'à la trente et
unième année du règne de Henri VIII, que je choisis à
dessein, parce qu'elle a précédé la falsification des monnaies
et suivi la suppression des ordres monastiques. Je partage
cet intervalle en deux périodes égales de 140 années chacune : pendant la première, le blé valut en moyenne 5 sh.
10 3/4 p. par quarter et le plomb 90 sh. 9 1/2 p. par *fother ;*
pendant la seconde, ils valent respectivement 5 sh.
11 3/4 p. et 104 sh. 4 1/2 p. Les causes, qui poussent les

prix ou pèsent sur eux, se manifestaient d'une manière uniforme, dont rien n'était venu altérer le cours.

Nous sommes à même de vérifier tout aussi rigoureusement l'influence des cinq lois, dont je vous ai parlé. Pendant ce long espace de temps, il n'y eut que cinq années (1315, 1316, 1321, 1438 et 1527) de véritable famine, c'est-à-dire où le prix du blé ait doublé. Les famines, qui sévirent pendant les premières de ces années, sont les plus cruelles de toutes celles, qui sont mentionnées dans notre histoire, car, sans accepter aveuglément le récit des moines chroniqueurs sur les horribles aliments dévorés par les affamés, nous constatons que les salaires subirent une augmentation de 10 pour cent, qui demeura acquise, preuve que la population laborieuse avait diminué. En 1438, la disette fut aussi très grande, et des mesures furent prises pour arrêter l'exportation des denrées alimentaires, qui n'étaient même plus admises à circuler par eau dans l'intérieur du royaume. On craignait qu'elles ne fussent transbordées pour l'étranger.

L'événement le plus considérable du xive siècle, c'est la Grande Peste de 1349, qui reparut en 1361 et continua à éclater périodiquement jusqu'en 1665. Sa première visite nous coûta le tiers de notre population. Nos ancêtres étaient horriblement malpropres. Quoique nulle part en Europe on n'eût grand souci de la propreté, les Espagnols de la suite de Philippe II ne purent s'empêcher de remarquer l'extrême saleté des Anglais, qui, disaient-ils, mangeaient comme des rois, mais vivaient comme des porcs. Cette incurie survécut à la peste ; au xviiie siècle Londres était encore empoisonné par les vivants et par les morts. Un fleuve de boue fétide contournait le pied de Ludgate Hill et le Strand était coupé de deux ruisseaux tout aussi abominables, qu'on franchissait sur des ponts branlants et vermoulus, tandis qu'un marché particulièrement écœurant se tenait entre la Banque d'Angleterre et le site actuel de Mansion House. Suivant la température, les rues n'étaient qu'une nappe de vase ou une couche de poussière pestilentielle. Parfois le nombre des enterrements s'élevait au double de celui des baptêmes. Quand le grand incendie de 1666 eut consumé les foyers de peste, celle-ci eut pour successeurs le typhus et la petite vérole. Dans les années moyennes, la mortalité était de 41 par mille et la population de Londres ne s'accroissait que grâce à une immigration continue.

C'est cette Grande Peste qui a donné le signal de l'émancipation des serfs, car dans toute société, la demande de travail est constante, et tout d'un coup l'offre tomba de beaucoup au-dessous de la demande. Si un tiers de la population fut enlevé, le vide pratiqué dans les rangs des adultes à la campagne fut approximativement d'un cinquième, car l'épidémie fut plus meurtrière dans les villes que dans les campagnes. Selon la loi de King, ce déficit d'un cinquième a dû faire doubler les salaires ; c'est ce qui est arrivé en effet. Ma première loi se trouve donc vérifiée. Conformément à ma troisième loi, les salaires des femmes et des enfants subirent une surélévation proportionnelle plus considérable que ceux des adultes mâles.

Au xvᵉ siècle, on n'enregistra qu'une seule année de famine, et peu de manifestations d'épidémies. Les chroniqueurs citent des années, où les fruits furent rares, où les étés furent chauds et secs, mais ne mentionnent de maladies graves qu'à partir de 1477. En 1485 éclata une épidémie de suette, qui était causée par les habitudes de malpropreté, et frappa surtout les bourgeois aisés de Londres.

Entre temps, l'Eglise avait glissé dans la corruption et les monastères étaient devenus des refuges de moines avides et sensuels, les nobles ne songeaient qu'à leurs querelles et à leurs vengeances, tandis que les artisans s'étaient petit à petit convertis aux enseignements des Lollards. Les fermiers très prospères se tenaient en dehors des partis. C'est à cette époque que les cadets de famille sont devenus une calamité sociale. Tant que les grands lords avaient fait valoir eux mêmes leurs domaines ou qu'ils les avaient affermés à cheptel, ils avaient possédé une fortune mobilière, qui leur permettait de pourvoir à l'établissement de leurs fils cadets. Mais quand les fermiers se mirent à acheter de la terre, dont le prix doubla, ou à l'affermer par baux simples, quand, entraînés par la passion universelle, les nobles se précipitèrent jusque sur les terres de tenure servile, quittes à accepter pour la circonstance les théories de Wiklif sur l'injustice de l'inégalité civile, les cadets de famille restèrent dépourvus et appauvris. Tant que dura la guerre de France, ils vécurent du butin qu'ils en rapportaient ; aussi quand elle fut terminée, l'Angleterre fourmillait-elle de soldats de fortune. Ils se jetèrent à corps perdu dans la guerre des Deux Roses. Edouard IV et ses juges savaient ce qu'ils faisaient, lorsqu'ils préparèrent un projet de loi permettant d'annuler la constitution de biens de famille inaliénables et indivisibles.

Il est inutile de revenir sur la décadence économique de l'Angleterre sous Henri VIII, ni sur les causes qui ont engendré le paupérisme sous les règnes suivants. L'ouvrier anglais fut mis au ban des lois et des causes, qui règlent naturellement le cours des salaires ; il fut assimilé à un objet mobilier, à un esclave des colonies. Aussi resta-t-il profondément indifférent au grand drame du xviie siècle, ce drame si noble à ses débuts, si mesquin à son dénouement, et au sujet duquel je n'entends faire qu'une seule observation. C'est que pendant la première moitié du siècle, les personnages les plus pervers sont rarement vils, tandis que pendant la seconde, les hommes les meilleurs obéissent presque toujours à des mobiles mesquins. Il en fut des hommes de lettres comme des politiques. Shakespeare est l'image de Prospero. Quand Dryden eut remanié son théâtre, Caliban a cessé d'être un monstre poétique, pour devenir une brute vile et grossière.

Le xviie siècle a vu un renchérissement formidable dû à une cause unique : l'affluence des métaux précieux d'Amérique aspirés par l'opération du commerce international. La réduction des coûts de production et de transport était encore trop insignifiante, pour pouvoir enrayer ce mouvement ascensionnel, que n'arrêtèrent pas non plus les épidémies, qui sévirent cruellement en 1603, en 1625 et en 1665.

Cependant les deux premières avaient emporté plus d'un cinquième, et la dernière plus d'un quart des habitants de Londres. Il est toujours malaisé pour les salaires de marcher de pair avec le renchérissement des prix, même quand les ouvriers sont libres de se coaliser, et au xviie siècle ils n'osaient même pas y songer. Le prix du blé, déjà relativement élevé sous Elisabeth, monta encore de 200 et celui de la viande de 184 pour cent, tandis qu'en 1642 les salaires n'avaient monté que de 32 pour cent et qu'ils ne montèrent que de 100 pour cent pour toute cette période séculaire. C'est sous le Protectorat de Cromwell qu'ils franchirent cette étape. Les salaires des femmes ne montèrent que de 15 pour cent, ce qui confirme ma troisième loi. Les prix montèrent par périodes décennales jusqu'à la Restauration, qui fut suivie d'un léger fléchissement.

Il y eut des disettes rigoureuses et prolongées de 1595 à 1597 inclusivement, en 1608 et en 1630, et pendant un intervalle de cinq années, de 1646 à 1650, régna une disette continue. En 1661 le blé fut poussé jusqu'à 100 sh. par quarter, prix inouï et qu'on n'a revu qu'à la fin du xviiie siècle ; les sept années 1692 à 1698 furent comparées aux sept vaches maigres de la Bible, qui avaient dévoré les sept vaches grasses sans parvenir à se rassasier. Le xviie siècle a légué le paupérisme au travailleur anglais ; ce fut le seul héritage qu'il lui laissa.

La première moitié de xviii° siècle a été une période de bon marché, dû presque en entier à la réduction du coût de production des denrées alimentaires, quoique la construction de canaux et les perfectionnements de l'art nautique eussent déjà contribué à réduire le coût du transport. Il vit éclore les inventions mécaniques d'Arkwright et de Crompton fonctionnant par la force motrice que Watt mit à leur service. Il vit encore les propriétaires fonciers s'élancer par des chemins nouveaux, tandis qu'au siècle précédent ils n'avaient poursuivi que le relèvement de leurs fermages aux dépens de leurs tenanciers, celui des denrées aux dépens du consommateur, et l'avilissement des salaires aux dépens des classes laborieuses. Aussi l'agriculture était-elle demeurée immobile et routinière, malgré l'exemple de la Flandre et des Pays-Bas. Quelques francs tenanciers avaient tenté de les imiter, mais ils étaient trop pauvres pour persévérer, et les fermiers ne se souciaient pas de marcher sur leurs traces. Le fléau de la culture, disent tous les agronomes de l'époque, c'est l'instabilité des fermages. Tous évitent d'introduire des améliorations, dont il leur faudrait payer la rente. J'ai déjà dit que Gregory King fixe à 25 shillings le maximum d'épargne annuelle que pouvait réaliser un cultivateur sur un revenu de 42 L 10 sh.

Sans doute les propriétaires du xviii° siècle ne se montrèrent pas absolument désintéressés, car Jethro Tull, qui écrivait vers 1750, évalue le fermage moyen à 7 sh. par acre et Arthur Young l'évalue à 10 sh. une vingtaine d'années plus tard, mais chaque penny de cette augmentation avait été légitimement acquis par les progrès que les propriétaires avaient fait faire à la culture. Les progrès partirent du Norfolk, grâce au voisinage de la Hollande et à la longue période de paix, qui suivit le traité d'Utrecht.

Nous ignorons quels furent les premiers innovateurs. On renonça aux jachères et aux pâturages épuisés pour implanter les racines fourragères et les prairies artificielles. Les champs de navets furent binés deux ou trois fois et les terres purgées des mauvaises herbes, qui les avaient envahies. On les fit pâturer par les moutons pour préparer les emblavures. En même temps que l'orge et l'avoine, on sema du trèfle, de la luzerne ou du raygrass, qui donnaient une coupe supplémentaire en automne et promettaient une récolte de fourrages pour l'année suivante. On fit succéder au raygrass, qui exige une forte fumure, le colza ou la vesce. Des centaines de *landlords* adoptèrent ces méthodes nouvelles du vivant d'Arthur Young et cet observateur sagace, mis à la tête d'un Bureau d'agriculture, qu'on a laissé dépérir depuis, triompha du culte dont la charrue était devenue l'objet. Si le *landlord* est un agriculteur modèle, il consent à décrire sa maison, ses salons, sa galerie de peinture et son parc. Mais s'il est routinier, je ne crois pas que le plus beau Carlo Dolci (Arthur Young professe pour ce peintre une admiration démesurée) parvienne à le décider à franchir le seuil de sa porte. Quand il eut publié ses Tours en Angleterre, il visita la France et l'Italie et nous a laissé le meilleur tableau que nous possédions des événements de 1789, et des paysans subitement délivrés des redevances féodales et des tyrannies locales. Au milieu de l'écroulement des grandes familles nobiliaires françaises, en vue des avant-coureurs du Comité du Salut Public, de la Terreur et de la Montagne, Young ne se tient pas de joie, s'il peut entraîner les propriétaires à boire au triomphe de la « Charrue. »

Rien n'est efficace comme l'exemple. Les propriétaires firent ce qui n'avait plus été pratiqué depuis le xive siècle : ils firent valoir une partie de leurs terres et montrèrent à leurs fermiers, à quel point la culture peut devenir profitable. Ils doublèrent leur rendement de céréales et triplè-

rent le profit général de la culture. Ils inventèrent ou
introduisirent les machines agricoles et améliorèrent les
outils traditionnels du paysan et du fermier. Ils firent
revivre les mérites de leurs ancêtres du xive siècle, qu'on
avait eu le temps d'oublier. Ils furent peu à peu suivis par
les fermiers. La rente s'éleva, car si elle dépend de la fertilité naturelle du sol, elle dépend encore bien plus de la compétence générale des cultivateurs. A la fin du siècle, Sir
John Sinclair, ardent admirateur de Young, introduisit les nouvelles méthodes en Ecosse et les greffa sur les
baux de dix-neuf ans et sur l'agriculture la plus arriérée qui existât en Europe : l'Ecosse lui doit plus de reconnaissance qu'à ses fils les plus orgueilleux.

Un autre stimulant a bien tardé à se faire sentir. En
1660, le Gouvernement avait imposé des droits prohibitifs sur les céréales étrangères, qui n'en permettaient
l'importation que lorsqu'elles avaient atteint des cours de
famine, cours qu'elles n'atteignirent qu'une seule fois, en
1661. Le gouvernement de 1688 accorda en outre des
primes à l'exportation, mais elles n'eurent d'influence que
trente ans plus tard. En tout cas, ces primes ne furent pas
le levier de ce vaste mouvement de progrès, encore qu'elles
aient, au témoignage d'Arthur Young, qui fait leur éloge,
exercé par la suite une certaine influence.

Les bas prix du xviiie siècle ont été un bienfait pour le
laboureur, dont les bras, très demandés au moment de la
moisson, obtinrent des salaires plus élevés qu'au siècle
précédent, tandis que le prix des denrées était considérablement inférieur. Les hauts prix ne font pas les gros salaires,
pas plus que les bas prix, s'ils résultent de la réduction du
coût de production, ou, ce qui revient au même, d'une production supérieure avec des frais égaux, ne déterminent
leur avilissement. En 1731-2, avec le blé à 20 sh., l'orge à
11 et l'avoine à 9 sh. 6 p. par quarter, Lord Lovell recon-

naissait que sur les débours nécessités par l'application des
nouvelles méthodes, il réalisait des bénéfices de plus de
36 pour cent sur ses avances.

Les grands prix ne font pas non plus les gros fermages,
si la compétence agricole n'existe pas ou s'est perdue. Si
le blé montait à 50 sh., la rente économique ne subirait pas
une progression proportionnelle, à moins d'une renaissance
de l'habileté agricole de la génération présente et d'une libérale application de capitaux. Tout au plus quelques
agriculteurs pourraient-ils être retenus sur la pente de la
banqueroute, vers laquelle les entraînent les fardeaux trop
lourds qu'ils se sont eux-mêmes imposés. Pas une livre sterling n'irait à la culture, pas un fermier n'entrerait en concurrence avec ses voisins. On s'étonne que des terres de
bonne qualité soient délaissées, alors qu'elles sont offertes
à des fermages dérisoires, avec des baux à longue échéance
et avec toutes les facilités demandées. La culture en serait
lucrative, mais la compétence et les capitaux des fermiers
ont été anéantis par les fermages excessifs, de 1852 à 1873.
Nous pourrions parfaitement concourir avec les Etats-
Unis contre lesquels nous sommes, d'après les publications
officielles américaines, protégés par un coût de transport,
qui, même en ce temps de frêts réduits, atteint encore
9 sh. par quarter, calculé sur la base d'un septième de
penny par tonne et par mille parcouru. Notre sol est
meilleur, notre climat est plus égal et nous avons plus de
facilités pour nous adonner à la culture intensive. Nous
n'avons pas besoin d'emmagasiner nos racines fourragères
pour les soustraire aux intempéries de l'hiver américain,
et ne sommes pas exposés aux mêmes invasions d'insectes destructeurs. Malgré tout, la terre est chez nous abandonnée. Je n'ai pas le loisir de vous exposer le remède à la
crise actuelle, mais il ne réside certainement pas dans le
renchérissement artificiel des prix.

CHAPITRE XIII

Les Industries Nationales de l'Angleterre.

Les conquêtes primitives de l'Angleterre. — Avantages de sa situation insulaire. — Progrès de l'art et de l'industrie lents et tardifs. — Compétence de l'agriculteur. — Le travail du fer et l'exploitation des salines. — La fabrication des briques et du papier. — Industries textiles. — Etendue des fermes anglaises. — Isolement de la vie anglaise. — Densité de la population flamande. — Ruine de l'industrie continentale par les guerres de religion. — Développements de l'industrie et de l'agriculture anglaises. — Etat de l'Europe en 1763. — Les marchés commerciaux exclusifs. — Effets des guerres modernes.

Nous ne sommes pas un peuple naturellement inventif. Certains livres d'histoire nous prodiguent les flatteries et proclament bien haut que l'Angleterre se doit tout à elle-même. La vérité, c'est, qu'à l'exception de la population bretonne autochtone, nous nous sommes sans grande résistance soumis à nos anciens conquérants et que nous avons successivement accepté la domination des Anglo-Saxons, des Danois, des Normands et des Angevins. A ceux qui vantent notre respect pour le gouvernement et la loi, je répondrai que nous avons tué et déposé ou laissé tuer et déposer plus de rois qu'aucune autre nation européenne, à l'exception de la Russie. La philosophie de l'histoire est une nourriture aussi creuse que l'alchimie, l'astrologie ou la métaphysique.

La race anglaise — et je rappelle que je descends d'une famille fixée depuis des siècles dans le Northumberland, quoiqu'elle se soit judicieusement retrempée dans d'autres nationalités — la race anglaise, dis-je, est restée longtemps sans se distinguer par les inventions mécaniques et industrielles. Cependant nous jouissions d'avantages, dont étaient privés les bourgeois des communes flamandes du Moyen Age. Nous étions à l'abri des attaques étrangères et nos nobles délaissaient volontiers l'épée pour la faucille. Nous vivions chez nous dans une paix ininterrompue que chacun était intéressé à respecter, bien que nos rois, avec l'appui de leur peuple, se fussent mis en tête de conquérir la France qu'ils arrivèrent à démembrer et qu'ils furent sur le point de subjuguer. Que serait-il arrivé, si Henri V n'était pas mort à Vincennes, n'ayant pas atteint l'âge de quarante ans ?

Nous nous contentions de tondre nos moutons et de vendre leur laine aux Flamands, qui étaient devenus les tisserands de l'Europe. Ce n'était pas une médiocre entreprise et ils y obtinrent un succès brillant. Ils nous apprirent à tisser la laine, mais nous fûmes les élèves les plus lents qu'on puisse imaginer. Déjà au Moyen Age, une pièce de drap valait huit fois la laine, dont elle était filée et tissée ; notre laine brute supportait sans faiblir un droit de sortie de 100 pour 100 et cependant nous négligions les bénéfices considérables que nous aurait assurés pour la filature et le tissage, notre atmosphère humide et propice à ce genre d'industrie. Les seules industries, qui aient à cette époque été florissantes en Angleterre, sont la fabrication du papier et celle du verre à vitres, mais je suis certain qu'elles furent implantées et exploitées par des étrangers.

J'espère n'offenser personne en disant qne la peinture est

le plus matériel des beaux arts ; sinon je ne sais pas comment il pourrait exister simultanément plus de trois cents peintres de génie, qui arrivent à la fois à la gloire et à la fortune. Le génie était peu récompensé dans l'Angleterre du Moyen Age, qui ne nous a même pas transmis les noms des architectes de nos grandes cathédrales. Il est vrai que c'étaient de simples artisans, un peu mieux rétribués que leurs compagnons, et que, même au XVIIe siècle, Dorothée Wadham [1] ne payait son architecte qu'à raison d'une guinée par semaine. Cependant ces artisans obscurs ont exécuté des chefs-d'œuvre, comme le tombeau à Winchester du cardinal Beaufort, le dernier des grands hommes d'Etat ecclésiastiques du Moyen Age, dont j'ai souvent admiré la statue tombale, qui est sans doute l'œuvre de quelque ciseau flamand [2].

Il n'y eut pas de peintres anglais avant le XVIIIe siècle et pas de portraits peints en Angleterre avant le XVIe, car, s'il en avait existé, ils ne seraient pas tous perdus. A cette époque, l'art était exubérant en Flandre et porté à sa perfection en Italie. Enfin arriva Holbein et son école. Puis nous reçûmes une courte visite de Rubens, qui brossa l'apothéose du premier duc de Buckingham de la maison de Villiers. Je suis heureux qu'aucun Anglais n'ait été de force à lui rendre cet hommage dégradant. Van Dyck séjourna plus longtemps parmi nous et fut suivi par Lely, qui peignait des portraits non commandés dans l'espoir que les personnages, qui avaient posé, se décideraient à les acheter.

---

1. Fondatrice de Wadham College à Oxford. — Dans son ouvrage : « *Six Centuries of Work and Wages.* » (p. 162). M. Thorold Rogers déclare cependant que le clergé fournissait les membres des professions libérales et cite entr'autres les architectes.

2. Beaufort, évêque de Lincoln en 1398 et de Winchester en 1405, mourut en 1447. Il fut le conseiller de Henri V et de Henri VI et se montra toujours favorable au respect des droits populaires. C'est lui qui figura au procès de Jeanne d'Arc.

J'ai eu entre les mains la liste des portraits, exécutés dans ces conditions, qu'il avait dans son atelier à sa mort ; ils garniraient toute la galerie de Grosvenor Street. Kneller fut son successeur et le xviiie siècle, notre siècle inventeur par excellence, vit enfin éclore une école de peinture purement anglaise.

J'entre dans ces détails, parce qu'ils viennent à l'appui de mon assertion, pénible à mon orgueil de race, que dans toutes les branches de l'art, de la science et de la philosophie, nous avons fait nos premiers pas à la remorque de l'étranger. Encore aujourd'hui un diplôme d'Université allemande a chez nous un prestige sans pareil. Les philologues ont même voulu nous enlever Shakespeare, Milton et Chaucer ; le nom du premier leur prouve qu'il est d'origine galloise et les seconds doivent suivant eux se rattacher à une souche française.

Il existe une affinité étroite entre l'utilité et l'art, qui n'est que l'expression suprême de l'utilité. L'art peut se manifester dans les travaux les plus vulgaires, et pour ma part, j'admire autant un sillon bien droit, tracé dans un champ immense, que toutes les courbes de Zeuxis et de Parrhasins et que la ligne de beauté de Hogarth. Il faut être artiste pour creuser un fossé d'écoulement dans une terre d'une pente insensible, de façon à obtenir un écoulement régulier et à éviter la formation de mares d'eau stagnante. Si le génie consiste à adapter par intuition les moyens au but à obtenir, le cultivateur anglais a son génie inné et sa décadence nous touche plus vivement que celle de personnages placés beaucoup plus haut sur l'échelle sociale. Au xive et au xve siècle, il dépassait déjà les agriculteurs du Continent et a reconquis cette prééminence au commencement du xviiie siècle. Mon objet étant d'étudier aujourd'hui le développement des arts industriels depuis cinq cents ans, je commencerai par rechercher dans quel état ils se trouvaient à la fin du xiiie siècle.

Ce que réclamaient avant tout les agriculteurs de l'époque, c'était le bon marché du fer nécessaire à la confection des ustensiles aratoires. Dans les comptes fournis par les intendants, nous rencontrons fréquemment des plaintes au sujet du prix élevé du fer, lorsqu'il fallait remplacer des outils usés par la dureté d'un sol desséché par les ardeurs du soleil. Un quintal de fer, qui coûtait avant la Grande Peste le prix de six boisseaux, coûta après le prix de douze boisseaux de blé. Il fallait se montrer avare de labours dans les terres fortes. Quelque répandus que soient sous notre sol les minerais de fer, nous allions chercher ce métal en Biscaye et en Suède. Les indices du travail du fer en Angleterre à cette époque sont insignifiants. Cependant les minerais de Sussex et du Nord du Lancashire sont presque aussi purs que ceux de Suède et de Biscaye, et, quand le fer est à des prix exorbitants, c'est l'agriculture qui souffre : les labours sont superficiels, les mottes de terre ne sont pas désagrégées et les terres ne laissent pas s'écouler l'eau qu'elles ont absorbée en excès.

Nous ignorions de même l'art de raffiner le sel, qui jouait cependant un rôle important dans l'économie domestique du Moyen Age. Par suite du manque de fourrages d'hiver et de la nécessité où l'on était, faute de nourriture, d'abattre la moitié du bétail vers le milieu de l'automne, la masse de la population vivait de salaisons pendant six mois de l'année. Nos ancêtres ne savaient pas comment utiliser les dépôts de sel de roche du Worcestershire et du Cheshire, qui aujourd'hui fournissent la matière première de la fabrication des sels de soude, dont nous fournissons le monde civilisé. Ils l'extrayaient, mais n'étaient pas parvenus à le raffiner, ayant perdu cet art que les Romains avaient pratiqué avec succès sur notre territoire et que nous n'avons retrouvé qu'à la fin du xviie siècle. Ils étaient réduits à employer du sel gris et terreux

provenant des salines du littoral, ou de préférence et en
quantités plus fortes, le sel originaire du Sud Ouest de la
France.

Le sel ne servait pas seulement aux usages domestiques, mais encore pour les pêcheries de morue et de hareng. Les jours d'abstinence institués par l'Église romaine
étaient nombreux, et, pour les personnes qui n'avaient
pas de viviers, la morue, le hareng, le saumon, l'estur-
geon, l'anguille salés entraient pour une grosse part dans
leur alimentation. Les pêcheries de Yarmouth, des bancs
de la mer du Nord, de l'Ecosse et de l'Islande avaient une
importance considérable. Elles furent longtemps exclusivement exploitées par les marins de notre côte orientale,
jusqu'au jour où les marins de Bristol, munis de la boussole, traversèrent l'archipel du Nord de l'Ecosse et atteignirent les côtes de l'Islande. Nos pêcheurs avaient pour
rivaux les Flamands, à qui la pêche était si familière, qu'ils
donnaient à leurs partis politiques des sobriquets emprun-
tés aux différents noms de la morue. Un Flamand ou un
Hollandais — c'était alors tout un — découvrit un nouveau procédé pour conserver les harengs, et sa découverte
fut prisée si haut, que Charles-Quint, qui prouva plus
d'une fois à ses sujets flamands qu'il n'appréciait que trop
leurs richesses, fit dire une messe sur son tombeau et ne
manqua pas d'assister en personne à la cérémonie. La génération suivante de pêcheurs hollandais, les Gueux de
Mer, posèrent le fondement de l'indépendance des Provinces Unies en s'emparant du port de la Brille. Ils équi-
pèrent les flottes, qui se distinguèrent par la capture des
galions espagnols et par les exploits des Linschoten, des
Heemskerk et de tant d'autres héros. Une querelle, qui se
vida heureusement sur le papier, éclata même entre notre
Selden et Grotius au sujet du droit de pêche dans la haute
mer le long de notre côte Est. Grotius avait raison et Sel-

den avait tort, mais, à ce moment, Selden désirait se faire bien venir de Jacques I, ce qui n'était pas pour mettre un auteur sur le chemin de la vérité.

Ne sachant exploiter ni nos mines, ni nos salines, nous avions encore oublié un autre art, celui de faire les briques, art que les Romains avaient poussé à un haut degré de perfection. Pas une seule brique n'a été cuite en Angleterre du ve au xve siècle. Il existe pourtant quelques constructions en briques de l'époque intermédiaire : l'église de S^{t}Pancrace à Cantorbéry et la chapelle du château de Douvres, mais la première a été bâtie au moyen de matériaux pris dans les ruines d'une basilique romaine, qui avait été mise à la disposition de S^{t}Augustin et qui fut le premier édifice consacré au culte chrétien dans notre île. Pour la seconde, on utilisa des briques venues comme lest de Lubeck ou de Brême. On fabriquait des briques des Pays-Bas aux provinces baltiques et il est surprenant que les Anglais, qui faisaient des tuiles, n'aient pas songé à fabriquer les briques qu'ils apercevaient à chaque pas dans les pays, que le commerce leur avait rendus familiers. En outre, les carrières de moellons et de pierres à bâtir, qu'on employait pour les châteaux et les églises, ne sont pas réparties également par toutes les régions de notre territoire, tandis que les dépôts de terre à briques y sont beaucoup plus répandus. Sous Jacques I, le Parlement dut déclarer qu'il était urgent d'améliorer le cours de la Tamise supérieure afin de permettre aux pierres d'Oxford de descendre commodément jusqu'à Londres.

Le premier achat de briques que j'ai trouvé mentionné, eut lieu à Cambridge en 1449; j'en ai relevé en 1453 à Londres et en 1461 à Oxford, où, pendant deux siècles, elles restèrent très chères. Vers la fin du xve siècle, la brique était devenue d'un emploi général dans les comtés de l'Est et, à partir du xvie, à Londres et dans le bassin de la Tamise inférieure. Sous Henri VIII, elle fut à la mode. D'ailleurs la brique, sans doute imitée des Flamands, était admirablement faite au xvie siècle : je connais des voûtes, qui aujourd'hui ne supportent plus que des décombres, mais qui sont restées aussi intactes que si elle étaient construites d'hier.

Cette inertie est d'autant plus curieuse à signaler que les autres peuples germaniques se sont de bonne heure distingués par des inventions capitales. On discute la question de savoir si le papier primitif a été fait de chiffons de toile : le plus ancien échantillon que j'ai vu, laisse voir un gros bout du chiffon originaire. C'est une facture d'épiceries achetées en 1335 à Londres, probablement dans la boutique d'un marchand de Bruges. Deux siècles plus tard on essaya d'en fabriquer chez nous. On raconte que Thirlby, le dernier abbé et l'unique évêque de Westminster, engagea vers le milieu du xvie siècle un Allemand, nommé Remigius, à établir une papeterie à Londres. Il ne fut probablement donné aucune suite à ce projet, car un poème publié en 1588 célèbre les louanges d'un autre Allemand, Spillman, joaillier de la Cour d'Elisabeth, à l'occasion des papeteries que, le premier en Angleterre, il fonda à Dartford, où cette industrie existe encore.

L'art de l'imprimerie inventée sur les bords du Rhin, à Mayence, fut, comme on le sait, introduit en Angleterre trente ans après par Caxton, qui l'avait appris dans les Pays-Bas. Ses successeurs, tels que Wynkyn de Worde, sont étrangers ou élèves d'étrangers. Le principal imprimeur du règne de Henri VIII est Berthollet, dont le nom suffit à désigner la nationalité. Cet art semble avoir décliné en Angleterre au xvie siècle ; les caractères deviennent lourds et l'impression pâteuse.

Maintenant que par ces quelques exemples, je vous ai démontré que les Anglais du Moyen Age n'étaient pas un peuple inventif et qu'ils n'adoptaient même pas volontiers les inventions des autres nations, il me reste à vous faire connaître les travaux, auxquels ils s'adonnaient, la cause de leur état arriéré et de la lenteur de leurs progrès, et l'explication du mouvement industriel, qui, né à la fin du XVIIe siècle, a grandi jusqu'à nos jours et a revêtu un caractère bien marqué, devenu en quelque sorte traditionnel par sa persistance.

L'industrie textile a de bonne heure existé en Angleterre à l'état d'industrie domestique ; chaque chaumière comptait au moins un rouet et chaque manoir une demi douzaine de métiers à tisser. Cette occupation a été si générale parmi les femmes jusqu'au milieu du siècle dernier, que nous appelons encore « filandières » (*spinsters*) celles qui ne sont pas mariées, et que, dans une famille, le côté de la quenouille indiquait la descendance en ligne maternelle. Mais les débouchés étaient trop précaires pour qu'un chef de famille pût vivre d'un métier unique ; il exploitait invariablement quelque terre et nous voyons les maîtres maçons, les tisserands et les artisans s'adonner à la culture. Les Statuts des Laboureurs déclarent que les artisans peuvent être réquisitionnés en temps de moisson ; pendant leurs vacances, les hommes de loi et les docteurs se livraient aux travaux de la campagne. A la fin des sessions, quand le Parlement était dissous ou prorogé, le message Royal renvoyait, avec une ironie inconsciente, les députés des Communes à leurs champs et les Lords à leurs plaisirs.

J'ai déjà souvent dit que le Norfolk fut le siège primitif de l'industrie textile proprement dite ; il était en rapports intimes avec les Pays-Bas et les bâtiments légers de l'époque abordaient facilement à Lynn, à Blakeney et à Norwich, qu'on appelait la « *villa mercatorum.* » Par les rivières du Norfolk s'en allaient les marchandises destinées à la foire de Stourbridge [1] près de Cambridge, le principal marché de la région et même de tout le Sud de l'Angleterre. Les pièces de comptabilité ne mentionnent guère la provenance des draps et des toiles achetées ; cependant elles citent la toile d'Aylsham, les lainages grossiers pour hauts de chausse de Worsted, et les draps, qui presque toujours viennent du Norfolk. Il est probable qu'une partie des toiles, qui se vendaient comme toiles de Hollande, était fabriquée en Angleterre. Quelquefois il est question de toile et de drap d'Irlande ; il est certain par les comptes de Roger Bigod, qu'à la fin du XIIIe siècle, il existait une manufacture drapière florissante à Carlow.

Les riches portaient des toiles de Liège et des Flandres. Les corporations achetaient surtout des toiles ainsi désignées, mais je suppose qu'alors comme aujourd'hui, les marchands ne se faisaient pas scrupule d'abuser de l'ignorance de leurs clients et de leur vendre comme articles étrangers des produits de notre propre industrie. Du temps où je représentais au Parlement une circonscription, où l'on s'occupe de l'industrie des cuirs, j'ai appris que les bottines que nos belles dames achètent comme bottines parisiennes, sont fabriquées dans les faubourgs du Nord de Londres, expédiées à Paris pour y recevoir une marque de fabrique française et qu'elles reviennent ensuite comme fabricats français. Il devait en être de même en général pour les draps. Les draps fins, servant à vêtir les grands personnages, venaient des Flandres, le velours et les soieries, de Gênes et de Venise. Une manufacture de soie fut fondée à Londres au XVe siècle ; elle employait des femmes et fut protégée par un Acte de 1454

---

1. Cette foire se tenait annuellement au mois de septembre et couvrait une surface d'un demi mille mètre carré. Il y venait des Flamands, des Gascons, des Espagnols et des Italiens.

contre la concurrence soi-disant frauduleuse des marchands lombards.

Deux métaux étaient seuls exploités et exportés vers l'Europe Occidentale : le plomb du Derbyshire et l'étain de Cornouailles, sur lequel le comte ou duc de Cornouailles prélevait une redevance. Tout ce district minier était soumis à la juridiction spéciale des « Cours d'Étain » (*Stannary Courts*) [1], le métal était vendu à Bodmin, qui était désigné à cet effet comme ville d'étape.

Notre apathie industrielle dérivait, je pense, du caractère essentiellement rural et agricole de la population.

Nous n'avions qu'une seule grande ville, Londres, qui comptait de 30,000 à 40,000 habitants. York, la capitale du Nord, suivait avec 11,000, Bristol avec 9500, Coventry avec 7000, Norwich avec 6000, Lincoln avec 5000. Aucune autre ville ne dépassait ce dernier chiffre. D'après l'état de recouvrement de l'impôt de capitation de 1377, les comtés de Bedford, de Surrey, de Dorset, de Westmoreland, de Rutland, de Cornouailles, de Berks, de Herts, de Hunts, de Bucks et de Lancastre ne possédaient aucune ville digne d'être mentionnée à part. La population de quarante-deux villes est donnée et la population rurale totale est quatorze fois plus forte que la population urbaine : or cette dernière seule vivait du commerce ou de l'industrie. A Colchester il y avait en 1305 2000 habitants, dont 140 étaient des bourgeois ayant pignon sur rue (*householders*) et désignés comme marchands et fabricants. En 1377, le nombre en était monté à 4432, grâce à la prospérité de toute la région Est au XIVe et au XVe siècle.

Chacun vivait renfermé dans sa paroisse : l'usage d'inscrire les nouveau-nés au rôle du manoir, de repousser les

---

1. Cette juridiction subsiste encore et plus de la moitié des revenus du duché est attribuée au prince de Galles.

étrangers ou de rendre leur hôte responsable de leur conduite, l'administration toute locale de la justice, isolaient
absolument les villages les uns des autres. Je me rappelle
que dans mon enfance, dans un village du Hampshire, les
villageois exprimaient très ouvertement leur mépris pour
les habitants de deux villages limitrophes et se vantaient
de ce qu'aucun d'eux ne s'était jamais allié à cette engeance
étrangère. Les routes les contournaient, mais n'y pénétraient
pas, et l'on prétendait, avec quelque fondement peut-être,
que ces parias étaient des descendants d'anciens Bretons
que les conquérants venus du Jutland avaient épargnés au
milieu de leurs marécages.

Cet isolement arrêtait tout esprit d'invention et de progrès. Les villageois ne fréquentaient que les foires voisines
et les marchés, où ils vendaient leur excédent de laine, de
grains et de bétail, quand il n'avait pas été acheté par des
marchands ambulants. Les marchés n'étaient pas régulièrement approvisionnés, et nous voyons les collèges d'Eton et
de Winchester et quelques uns de ceux d'Oxford et de Cambridge, forcés de s'adresser au loin pour leurs approvisionnements. Il n'y avait d'activité qu'à la saison des foires de
Saint-Gilles, de Winchester et de Stourbridge. Mon ami, le
doyen Kitchin nous a montré dans la Charte qu'il a publiée,
toutes les affaires suspendues à Winchester et à Southampton pendant la première de ces foires, et le maire et la municipalité de Winchester remettant l'exercice de leurs fonctions aux mains des officiers de l'évêque. Les échoppes
étaient installées sur la colline et on y concluait plus d'affaires en trois semaines que durant tout le reste de l'année.
Les débouchés étaient trop restreints et trop incertains, pour
que l'esprit d'invention fût excité à rechercher les moyens
de réduire les frais de production ou d'augmenter les quantités produites, surtout après la Grande Peste, qui avait
fait doubler le prix de la main d'œuvre des objets fabriqués.

Comparons l'Angleterre à la Flandre, qui arriva à l'apogée de sa prospérité commerciale et industrielle sous le règne de Charles le Téméraire (1467-1477). Le littoral de celle-ci était couvert de grandes villes fortifiées et riches, jouissant de remarquables priviléges communaux, que leurs habitants, les premiers manufacturiers de l'Europe, étaient prêts à défendre les armes à la main. Le commerce de l'Occident avec l'Extrême Orient se concentrait à Bruges, les opérations du change et de la négociation des traites à Anvers. La Flandre, au point de vue du commerce international, avait le monopole de la draperie, dont le produit fabriqué se payait huit fois le prix qu'avait coûté la matière première qu'il renfermait. Le pays était si peuplé qu'il ne pouvait pas suffire à sa subsistance et qu'il importait de fortes quantités d'orge du Norfolk. Les Flamands avaient donc des débouchés qui allèrent s'élargissant, tant qu'ils purent se procurer de la laine pour leurs métiers et des acquéreurs pour leurs draps. Il était impossible de les exclure par des tarifs protecteurs, puisque leurs barques légères pouvaient introduire leurs lainages dans des anses écartées, qui échappaient à toute surveillance. Aussi, quand deux siècles plus tard, Colbert voulut stimuler la draperie française, il se contenta de lui allouer des primes au lieu d'établir des droits prohibitifs irrecouvrables.

A notre point de vue actuel, les progrès que les Flamands apportèrent dans le travail de la laine, paraissent médiocres, mais ils avaient une importance sérieuse pour l'époque. Ils recherchaient plutôt le fini du produit que son bon marché, et se distinguèrent surtout dans le cardage des laines, que nous avons depuis porté à sa perfection. Au xive siècle, les lainages anglais étaient au contraire rudes et hérissés de poils. Je me rappelle avoir montré à un manufacturier la valise et l'étui, où est conservée la mitre de William de Wykeham à New College, et de lui avoir fait remarquer l'étoffe, qui les garnit. Il a immédiatement reconnu pourquoi les vêtements d'hiver étaient doublés du temps de Shakespeare ; sinon on eût éprouvé la sensation que produirait une claie d'osier appliquée sur la peau.

La manufacture des lainages grossiers, née dans le Norfolk, se propagea au xve siècle dans le Wiltshire et le comté de Dorset, ainsi qu'il résulte d'achats, qui y furent faits à cette époque. La législation s'en occupa pour défendre les acheteurs contre la fraude et la tromperie, et les Actes, qui furent passés dans ce dessein, nous apprennent qu'elle s'étendait également vers le Nord. Elle existait antérieurement dans le Yorkshire, où Leeds et Bradford étaient des marchés de draps connus d'ancienne date. Le tissage s'y exerçait à domicile et les draps étaient achetés au fur et à mesure par les facteurs des marchands.

Quand la Flandre eut été ruinée par les guerres de religion, des milliers de ses tisserands émigrèrent en Angleterre et en France, principalement après 1567. Bruges et Anvers furent détrônées par Amsterdam, mais la disparition de la concurrence flamande ne secoua pas la torpeur de notre propre industrie.

Au xviie siècle, c'est l'Allemagne qui fut anéantie. Je n'ai jamais ouï dire qu'un de ses innombrables et laborieux savants se soit mis en peine de nous donner le tableau économique de l'Allemagne, à la veille de l'explosion de la guerre de Trente Ans. Ils nous ont raconté les causes de la guerre : la bigoterie de Ferdinand, l'ambition de la maison d'Autriche, la révolte soudaine et la défaite rapide de la Bohème, et, par dessus tout, la folie des Luthériens et des Calvinistes, qui, au lieu de s'unir contre l'ennemi commun, se disputaient et se détruisaient en détail. Nous connaissons les projets ambitieux de Henri IV, qui furent repris par Richelieu et qui ont inspiré la politique française jusqu'en 1870. Ce que j'aurais désiré apprendre, c'est ce qu'était l'Allemagne en 1619. Nous ne savons que trop ce qu'elle était en 1648 : saignée à blanc et retardée de deux siècles dans la marche de sa civilisation.

De son côté, l'Angleterre se débattait au milieu de ses luttes intestines et, en temps de guerre, les lois du progrès économique sont foulées aux pieds comme le sont les sauvegardes constitutionnelles. La République n'apporta pas la paix, parce que les temps n'étaient pas mûrs pour la forme du gouvernement que Cromwell voulait établir, mais une grande prospérité suivit la fin de nos troubles intérieurs, les salaires montèrent de moitié et le sort du travailleur se trouva allégé. Le système, qui vise la conquête des monopoles de commerce extérieur, s'est attribué des succès qui étaient dus à d'autres causes que cette politique fallacieuse. L'Angleterre redevint sous le Protectorat une des premières puissances européennes.

Vers le milieu du siècle, Dud Dudley, cadet de la famille des Dudley, découvrit de nouveaux procédés pour traiter le minerai de fer par la houille ; le coût de revient de la fonte déjà connue sous Elisabeth fut réduit et elle acquit une importance commerciale considérable. Les forêts du Sussex furent mises en coupe pour le travail du fer et de la verrerie, mais ces procédés étaient ruineux, puisqu'ils épuisèrent les bois et que les industries finirent par tomber faute de combustible. Toutefois, à partir de cette date, l'Angleterre cessa d'être tributaire des hauts fourneaux et des forges de l'étranger. L'immigration des Huguenots français développa l'industrie de la soie et aida à combattre la politique commerciale de Colbert. On apprit l'art de raffiner le sel de roche et l'Angleterre exporta du sel au lieu d'en importer. Mais l'événement capital de la seconde moitié du xviie siècle fut le développement du commerce avec les Indes orientales, commerce qui donna l'impulsion à la fabrication des articles que nous échangions contre les produits de l'Inde, favorisa notre manufacture lainière, et arrêta l'importation des draps d'Espagne. Le commerce colonial se développa, notamment avec les plantations de l'Amérique du Sud et avec celles des Iles sous le Vent, la Jamaïque et les Barbades, qui nous appartenaient.

L'Angleterre avait enfin reconnu combien son climat était favorable à la filature et au tissage de la laine et du lin, auxquels vint s'ajouter plus tard celui du coton. Davenant raconte que l'évêque Burnet[1] lui dit un jour que la filature de la laine et du lin réclame un climat humide et égal, tandis que celle de la soie exige une atmosphère claire et sèche. L'évêque avait parfaitement raison, et le déplacement de l'industrie de la laine en Angleterre même vient à l'appui de son observation. Elle commença par passer du Norfolk, qui est notre comté le moins humide, dans les comtés de l'Ouest, qui reçoivent une chute d'eau annuelle double. Puis elle se dirigea vers le nord, où le climat est tout aussi égal et où la houille est plus abondante et partant meilleur marché. J'ajoute à regret que Davenant ne rapporte le dire de Burnet que pour réclamer avec insistance la suppression de l'industrie similaire en Irlande, où elle jouissait des mêmes avantages climatéques.

Pour l'industrie comme pour l'agriculture, le xviiie siècle se distingue entre tous par les inventions et les découvertes qu'il a introduites et vulgarisées. Pour l'agriculture, nous suivîmes l'exemple de la Flandre et de la Hollande, qui avaient sur nous une avance de plus d'un siècle et qui nous fournissaient des légumes, qui nous semblent communs aujourd'hui, mais qui n'avaient jamais poussé dans

---

1. Burnet, chapelain de Guillaume d'Orange, qui le fit évêque de Salisbury. Auteur d'une *Histoire de son Temps* et d'une *Histoire de la Réforme de l'Eglise d'Angleterre*.

nos potagers. Le Brabant nous donnait le modèle de baux équitables entre le propriétaire et les fermiers, qui n'y perdaient pas le fruit de leurs améliorations. Encore aujourd'hui, si nous consentions à copier le système foncier de la Hollande, une grande partie de notre ancienne prospérité ne tarderait pas à renaître.

Le grand essor de l'industrie en l'Angleterre, ou pour être plus exact dans la Grande-Bretagne, car l'Écosse y a participé pour une forte part, date de la seconde moitié du XVIIIe siècle, et dès lors la première de nos qualités nationales, l'esprit pratique, qui discerne les moyens qui doivent conduire au but, devint héréditaire parmi nos compatriotes. Nous transmettons nos facultés cultivées à nos descendants et l'éducation, répandue parmi les membres de notre génération, prépare l'aptitude à l'éducation de notre postérité. J'entends une éducation sagement comprise, car nous perdons la tête avec tous nos concours et les examens minutieux, qui écrasent les intelligences les plus déliées. Sir William Harcourt m'a raconté qu'une excellente femme, employée à la Trésorerie et très appréciée de ses chefs, était constamment en danger de perdre sa place, parce que les examinateurs du service civil la trouvaient faible dans le calcul des fractions décimales.

La situation politique de l'Europe nous a aidés à secouer le poids de notre inertie héréditaire, tout en nous laissant notre obstination au travail. Le monde civilisé avait adopté pour programme la conquête par les armes de débouchés commerciaux exclusifs. C'est celui que suivent encore la France et l'Allemagne, la première dans les marécages du Tonkin et sur les côtes insalubres de Madagascar, la seconde dans le désert sans eau d'Angra Pequena et dans le désert sans bière de la Nouvelle Guinée. En un temps, où chacun croyait à ce système, les vainqueurs retiraient des fruits moraux du fait seul de leur victoire. Voyons donc quel était l'état de l'Europe à la paix de Paris en 1763 et quel gain elle nous assura, à nous, qui acquittons encore l'intérêt de ce que nous a coûté cette politique, que nous avons depuis répudiée.

Notre proche voisine, la France, était à peu près dépouillée et avait perdu toute l'Inde, sauf Pondichéry. Avant la guerre, elle occupait en Amérique la Louisiane et le Bas Canada, qu'elle cherchait à relier par une chaîne de forteresses. Par malheur, elle avait un roi qui, vivant de la vie de notre Charles II, affectait de suivre la politique de Louis XIV. La guerre de Sept Ans créa l'union des colonies américaines et leur fournit les moyens d'entreprendre la guerre de l'Indépendance.

L'Espagne et la Scandinavie ne comptaient plus, l'Allemagne était déchirée par des guerres dynastiques, qui avaient succédé à ses guerres religieuses, Guillaume V d'Orange avait consommé la ruine de la Hollande. L'Italie semblait atteinte d'un mal incurable. L'Angleterre sortit donc de la guerre avec l'empire universel et le monde pour marché exclusif. Cook nous annexait le Pacifique et l'Australie, et il nous eût été facile de nous emparer des colonies espagnoles.

Voyez quel marché immense et exclusif s'ouvrait à notre industrie de la Nouvelle Écosse jusqu'à la Floride et dans l'Inde, où seuls nous avions le droit de débarquer et de prendre une cargaison. Nos marchands et nos industriels reconnurent que l'adoption d'inventions venant aider le travail humain ou s'y substituer, les conduirait à la fortune et Arkwright, Crompton et Watt furent poussés à se mettre à l'ouvrage. Certes la proclamation de l'indépendance des États-Unis vint bientôt nous fermer la moitié la plus riche de cet immense marché, mais le peuple anglais se montra à la hauteur des circonstances et commença à se créer un nouvel et plus vaste empire colonial, adoptant toutefois une maxime moins décevante, celle qui déclare que le commerce suit le pavillon.

En outre, le stimulant que l'esprit d'invention avait reçu, continua à agir par l'effort que firent nos producteurs pour ne pas perdre le terrain qu'ils avaient gagné. Les nations sans industrie sont lentes à se mettre en branle, mais les nations industrieuses ne consentent pas à reculer. L'Europe était incapable de concourir contre nous et il semblait que les astres nous protégeaient contre nos rivaux.

Peu d'années après éclata la grande guerre continentale : tous les trônes furent ébranlés et les Français inondèrent l'Europe de Gibraltar à Moscou. Nous n'avions guère le loisir de nous consacrer aux arts de la paix, ce qui n'empêcha pas l'Angleterre de devenir le grand atelier international et la maîtresse des mers, sauf pendant notre courte et sotte guerre contre les États-Unis. Napoléon, cette idole des foules imbéciles, s'imagina détruire l'industrie anglaise par ses décrets de Berlin et de Milan ; habile à la façon des tyrans italiens de Machiavel, il ordonna de traiter en pirates les navires anglais, qui entreraient dans un port du Continent avec un chargement de marchandises anglaises. Pendant sa marche sur Moscou, ses soldats n'en étaient pas moins habillés de drap tissé dans le Yorkshire ; en d'autres termes, il était contraint de céder sur certains points ce qu'il maintenait sur d'autres.

La paix européenne, de la bataille de Waterloo à la guerre de Crimée, fut la paix de l'épuisement, car l'Europe avait à se remettre de dix-huit années d'effusion de sang et de dévastation. Cet intervalle est caractérisé par l'invention des chemins de fer et par la réduction des prix du transport, progrès dûs à l'Angleterre, qui, en face du continent épuisé, possédait seule l'accumulation de capitaux indispensable à cette immense entreprise.

Les guerres de Crimée et des États-Unis furent courtes,

mais extrêmement destructrices, et il est trop tôt peut-être pour en discerner toutes les conséquences. La guerre de Crimée n'a pas influé sur la production anglaise, si ce n'est sur notre agriculture. La Russie était notre grand pourvoyeur de céréales et les flottes alliées eurent soin de ne bloquer Odessa qu'après le départ des bâtiments chargés de céréales, alors qu'il ne restait plus rien à bloquer. La guerre amena le renchérissement extraordinaire des fermages qui, de 1854 à 1879, ont monté de 26 pour cent, et fut ainsi la cause première de notre décadence agricole, car le commerce des céréales russes, ne se remit pas de sa chute et il fallut du temps pour découvrir d'autres marchés d'approvisionnement. La révolte aux Indes resta à peu près sans effets économiques, mais en aurait de sérieux aujourd'hui, puisque c'est d'elles, que proviennent les céréales dont nous sommes encombrés.

La guerre de Sécession en Amérique fut dispendieuse et destructrice au-delà de toute expérience et le Nord contracta une dette énorme. Quand elle fut terminée, la demande pour les fabricats européens, en particulier pour les fabricats anglais, fut si impétueuse qu'elle franchit sans peine la barrière d'un tarif destiné à être prohibitif, tarif qui rendit très onéreuse la réparation des maux causés par la guerre et très aisé le remboursement de la dette fédérale. Après la pacification du pays, les terres à céréales du Nord Ouest furent mises en culture et leurs récoltes exportées vers l'Europe.

D'autres guerres, de peu de durée, mais sanglantes, lui succédèrent en Europe : celle du Danemark, suivie de la querelle entre les deux ravisseurs et de l'établissement d'une nouvelle ligne de frontière pour l'Allemagne et pour l'Italie. La dernière guerre a été la guerre franco-allemande, elle a été le suprême effort de la politique de Henri IV et de Richelieu. Je ne sais qui a le plus perdu à l'énorme indemnité de guerre, de la France qui l'a payée ou de l'Allemagne, qui l'a reçue.

Depuis nous sommes en paix, mais quelle paix! Une paix armée prolongée, plus destructive de la prospérité économique qu'une guerre ouverte, mais passagère. Je ne vois pourtant pas que la suprématie industrielle de l'Angleterre soit menacée. Les Allemands et les Belges ont quelque aptitude à l'invention, les premiers surtout dans le domaine de la chimie appliquée, mais en somme ils sont plutôt portés à l'imitation, et plusieurs de mes amis ont été forcés de menacer des intrus germaniques, qui voulaient étudier leurs procédés, d'un bain dans leur cuve à teinture. Toutefois les victoires de la contrefaçon sont éphémères. Aujourd'hui toutes les nations, à l'exception de la nôtre, s'évertuent à engourdir leur esprit d'initiative par des droits protecteurs, dont l'effet le plus certain et le plus durable, est de les rendre incapables de s'estimer à leur juste valeur.

CHAPITRE XIV

Les Guildes et les contrats d'apprentissage.

L'organisation de la paroisse et du manoir. — L'organisation des villes au Moyen Age. — Les Guildes à Londres et en province. — L'apprentissage critiqué par Adam Smith ; sa raison d'être. — Les salaires des artisans. -- Les biens des guildes. — Les économistes ont passé sous silence les coalitions ouvrières. — Les erreurs économiques renferment généralement une part de vérité. — Mill et sa théorie du fonds des salaires. — Les associations des capitalistes et les associations ouvrières. — La Trade Union est une association commerciale. De l'affranchissement des Trades Unions. — Elles constituent un remède contre le socialisme.

La vie sociale anglaise a de tout temps revêtu la forme d'un corps organisé : même dans les campagnes, chacun relevait d'une paroisse ou d'un manoir et s'y rattachait par le lien de ses intérêts. L'homme, qui ne détenait pas de terre, était au ban de la société et vivait errant dans les espaces vagues, qui n'étaient pas appropriés. Le paysan ne l'inquiétait pas tant qu'il se contentait de piller le Juif ou le Lombard, quelque favori royal ou quelque abbé étranger que le Pape avait implanté dans un bon bénéfice anglais, mais il était et resta longtemps en dehors du système national. Naguère encore, le paysan anglais regardait d'un mauvais œil l'instrus, l'étranger comme il l'appelait, qui venait se fixer dans sa paroisse. Egoïste par le mobile qui l'avait dictée et funeste par les conséquences qu'elle engendra, la loi du domicile de secours paroissial n'était en principe qu'un retour à une tradition antique et invétérée.

Le consentement de la collectivité était requis pour l'admission d'un nouveau tenancier du lord, qui ne pouvait lui-même transférer ses droits de propriété qu'avec l'assentiment de ses tenanciers. Les formalités, qui ratifiaient ce transfert, étaient réglées par la loi *d'atournement*, dont les derniers vestiges ne furent abolis qu'au siècle dernier. Les formalités de l'hommage et de *la revue de frank pledge*[1], qui établissait une véritable solidarité entre les habitants d'un même domaine, avaient, d'après les anciens rôles, donné naissance aux conseils locaux que parfois le lord devait et que souvent il lui était utile de consulter.

Ce ne fut pas une tâche facile que de combiner ces unités disséminées en un ensemble homogène.

Elle fut tentée de bonne heure et la doctrine de l'obligation d'allégeance au pouvoir central était déjà, au dire de quelques antiquaires, en vigueur sous le roi Canut. Je crois bien que les serments n'étaient pas plus respectés au xe siècle qu'au xviiie, alors que les Jacobites du Parlement juraient en masse fidélité à la dynastie de Hanovre, tout en assurant la famille exilée de leur inaltérable dévouement. Nous ne savons que peu de chose des agissements des assemblées de la centurie (*hundred*) et du comté. Toutefois il semble qu'elles ont contribué à soulever le paysan au-dessus de l'horizon de son village et à le faire sortir par la pensée des limites étroites de son entourage immédiat.

---

1. Selon la coutume du temps, tous les habitants des villages devaient s'associer en groupes, dont les membres étaient civilement et solidairement responsables les uns des autres. La *Revue de Franc Plége* (de *plegium*, garantie) avait pour but de s'assurer que cette prescription était observée.

Le premier sentiment vague de nationalité fut sans doute éveillé par l'administration de la justice dans les cours d'assises, où des juges ambulatoires venaient appliquer celles des lois qui étaient soustraites aux décisions des juridictions locales, définir les droits civils de propriété, qui leur échappaient complètement, et prononcer publiquement des sentences exécutoires dans toute l'étendue du royaume. Le soin, avec lequel elles ont été recueillies, prouve le respect qu'on professait pour elles. Le système de taxation directe basé sur un subside et une répartition votés par le Parlement, fit encore pénétrer plus avant le sentiment de la solidarité nationale. On rapporte qu'après le Statut de 1406, qui déclarait électeurs aux élections du comté tous les hommes convoqués à la Cour du Comté et aux Cours inférieures, les députés furent nommés par des « foules excessives de gens de minime substance ». Pour remédier à cet inconvénient, la franchise électorale fut réservée à partir de 1430 aux francs tenanciers ou propriétaires d'un bien foncier d'un revenu annuel de 40 sh ; deux ans plus tard, il fut même décidé que les biens conférant ce droit devaient être situés dans un même comté. Une franchise aussi étendue allait soustraire le paysan à l'influence exclusive de son entourage, mais n'empêcha pas le sentiment d'attachement au clocher de demeurer encore longtemps vivace dans son cœur. La même impulsion fut fortifiée par l'institution des juges de paix et l'extension de leur compétence, qui restreignit d'abord et supplanta par la suite les juridictions purement locales.

Les villes, habitées par une population bien inférieure en nombre à celle des campagnes, furent organisées sur des bases étroites. Leur première ambition était d'obtenir une charte d'incorporation, qui reconnaîtrait leurs magistrats électifs et réserverait à ceux-ci une part dans l'administration de la justice. Plus tard, elles cherchèrent à obtenir la confirmation ou l'extension de leurs chartes. Ces privilèges ne s'obtenaient qu'à prix d'argent ; ceux, qui les avaient acquis, ne devaient pas être enclins à les partager avec les étrangers nouvellement installés dans leurs murs. En théorie, elles avaient le droit d'admettre ces derniers, même celui d'accueillir les serfs venus du dehors et de les protéger au bout d'un certain temps, mais il eût été impolitique de convertir leur cité en un lieu d'asile. Il est prouvé que malgré le paiement du *chivage* ou taxe de capitation, les serfs non résidents ne se considéraient pas comme ayant acquis le droit de bourgeoisie par le seul fait de leur séjour. Il est certain, d'autre part, que les villes se refusaient à laisser appréhender les personnes d'origine servile, réfugiées dans l'enceinte de leurs murs, qui s'y étaient enrichies et y avaient obtenu le droit de cité.

Le principe d'association et d'organisation fut étendu à nos deux Universités ; néanmoins on ignore la date de leur fondation et de leur première charte. Les écoliers d'Oxford sont mentionnés sous Henri II dans la chronique de Brakelond, dont l'auteur raconte les bons offices de son héros [1], l'abbé Samson, qui aplanit les différends qui avaient surgi entre eux et les autorités municipales. Dès le début du XIIIe siècle, quand Grossetête y présidait à l'enseignement de la philosophie, Oxford avait déjà reçu son organisation. Dans une liste de villes écrite en caractères du règne de Henri III, ses écoles sont mentionnées comme un de ses traits distinctifs, tandis que Cambridge, soit dit sans intention malicieuse, n'est mentionnée qu'en l'honneur de ses anguilles. Ces deux antiques institutions se présentent dès l'abord comme des corporations autonomes, ayant leur chef, leurs lois et leurs magistrats, possédant des biens meubles et immeubles, jouissant du droit de conférer ou de

1. Il est aussi le héros du « *Past and Present* » de Carlyle.

retirer leurs franchises, et comme absolument indépendantes vis-à-vis des autorités municipales de la commune, où elles avaient leur résidence. Par la suite la municipalité d'Oxford devint même la subordonnée de l'Université, qui se targuait de ne relever d'aucune autorité spirituelle ou temporelle. Ces privilèges furent sanctionnés par des chartes, qui, seules, eurent l'honneur d'être confirmées par des Actes du Parlement. Bref l'Angleterre fourmillait d'associations fondées sur la coutume ou ratifiées par des Chartes et dans l'un comme dans l'autre cas, elles étaient assurées de la protection de la loi.

Le principe de l'association reçut encore d'autres applications en dehors de ces collectivités rurales, urbaines ou académiques. Les membres des différents métiers s'étaient également organisés, avaient promulgué des statuts et réglementé leur travail ; ils finirent ainsi par former des corporations, parfois reconnues par une charte expresse. A quelques-unes de ces corporations était confiée la mission de contrôler l'application de certaines lois ; ainsi toute l'industrie textile fut soumise à une corporation spéciale instituée par une loi de police commerciale pour tout le comté de Norfolk. A Londres, qui se signala de bonne heure par sa richesse, les corps de métiers ou *Compagnies* reçurent toutes des chartes, longtemps après qu'elles avaient commencé à exister à titre officieux. Leurs chartes datent du XIVe siècle, mais on assure que l'emplacement de la Maison des Orfèvres leur appartenait avant la conquête Normande. On attribua à plusieurs d'entr'elles des fonctions importantes. Les Orfèvres furent de bonne heure chargés du contrôle de la monnaie, et les Marchands Tailleurs de la vérification des draps achetés pour l'habillement des troupes royales. Les Epiciers furent invités par un Acte du Parlement à surveiller « l'assortiment des épices. » Un examen minutieux du recueil des Statuts et de celles des archives des Com-

pagnies, qui ont échappé aux incendies, ferait découvrir bien
d'autres obligations, qui leur incombaient. Elles avaient le
droit de rédiger leurs propres règlements et il reste de curieux exemples de leur manière d'agir. Ainsi au xve siècle, la
Compagnie des Épiciers frappa d'une amende de 10 L deux
de ses membres, qui s'étaient rendus coupables d'avoir of-
fert un loyer supérieur à celui qu'avait payé un confrère
pour une maison qu'il avait été à cause d'eux forcé de quitter. L'amende se partagea entre la Confrérie et « celui qui
avait dû quitter sa maison. » Un Acte de Henri VI ordonna
que leurs règlements seraient certifiés et enregistrés par les
juges de paix ou le premier magistrat des villes, sous peine
d'une amende de 10 L. Cet Acte déclare que les associations
se sont répandues, non seulement dans les villes, mais encore dans les campagnes.

Elles s'y étaient répandues partout. Les charpentiers et
les maçons, ceux-ci sous la direction des maîtres ou francs
maçons, avaient suivi l'exemple général, malgré une loi
d'Édouard III déclarant que « les alliances et conventions
de maçons et de charpentiers, avec leurs congrégations,
chapitres, ordonnances, et serments passés ou futurs, sont
nulles et non avenues. » Quelques-unes de ces désignations
rappellent le vocabulaire en usage chez leurs successeurs
probables, les francs maçons d'aujourd'hui. Plus tard, ces
associations furent déclarées criminelles ; dans l'intervalle,
elles furent imitées par les ouvriers agricoles, qui, pendant
le dernier quart du xive siècle, étaient tous devenus, assure-
t-on, membres d'unions ouvrières fortement disciplinées.

En vue d'arriver à l'unité de direction et d'action, et de
résister aux empiètements des maîtres appuyés sur les lois,
il était indispensable d'imposer certains sacrifices aux ré-
cipiendaires et de disposer d'une bourse commune. Les
paysans se cotisèrent et le produit de leurs cotisations servait à acquitter les amendes, dont étaient frappés ceux d'en-

tr'eux, qui contrevenaient aux règlements sur le travail, et à constituer cette bourse commune, qui devait subvenir aux frais de leur campagne contre l'ordre social établi.

C'est pour arriver à cette fin que les artisans imaginèrent le système de l'apprentissage, inconnu dans l'antiquité et qui n'a pas été accepté par toutes les nations modernes. Adam Smith le critique vertement, prétendant qu'il a pour but de relever artificiellement les salaires et d'empêcher la libre circulation du travail en entourant les métiers d'une barrière, qui en interdit l'accès aux ouvriers du dehors. Il n'insiste toutefois pas sur l'élévation qui en résulte pour les salaires, car il est douteux qu'ils soient au fait plus élevés dans les professions précédées d'un apprentissage. Ces excédents de salaires ne sont ou bien qu'une compensation due pour la période pendant laquelle l'apprenti n'a pas été rétribué du tout, ou bien forment une réserve destinée à équilibrer les pertes résultant d'une occupation intermittente et précaire. A la vérité, cette question a une portée plus haute et son étude rentre dans celle des causes particulières qui affectent la rémunération du travail, en sus des lois ordinaires réglant le prix des choses.

Commençons par jeter un coup d'œil sur l'histoire de l'apprentissage, qui dut son origine au désir qu'éprouvaient les corps de métiers d'assurer la perpétuité des privilèges professionnels, qu'eux et leurs prédécesseurs avaient acquis à titre onéreux. Il fut adopté en pratique longtemps avant d'être imposé par la loi. Madox [1] nous en fournit des exemples anciens ; pour moi, l'adoption indirecte de l'apprentissage par les professions savantes dès les temps les plus

---

1. Thomas Madox, historiographe du Roi et savant publiciste du commencement du xviiie siècle, connu par son *Histoire des antiquités de l'Echiquier des Rois d'Angleterre* et par ses ouvrages sur la Ferme des Bourgs Royaux (*Firma Burgi*) et sur le Baronnage anglais (*Baronia Anglia*).

reculés, prouve qu'elles copièrent un usage antérieur, établi chez les artisans et les marchands. Il est permis de se demander si tous les métiers y furent de tout temps et indistinctement soumis. La désignation précise des francs maçons et des maîtres maçons et charpentiers semble indiquer que l'usage tolérait des exceptions, et la répétition de mesures législatives rendant l'apprentissage obligatoire, atteste que la règle n'était pas universellement suivie. Comme effet, il est indéniable que les salaires des artisans ont invariablement été supérieurs à ceux des laboureurs, mais cette différence a pu être occasionnée par l'instabilité de leur travail ou par l'existence d'industries accessoires, pratiquées par ces derniers.

Le terme de l'apprentissage a presque toujours été de sept années ; parfois il fut fixé par la loi. L'admission dans la corporation était prononcée conformément à ses propres règlements. Au barreau, à l'Université, dans les études d'*attorneys*, le stage a toujours été de sept ans. Je ne vois pas que dans ces professions libérales, mal rétribuées jusqu'à la fin du xviie siècle, le candidat reçu ait, du fait de sa réception, acquis un droit à des avantages financiers aux frais de la corporation ; les émoluments d'un clerc, c'est-à-dire d'un licencié des Universités, ne dépassaient pas le salaire d'un artisan. Les corporations ne conféraient que le droit de plaider, d'enseigner ou d'être mandataire légal dans un procès.

Trois mobiles ont pu déterminer les hommes à faire d'un apprentissage préliminaire la condition d'admissibilité dans la profession qu'ils exerçaient. Ils ont, ou voulu faire payer la faveur d'être admis dans un ordre plus ou moins privilégié, ou resserrer le champ de la concurrence au sein de leur profession en dressant un obstacle au seuil de la porte d'accès, ou bien encore, ils ont jugé honorable de maintenir très haut le niveau de l'habileté des membres de leur corps de métier. L'économiste accoutumé à tout envisager au point de vue des prix, des profits et des salaires, s'arrête de préférence au deuxième mobile, mais je suis certain que le premier et le troisième ont influé sur les décisions des artisans d'autrefois. Pour décider la question de savoir s'ils sont parvenus à restreindre la concurrence au sein de leur profession, et si cette ligne de conduite peut être défendue, il convient de rechercher quels étaient les avantages offerts aux apprentis.

Le commerce insignifiant et précaire ne pouvait s'exercer que dans des villes rares et maigrement peuplées. Dans ce milieu étroit, le membre d'une corporation nourrissait les mêmes sentiments que manifestèrent plus tard les Compagnies, qui obtinrent le monopole de certaines branches du commerce colonial. « Etait-il juste, disait-il, d'admettre de nouveaux venus à participer gratuitement à nos bénéfices, eux qui n'ont pas participé aux lourdes charges initiales, qui seules nous ont permis de les réaliser? » Pour me servir d'un parallèle moderne, n'était-il pas comme l'ouvrier qui a toute sa vie payé sa cotisation à la *Trade Union*, où il est inscrit, qui croit, à tort ou à raison, que ses sacrifices ont déterminé la hausse générale des salaires, et qui voit son voisin se refuser à subir la moindre retenue, ménager le patron, mais accepter sa part des avantages conquis par l'abnégation de ses compagnons ?

Au Moyen Age les salaires des artisans habiles dépassaient de 50 pour cent ceux des laboureurs, parce que l'artisan était condamné à des déplacements incessants et que l'excédent de salaire gagné par les maçons et les charpentiers ordinaires ne servait qu'à équilibrer les déficits résultant des chômages et d'un travail souvent interrompu. La vie était plus coûteuse pour l'artisan, qui se déplaçait sans cesse ; toutes lesfois — et le cas était fréquent — que le roi faisait réquisitionner des artisans, leurs frais de route leur étaient payés en sus de leur salaire. Prenons le cas de la fondation d'un monastère ; c'était un événement qui n'avait rien d'extraordinaire au xvᵉ siècle. On embauchait des ouvriers de tous les côtés et on allait chercher au loin les maîtres maçons et les maîtres charpentiers. Ces hommes devaient quit‑ ter leur famille et avoir en quelque sorte un double domicile temporaire ; pour faire face à cette double dépense, ils réclamaient naturellement une indemnité, au delà de ce qui était alloué à l'ouvrier sédentaire. Sans cette indemnité on n'aurait pu se procurer d'ouvriers en nombre suffisant. Les salaires très élevés payés à Londres s'expliquent de même : la demande de bras y était active, mais la vie y était bien plus chère qu'aux champs ou que dans les bourgades de province. D'ailleurs un maçon était relativement mieux payé à Oxford il y a 440 ans qu'il ne l'est à Londres de nos jours, et ne travaillait que huit heures par jour au lieu de cinquante-six heures par semaine.

Il serait intéressant de savoir ce qui se disait et se discutait dans les assemblées et conventions de maçons et de charpentiers, qui excitèrent le ressentiment du Parlement en 1361, après la seconde explosion de la Peste. C'était le moment où l'architecture allait adopter le style perpendiculaire plus ornementé, mais moins pur que celui qui l'avait précédé. Presque tous les édifices ecclésiastiques ou conventuels existants avaient été construits par des artisans « sachant dessiner », et une longue période d'enseignement était indispensable pour mettre le maçon à même de dessiner les plans de ces monuments, depuis les fondements jusqu'à la toiture. Il les remettait ensuite à un charpentier tout aussi habile dans son genre. Ces modestes artisans sont les maîtres de nos architectes contemporains, qui ne savent que les copier et, même en les copiant, se trompent parfois lourdement. Ils n'étaient pas de vulgaires dessinateurs ignorant les propriétés des matériaux qu'ils allaient mettre en œuvre et ce n'était pas trop de sept années d'apprentissage pour former des émules des illustres maîtres du siècle précédent.

Quelles que soient les objections qu'on puisse de nos jours adresser à l'apprentissage, je suis convaincu, après avoir consciencieusement étudié les résultats du travail d'il y a cinq siècles, que, sans lui, l'art et le travail lui-même n'auraient ni [vécu, ni grandi. On se trompe à juger le passé par le présent, mais il est judicieux d'interpréter le présent par le passé, dont il est issu. Ainsi la compétence du personnage que nos ancêtres appelaient le maître bailli agricole (*bailiff in husbandry*), c'est-à-dire le contre-maître dirigeant une culture et sachant lui-même exécuter tous les travaux qu'il commandait, cette compétence, dis-je, a été acquise grâce à l'apprentissage agricole, qui fut à différentes reprises prescrit par acte du Parlement. On en rencontrait encore des traces dans l'Ouest au commencement de ce siècle.

Retournons en arrière et voyons ce qu'étaient les guildes, urbaines et rurales, au temps de leur plus grande prospérité, alors qu'elles n'avaient pas encore dégénéré. On les rencontrait partout, quoique souvent elles n'eussent pas de charte formelle. La masse de leurs biens provenait de donations de terres ou de maisons, et de fondations reposant sur ces immeubles, à charge de faire célébrer à perpétuité un service religieux pour le repos de l'âme du donateur. Ces fondations étaient dictées par un usage universel dans l'époque antérieure à la Réforme et il n'existait pour ainsi dire aucun domaine qui ne fût grevé de la sorte. Oriel College à Oxford s'occupait couramment de ce trafic pieux et ses registres en établissent le caractère strictement commercial ; les messes, qu'il devait célébrer lui-même, étaient dites au maître autel de l'église Sainte-Marie. Presque toutes les propriétés bâties des collèges d'Oxford antérieurs à la Réforme leur sont venues ainsi. Cet usage était si enraciné et si respecté, que les biens légués en considération d'offices religieux, ne tombaient pas sous l'application des lois ordinaires de main morte et que nul n'eût songé à en soumettre l'exercice à une condition d'autorisation préalable. Des propriétés bâties, appartenant au Nouveau Collège et sises à Oxford, six avaient leurs revenus affectés à des paiements à faire de ce chef à des monastères désignés.

Les immeubles bâtis, qui appartiennent encore aux Corporations de la Cité de Londres, étaient tous grevés de messes au profit des donateurs. Les messes étaient dites dans les chapelles des bas côtés des églises par le clergé paroissial ou par des prêtres en mission, et il n'était pas rare qu'une rente fût léguée à l'effet de pourvoir une de ces chapelles d'un titulaire qui n'avait d'autre attache avec l'église elle-même. L'excédent des revenus de ces immeubles devenait la propriété collective de la guilde, et comme le donateur attachait une importance suprême à assurer la célébration à perpétuité de la messe qu'il fondait, il avait soin de donner des biens d'un revenu supérieur à la charge dont ils étaient grevés. La guilde louait les maisons, affermait les terres et se chargeait de la dépense de la messe instituée. En dehors de cette source principale de ses revenus, elle percevait une modique cotisation annuelle de ses membres, frappait d'amendes ceux qui contrevenaient aux statuts et se constituait ainsi une bourse commune.

Je suis entré dans ces détails parce que l'existence des biens appartenant aux corporations a joué un rôle économique dans notre histoire sociale. Les guildes étaient les sociétés de secours mutuels de l'époque ; elles avaient un trésorier qui leur rendait un compte annuel et exact de leurs dépenses et de leurs recettes. S'il restait un solde en caisse, on le consacrait à une réjouissance : telle est l'origine des banquets des Corporations de la Cité, auxquels prennent part des hommes qui n'ont rien de commun avec leurs prédécesseurs du Moyen Age [1]. Il en est de même des fêtes des paroisses, dont Blomfield a retrouvé l'origine en compulsant les matériaux de son histoire du Norfolk. Les guildes des villes et des campagnes ont empêché l'avènement du paupérisme au Moyen Age, donné de la stabilité au prix du travail et fourni un centre de ralliement aux associations, qui poursuivaient le même but que nos *Trades Unions* contemporaines.

Il est remarquable que ces associations de travailleurs, s'unissant en vue d'améliorer leur condition, aient si peu attiré l'attention des économistes. Peut-être faut-il attribuer ce silence à ce que leur histoire s'est perdue dans la nuit des temps et qu'elle n'a été exhumée que tout récemment. A l'époque d'Adam Smith, elles étaient interdites et passibles des pénalités infligées aux sociétés secrètes. Quand Ricardo devint un classique, elles étaient encore illicites et ses disciples, Mill père et fils, ne leur accordent pas un seul mot. M. Fawcett, mis en présence des réalités pratiques par sa longue carrière parlementaire, traita le premier ce sujet ; n'ayant malheureusement à sa disposition que des renseignements assez maigres, son exposé manque d'ampleur et n'est pas suffisamment analytique, malgré la largeur d'esprit de son auteur resté jusqu'à sa mort prématurée accessible aux connaissances et aux idées nouvelles.

Le malheur de l'économie politique, c'est que toutes ou presque toutes les hérésies économiques renferment une part de vérité. Il y a quelque vérité dans la théorie mercantile, dans celle de la balance du commerce et du régime

---

1. Pour être admis dans ces Compagnies, il suffit aujourd'hui d'acquitter un droit d'entrée assez élevé.

protecteur, dans la théorie de la rente de Ricardo, dans le bimétallisme, dans le système de la réciprocité, même dans la Ligue pour la Défense de la Liberté et de la Propriété[1]. Il en est de même en histoire. Une série de faits présentés sans autre souci que leur succession chronologique a son utilité. L'histoire constitutionnelle rend service en exhumant des documents et en élaborant des analyses même incomplètes du mécanisme administratif et législatif du passé. Il y a quelque chose à tirer de ce qu'on a appelé la philosophie de l'histoire, c'est-à-dire l'étude des mobiles qui ont déterminé ses principaux acteurs et de l'influence qu'ils ont exercée sur la marche des nations. Toutefois celle-ci a été envahie par une tendance au paradoxe, qui a tenté de faire passer Henri VIII pour un souverain patriote, Elisabeth pour une femme capricieuse et dénuée de sens politique, et Marie Stuart pour une princesse vertueuse et digne d'un meilleur sort. Ces fantaisies ne durent, il est vrai, que ce que dure la vogue de leur auteur. J'espère toucher du doigt plusieurs demi-vérités économiques et vous démontrer, par l'étude de faits incontestés, combien sont vaines la plupart des conclusions, qui passent couramment sous le nom de principes constitutionnels ou de philosophie de l'histoire.

La demi vérité qui a arrêté Mill dans son analyse de la question du travail, en dehors de son ignorance absolue de l'histoire du travail et des salaires, c'est sa théorie du fonds des salaires. Comme la loi des rendements décroissants, elle doit sa naissance à une hypothèse théorique transportée dans le domaine des faits et des lois économiques. J'admets sans difficulté qu'en théorie et à un moment précis, la machine industrielle étant en équilibre, on puisse

---

1. Fondée en 1882, en dehors de toute question de parti, afin de réagir contre le socialisme et contre la tendance à l'immixtion excessive de la législation et de l'Etat dans le domaine de l'activité individuelle.

concevoir qu'il existe une quantité précise de capital destiné à rémunérer le travail. L'erreur de Mill, c'est qu'il a cru
qu'au milieu de l'incessante activité de l'industrie, cette quantité théorique était bel et bien une quantité stable et fixe,
privée d'élasticité et incapable d'accroissement. Tel est le
sens de son célèbre paradoxe qu'une demande de produits
n'équivaut pas à une demande de travail ; il l'a défendu avec
tenacité et même avec passion. Je vous ai déjà dit qu'une
demande de produits équivaut à une demande de travail,
qu'une diminution dans la demande des produits ne détermine même pas toujours une diminution dans la demande
du travail et que pour satisfaire une demande nouvelle de
produits, il suffit de faire passer une certaine portion de capital, de l'état passif de richesse accumulée, à l'état actif de
capital, soit emprunté, soit fourni par l'entrepreneur.

Mill, captif de sa théorie, fut poussé à en tirer les conséquences logiques. Si le fonds des salaires est une quantité
inexorablement fixe, incapable d'accroissement par des
moyens humains, il s'ensuit qu'une demande de produits
n'entraîne qu'un déplacement du travail qui se retire d'une
branche de l'industrie pour se mettre au service d'une autre. Un homme, qui a quelque expérience pratique, s'ima-
ginera-t-il pourtant qu'une demande de cotonnades em-
piètera sur le travail agricole, ou, que si plus de bras sont
consacrés au tissage du coton, les gages du laboureur vont
s'en ressentir ? Pour que sa théorie fût vraie, même d'une
vérité simplement relative, il faudrait que chaque métier
eût son fonds de salaires distinct, irréductible par les empiètements des fonds de salaires des autres métiers. Et
même dans ce cas, la demande des produits de ce métier
déterminerait une demande spéciale du travail de fabrication de ces produits, et une addition au capital consacré
à cette industrie, pourvu bien entendu qu'il s'agisse d'un
pays adonné à l'épargne, où existent des réserves de capital

18

prêtes à passer de l'état passif à l'état actif. Tous nos industriels, grands et petits, vous diront que c'est ainsi que les choses se passent.

Le corollaire de la théorie de Mill, théorie, qui est, je crois, abandonnée aujourd'hui, c'est que si un groupe d'ouvriers réussit à obtenir des salaires plus élevés, soit en profitant de circonstances propices, telle qu'une demande urgente de leur travail, soit même par l'offre spontanée des patrons se disputant la main d'œuvre, ils n'arrivent à améliorer leur sort qu'au détriment de celui du reste des ouvriers, dont la quote part du fonds des salaires se trouve réduite proportionnellement. On s'est servi de cette théorie appuyée de la haute autorité scientifique et morale de Mill, pour en forger une arme d'attaque contre les associations ouvrières. On leur a répété, en vain et à tort, que leurs tendances étaient contraires aux enseignements de l'économie politique et que les salaires, comme la rente, étaient régis par un arrangement immuable et quasi providentiel. Il n'y a pas à s'étonner que les ouvriers se soient révoltés contre ce verbiage intéressé et qu'ils aient répondu que, puisque l'économie politique était contre eux, ils seraient également contre elle.

Comme un général qui se préoccupe plus de la concentration que de la dislocation de ses troupes, les économistes se sont plus préoccupés de la production que de la distribution des richesses. Nés la plupart dans la classe aisée ou vivant au milieu d'elle, ils ont suivi avec intérêt le développement de sa prospérité, et le dénûment du travail est resté pour eux une énigme, un fait désagréable et insoluble, presque un crime social. Ils éprouvent un vif penchant pour l'homme qui gagne et qui épargne, mais ils ne sont guère indulgents pour celui qui travaille, et lui reprochent volontiers son imprévoyance, son insouciance et son gaspillage. Jamais ils ne se demandent dans leurs ouvrages si ces défauts n'ont

pas une cause historique, et ne sont pas imputables aux institutions positives, qui ont réglé le partage et la distribution de la richesse produite.

Je suis de ceux qui pensent que l'intervention de l'Etat
doit être strictement limitée à la protection du faible contre le fort et je ne me suis jamais, ni en action, ni en paroles, écarté de ce principe. Mais, de même que je repousse
l'intervention de l'Etat en faveur de l'ouvrier, de même je
la repousse lorsqu'elle autorise les chefs des familles riches
à consolider et à immobiliser la possession de leurs biens
par des substitutions et la création de domaines indivisibles
et inaliénables. Puisque la loi autorise ou sanctionne ces
privilèges anti-sociaux, elle doit s'attendre à voir surgir une propagande socialiste. Si elle permet aux uns de
se protéger contre leurs propres vices, il est naturel que
d'autres exigent que la législature fixe la durée de la
journée de travail et que quelques-uns parlent vaguement
de la nationalisation du sol. Au xve siècle les ouvriers
ont obtenu la journée de huit heures, grâce à leurs efforts
concertés, et les patrons furent les premiers à y trouver
avantage. Je vous dirai plus tard les restrictions à la doctrine absolue du laissez faire que l'économiste peut accepter.

Personne n'a trouvé à reprendre aux associations de capitaux ; il serait oiseux de prendre leur défense. Aucune
fortune particulière, quelque immense qu'elle soit, ne pourrait supporter les dépenses, ni courir les risques de la construction des grandes lignes de chemin de fer, du Canal de
Suez ou de la flotte des grandes compagnies de navigation.
Notre époque pousse à l'aggrégation des petits capitaux
dans un but industriel. Il est vrai que des capitaux trop considérables sont ainsi parfois confiés à une entreprise qui
périclite, mais elle est généralement reprise par d'autres
mains et se remet en marche à l'aide d'un capital mieux
proportionné à ses besoins. Toutes les fois qu'une entre-

prise exploitée de la sorte à l'aide d'une accumulation de petits capitaux, est honnêtement et intelligemment dirigée, personne ne trouve à redire aux gros bénéfices qui sont attribués à ses directeurs. Plus leur succès est brillant, plus on leur décerne d'éloges retentissants : ils deviennent les princes du commerce, les pionniers de l'industrie, les créateurs de la prospérité publique, les bienfaiteurs de la patrie et les auteurs de sa prospérité. On les envoie au Parlement, on les accable de titres et d'honneurs, parfois héréditaires. Cependant on pourrait dire qu'en somme ils n'ont pas créé la richesse, qu'ils l'ont simplement déplacée et que leurs profits sont basés sur la médiocrité du gain et le labeur prolongé des petits et des humbles. N'importe, on serait mal venu de le faire, et il est en outre injuste de blâmer ce que notre société autorise et ce qu'elle serait impuissante à empêcher. Mais comme l'État ne pourrait garantir du travail et un minimum de salaires, qu'à une partie de ceux qui réclameraient sa protection, son intervention donnerait raison à Mill. L'État n'interviendrait qu'au détriment du reste de la nation, puisqu'il n'a pas de ressources propres et qu'il doit les demander à l'impôt ou aux emprunts, qui ne sont que des impôts déguisés et différés. On lui demanderait bientôt de pourvoir de travail, non seulement les maçons, les charpentiers et les portefaix, mais encore de procurer des clients à l'avocat, des malades au médecin et même, chose triste à dire, un auditoire au prédicateur. C'est ce qu'on faisait de 1558 à 1688, alors qu'on croyait que ce soin était du ressort de l'État.

Les membres d'une Trade Union ou association ouvrière agissent exactement comme les promoteurs d'une entreprise par actions. Ces derniers ne sont pas assez riches pour s'y lancer isolément; les premiers se sentant individuellement trop faibles, puisent leur force dans l'association : les uns et les autres sacrifient le présent à l'avenir. Sur le marché universel, l'ouvrier n'a que ses bras à offrir ; c'est une marchandise éminemment périssable, qui si elle n'est pas entretenue, se détériore rapidement. Mais si leur possesseur parvenait à réunir dans une association unique et universelle les bras de tous les ouvriers d'une même profession, il dicterait son prix à celui qui les emploie. Toutefois il ne pourrait aller jusqu'à exiger une rémunération, qui ruinerait l'employeur, puisqu'il supprimerait du même coup son propre emploi. Ce qu'il peut faire, c'est diminuer le profit de l'employeur et arrêter l'accroissement de la rente foncière ; c'est le but qu'en Angleterre il s'est efforcé d'atteindre depuis cinq siècles au travers de vicissitudes diverses. La coalition des capitaux a été considérée comme un bienfait, celle du travail comme un crime, et après que les lois qui la déclaraient criminelle, eurent été abrogées, elle est restée soumise aux interprétations captieuses des lois ordinaires sur les conspirations.

Toutes les associations ouvrières ont été proscrites jusqu'en 1825. Comme il arrive toujours quand une liberté nouvelle est octroyée, les hommes, à qui elle fut accordée, en firent un premier usage mal entendu, excessif et parfois criminel. Ils furent de plus irrités par les mesures indirectes qu'on prit pour leur retirer en fait les bénéfices de cette concession, en soumettant leurs associations à la loi sur les conspirations déjà citée, en leur refusant les garanties qu'on accordait aux Sociétés de secours mutuel et en laissant leurs trésoriers s'approprier impunément leurs fonds sociaux. Aujourd'hui encore, on regarde avec méfiance ce mouvement, qui devrait être assimilé à celui des capitalistes s'associant dans un but commercial ou industriel.

Toute profession a son code de l'honneur ; les infractions des membres, qui contreviennent à ses stipulations, même non écrites, sont réprimées par leurs confrères avec l'assentiment du public. Pourquoi ce qui est admis chez les médecins et les hommes de loi, ne le serait-il pas chez les ouvriers? Les patrons y gagneraient, car l'exercice de cette autorité augmenterait le respect des conventions conclues.

Les grèves, l'arme offensive de l'ouvrier, sont rarement couronnées de succès. Il n'y a généralement recours que dans des circonstances défavorables, quand la demande de travail décroît et qu'il est à la merci de l'employeur. Ou bien encore, il ne fait pas usage de son arme au moment propice, quand le marché est à la hausse. Le plus souvent il laisse aller les choses et se contente d'une augmentation modeste, même quand les profits sont exceptionnellement élevés. S'il perçoit alors par hasard des salaires exceptionnels, la calomnie ne l'épargne pas et les fables les plus grotesques sont répandues sur la manière dont il dépense son surcroît de recettes.

Dans ces derniers temps, les patrons intelligents ont compris l'utilité qu'auraient pour eux les réformes prônées par les économistes de l'école pratique. Dans quelques industries on a pu établir une échelle mobile de salaires gradués suivant la valeur des articles produits ; des gens du métier me disent que ce système a donné d'excellents résultats dans l'industrie du fer. Je le crois volontiers, car il rend au chef d'industrie un inestimable service en lui permettant de prévoir le cours des prix. Au fond d'ailleurs, les profits du capitaliste et la rémunération du travail ne sont-ils pas solidaires ; il n'y a entr'eux qu'une question de partage à débattre.

L'erreur de Mill affirmant que les salaires ne peuvent s'accroître qu'aux dépens des profits, est d'autant plus curieuse à signaler qu'il a énoncé et accepté le principe économique, d'après lequel les salaires élevés n'entraînent pas nécessairement un coût élevé du travail, pas plus que des salaires médiocres ne sont nécessairement synonymes de travail à bon marché. Il n'en résulte même une perte immédiate et évidente pour l'employeur que dans le cas où le travail ne deviendrait pas plus productif. La hausse des salaires peut encore être compensée par une baisse de la rente ou remboursée par le consommateur.

La liberté absolue des associations ouvrières est un remède et peut-être le plus efficace à l'agitation socialiste, qui réclame l'intervention du Parlement. Dans les pays où les gouvernements se mêlent trop de guider leurs sujets, le socialisme s'affirme avec des dehors plus ou moins menaçants et tout annonce que dans les pays protectionnistes, comme les Etats-Unis et l'Australie, il se prépare un mouvement en faveur de la réglementation ou de la prohibition de la main d'œuvre étrangère. Cependant les faits n'ont pas donné raison aux prédictions des hommes d'Etat protectionnistes: les profits ont monté plus rapidement que les salaires, les riches sont devenus plus riches et les pauvres plus pauvres encore. Chaque jour démontre que les salaires ne suivent pas les prix. En Angleterre, où tout pourtant n'est pas parfait, on n'est guère disposé à laisser l'Etat s'immiscer dans les questions de salaires et de travail. Il n'assiste aucun industriel à imposer de hauts prix et enlève ainsi tout prétexte à l'ouvrier, qui revendiquerait cette faveur pour son salaire. On y est généralement convaincu que si toute la classe ouvrière était animée d'un bon esprit et prête à s'unir, tout en écoutant les conseils de la prudence, elle serait assurée de son avenir. Les meilleurs des ouvriers, ceux qui ont affronté au premier rang les périls de la lutte, trouvent dur que ceux qu'ils ont soutenus, refusent d'entrer dans leurs associations et se contentent de jouir gratuitement des fruits de la victoire. Ils réclament comme maximum des revendications qu'ils ont à formuler, le rétablisssment de l'apprentissage, non pas en vue de pousser à la hausse des salaires, mais afin de former une génération d'ouvriers habiles et laborieux.

CHAPITRE XV

Origine et progrès du commerce colonial.

Le commerce anglais dans les temps reculés. — Découvertes des navigateurs espagnols et portugais. — Les Boucaniers anglais. — Les *Plantations* américaines. — La doctrine des monopoles de marché. — Guerres de conquête, de religion et guerres commerciales. — Les manufactures d'Irlande. — Le système colonial. — Les droits sur les bois et sur les sucres coloniaux. — Les articles énumérés et les articles non énumérés. — La doctrine du pavillon. — Colonies de conquête et colonies de peuplement. — Le Canada et le Cap. — De l'autonomie des colonies et du lien qui les rattache à la métropole. — Emprunts aux colonies consentis par l'Angleterre.

Nous avons vu combien les Anglais furent lents à s'adonner à l'industrie ; ils furent tout aussi lents à s'adonner aux entreprises maritimes. Au xve siècle, ils ne dépassaient pas Bayonne, risquant parfois une pointe jusqu'à Lisbonne et ne se mêlant en rien de mettre un terme aux déprédations des corsaires algériens et barbaresques. Deux expéditions seulement sont à signaler à cette époque : des armateurs de Bristol poussèrent, les uns jusqu'en Islande, tandis que les autres découvrirent Terre Neuve et n'en tirèrent d'ailleurs aucun avantage. Sous Henri VIII, les Anglais allèrent jusqu'à Séville, mais sans oser s'aventurer dans la Méditerranée, et, antérieurement aux grandes expéditions des boucaniers d'Elisabeth, la seule expédition, d'ailleurs malheureuse, fut celle de Sir Arthur Willoughby, qui contourna la Norvège et dont un des navires atteignit Arkhangel.

Tandis que nos pères ne se hasardaient pas à perdre la terre de vue, les Portugais avaient conquis les Iles Canaries et du Cap Vert, doublé le Cap de Bonne Espérance et fondé leurs établissements dans la mer des Indes. Les Espagnols avaient découvert le Nouveau Monde et s'étaient emparés de l'Amérique Centrale et du littoral de l'Océan Pacifique. Toutes ces occupations et toutes ces conquêtes avaient pour objet le monopole de l'exploitation d'un marché, dont on défendait les approches avec jalousie. A la paix d'Utrecht, le traité subsidiaire connu sous le nom de traité de l'Asiento, marqua une légère concession accordée par les Espagnols et donna naissance à la participation des Anglais à la traite des nègres, à la crise de la Compagnie de la mer du Sud et à une guerre de peu de durée contre l'Espagne. Celle-ci réservait l'administration de ses colonies aux seuls Espagnols nés en Espagne, les colons, même de pure race espagnole, en étaient soigneusement exclus. Il est naturel qu'ils se soient révoltés contre ce joug stupide et mille fois plus intolérable que celui qui pesait sur la mère patrie.

Chez les Anglais le manque d'initiative maritime était le résultat de l'état arriéré de leur industrie, qui ne visait que le marché intérieur, et ne disposait que d'un léger excédent de produits grossièrement fabriqués à offrir aux autres nations. Aussi les capitaines de la fin du xvie siècle, Drake, Frobisher, Hawkins, Raleigh furent-ils par dessus tout des boucaniers ou des pirates, en quête, non de commerce ou de colonies à fonder, mais de pillage aux dépens des marines et des ports de l'Espagne et du Portugal. Leur principale ambition, c'était d'intercepter les navires chargés de l'or du Nouveau Monde. L'un d'eux visita le Labrador et frappé de l'éclat des masses cristallines qui encombraient la côte, s'imagina que ces dépôts minéraux contenaient de l'or et en chargea ses bâtiments pour les rapporter en Angleterre. Excité par l'exemple de Cortes, Raleigh rêva d'une ville américaine qu'il appela Eldorado, qui, comme les cités des géants antérieurs à Noé, devait être bâtie d'or, d'argent et de pierres précieuses. Ces expéditions, qui marquèrent la fin du règne d'Elisabeth, furent utiles, mais notre commerce maritime resta suspect de piraterie jusqu'au jour où Kidd et ses compagnons furent pendus à une potence sur les bords de la Tamise. Sous Guillaume III notre commerce était devenu assez florissant pour que la boucanerie fût traitée comme un crime et non plus comme une prouesse héroïque.

La colonisation officielle anglaise n'a jamais eu en vue que la transportation des forçats ; aussi presque toutes nos colonies sont-elles nées spontanément et ont-elles été plus redevables à la négligence qu'à la protection de la mère patrie. Quoique le nom de Virginie lui ait survécu, la toute première tentative de colonisation dans l'Amérique du Nord échoua. La première qui réussit, fut celle des Puritains fuyant les persécutions religieuses de Laud. Les villes qu'ils fondèrent, sont devenues des cités prospères, unies dans une confédération puissante. Mais au début les colons eurent à lutter contre un climat inhospitalier, un sol stérile et des sauvages rusés, braves et sanguinaires. J'ai étudié sur les lieux l'agriculture des tristes plaines de l'Allemagne du Nord et cependant je ne connais pas de pays moins engageant que le littoral de l'Atlantique, du Maine à la Nouvelle Jersey : les étés y sont torrides, les hivers arctiques et le pays est périodiquement envahi par des myriades d'insectes rapaces et destructeurs. Ses pêcheries seules donnaient à cette époque des produits abondants.

Les *plantations* d'Amérique reconnurent sans résistance

la République de Cromwell et acceptèrent tout aussi aisément la Restauration des Stuarts. La prise de la Nouvelle Amsterdam conquise sur les Hollandais et à laquelle on donna le nom du duc d'York, le futur Jacques II, et la conquête de la Nouvelle Jersey, qui suivit sa fortune, assurèrent aux colons une ligne de littoral continu. Ils n'avaient guère pénétré dans l'intérieur du Continent, lorsque les Calverts fondèrent le Maryland et le quaker Penn le grand Etat, qui porte son nom. Ils fondèrent ces colonies à leurs frais et en obtinrent le gouvernement héréditaire, qui fut racheté par la Couronne britannique, lorsque leur commerce se fut développé. M. Doyle, de All Souls College, a raconté leurs débuts. Les colonies du Sud, en particulier la Virginie, furent les premières à attirer l'attention de la métropole sur un produit, le tabac, qui acquit une réputation européenne et trouva aussitôt un débouché en Europe.

L'Europe a donné la canne à sucre et le coton au Nouveau Monde et en a reçu le maïs, la pomme de terre et le tabac. On fumait beaucoup en Angleterre au commencement du xviie siècle, au point d'exciter la colère et la verve littéraire de Jacques I [1], qui ne brillait pourtant pas par le souci de la propreté. On se mit à cultiver le tabac dans les régions du Centre de notre île. Suivant un tarif manuscrit conservé à la bibliothèque de la Chambre des Communes et revêtu de la signature de l'*Orateur* de la Chambre, la Restauration avait interdit la culture de cette plante et frappé son importation d'un droit d'entrée. On usait alors du tabac d'Espagne, qui coûtait cher, de 10 à 12 sh. par livre, mais les progrès, que fit la culture en Virginie, chassèrent le tabac d'Espagne de notre marché, après qu'on l'eût pendant un certain temps consommé mélangé avec celui de

---

1. Le Roi écrivit un pamphlet qu'il intitula : « La *Contrebouffée de Tabac.* »

Virginie. Celui-ci, demeuré maître du terrain, a servi de point de départ à tout un système fiscal et politique nouveau.

Depuis la découverte du Nouveau Monde et du Cap jusqu'à la guerre de l'Indépendance des Etats-Unis, on a cru fermement que la prospérité commerciale d'un pays dépendait de la création, du maintien et de l'extension d'un marché exclusif, en vue des approvisionnements comme de l'écoulement de ses propres produits. Tels furent le but que poursuivirent les Hollandais dans les Iles aux Epices, et la préoccupation qui fit délivrer des chartes aux Compagnies Russe, du Levant, des Indes Orientales, de Turquie et de la Baie d'Hudson. La théorie de ce système connu sous le nom de *système colonial* a été analysée par Adam Smith, critiquée et démolie par ses arguments. Il leur a survécu et pousse encore les Allemands et les Français en quête de colonies, les uns à Zanzibar, à Angra Pequena, dans la Nouvelle Guinée, les autres au Tonkin et à Madagascar. Je ne sais combien de temps on persévèrera dans cette politique, car les nations et les gouvernements n'aiment pas à avouer leurs torts, mais ce que je sais, c'est que pour chaque article qu'ils vendront dans ces pays ainsi occupés et conquis, ils auront à payer une somme égale, prélevée sur le contribuable allemand ou français. Je sais aussi ce que nous ont coûté et ce que nous coûtent encore nos colonies de conquête : toutes furent créées dans le but de nous assurer leur débouché, et ces peuples que nous avons couvés et défendus à grands frais, nous témoignent leur reconnaissance, par les tarifs hostiles qu'ils dressent devant nous.

Les anciennes guerres, nos guerres avec la France, celles que firent les chevaliers de l'Ordre Teutonique aux dépens des Slaves de la vieille Prusse, de la Lithuanie et de la Ligue Hanséatique furent des guerres de conquête ; elles furent suivies des guerres de religion, auxquelles mit fin la Paix de Westphalie en 1648. Depuis cette date les guerres

européennes ont eu pour but la suprématie politique et
c'est la France, qui s'est montrée la puissance la plus tur-
bulente et la plus ambitieuse. En même temps, les Hollandais, les Français et les Anglais se disputaient le monopole
du commerce des colonies ; au traité de Paris de 1763, ses
rivales étant abaissées, l'Angleterre resta la première puissance maritime, manufacturière et mercantile. Le commerce des Indes était réservé à la Compagnie des Indes ;
notre marché le plus important était nos colonies de l'Amérique du Nord que nous voulûmes taxer, tentative qui
aboutit à leur Indépendance et à la chute de la doctrine du
système colonial.

Celui-ci reposait en théorie sur une rigoureuse réciprocité. L'Angleterre recevait les produits de ses colonies à un
tarif de faveur et prohibait absolument les produits similaires des nations et des colonies étrangères. Par contre
nos colonies réservaient non seulement leur débouché aux
produits manufacturiers anglais à l'exclusion absolue des
produits de l'étranger, mais s'interdisaient de les fabriquer
elles-mêmes. C'était la politique qu'on avait suivie vis-à-vis
de l'Irlande, avec cette aggravation pour celle-ci qu'il lui
était en outre interdit de chercher des débouchés en Angleterre, dans les colonies britanniques et à l'étranger. A
l'exception de la fabrication des toiles dans l'Ulster, on
s'était efforcé d'anéantir toute industrie en Irlande ; les
Irlandais ne devaient être qu'agriculteurs et n'avaient
même pas le droit de vendre leurs denrées agricoles en
Angleterre. C'était la théorie du marché exclusif poussée
jusqu'à l'extrême oppression.

En apparence, le système colonial était basé sur une réciprocité profitable à la métropole et aux colonies et certaines gens voudraient bien, dit-on, le rétablir, non pourtant dans toute sa rigueur, car on se heurterait à des difficultés insurmontables, telles que les tendances nettement

protectionnistes qui dominent dans nos possessions d'Outre-Mer. On ne ferait de la réprocité que dans la mesure du possible, et on accorderait des avantages spéciaux à ces mêmes colons, qui s'évertuent à repousser nos produits, et qui vont jusqu'à prétendre que le temps est venu de frapper d'une lourde taxe ceux de nos ouvriers, qui vont s'établir chez eux. Si un boucher ne pouvait de par la loi acheter d'épices qu'à l'épicier qui se fournit de viande chez lui, et si celui-ci ne pouvait acheter de viande qu'au boucher qui lui achète des épiceries, l'ingéniosité humaine aurait inventé un procédé infaillible pour que le marché ne fût plus approvisionné que de viande mauvaise et d'épiceries falsifiées. Mais si l'épicier ne pouvait plus vendre d'épiceries au boucher, qui seul aurait le droit de lui débiter de la viande, celle-ci ne serait bientôt plus bonne qu'à jeter aux chiens.

Il est aisé de reconnaître combien cet arrangement était malfaisant ; les avantages réciproques constituaient en fait des dommages réciproques. Si un commerce réciproque naît spontanément, il est inutile de l'imposer par la loi. La loi, objecte-t-on, a pour rôle d'ouvrir les yeux aux gens et de leur indiquer des avantages qu'ils ne sont pas parvenus à discerner. Les législateurs n'ont jamais été doués d'une telle perspicacité. Ce sont des hommes qui connaissent les questions, qui leur sont soumises, soit pour y avoir été mêlés eux-mêmes, soit pour avoir consulté d'autres hommes possédant une expérience qui leur fait défaut. Dans les deux cas, s'ils sont désintéressés et s'ils n'ont pas pour but d'adapter la loi à leur profit personnel, ils avoueront que la législation peut aplanir les voies du commerce, mais qu'il lui est impossible de le créer, et que les commerçants sauront à merveille découvrir les sources d'un trafic lucratif. Eux-mêmes n'ont d'autre mission que d'atténuer les risques auxquels les relations déjà existantes sont expo-

sées et de veiller à l'exécution des contrats qui ont été
conclus.

C'est par suite de circonstances naturelles et spontanées
que le tabac de Virginie a supplanté le tabac d'Espagne, et
le système colonial, tel qu'il fut établi par la suite, aurait
été impuissant à amener ce résultat. Assurément l'Acte de
navigation, inspiré par notre jalousie du commerce maritime des Hollandais, fit du transport vers les ports anglais
du tabac de la Virginie un monopole britannique, mais il
faut distinguer le frêt du profit commercial proprement dit.
Les bâtiments hollandais n'étaient pas admis à débarquer
des chargements de denrées coloniales dans nos ports,
mais cette interdiction ne les empêcha pas d'effectuer des
transports maritimes considérables. Bien souvent, il y a
avantage à confier ses transports à une marine étrangère.
Notre marine fait ses transports à meilleur compte que
celle de nos concurrents. Si elle a accaparé le transport universel des marchandises, c'est parce qu'elle se contente d'un
frêt de 10 pour cent inférieur à celui que réclament les navires des autres nations ; si le frêt représente en moyenne
10 pour cent de la valeur globale des marchandises trans-
portées à leur lieu de destination, est-il raisonnable d'exiger d'un commerçant, qui est mû uniquement par le désir
de réaliser un bénéfice, qu'il renonce à cet avantage par
des raisons de sentiment? L'état de la marine anglaise sous
la Restauration est le meilleur commentaire de l'Acte de
navigation.

A la fin du dix-huitième siècle, le coton américain fit
son apparition sur le marché anglais. Vous connaissez le
récit romanesque qui veut que M. Rathbone, courtier à Liverpool, en ayant reçu quelques balles en consignation,
n'y fit d'abord aucune attention. Quoi qu'il en soit, de cette
première et insignifiante consignation est née la prodigieuse
industrie cotonnière, qui couvre le sud de l'Écosse et le nord

de l'Angleterre. L'adoption de cette matière première originaire d'Amérique n'est en rien due au système colonial
que la guerre avec les États-Unis avait virtuellement
abrogé.

L'égoïsme fut le mobile des commerçants et des manufacturiers anglais, qui interdisaient aux colonies de se livrer à l'industrie, sous le prétexte qu'ils leur accordaient
le monopole d'un marché de faveur. Le planteur virginien
était tenu d'envoyer tout son tabac en Angleterre, mais
l'Angleterre en réexportait une partie vers la Hollande et
l'Allemagne, et réalisait un bénéfice sur cette réexportation.
Les Hollandais et les Allemands payaient donc leur tabac
plus cher que s'ils l'avaient acheté directement au planteur
et celui-ci perdait une partie du bénéfice que lui aurait rap-
porté l'opération directe, bénéfice que, dans cette hypothèse,
il aurait partagé avec les consommateurs étrangers. L'Angleterre n'accordait le bénéfice de la réciprocité qu'aux articles qu'elle ne produisait pas, tandis que les colons renon-
çaient absolument à s'approvisionner de fabricats étrangers.
Telle était cependant la vogue dont jouissait ce système,
que les colonies, aveuglées par les tarifs différentiels anglais, paraissent n'avoir témoigné aucun mécontentement à
l'endroit d'un monopole, dont tous les avantages étaient
réservés à l'industrie de la mère patrie.

Après 1782 les tarifs différentiels ont constitué une faveur pour nos colonies et une perte sérieuse pour notre consommation. Il y a une quarantaine d'années les
bois de construction du Canada et les sucres des Indes Oc-
cidentales profitaient de ce traitement de faveur. On nous
prédit alors que le Canada nous échapperait si nous sup-
primions la surtaxe qui frappait les bois étrangers.
D'autres motifs furent invoqués pour justifier les droits sur
les sucres étrangers. Nous avions aboli l'esclavage dans nos
colonies et payé une indemnité aux propriétaires d'escla-

ves, tandis qu'il continuait à être en vigueur à Cuba et au Brésil. « Comment, s'écriait-on, l'Angleterre, qui a aboli l'esclavage, peut-elle acheter du sucre fabriqué par ces nations impies, qui maintiennent cette horrible institution ? » L'esclavage est odieux et je dirais volontiers avec Wesley, le grand réformateur méthodiste, qu'il constitue la somme des iniquités humaines, mais il énerve les peuples qui l'adoptent et leur fait plus de mal que de bien. De plus je me méfie de l'homme qui fait appel à ma pitié afin d'enlever une affaire qui lui sera avantageuse. C'est ainsi qu'on apprit que quelques-uns des philantropes les plus bruyants de la Jamaïque et des Barbades importaient couramment du sucre provenant du travail esclave du Brésil et de Cuba et le réexportaient vers l'Angleterre comme produit du travail libre. Quoique découverts, ils continuèrent à prononcer des discours ronflants pour la défense de leurs intérêts personnels.

La plupart des colonies Américaines avaient été constituées en vertu de chartes concédées à leurs fondateurs. Les droits que celles-ci conféraient à leurs descendants, finirent par gêner l'application du système colonial en même temps qu'ils entravaient le développement des colonies. Deux fois, au commencement du xviiie siècle, une loi fut présentée au Parlement à l'effet de racheter les privilèges des ayants-droit et d'abroger les chartes. L'opposition des familles bénéficiaires fut véhémente ; rejeté une première fois, le projet de la loi fut en 1715 sous Georges I renvoyé à une commission spéciale, dont le rapport n'a jamais paru. Ces droits ne furent rachetés que plus tard, alors qu'ils avaient acquis une plus value considérable, et c'est ainsi que par une ironie du destin, le contribuable anglais payait encore naguère une pension déclarée perpétuelle aux héritiers de William Penn, pour le rachat des droits de ce personnage sur la Pensylvanie.

Le système colonial n'interdisait pas aux colonies d'expédier, en se conformant aux conditions strictes de l'Acte de navigation, certains de leurs produits vers d'autres pays que l'Angleterre. C'étaient les articles dits non énumérés : les céréales, les bois de construction, les salaisons, le poisson, le sucre et le rhum. Cette faveur n'avait rien de désintéressé de notre part. Nous repoussions simplement la concurrence des céréales coloniales, comme nous frappions l'importation ·des céréales étrangères de droits destinés à protéger nos *landlords* ; des considérations tout aussi peu généreuses nous poussaient à écarter les bois, les salaisons et le poisson originaires des colonies. Quant au sucre et au rhum, les plantations des Antilles anglaises étaient presque toutes possédées par de riches propriétaires anglais, qui résidaient en Angleterre, avaient le monopole de son marché et étaient trop influents au Parlement pour qu'on les empêchât de s'ouvrir d'autres marchés à l'étranger. Cependant en 1769, à la veille de la guerrre avec l'Amérique, un Acte interdit l'exportation directe des articles non énumérés dans les ports situés au Nord du Cap Finisterre en Espagne. Il ne fallait pas que nos colons pussent s'aboucher avec nos rivaux manufacturiers.

Les articles énumérés — et la liste en était longue — ne pouvaient s'exporter que vers la Grande Bretagne : ils comprenaient, comme l'a dit Adam Smith, tous ceux que nous ne pouvions pas produire et que les Colonies produisaient en grandes quantités. L'établissement de manufactures fut interdit dans les colonies, ou bien on les assujettissait à un système fiscal combiné de telle sorte qu'elles ne pouvaient travailler que pour leurs besoins locaux. Le travail du fer et de l'acier fut absolument prohibé en Amérique ; pas un clou, pas un fer à cheval n'était forgé dans toute l'étendue de nos possessions transatlantiques, à qui il était en outre interdit de commercer entre elles. Aussi les Amé-

ricains n'étaient-ils qu'agriculteurs, et s'il avait été possible
de bloquer tous leurs ports, les insurgés auraient été
bientôt réduits à l'impuissance, faute de pouvoir fabriquer
leurs munitions de guerre. Leur soulèvement ferma à
l'industrie anglaise un marché qu'il ouvrit aux industries
étrangères, qui en avaient été exclues jusqu'à ce jour. Le
désir de profiter de ce revirement a déterminé la politique
de plus d'un gouvernement étranger.

La reconnaissance de l'indépendance des États-Unis fut
aux yeux des contemporains le premier pas vers la décadence du commerce anglais. Quand l'historien Gibbon refusa de recevoir Franklin, disant qu'il n'entendait pas
avoir affaire à un rebelle, celui-ci fit répondre à l'historien
qu'il lui procurerait les matériaux d'une nouvelle histoire,
celle de la Grandeur et de la Décadence de l'Empire Britannique. Franklin n'était que l'interprète de l'opinion générale. Forcé d'abandonner le système colonial, le Parlement
anglais n'a plus jamais essayé d'imposer une taxe à la colonie même la plus faible, mais l'Angleterre n'en continua
pas moins à étendre son empire. Elle occupa successivement toutes les régions du monde, où les races européennes peuvent vivre et se reproduire, et, que ces régions
peuplées par nous restent ou ne restent pas dépendantes,
au moins en nom, de la métropole, il est certain que dans
l'avenir les populations de langue anglaise l'emporteront
en nombre sur toutes les autres populations du globe.

Je terminerai cette leçon par l'examen des relations actuelles entre l'Angleterre et celles de ses colonies, qui lui
sont restées fidèles. Je me placerai au seul point de vue
économique ; c'est d'ailleurs le seul qui ait encore de l'importance, car il est certain que nous n'userons plus de
moyens militaires pour retenir une colonie qui voudrait
se soustraire à notre suprématie. Le lien de l'intérêt, qui
est avant tout un lien économique, est l'unique lien qui

nous rattache les colonies. L'ancienne doctrine des monopoles a fait place à la théorie, qui enseigne que le
commerce suit le pavillon. Elle soutenait que la conquête
d'abord et la législation ensuite faisaient naître le commerce :
les boucaniers et les contrebandiers lui firent subir plus
d'un échec. La politique nouvelle a consisté à affermir par
l'épée notre priorité d'établissement et à protéger la colonie
naissante dans l'espoir que la coutume, les traditions et des
précautions opportunes aboutiraient à la prééminence du
commerce national. Cette politique a favorisé le développement de la race anglaise dans des régions lointaines : je
la suis depuis longtemps et mes critiques m'ont valu plus
d'une injure, dont je me soucie, surtout de celles qui éma-
nent de la presse, comme du caquetage d'une poule. Pour
parler le langage dépourvu de métaphores des économistes,
la doctrine du pavillon affirme que les liens de famille, de
races, de nationalité dominent l'égoïsme des intérêts
qu'engendre la chasse à la fortune, à laquelle se livrent
les nouveaux débarqués dans les colonies. Le sentiment de
leur faiblesse vis-à-vis de l'étranger leur apprend à respecter ces liens ; il leur apprend malheureusement aussi à
invoquer l'assistance de la mère patrie plus qu'il ne faudrait. Comparons la politique suivie vis-à-vis des colonies
de conquête comme le Canada et le Cap, avec celle des
colonies de peuplement spontané, comme l'Australie et la
Nouvelle Zélande. La colonie de conquête compte nécessairement des habitants et souvent des voisins mal disposés
et devient une cause de dépenses incessantes, bien qu'on
cherche à nous éblouir par des phrases sonnantes sur le
soleil qui ne se couche jamais dans notre empire, sur l'ex-
pansion indéfinie de la Grande Bretagne et de la langue
anglaise, devenue la langue universelle du commerce et
de la civilisation. Tout en acceptant ce que ces phrases
renferment de vérité, je ne voudrais pas qu'elles servis-

sent de prétexte à exiger de nous les sacrifices suprêmes.

Les colonies de conquête nous ont coûté terriblement cher. Ayant conquis le Canada pour empêcher les Français de le joindre à la Louisiane par une ligne stratégique de forteresses, nous avons laissé aux Canadiens leurs lois locales et leur autonomie ecclésiastique : ils sont devenus un empire dans l'empire. L'Eglise catholique du Canada est probablement l'Eglise la plus riche du monde et elle possède, sous la garantie des lois, des moyens d'influence sur la population, qui partout ailleurs lui ont été retirés comme incompatibles avec la suprématie du pouvoir civil. Je ne critique pas, je cite pour prouver comment une conception du commerce, aujourd'hui évanouie, peut peser sur les affaires civiles et militaires. Pendant la guerre de l'Indépendance des Etats-Unis, les Canadiens français restèrent fidèles à leurs nouveaux maîtres, et bien que le bon sens du peuple américain l'ait déterminé à entretenir avec ses voisins des relations basées sur l'amitié et plus ou moins sur l'équité, nous avons pendant plus d'un siècle subi des charges énormes pour préserver le Canada des risques, qui résultaient de ce voisinage. Malgré tout, il subsiste encore une vieille querelle au sujet de certains droits de pêche réclamés par les Canadiens ; d'un autre côté il s'est formé chez eux un parti puissant disposé à clore la guerre des tarifs que leur font les Américains, en effaçant la ligne de frontière fiscale qui les sépare et en concluant avec eux une véritable union douanière. Le Parlement Anglais a dépensé des millions pour maintenir et leur indépendance et cette ligne de frontière, avec ce résultat que la colonie a adopté contre nous un tarif éminemment protecteur, et qu'elle s'est mise en état de guerre déguisée contre nous.

A la faveur des grandes guerres du Continent, nous avons arraché aux Hollandais leur colonie du Cap, mais depuis

1815 nous n'avons pas eu un instant de paix avec les abo-
rigènes, et les colons de race anglaise sont encore noyés au
milieu des colons de souche hollandaise. Tous les profits réalisés par les marchands du Cap n'égalent pas l'intérêt des
sommes que nous avons dépensées pour la défense et l'extension de la colonie. Après avoir été en guerre avec les
Boers, qui se sont érigés en république indépendante, nous
sommes menacés de l'établissement d'une autre république
hollandaise, désireuse de s'emparer du territoire d'une tribu
de naturels, que nous avons prise sous notre protection. Je
n'examine pas notre conduite au point de vue de la politique générale de l'empire britannique, mais il est indubita-
ble que nos intérêts commerciaux en sont fâcheusement
affectés.

Il y a vingt-cinq ans que M. Goldwin Smith et moi-même,
nous avons appelé l'attention publique sur ce que nous coûtaient nos colonies. La moitié de notre armée y était cam-
pée, à nos frais, mais au profit des négociants de là-bas.
Pas un grain de patriotisme anglais n'avait survécu dans
l'âme des colons. Ils faisaient des fortunes rapides, proje-
taient des tarifs protectionnistes pour faire fortune plus rapidement encore et imposaient au Trésor anglais le soin de
les défendre contre tout risque, aux dépens des contribuables
anglais. Nous trouvions, mon ami et moi, que la situation
n'était pas égale et nous le déclarâmes ouvertement. Nous
fûmes tancés d'importance par les partisans de la politique
impériale et par les colons, dont plusieurs étaient rentrés
en Angleterre avec leur fortune faite. Cependant nos remontrances finirent par être écoutées et la situation s'amé-
liora. Les colons reconnurent que, membres de l'empire, ils
avaient le devoir de s'organiser pour participer à leur propre défense et à la défense générale et je ne crois pas qu'un
seul régiment anglais soit encore caserné chez eux. Je ne
sais si nous faisons maintenant un emploi plus judicieux de

nos régiments, mais le niveau moral des colonies s'est incontestablement élevé.

Longtemps les colonies ont été gouvernées par les bureaux du *Colonial Office*. Elles jouissaient bien d'un système apparent de Parlements et de gouverneurs responsables, mais ceux-ci étaient retenus par mille entraves ; le mécontentement se fit jour et éclata en rébellion ouverte. Comme toujours dans le cours de notre histoire, la rébellion fut écrasée, ses chefs appréhendés et condamnés pour trahison, puis graciés, et nous nous empressâmes de leur concéder plus qu'ils ne nous avaient demandé. Nous essayâmes d'obtenir pour l'Église anglicane la garantie d'une allocation budgétaire qui lui aurait permis de vivre sur le même pied que sa riche voisine, l'Église française au Canada ; le *Colonial Office* dut s'incliner devant les attaques dont ce projet fut l'objet. Les anciens rebelles Canadiens arrivèrent dans leur pays aux plus hautes fonctions politiques et plus d'un a reçu son titre de baronnet. J'ai moi-même aidé à faire décerner à ces enfants prodigues le diplôme de Docteur Honoraire de l'Université d'Oxford.

Lorsque le Parlement britannique ou plutôt l'Office Colonial — car il est rare qu'une question coloniale retienne les membres sur leurs bancs — eut fait don aux colons d'institutions libres, de gouvernements responsables et d'autonomie administrative, il abandonna deux principes, qu'il aurait fallu maintenir. Dans le Royaume-Uni, la Couronne, c'est-à-dire le pouvoir exécutif, est investie d'un droit de retour sur toutes les terres, et elle est propriétaire absolue de toute terre qui n'a pas été appropriée à titre privé. Les Parlements coloniaux peuvent, au contraire, en régler à leur gré la vente, la concession et la répartition et je ne dis pas qu'ils aient mal usé de cette latitude. Le Congrès des États-Unis aurait même peut-être agi sagement en imitant leur exemple, surtout pour ce qui con-

cerne la vente des terres publiques à un prix minimum
fixé par la loi. Le gouvernement fédéral de Washington n'a
cependant jamais abandonné ses droits sur les terres publiques aux législatures particulières des États de l'Union.

Un autre changement de front complet fut la liberté des
tarifs remise à la discrétion des Colonies. Une politique de
résistance aveugle fit une fois de plus place à une capitula-
tion également absolue. En 1772, les Colons qui savaient
les sacrifices que l'Angleterre avait faits pour eux pendant
la guerre de Sept Ans, étaient disposés à participer aux
charges de l'empire, mais ils entendaient s'imposer eux-
mêmes et ne pas être imposés suivant l'arbitraire du Parlement ou plutôt de l'administration de la métropole, car le
Parlement d'alors n'était que le simulacre d'une Assemblée
représentative. Après leur victoire, nous avons fait table
rase d'un principe parfaitement légitime, celui selon lequel,
dans l'œuvre de la défense de la mère patrie ou de la colonie, celle-ci doit contribuer sa part en hommes et en argent. Les Colonies avaient eu raison de nous refuser le droit
de les taxer ; nous leur avons permis de nous taxer nous-
mêmes. Combien de fois, par exemple, le Gouvernement
local du Cap ne s'est-il pas lancé dans une guerre souvent
injuste qu'il n'avait pas les moyens de mener à bonne fin,
combien de fois nous a-t-il engagés et nous a-t-il laissé
le soin de régler les frais ? Il n'est pas de système plus dé-
moralisateur pour les colonies et plus inéquitable envers
nous, que celui qui leur permet d'encourir des responsabilités et de nous passer ensuite sur les épaules le poids des
obligations qu'elles ont volontairement assumées.

« Les gouvernants de la Grande Bretagne, écrivait à la
fin de son grand ouvrage Adam Smith, vers l'époque où
les colonies américaines commençaient à se soulever, nous
ont pendant plus d'un siècle leurré du tableau d'un grand
Empire que nous possédions de l'autre côté de l'Atlanti-

que. Cet empire n'existait que dans notre imagination.
C'était, non un empire, mais un semblant d'empire,
non une mine d'or, mais un projet de mine d'or. Ce rêve
nous a coûté, nous coûte et nous coûtera, si nous per-
sistons dans nos anciens errements, des dépenses immenses, sans nous rapporter aucun avantage, car les effets du monopole commercial se résolvent pour la masse
de la nation en pertes et non en bénéfices. » Adam Smith
avait raison, rien n'est plus facile que de bâtir sur l'illusion
populaire. Quand cette politique réussit, ses auteurs se
proclament les sauveurs du peuple et réclament leur récompense ; si elle échoue, ils se réfugient dans l'oubli ou
se mettent à l'abri derrière des intérêts puissants.

Il subsiste cependant entre l'Angleterre et les Colonies
un lien que la sagacité clairvoyante d'Adam Smith ne
pouvait pas prévoir. Je ne prétends pas scruter leur loya-
lisme et je ne m'occupe que de questions économiques. Sur
ce terrain nous sommes liés aux Colonies par une chaîne
forte comme le diamant, tant que nous serons sages et pru-
dents, fragile comme le verre, le jour où nous cesserons
de l'être et où nous les pousserons au désespoir. Pour la
rompre, il suffirait peut-être encore qu'elles pussent se passer
de nous. Elles nous doivent beaucoup d'argent : je ne parle
pas de l'argent que la nation a dépensé dans le passé et qui
a disparu comme les neiges d'antan, mais d'argent dont
les titres de dette ont été enregistrés et se négocient à la
Bourse. La Bourse est à la fois très faible et très forte.
Elle serait faible vis-à-vis d'une répudiation de dette et ne
pourrait se venger directement d'une pareille injustice, ni
appeler le Gouvernement à son secours, car je pense bien
que les guerres du Mexique et d'Égypte sont les dernières
que nous aurons entreprises dans un tel dessein. L'État n'est
pas le collecteur des dettes contractées envers ses sujets et
sur ce terrain la Bourse est impuissante.

Mais il est un autre terrain sur lequel elle est très forte. Elle ne pardonne jamais aux nations, qui ont manqué à leurs engagements et toutes sont à un moment donné forcées de contracter des emprunts. Elles chercheront en vain si dans leur passé se rencontre une faillite. Un soupçon planera sur elle, même si elles ont indemnisé leurs créanciers, soupçon qui percera à la moindre apparence douteuse. C'est ainsi que la Bourse a donné des leçons sévères aux Etats de l'Union Américaine, qui avaient répudié leurs dettes étrangères, et je ne crois pas qu'un Etat qui n'a pas respecté ses engagements, puisse obtenir la cote à la Bourse tant qu'il n'aura pas acquitté sa dette en principal et en intérêts. La même expérience a été faite par la Turquie, par plusieurs républiques transatlantiques et il s'en est fallu de peu que l'Egypte ne subît le même sort. Une répudiation est toujours plus ou moins à craindre quand, comme pour la Russie, la totalité de la dette est aux mains de l'étranger, quand le pays emprunteur est presque à bout de ressources ou lorsqu'il s'engage prématurément dans des travaux publics, qui ne seront rémunérateurs que dans un avenir éloigné.

Les arrérages de ces emprunts se paient en produits et se traduisent par une charge que rendent uniquement supportable les larges profits naturels aux pays nouveaux. Si nous refusions de recevoir ces produits ou si nous en rendions l'expédition onéreuse par l'imposition de droits d'entrée, élevés ou même modérés, cette charge deviendrait intolérable pour nos débiteurs. Le jour où les partisans de la réciprocité arriveront à entraîner la majorité, ils s'apercevront bientôt qu'ils ont rompu le dernier lien reliant les Colonies à la mère patrie et ruiné du même coup nos capitalistes trop confiants.

CHAPITRE XVI

Le Laissez faire ; son origine et son histoire.

L'homme est le loup de l'homme. — Faiblesse de l'individu. Le principe des contrats et leur sanction. — Le gouvernement idéal. — Demi vérités politiques et économiques. — Les physiocrates. — Publication de l'Essai sur la Richesse des Nations. — Réformes graduelles. — Le Laissez faire n'est pas une panacée. — Les classes ouvrières, les chemins de fer et les lois sur le travail dans les manufactures. — Lord Shaftesbury, et l'emploi des enfants dans le travail des champs. — Système actuel d'éducation primaire. — La terre et le fermier. — Restrictions imposées aux Banques. — Les falsifications. — L'instruction professionnelle. — La réglementation sanitaire.

« L'homme, a dit Plaute, est le loup de l'homme » et cet aphorisme ne s'applique pas uniquement à l'égoïsme de la concurrence, au cynisme des économistes de l'école métaphysique, à la tyrannie du capital ou à la violence des travailleurs ; il énonce une vérité de tous les temps et de tous les lieux. Il s'applique à la fois aux monarques, qui comme Philippe II, Louis XIV et Napoléon, ont poursuivi la domination du monde et aux pirates, aux boucaniers, aux criminels en quête de butin et à tous les héros en général. Les devoirs domestiques, l'éducation même de la famille ne nous garantissent pas contre nos instincts rapaces. « La liberté, a dit Mill, ne s'acquiert qu'au prix d'une vigilance incessante. »

D'autre part la faiblesse de résistance de l'individu est telle, qu'on a partout senti la nécessité de l'existence d'un gouvernement destiné à protéger le faible contre le fort, à nous défendre contre les ennemis du dehors et du dedans, à servir d'arbitre impartial dans nos conflits d'intérêts et à frapper impitoyablement tout perturbateur de la paix publique, à quelque rang qu'il appartienne. Mais le gouvernement doit pardessus tout s'abstenir de mettre sa puissance au service d'intérêts particuliers insurgés contre l'intérêt général. Quand il a, au mieux de son jugement, formulé une loi, il se gardera de l'appliquer avec une rigueur voisine de l'injustice et saura la tempérer dans l'application ; il veillera surtout à l'exécution des contrats, car si les contrats ne sont pas respectés, la société tombe dans le chaos de la méfiance univèrselle.

Néanmoins la mission de l'Etat ne va pas jusqu'à imposer le respect de tous les contrats indistinctement. Dans aucune société civilisée, il n'autorise un contrat par lequel un homme se réduirait, lui ou sa famille, en esclavage. Un contrat, ayant une cause immorale, est non seulement nul, il est encor punissable. Un contrat entre un voleur et un recéleur ayant pour objet l'obligation de livrer des objets volés, serait non seulement caduc en principe, mais attirerait les châtiments de la loi sur les deux parties contractantes. Nul ne peut se lier à perpétuité. Certains contrats, qui n'ont pas une cause immorale, n'en sont pas moins déclarés nuls par la loi : ainsi, en Angleterre, un propriétaire ne peut pas comprendre *l'income-tax* dans le montant du fermage, forcer son fermier à garder son gibier, ni le faire déguerpir sans autre forme de procès.

L'Etat se réserve aussi le droit de modifier les contrats ou de les interpréter conformément à l'équité. En cas de non paiement, le bien donné en hypothèque passe en principe et de plein droit aux mains du créancier ; cependant depuis le règne de Jacques I, le propriétaire conserve pendant un certain laps de temps la faculté de le racheter : c'est ce qu'on a appelé l'équité de la rédemption. Les lois sur l'usure ont été abolies, ce qui n'empêche pas la loi de venir au secours du débiteur, qui ayant emprunté à un taux usuraire, est appelé à devenir propriétaire viager d'un domaine foncier. Par malheur ces libéralités légales n'ont été accordées qu'à certaines classes privilégiées, car le fermier irlandais n'est pas du tout mis à l'abri des suites iniques d'une éviction pour non paiement de son fermage.

Bref l'Etat est tenu de protéger ses sujets contre les aggressions des puissances étrangères, et contre les attaques criminelles et les manœuvres dolosives, mais ce qui est encore plus important, il doit au faible la protection d'une législation équitable, équitablement interprétée. La Constitution Américaine va même jusqu'à protéger les citoyens contre la législation, puisque la Cour suprême peut, en cas d'appel, annuler comme inconstitutionnelle une décision de la législature fédérale. Dans un gouvernement idéal, la législature, l'administration et les tribunaux s'accorderaient pour édicter ce que l'intelligence humaine la plus haute déclarerait être l'équité absolue.

Malheureusement cette conception est purement idéale. Nul n'a jamais vu un groupe humain, où aucune classe, aucune profession n'est indûment favorisée, où les charges publiques sont également réparties, où l'équité est la règle suprême et immuable. Au contraire, on a souvent rejeté une réforme, dont la justice intrinsèque n'était pas contestée, parce qu'elle empiétait sur de soi-disants droits nés d'une longue série de pratiques illicites et condamnables. Quelques personnes — il se trouve des économistes dans le nombre — ont soutenu qu'une chose injuste dans son origine peut à la longue engendrer un droit, qu'il ne convient pas de laisser attaquer. Lord Palmerston avait l'habitude de dire que le droit du tenancier se traduisait par l'injustice aux dépens du propriétaire ; heureusement en 1870, peu après sa mort, le Parlement Britannique ne s'est pas cru lié par cette opinion. En 1820, lord Liverpool déclara qu'il était d'accord avec les principes énoncés dans la pétition des Marchands [1], mais qu'il se refusait à agir en conséquence, « parce que, disait-il, ce serait mettre en danger trop de droits acquis, consacrés par le temps. » La majorité de la Chambre des Communes lui témoigna son approbation par ses applaudissements.

Les gouvernements et les parlements ont plus d'une fois oublié la mission en vue de laquelle ils ont été institués. Ils ont été et sont encore souvent mis au service d'intérêts particuliers, tant il est malaisé de concilier les prétentions contradictoires de notre conscience et de nos intérêts personnels. Aussi ai-je toujours écouté avec patience les arguments des personnes qui avaient des intérêts considérables en cause, et qui défendaient ce que je considérais comme nuisible : il n'est pas de nécessité plus déplaisante que celle de voir scruter la raison d'être des avantages dont on jouit. Avec cette disposition à l'indulgence, j'aurais, si j'avais été de leurs contemporains, excusé les propriétaires ruinés qui ont élaboré les Statuts des Laboureurs, les royalistes revenus d'exil qui ont établi notre système foncier actuel, les industriels du siècle dernier qui ont demandé que l'État garantisse par la protection douanière le succès de l'œuvre grandiose qu'ils entreprenaient en introduisant les machines, les patriotes, qui ayant fondé la Banque d'Angleterre et restauré nos finances, ont exigé en récompense le vote des lois monétaires, sur lesquelles fut basée la se-

---

1. Cette pétition demandait une enquête sur l'état économique du royaume et peut être considérée comme le point de départ du mouvement libre échangiste en Angleterre.

conde charte de la Banque d'Angleterre. Un homme n'est pas malhonnête de propos délibéré, parce qu'il discerne plus clairement son intérêt particulier que l'intérêt public. Les despotes les plus égoïstes, les Henri VIII et les Charles II, n'obéissaient pas à l'intention préméditée de ruiner leurs peuples. Les promoteurs rapaces de la Réforme et les patriotes non moins rapaces de la Révolution de 1688 ne voulaient pas le mal, mais ne parvenaient pas à se retenir de le commettre. Le bien et le mal sont étrangement mêlés dans le cœur des hommes ; eux-mêmes ne se rendent pas compte du mobile auxquels ils obéissent. Clive, l'un des conquérants de l'Inde, avait amassé en peu d'années une fortune colossale. Il déclara plus tard, vraisemblablement en toute sincérité, et dans tous les cas avec une fierté hautaine, qu'il était surpris de sa propre modération.

Vers 1750, un groupe de Français éminents, qui s'intitulaient économistes ou physiocrates, frappés de la misère qui rongeait la France comme conséquence des expédients de Colbert, des guerres insensées de Louis XIV et de la prodigalité extravagante de la Régence et de Louis XV, résolurent de rechercher quelles étaient les causes de la richesse et de la pauvreté, dont le contraste était si frappant sous leurs yeux. Le XVIIIe siècle, vous le savez, a été une époque de libre examen en Angleterre comme en France ; la ferveur religieuse s'était évanouie et bien des sujets sacrés auxquels jusque-là on n'avait osé toucher, allaient être analysés par un scepticisme affranchi et audacieux. Pendant la longue et paisible administration de Fleury, en dépit des scandales de la cour, l'esprit d'entreprise s'était réveillé, les marchands et les manufacturiers s'étaient enrichis, seuls les paysans étaient devenus de plus en plus misérables. Malgré des erreurs de principe et de détail, les physiocrates ont poussé leur investigation à fond ; sans chercher querelle au gouvernement, ils ont vertement critiqué le régime administratif auquel étaient assujetties l'industrie et surtout l'agriculture françaises. Ils déclarèrent que tant que son but est innocent, l'individu est meilleur juge de ses intérêts propres que l'Etat, ajoutant que si les hommes étaient laissés libres de travailler, d'échanger le produit de leur travail et de commercer à leur gré, on aboutirait au succès des plus capables et que le pays prospérerait davantage sous un régime de libre concurrence que sous un régime de réglementation. Ils affirmèrent en un mot que « *laissez faire* » doit être la devise d'une société laborieuse et éclairée. Smith, qui voyageait à cette époque en France comme précepteur du jeune duc de Buccleugh, subit l'ascendant de Quesnay, de Turgot et du marquis de Mirabeau. Rentré en Angleterre, il composa, en grande partie à l'aide des principes qu'ils lui avaient inculqués, son Essai sur la Richesse des Nations.

En France, les doctrines des physiocrates furent acceptées, mais en théorie seulement, car Madame de Pompadour et la du Barry eurent soin d'en empêcher l'application. Les plus grands libertins sont prêts à admettre l'excellence théorique des dix commandements de Dieu et du Sermon sur la Montagne ; toutefois ils se gardent d'y conformer leur conduite. On écouta les économistes avec déférence et on ne suivit pas leurs conseils ; enfin éclata le cataclysme final qui emporta dans son tourbillon économistes, encyclopédistes, hommes d'Etat amateurs, financiers et courtisanes, l'Eglise et la royauté.

La publication de la version ou plutôt du commentaire anglais de leur doctrine, fut le point de départ d'une ère nouvelle. Elle avait été retardée par les démarches de l'ancien ministre Pulteney auprès des directeurs de la compagnie des Iudes pour les décider à offrir à Adam Smith un poste au conseil du Bengale ; si elles avaient abouti, son Essai n'aurait pas vu le jour. Il attira l'attention du second Pitt, qui sembla pendant un certain temps vouloir le traduire en pratique. La Révolution française éclata sur ces entrefaites et après un intervalle d'indécision, Pitt se constitua le défenseur des émigrés, des Bourbons et du troupeau effaré des rois et des roitelets. Il mourut de chagrin, n'ayant pour se consoler à l'heure de la mort que l'affection de son roi et les exhortations spirituelles de Tomline, son ancien précepteur, dont il avait fait un évêque.

Après une longue éclipse, la théorie de la liberté économique se fit jour de nouveau dans la pétition présentée en 1820 par les marchands de Londres ; elle fut acceptée *in abstracto* par Lord Liverpool et appliquée avec circonspection par Huskisson et par Canning. Le commerce des métaux précieux et les échanges internationaux furent débarrassés de restrictions vexatoires et notre honneur national rétablit la circulation monétaire dans son intégrité. Toute réglementation du travail fut balayée, on abaissa les droits sur les matières premières et sur certains articles soumis à l'accise. Les monopoles furent abolis et notre tarif, qui était parfaitement grotesque, tout à fait remanié. Les plus importantes des matières premières, les denrées nécessaires à l'alimentation, furent enfin délivrées de droits iniques qui n'avaient été imposés que pour complaire à l'égoïsme des propriétaires du sol. Les derniers lambeaux des faveurs accordées à nos colonies suivirent la même route. Toutes les matières sur lesquelles s'exerce le travail humain, sont maintenant affranchies, toutes, excepté la terre. Celle-ci étouffe sous une réglementation protectionniste, qui s'écroulera comme le reste sous le poids de sa perversité et de sa malfaisance. Le *laissez faire* a donc triomphé en moins d'un quart de siècle, grâce à la sagesse de ses adeptes. L'acte qui acheva de désarmer l'opposition, fut la résolution annoncée par les défenseurs de la liberté de briser l'instrument qui leur avait conquis la victoire : la Ligue pour le rappel des Lois céréales se déclara dissoute aussitôt que ces Lois eurent été rayées du Recueil des Statuts.

Quelque complète qu'ait été sa victoire, on ne tarda pas à s'apercevoir que le *laissez faire* n'est pas une panacée apte à guérir tous les maux de la société. Plusieurs de ceux, dont elle souffre, sont les effets de causes dont l'influence pernicieuse a survécu à leur existence parfois même oubliée. L'aphorisme : *Cessante causa cessat effectus* n'est pas toujours vrai, même dans le monde physique ; les traces de la désolation semée en Calabre par le tremblement de 1782 se remarquent encore de nos jours. Dans le monde politique, économique et moral, les effets survivent longtemps aux causes. La survivance prolongée des effets forme le noyau de la théorie de M. Darwin et l'historien n'est philosophe que s'il rattache le présent au passé. La loi de réglementation des salaires par les juges de paix, la loi du domicile de secours paroissial, les lois anciennes et nouvelles sur l'Assistance publique obligatoire, les lois céréales ont fait au travail des blessures que le *laissez faire* est incapable de guérir ; il lui est impossible de plonger la nation dans un bain magique, où elle laissera sa décrépitude, ses vices et son ignorance pour en sortir brillante de virilité, de santé, de prévoyance et de sobriété. Nous avons à extirper les conséquences des mauvaises lois antérieures ; la moitié de notre législation doit avoir pour objet, non de corriger le présent, mais de remédier aux maux qu'a engendrés le passé.

Le *laissez faire*, basé sur la justice naturelle, a pour postulat que toutes les forces sociales sont aptes à discerner quels sont en toute équité leurs propres intérêts et à en assurer la victoire. Cette doctrine n'est vraie que d'une vérité idéale ; mise en pratique, elle réduirait la mission de la législature à un minimum si restreint que quelques députés suffiraient à tous les débats.

Puisque le *laissez faire* ne peut pas suffire à tout, nous allons rechercher les circonstances où il est absolument impùissant, n'en déplaise à ceux de ses adeptes qui voudraient ne connaître que lui. Malthus, par exemple, demandait la suppression de tout secours aux indigents, Newmarch condamnait toutes les conventions internationales ayant le commerce pour objet et M. Herbert Spencer pousse si loin la théorie de l'individualisme que je l'ai entendu déplorer l'excès de protection dont la police entoure les habitants de l'Angleterre. Ce sont là des spéculations à énoncer dans un fauteuil, près du foyer d'un cabinet de travail confortablement meublé.

Le *laissez fai.c* cesse donc d'être un remède quand il s'agit de maux imputables à l'action du gouvernement ou de l'administration. Aucun problème n'est plus délicat à résoudre que celui des ménagements qu'il convient d'avoir pour ce qu'on a appelé les intérêts ou les droits acquis. A croire certaines personnes, nous devrions indéfiniment tolérer ce que nous avons une fois accordé, la ruine nationale dût-elle s'en suivre. Si Charles II, par exemple, avait concédé tout le revenu de la Couronne au fils qu'il eût de Louise de Querouailles, qui était à la fois sa maîtresse et l'espionne de la Cour de France, nous devrions, d'après elles, en verser tout le montant entre les mains du duc de Richmond. Si, comme on l'a prétendu, les lois céréales et les primes à la sortie des grains étaient l'héritage légal des propriétaires anglais, les réformes que nous avons passées sont illicites. Si, d'un autre côté, le laboureur a acquis le droit absolu à être nourri aux dépens de l'impôt en compensation de sa part des terres communales qui lui a été enlevée, les contribuables sont obligés d'entretenir les indigents jusqu'à l'épuisement de leurs propres ressources. Aucune réforme ne serait possible si l'on s'inclinait toujours devant la doctrine des intérêts acquis, qui, fort heureusement, n'ont été en général respectés que vis à vis des intérêts viagers mis en cause.

La doctrine du *laissez affaire* est vouée à un échec certain lorsqu'il s'agit des classes ouvrières. L'histoire économique nous démontre que leur misère est l'ouvrage direct et prémédité de la législature et qu'il est très difficile d'améliorer leur sort par l'opération de la libre concurrence et des efforts combinés des ouvriers. Il convient de leur accorder libre carrière et de leur prodiguer les preuves de sympathie, de critiquer leurs erreurs et leurs faiblesses avec indulgence et de soustraire à leur vue le spectacle des privilèges qui environnent comme d'une forteresse leurs concitoyens plus fortunés. L'injustice des gouvernements fait la force du socialisme, tout acte d'équité l'affaiblit : il s'évaporera comme une fumée le jour où tous les droits seront respectés. Très opposé à toute intervention de la loi en faveur du travail des adultes, j'ai applaudi à la loi qui a réglé la responsabilité des patrons parcequ'elle abolissait une détestable doctrine légale antérieure. Toutefois, je ne suis pas opposé à son intervention par la conviction que la législature n'est pas tenue de réparer les griefs du passé, mais parce que je crois que l'action concertée des intéressés les redressera plus sûrement. Au XVᵉ siècle, en dépit des Statuts existants, les ouvriers sont parvenus à arracher la journée de huit heures. Je suis convaincu qu'aujourd'hui comme alors, elle serait profitable aux patrons, mais je préfère voir les ouvriers l'obtenir par leurs propres efforts.

Il est des services dont le prix doit être contrôlé par l'État. Ainsi une Compagnie de chemin de fer jouit pour le transport des voyageurs et des marchandises d'un monopole qui lui a été concédé par la législature ; celle-ci, il est vrai, se réserve le droit d'autoriser une concurrence, mais elle permet aux Compagnies de faire valoir leurs objections contre la concurrence qui se présente. Le Parlement a deux raisons d'agir ainsi : c'est que la concurrence peut se résoudre en une entente des intéressés et qu'en autorisant une rivalité inutile, il mettrait en péril sa prérogative essentielle, celle de tarifier les prix des transports. Il est entendu que le chemin de fer, auquel on a accordé le droit à l'existence, a celui de réaliser un profit destiné à rétribuer ses actionnaires. Mais s'il doit partager un profit naturellement limité avec un concurrent, qu'il y ait ou non entente entre eux, il lui en restera nécessairement une part moindre ; il cherchera alors soit à réduire le coût d'exploitation au détriment du public, soit à se faire payer des prix plus élevés. Peut-être eût-il été équitable de faire participer les chemins de fer à la plus value, parfois énorme, que leur passage a donnée aux propriétés riveraines, dont les propriétaires n'ont en rien contribué à la dépense, tandis qu'ils ont souvent touché des indemnités considérables. Les conditions auxquelles un monopole de service est concédé, devraient toujours être arrêtées avant l'acte de concession ; celle-ci accordée, il ne faut y toucher qu'avec une extrême circonspection, puisque c'est d'après ces conditions qne les capitalistes se sont risqués à aventurer leurs capitaux dans l'entreprise.

La loi a depuis longtemps interdit le travail des enfants et des femmes dans certaines industries qui épuisent leurs forces ; l'usage de les faire travailler n'avait commencé à se répandre qu'à la suite de la tarification des salaires par les juges de Paix. Ce fut certainement une conséquence des vices de la législation, car dans les temps plus reculés, on ne voit pas que les femmes et les enfants aient travaillé aux champs. Quand les machines furent introduites, la vigueur musculaire des adultes fut moins recherchée et l'emploi des enfants devint si commun que la loi dut intervenir, malgré le mécontentement des enthousiastes du *laissez faire*. Elle n'a pas dit son dernier mot, surtout pour le travail d'une durée trop prolongée. Siégeant dans une commission parlementaire, j'ai constaté avec surprise que c'est dans les magasins en gros de la Cité de Londres qu'on exige le travail le plus excessif. On les ferme à la fin du jour, mais on y travaille, les portes closes, jusqu'aux heures avancées de la nuit.

Les avocats de la Loi sur le travail dans les manufactures faisaient valoir cette circonstance que les enfants étaient abandonnés à l'arbitraire paternel, que leur travail prématuré était misérablement rétribué, qu'il les empêchait de recevoir la moindre instruction et qu'il minait à jamais leurs forces physiques. Ils ajoutaient, ce qui est vrai, que l'excès de travail cesse d'être rémunérateur, même pour les patrons. Les ouvriers de leur côté réclamaient le vote de la loi avec insistance, prévoyant que leurs salaires ne manqueraient pas de subir une augmentation. Les maîtres résistèrent avec colère, se plaignant, non sans à propos, de la méfiance particulière qu'on leur témoignait, puisque la loi ne devait pas être applicable aux travaux ruraux. Les enfants étaient pourtant plus maltraités dans les bandes que des entrepreneurs recrutaient dans les comtés de l'Est pour les louer à l'agriculture. On répondait que sans main d'œuvre à bon marché, les fermiers seraient dans l'impossibilité d'acquitter leurs fermages ; enfin un *clergyman* du Norfolk eut le courage de dénoncer et de flétrir cette exploitation et de la faire supprimer.

J'ai un jour demandé à lord Shaftesbury, le promoteur de cette loi, pourquoi il avait exclu de sa sphère d'action les petits paysans mal nourris, mal vêtus et exposés à toutes les intempéries. Il me fit observer, que s'il avait attaqué à la fois les industriels, les fermiers et les propriétaires fonciers, il n'aurait rien obtenu du tout et que l'affranchissement d'une catégorie d'enfants entraînait irrésistiblement la libération des autres. Lord Shaftesbury était un homme courageux et persévérant, qui appréciait les difficultés de la politique et l'utilité des compromis.

On a dit que les parents se rendraient compte par eux-mê-mèmes du devoir qu'ils ont de veiller à l'éducation de leurs enfants, comme ils s'acquittent de celui de les vêtir, de les nourrir et de leur donner un abri. Mais là n'est pas la question, car en effet la plupart des parents enseignent à leur enfant les rudiments du métier qui lui servira à gagner sa vie. Les métiers sont héréditaires plus souvent qu'on ne le pense ; l'enfant du cultivateur devient cultivateur, celui de l'ouvrier industriel entre généralement dans les manufactures. Il en est de même dans les professions savantes ; c'est ce qui fait que les bourses aux écoles publiques et aux Universités, qui dans la pensée des fondateurs devaient être attribuées aux enfants pauvres, ont été accaparées par les riches, du jour où l'instruction qu'on donne dans ces établissements a acquis une valeur sur le marché.

L'instruction primaire ou élémentaire donnée aux enfants des pauvres, n'a pas cette valeur d'échange. Si tous les ouvriers indistinctement étaient mis en état de passer l'examen d'entrée à Oxford ou à Cambridge, leur salaire ne serait pas augmenté ; il ne serait augmenté que pour ceux qui s'élèveraient au-dessus de la foule. L'ouvrier instruit fera sa tâche mieux et plus rapidement, ce qui est un avantage pour le patron ; ses connaissances ne lui profiteront qu'en tant qu'il les appliquera à son métier ou qu'il saura les employer à se concerter avec ses compagnons et à exiger de son patron une plus forte rémunération. Les ouvriers n'ignorent pas que l'éducation de l'enfant est un avantage national bien plus que personnel : l'expérience leur a fait comprendre ce que la théorie m'a conduit à découvrir. L'individu ne gagne que très indirectement à l'instruction obligatoire et universelle ; la nation y gagne largement, parce que, toutes choses égales d'ailleurs, une race instruite l'emporte toujours sur une race ignorante. Je dis : toutes choses égales d'ailleurs, car une législation mal conçue peut annihiler les qualités de la race la mieux instruite. La politique protectionniste de M. de Bismarck neutralise de plus en plus les effets bienfaisants du système d'instruction populaire en vigueur dans l'Allemagne du Nord.

Aujourd'hui l'Etat interdit au père de famille de compter sur le salaire de l'enfant, salaire, qui était maigre assurément, mais qui avait son importance pour des gens forcés à vivre de privations. On l'oblige en plus de prélever, sur le gain réduit de sa famille, de quoi payer l'instruction de ses enfants, à qui on farcit la tête de choses inutiles afin qu'ils puissent répondre aux questions de l'inspecteur. Je conçois à merveille que le paysan et l'ouvrier soient dégoûtés de ce brillant système. L'instruction des enfants pauvres doit être gratuite et soumise, comme aux Etats-Unis, à l'inspection d'une commission de personnes compétentes, qui se contentent de surveiller les épreuves instituées par le maître et n'interviennent qu'en cas de nécessité.

J'ai encore à citer un cas ou deux, où il est indispensable de limiter l'application du *laissez faire,* devenu une arme d'oppression aux mains des puissants. Sous l'empire de notre régime foncier, il est permis à certaines familles de créer des propriétés substituées ; le propriétaire ne conserve qu'un droit viager et doit après lui laisser la terre intacte à l'héritier légal. La propriété est alors dite *entaillée* et par une simple formalité, une famille se met ainsi à l'abri des conséquences des vices, des faiblesses ou des malheurs de ses membres. Or la terre n'existe qu'en quantité limitée, tandis que la population s'accroît sans cesse. Là ne s'arrêtent pas les privilèges des maîtres du sol. Toutes les taxes locales sont mises à la charge des fermiers ou des locataires et les impôts, qu'ils paient eux-mêmes, sont fixés à un taux dérisoire. Si la terre n'est pas louée, elle est exonérée de toute taxe locale. Elle a supporté jusque dans ces derniers temps des charges qu'on a depuis en grande partie impu-

tées sur le produit de l'*income-tax*, et le Chancelier de
l'Echiquier serait menacé d'un soulèvement s'il s'aventurait
à frapper les immeubles de droits de succession équivalents
à ceux qui grèvent les biens mobiliers. La loi ne néglige
rien pour maintenir l'intégrité des grands domaines, qui
sont encore garantis contre tout morcellement par des lois
individuelles obtenues par les intéressés. En d'autres termes, la loi a créé un syndicat de grands propriétaires, qui
ont monopolisé la terre et qui jouissent de pouvoirs exorbitants au moment d'en louer l'usage.

Pour que le tenancier ne soit pas pressuré, il faut que la
loi règle le contrat de louage de la terre. C'est ce qu'elle a
fait, d'une manière assez imparfaite, pour l'Irlande et d'une
manière beaucoup plus imparfaite encore pour l'Angleterre,
où un propriétaire peut élever le fermage d'un tenancier en
exercice et confisquer de la sorte une partie du capital immobilisé par ce dernier. A première vue, il paraîtrait pourtant que le *laissez faire* peut régner sans inconvénients en
matière de location de terres. Tous les gouvernements se
sont pourtant aperçus que tel n'est pas le cas ; espérons que
le nôtre s'en apercevra avant qu'il soit trop tard. Chaque
avantage que la loi existante accorde au propriétaire sera
l'objet de représailles quand la loi de l'avenir stipulera en
faveur du tenancier. Celui-ci n'est libre qu'en apparence et
seulement au moment où il va contracter, car dès qu'il a
contracté, il est livré à la discrétion du propriétaire, à qui
la loi confère un pouvoir exceptionnel. Celui-ci en a abusé
et plus tard, lorsque les électeurs connaîtront l'étendue de
leur puissance, ils invoqueront la loi du talion. Pour être
admissible, la libre concurrence devrait être basée sur l'indépendance et l'égalité réciproques des contractants.

La loi anglaise a interdit le système du troc ou du paiement des salaires en denrées à acheter à des endroits désignés. A première vue, le système paraissait équitable :

l'entrepreneur, maître de son capital, pouvait, grâce à lui, assurer à ses ouvriers des garanties de qualité, de bon marché et d'assortiments variés; il les empêchait de s'endetter au moyen des jetons qu'ils donnaient en échange des articles qu'on leur fournissait. Néanmoins on a cherché à tirer partit de ce commerce de détail et à peser sur le boutiquier, à qui il procurait un débit étendu et garanti contre les mauvaises créances. Le boutiquier de son côté, sûr de son débouché, vendait des denrées de qualité inférieure, fraudait sur le poids et les mesures et trompait avec impunité les acheteurs, mis dans l'impossibilité de s'adresser ailleurs. On me citait l'autre jour un exemple d'application ingénieuse du système du troc qui permet d'éluder la loi. L'industriel laisse ses ouvriers libres de s'approvisionner où bon leur semble, mais ses jetons ne sont remboursables que par une banque désignée. Ils circulent comme de la monnaie et de cette façon, l'industriel se trouve constamment à la tête d'un capital représentant trois ou quatre semaines de salaires.

Pendant longtemps, en considération des privilèges accordés à la Banque d'Angleterre, la loi a autorisé les banques particulières de dépôt à émettre des billets au porteur sans leur imposer de condition de contrôle. Cette faculté abusive ne devrait être accordée à aucune, car la liberté des banques, c'est la liberté de l'escroquerie. Rappelez-vous la faillite de MM. Greenway, qui avec une émission de 30.000 L, ne disposaient que d'un capital de 600 L. Ils payaient d'audace, vivaient largement et jouaient un rôle politique grâce à la fortune de leur clientèle. Leur passif était d'un million sterling, ce qui ne les empêchait pas de publier des bilans, de simuler la solvabilité, la vertu et le patriotisme et d'être de zélés défenseurs de l'ordre et des lois. Ils faisaient figurer leurs dettes à leur actif et leurs dupes n'ont eu d'autre consolation que d'entendre leurs aveux au tribunal et de les voir brûler en effigie. La jouissance d'un droit ne devrait être conférée qu'à l'individu qui en est véritablement digne.

Comme moi, vous pensez sans doute que la loi a raison de punir les falsifications. Si j'achète du pain, je n'entends pas qu'on me livre du plâtre ou de la fécule de pommes de terre et je n'admets pas que la margarine soit l'équivalent du beurre. Certaines gens ont soutenu que l'acheteur tient plus au bon marché qu'à la qualité de la marchandise. Assurément il est des élégants à la bourse plate, qui s'habillent de *Shoddy* et qui piquent dans leur cravate des épingles en doublé, mais nul n'entend payer une contrefaçon au prix de la marchandise véritable, et c'est là le résultat que visent les falsificateurs. En outre, ces fraudes ont quelquefois des conséquences sérieuses : les armées françaises ont autant souffert en 1870 du fait de fournisseurs malhonnêtes que de l'organisation supérieure de l'armée allemande. Nous avons fait la même expérience en Crimée et en Egypte. Il serait sage assurément de convertir nos baïonnettes en faucilles, mais il est désagréable de leur voir prendre cette forme spontanément. Les falsificateurs n'ont donc aucun droit à invoquer le bénéfice du *laissez faire*.

L'Etat doit-il subir la dépense de l'instruction professionnelle supérieure ? On a beaucoup divagué à ce sujet ; pour moi un apprentissage bien organisé, comme celui auquel nous soumettons nos mécaniciens, en tiendrait fort bien lieu. J'ai visité des écoles d'apprentissage en Amérique, où le professeur n'était souvent qu'un ouvrier habile communiquant son habileté à ses élèves. Tel était l'apprentissage, par lequel passaient au Moyen Age les futurs architectes et les futurs cultivateurs. S'il est généralisé, je ne vois pas d'obstacle à ce que l'Etat en paie les frais, mais si une minorité doit seule en profiter, il suffira qu'il subventionne l'école à ses débuts. C'est ce qu'on a compris à Boston. Il en est de même des Universités et je n'ai jamais compris pourquoi le Parlement alloue des subsides aux Universités écossaises, tandis que nos Universités anglaises doivent tout à la munificence privée et aux rétributions qu'elles prélèvent. Les Ecossais sont assez riches pour doter leurs Universités.

J'admets sans peine qu'on dispute à l'Etat le droit de rendre la vaccination obligatoire et d'exiger la notification des cas de maladie contagieuse. Ce terrain est brûlant, car si le médecin et l'hygiène disent oui, une opposition peut-être ignorante, mais tenace, dit non. La science a aussi sa bigoterie et je connais des hommes de science éminents que cette question met dans une colère digne d'un grand Inquisiteur. Puisqu'ils ne parviennent pas à s'entendre et que les docteurs se querellent, *le laissez faire* aura l'occasion de faire entendre sa voix.

CHAPITRE XVII

Histoire du système protecteur en Angleterre.

Résurrection du Protectionnisme. — Son but : le renchérissement par l'imposition de droits élevés. — Importance des débouchés étendus pour le producteur. — Le système protecteur les resserre. — Son action sur les prix, les salaires et les fermages. — Les premières lois protectionnistes. — Le Parlement des Pensionnaires. — La politique des Représailles n'est pas efficace. — Le Protectionnisme et le militarisme en Europe. — Le Protectionnisme aux Etats-Unis et dans les Colonies anglaises. — Mill et sa défense du régime protecteur, à titre temporaire.

Le chef du mouvement, dont nous allons aborder l'étude, est M. Howard Vincent qui, après avoir occupé un poste élevé dans la police métropolitaine, est entré au Parlement pour y réveiller une controverse, que nous avions lieu de croire à jamais enterrée. Je vais passer en revue avec vous l'histoire du régime protecteur jusqu'en 1846, année où il reçut le coup de grâce, et je vous montrerai à quel point de vue il faut vous placer pour voir clair dans les tableaux des importations et des exportations, qui sont chaque année publiés dans le volume intitulé « *Statistical abstract.* »

L'illusion, qui s'est emparée de plusieurs nations, exerce sur elles une influence à la fois morale et économique. Aux Etats-Unis, où cette illusion est très répandue, un libre échangiste est regardé avec horreur et on le traiterait volontiers de la même façon qu'on y traitait autrefois les Quakers et les sorcières.

Par protection, ses défenseurs entendent de nos jours la protection du travail national, c'est-à-dire de l'ouvrier et du capitaliste en tant que producteur. Il n'en a pas été de même jadis, du moins en Angleterre ; par protection, on entendait alors la protection, non de l'ouvrier, mais celle du marchand et du propriétaire foncier, le premier chargé d'entretenir le personnel où se recrutaient les équipages de notre flotte de guerre et à qui on assurait dans ce but un monopole de marché et un monopole de frêt, le second, vivant de la rente fournie par le travail d'autrui, légitimement du reste tant que la rente qu'il réclame n'est pas exagérée. Toutefois on est en droit de le classer dans la catégorie de ceux, qui ne travaillent, ni ne filent, comme les oiseaux du ciel.

L'analyse économique et un coup d'œil jeté en arrière nous feront bientôt voir ce que ce régime a fait pour le travailleur véritable, qu'il se serve de ses bras, ou qu'il dirige et surveille l'emploi de ses capitaux dans l'industrie. Cette question est de celles où les éléments du raisonnement se présentent si nettement, où leur enchaînement est si mathématique et si palpable que nous pourrions conclure sans les soumettre à la pierre de touche de l'expérience et des faits. Nous nous appuierons néanmoins sur ceux-ci, car le raisonnement gagne à être corroboré par l'expérience. Je vous démontrerai que dans la société prise en masse, la politique protectionniste n'a jamais été favorable et ne peut jamais être favorable aux classes, dont le travail assure l'existence et la continuité de la société. Quelques individus pourront y gagner temporairement, à la façon d'un *pickpocket* qui a volé une montre, ou d'un faussaire, qui a contrefait la signature d'un chèque, gens que nous remettons aux mains des anciens subordonnés

de M. Howard Vincent. Cependant, comme les protectionnistes, ils soignent leurs intérêts particuliers aux dépens
de l'intérêt général.

Nul ne contestera que le but poursuivi par le régime
protecteur, c'est d'assurer, par l'opération de la loi, un
prix plus élevé à certains articles produits, ou qu'on suppose pouvoir être produits, dans le pays qu'on invite
à adopter ce système. Il les rend donc moins accessibles
au consommateur, en exigeant de sa part un sacrifice
plus considérable. Il est donc également clair que le consommateur n'y peut rien gagner. Pour que la protection soit
effective, il faut encore qu'elle s'exerce sur les articles d'une
consommation générale, c'est-à-dire ceux dont les pauvres
mêmes ne peuvent se passer, mais qu'on veut les empêcher de se procurer ailleurs. Par exemple, les Américains
ont frappé d'un droit la laine et les lainages étrangers afin
de protéger et leurs fermiers, dont la laine défectueuse n'est
pas exportable, et les tisseurs et les filateurs nationaux. Ils
ont, dans un message du Président de la République, pris
pour prétexte qu'il est licite de frapper les articles de luxe :
je mets toute une douzaine de Présidents au défi de me donner une bonne définition de l'article de luxe. Les faits ré-
pondent d'ailleurs qu'on n'atteint que rarement les riches,
consommateurs d'articles de choix. J'ai traversé quatre
fois l'Atlantique et à chaque voyage je me suis rencontré à
bord avec des *gentlemen* américains, tous patriotes remarquables, proclamant à l'envi que leur patrie efface le reste
de la création et que ses institutions sont aussi libres
et aussi éclairées que leur propre intelligence, mais n'en
calculant pas moins avec complaisance qu'ils regagne-
raient le prix de leur passage en achetant des vêtements
chez les tailleurs de Londres au lieu de s'adresser à ceux de
New-York. Ce que j'en dis, est pour prouver que les plus
chauds partisans de la Protection, cherchent volontiers à

mettre leur bourse à l'abri de ses griffes, auxquelles ils abandonnent d'un esprit détaché les ouvriers, les commerçants et les fermiers de leur patrie. La protection, pour être effective, doit donc s'exercer aux dépens de l'estomac de la foule, elle apprend aux consommateurs à se priver ou du moins à restreindre l'usage des articles d'un usage facultatif.

Des droits protecteurs minimes seraient illusoires. Chaque pays jouit d'une protection naturelle due aux transports, qui grèvent l'importation des marchandises étrangères. Quelquefois ces derniers équivalent à la prohibition ; nul ne rêverait d'importer de l'Inde des briques ou des conduits hydrauliques. Même au taux très bas des frêts actuels, le prix du frêt de Chicago à Londres est de 9 sh. par quarter de céréales ; à raison d'un rendement de 4 quarters, l'agriculteur anglais jouit donc d'une large protection de 36 sh. par acre. Une surtaxe légère, trop légère pour déendre la production nationale, ne profiterait qu'au Trésor public et aux fonctionnaires que les taxes servent à rétribuer. Je présume que M. Howard Vincent n'a pas seulement à cœur d'augmenter les taxes ; l'usage qu'on fait de celles qui existent, gagnerait à être soumis aux investigations d'un ancien directeur de la police criminelle.

M. Vincent nous affirme avec solennité que son système, délaissé depuis quarante ans, aurait pour effet infaillible de relever les profits et les salaires. Il s'étend sur les terres, qui ne sont plus cultivées, sur les ouvriers sans ouvrage, sur l'avilissement des profits et des salaires. Mais une enquête récente a démontré qu'il n'y a que six cent-millièmes de l'aire cultivable de l'Angleterre et du pays de Galles, qui ne soient pas cultivés d'une façon ou d'une autre : la fraction est négligeable. D'après M. Goschen, le nombre des revenus compris entre 150 et 1000 L augmente ; le total des dépôts à la caisse d'épargne postale augmente également, si la moyenne par déposant tend à diminuer. Je voudrais bien obtenir quelques statistiques précises sur les ouvriers sans ouvrage, car j'ai appris à me méfier des affirmations vagues. Pendant vingt ans, j'ai consulté les rapports annuels que la *Mark Lane Gazette* insérait sur chaque récolte et pendant vingt années consécutives, la *Gazette* a imperturbablement annoncé que la récolte de l'année était au dessous de la moyenne, ce qui constituait une impossibilité. J'ai fini par découvrir que cet organe des fermiers aidait ceux-ci à cacher leur jeu vis-à-vis des propriétaires. Les fictions intéressées nous mettent parfois sur le chemin de la vérité.

Tout industriel produit en vue d'un débouché. Parfois il se trompe dans ses calculs et produit plus qu'il ne peut écouler ; souvent, par des raisons que connaissent les hommes d'affaires, il est contraint de continuer à produire des quantités que la demande ne peut immédiatement absorber. Il espère que tôt ou tard le marché le débarrassera de son excédent et dans l'intervalle il s'ingénie à réduire ses frais de production, à supprimer les intermédiaires onéreux et consent à sacrifier une partie de son profit. Il n'est rien qu'il redoute à l'égal d'une mévente, car il a des bâtiments coûteux à réparer, des machines qu'il ne peut pas arrêter, un personnel dressé qu'il ne doit pas laisser se disperser. Tous ses calculs, tout son espoir ont pour objet l'extension de ses débouchés. Les économistes, entr'autres M. Babbage, ont depuis longtemps démontré que la division du travail est le facteur le plus énergique de la production à bon marché et qu'elle est limitée par l'étendue du marché. A cet industriel qu'irritent les restrictions artificielles qu'on lui oppose sur les marchés étrangers, se présente M. Howard Vincent pour lui promettre, comme un cadeau inestimable, un étranglement de ses débouchés, car, à moins de sortir des Petites Maisons, on doit admettre que les prix élevés ont pour conséquence un rétrécissement des débouchés. On lui offre pour le séduire une perte assurée à la place d'un bénéfice éventuel.

Le partisan de la réciprocité n'est cependant pas absolument dénué de la faculté de raisonner : il a reconnu que sous l'action d'une concurrence acharnée, les prix ont une tendance à baisser et les produits à s'accumuler dans les magasins. Il voit le tort que les tarifs hostiles de l'étranger font au producteur anglais, bien qu'il ignore que ces tarifs hostiles sont dus à l'incurie du gouvernement anglais. Il dit donc au producteur : « Frappons d'un droit de douane les importations étrangères; nous relèverons les prix de nos produits et nous aurons de l'ouvrage pour nos ouvriers qui en sont privés. » Ce droit l'aidera peut-être à écouler son stock actuel, mais que deviendra le progrès de l'industrie dans l'avenir ?

Je vous ai déjà dit qu'on perd sa peine à taxer les articles d'une consommation facultative. La nouvelle école le confesse ingénûment : ce qu'elle veut frapper, ce sont les denrées d'alimentation, sous prétexte de relever l'agriculture, en d'autres termes le cours des fermages. Elle médite une razzia en règle contre le buffet et la garde-robe du pauvre. Mais elle oublie que les fermages ne remonteraient pas, si même le blé était à 60 sh. par quarter, et que des prix élevés, agricoles ou manufacturiers, ne suffisent pas à fournir de l'occupation aux travailleurs. Au xviie siècle, le blé était à 41 sh. par quarter, les fermages à 4 sh. 6 p. par acre, les salaires agricoles à 4 et à 6 sh. et les salaires industriels à 6 et à 8 sh. par semaine. Après qu'on eut grevé les céréales étrangères de droits protecteurs, sous prétexte de protéger l'agriculture, on chargea tout simplement les juges de paix de ramener les deux catégories de salaires à leurs anciens cours. Le valet de ferme et le fermier n'avaient pas dans ce temps là voix au chapitre politique, aussi ne se mit-on pas

en frais de leur promettre des salaires et des profits élevés.

Supposons la nouvelle politique fiscale acceptée, des
droits frappants les denrées alimentaires importées afin de
relever l'agriculture, et les étoffes de coton, de laine et de
lin afin de venir en aide aux industries textiles. Admettons
qu'on n'ait pas touché aux matières premières, qu'on se
garde, et pour cause, de définir. La laine et le lin sont pourtant des produits du travail au même titre que le drap et que
la toile, qui sont eux-mêmes la matière première du tailleur
et du chemisier. La consommation se resserre. L'ouvrier
doit payer pour une livre de pain ce qu'il payait pour une
livre et demie ; sa veste, qu'il renouvelait chaque année, devra aller deux ans ; comme il ne peut pas se passer de pain,
il achètera moins de souliers et de vêtements. Si pendant
la première période de renchérissement artificiel, le tanneur
et le fabricant de draps sont parvenus à écouler leurs cuirs
et leurs draps, aucune demande nouvelle ne se manifes-
tera et les voilà forcés d'arrêter leur production, eux qui
ne demandent qu'à donner plus de champ à leur activité. Les
débouchés se sont fermés ou se sont rétrécis au point que
l'employeur et l'ouvrier sont condamnés à un demi chômage. L'armée des ouvriers sans ouvrage se trouve doublée du coup. Quand même les prix seraient triplés, si trois
ouvriers doivent se partager le salaire d'un seul, l'entrepreneur, qu'il soit fermier, manufacturier, cordonnier ou
tailleur, ne paiera que les salaires qu'il est en état de payer.
Un ouvrier ne touche pas un salaire, parce qu'il plaît à son
patron de lui en payer un, mais parcequ'il existe une demande pour le produit de son travail. La demande de travail ne naît pas spontanément, elle est le résultat de besoins
définis : supprimez ces besoins, la demande de travail dis-
paraît. Autant dire que vous y verrez aussi clair si vous fer-
mez vos volets en plein jour : vous aurez à acheter une

bougie ou une lampe et vous ne pourrez employer à un autre usage l'argent dont vous les aurez payées. Les partisans de la réciprocité aboutiraient à jeter le trouble dans le fonctionnement des rouages compliqués de la société moderne, exposeraient l'industrie à de brusques arrêts et appauvriraient à la fois l'ouvrier et le manufacturier.

Il n'est qu'un seul cas où la hausse des prix entraîne celle des salaires : c'est lorsqu'il existe une demande urgente et naturelle pour des produits, dont l'offre est insuffisante. Ce cas se présente particulièrement après les grandes guerres destructrices de la richesse ; encore faut-il — et c'est là une condition essentielle — que la vigueur des nations naguère en lutte n'ait pas été sérieusement entamée. C'est ce qui est arrivé après les guerres d'Amérique et la guerre franco-allemande. La situation fut tout opposée après la guerre de Trente Ans, après celle de la succession d'Espagne et après les grandes guerres de l'Empire, qui laissèrent les belligérants complètement exténués.

Le renchérissement artificiel des denrées agricoles ne déterminerait même pas une élévation des fermages. Les fermiers se débarrasseraient du contenu de leurs granges et seraient peut-être mis en état d'acquitter les fermages actuels, mais ils ne parviendraient pas à supporter des fermages supérieurs. N'oubliez pas que la rente foncière dérive d'une double source : la fertilité naturelle du sol, entretenue et soigneusement ménagée, et l'habileté acquise du cultivateur, habileté qui peut se perdre, mais qu'il est impossible d'improviser. Il est permis d'espérer que l'agriculture anglaise se relèvera, mais les fermages ne se relèveront que difficilement. Les fermiers capitalistes étant devenus rares, quel espoir reste-t-il de voir les salaires agricoles se relever à la suite des fermages qu'on s'efforce d'exhausser artificiellement ? Le fermier donnera-t-il par pure bonté d'âme un shilling de plus à son laboureur, alors qu'une légion de laboureurs lui offrent leurs bras? A la fin du siècle dernier, le blé était à 150 sh. par quarter et les fermiers se plaignaient de l'élévation des salaires, qui étaient de 7 sh. par semaine. Consultez à ce sujet l'« *Histoire des Pauvres* » de sir Frédéric Eden.

Les premiers libre-échangistes d'il y a cinquante ans disaient crûment que la protection, c'est le vol. L'expression est brutale, mais elle est juste. Je consens à ce que les taxes surélèvent les prix qu'il me faut payer et à fournir ainsi ma quote part des dépenses publiques. Mais je me refuse avec énergie à subir ces prix surélevés dans le but unique de grossir les profits ou les fermages de mon voisin, J'admettrais à la rigueur que mes ressources fussent rognées pour relever le salaire des ouvriers, mais je me révolte à la pensée qu'elles le soient pour rendre leur situation plus précaire et plus pénible.

Il est temps que je vous entretienne de la politique fiscale, qui a été abandonnée il y a une quarantaine d'années. Les attaques d'Adam Smith avaient été plutôt dirigées contre la théorie mercantile, sous sa forme alors en vogue, que contre la protection accordée aux propriétaires fonciers. Il suffit de rappeler qu'il dénonce surtout les « sophismes malfaisants et vils » et les « artifices rampants des boutiquiers ». Il estimait que les *landlords* éprouvaient en somme des sentiments généreux et patriotiques, qu'ils cherchaient peut-être un peu plus qu'il ne convenait à diminuer les salaires de la main d'œuvre, et qu'ils jouissaient de revenus dont l'origine économique était assez malaisée à défendre, mais il était prêt à concéder qu'ils faisaient un emploi irréprochable de leur fortune. Il ne se trompait pas, puisqu'ils s'étaient voués à la tâche de nous enseigner l'art de l'agriculture et que les fermages n'étaient pas oppressifs. Arthur Young, inexorable pour les propriétaires absents de l'Irlande, blâme au contraire les concessions exagérées des propriétaires anglais : pour lui, et il n'a pas tort, un fermage équitable stimule l'activité du fermier.

Nos rois et nos Parlements se sont employés de bonne heure à favoriser l'introduction de nouvelles industries en Angleterre. Les premiers Plantagenets protégèrent les tisseurs de laine, bien que le nom de *textor* fût devenu synonyme d'hérétique, mais l'apathie nationale déjoua leur attente. Ils n'en persistèrent pas moins dans cette ligne de conduite, quoi qu'ils sussent à merveille que la prohibition des articles étrangers gênait plutôt qu'elle n'arrêtait leur importation, et que la contrebande avec la connivence des préposés de la douane se pratiquait sur une vaste échelle. Les lois somptuaires, mieux observées, étaient plus efficaces, car les nobles seuls portaient des étoffes qui ne pouvaient pas être fabriquées en Angleterre.

La politique protectionniste des anciens Parlements ne s'étendait pas aux denrées alimentaires, dont ils favorisaient au contraire l'importation et dont ils entravaient la sortie. Le gouvernement recherchait le concours des nations étrangères en temps de disette ; les navires de céréales, qui dans ces moments étaient contraints par la tempête de se réfugier dans nos ports, étaient même obligés d'y vendre tout ou partie de leur cargaison. Les lois contre les accapareurs et les regrattiers avaient le même but d'assurer l'abondance.

Le Parlement des Pensionnaires de Charles II est le premier, qui ait édicté une loi ayant sciemment pour objet de surélever les fermages au détriment du consommateur. Nous savons que leur plan échoua : on entrait dans une série d'années d'abondance et les propriétaires firent entendre leurs lamentations obligées sur la détresse agricole, ce qui dans leur bouche signifie le bon marché des denrées. Après la Révolution, une prime fut accordée à l'exportation, mais coïncidant avec les progrès de l'agriculture, elle contribua à développer la production et à faire baisser les prix. Ce n'est pas ce résultat qu'avaient en vue ses auteurs ; la situation était à peu près la même que celle que nous voyons actuellement dans les pays, qui accordent des primes à la culture de la betterave. Je crois les cultivateurs du Continent plus à plaindre que les raffineurs anglais.

Le développement des colonies d'Amérique et la vogue croissante de la théorie des monopoles de marché conduisirent au système de la protection manufacturière. Nous apprenons par Adam Smith que ce qui choquait le plus les colonies, ce n'était pas l'obligation de ne consommer que les fabricats de la métropole, mais les restrictions, qui entravaient l'exportation de leurs propres produits, restrictions qui avaient été imposées à la demande expresse du commerce anglais. Même après les dévastations de la guerre de l'Indépendance, les Américains continuèrent à importer de plus en plus de manufactures anglaises. D'ailleurs l'Angleterre était devenue l'atelier de filature et de tissage de l'univers et une industrie aussi florissante ne s'inquiétait guère d'être protégée. Elle n'a jamais redouté que la concurrence de l'Irlande, dont l'industrie a été démolie pièce par pièce. Plus tard, nos industriels devinrent des libre-échangistes enthousiastes.

Il n'en fut pas de même des propriétaires fonciers, quoique leurs terres fussent admirablement cultivées à la fin du dix-huitième siècle. Ils cessèrent peu à peu de les exploiter eux-mêmes. Les fermages montèrent rapidement, grâce à la compétence devenue générale parmi les fermiers, aux prix extrêmes des céréales et à l'émission du papier monnaie. La population exubérante tomba dans le dénûment. La résolution de soutenir les fermages par l'opération d'un prix surélevé des céréales, devint chez les propriétaires une passion irrésistible et je me rappelle les luttes homériques qui, dans mon enfance, s'engageaient entre les partisans du libre-échange et les adeptes de la protection : certes c'étaient des hommes d'une autre envergure que les avocats actuels de la réciprocité.

Ces derniers ne cessent de répéter qu'une politique de représailles ferait capituler les nations, qui excluent nos produits de leur marché. Nos colonies sont allées très loin dans cette voie. Comme elles ne nous fournissent que des matières absolument brutes, qu'elles expédient également à d'autres nations, elles craindraient de voir se fermer le marché de ces dernières, si elles n'acceptaient que les manufactures anglaises. Les *réciproquistes* ont adopté une opinion malheureuse de Stuart Mill disant que les tarifs de représailles sont les vrais remèdes à opposer aux tarifs protectionnistes ou prohibitifs de l'étranger. « Payons de retour, s'écrient-ils, ceux qui nous repoussent, refoulons les de notre marché et de celui des colonies, où nous sommes encore les maîtres, comme aux Indes et dans les Colonies de la Couronne. »

Hélas! nos pires adversaires sont des hommes de notre race, dont nous avons soutenu les premiers pas et qui aujourd'hui n'acceptent plus de nous que l'argent que nous leur prêtons. User de représailles envers eux, serait donner le signal du démembrement de notre empire et nous préférons bon gré, mal gré, nous soumettre à leurs fantaisies financières.

Du reste, Mill s'abusait étrangement. Des droits de représailles ne serviraient de rien : on les éluderait par des transbordements. Supposons que nous frappions les sucres raffinés français d'un droit compensateur de 10 pour cent. Le raffineur français en sera quitte pour expédier ses sucres à Bergen ou à Christiania, où ils seront transbordés pour Hull. Jamais la douane ne parvient à tirer au clair l'origine véritable d'une marchandise et les autorités suédoises n'admettraient certes pas que nous allassions les espionner chez elles. Jamais non plus une nation n'a cédé à la force extérieure dans l'œuvre de la révision des tarifs. Le fraudeur ne manquerait pas non plus d'offrir son aide au consommateur, qui lui garderait le secret. Mais notre argument irréfutable, c'est qu'une nation qui adopte le système protecteur, se met dans une situation commerciale défavorable. Même décidée à ne rien acheter à l'étranger. elle a quelque chose à lui vendre. Ne voulant pas accepter de retours, elle fait payer à ses achats un double frêt, tandis qu'avec nos lois libérales, si nous ne vendons pas autant que nous le voudrions, nous achetons du moins au meilleur marché possible. Usons de représailles, nous ne vendrons pas davantage, mais nous achèterons beaucoup plus cher. Comme nous achetons surtout des matières premières, nous serons forcés de surélever les prix de celles que nous réexportons, après leur avoir donné une façon ; la demande en diminuera et avec elle les salaires de nos ouvriers. L'agriculture, qui réclame la protection à grands cris, est aveugle. Elle devrait surtout se préoccuper d'améliorer sa production, par exemple celle du bétail. Or, un approvisionnement abondant et à bon marché des denrées que consomme le bétail, compense et au-delà le bas prix des denrées, qui croissent sur notre sol.

Je conteste d'ailleurs à un producteur; quel qu'il soit, manufacturier ou agriculteur, le droit de prospérer à mes dépens. Qu'importe à la masse du peuple anglais que la concurrence de l'agriculture étrangère réduise demain à zéro le total des fermages anglais ? Nous verrions disparaître une classe d'hommes, qui se vante d'avoir été toujours animée du plus pur patriotisme et d'un tel dévouement à la chose publique qu'aucun d'entr'eux n'a jamais été soupçonné de la moindre défaillance. J'en suis fâché, mais mieux vaut encore le règne de l'abondance pour ceux qui

travaillent que de gros revenus pour ceux qui se hissent ainsi
sur un piédestal. Ils oublient que la terre à blé est déjà
protégée par l'opération des frêts à raison de 36 sh. par
acre.

Si l'Europe verse de plus en plus dans le protectionnisme, elle tombe aussi de plus en plus dans le militarisme à
outrance et ce n'est un secret pour personne que la plupart
des budgets européens sont sur la pente de la banqueroute.
Un Etat embarrassé emprunte, confisque une partie des
biens de ses sujets sous les dehors d'un impôt direct ou établit de nouveaux droits de Douane. La faculté d'emprunter a ses limites, mais vagues et peu précises, car elles se
perdent dans la région des événements contingents et incertains. L'impôt direct est dangereux à manier et rend peu ;
ses apparences communistes sont odieuses aux classes, qui
détiennent la richesse. Celle-ci excelle dans l'art de se dé-
rober et un ministre des finances, fût-il suivant le cœur
de M. de Bismarck, y regarde à deux et même à trois fois
avant de s'engager dans une lutte avec la Bourse et les
financiers de son pays.

Aussi se rabat-il invariablement sur le consommateur
sans défense, qui fut notre unique ressource pendant les grandes guerres du commencement du siècle, et qu'on met dans
l'alternative de choisir entre l'abstinence et la consommation d'un article de qualité inférieure, produit de l'industrie
nationale. La taxe se prélève par sommes imperceptibles :
le douanier coupe à la vérité une tranche de la miche, dilue
le café, escamote quelques morceaux dans le sucrier et ro-
gne l'étoffe des vêtements, mais il reste invisible, ce qui est
une consolation. Quant au fabricant, on le réconforte en lui
parlant de patriotisme et de profits futurs. Les fruits de
la terre sont ensuite taxés dans le but de venir en aide aux
cultivateurs et des droits compensateurs sont en échange
accordés à tout venant. On flatte le peuple en lui répétant

qu'il est maintenant indépendant des nations étrangères ;
cependant la misère s'aggrave, les salaires tombent, le mécontentement devient plus intense. Le socialisme gronde
et le gouvernement est en butte à la méfiance universelle.
Tout le monde devait s'enrichir et chacun est appauvri :
de l'Oural à Gibraltar, l'Europe est une chaîne de volcans
en ébullition.

Aux États-Unis, l'histoire du Protectionnisme se présente
sous un autre jour. Malgré son amour-propre, le peuple
américain ne veut pas entretenir d'armée nombreuse, ni
d'escadres formidables, et singer, comme il le dit, le fol orgueil des monarchies européennes. Il n'entend pas se mêler
de ce qui se passe chez elles, bien qu'il entende ne tolérer
aucune ingérence européenne dans les affaires de l'Amérique
du Nord. Aucune nécessité urgente ne pèse sur les Américains
et ils n'ont aucune excuse à faire valoir en faveur de leur
système fiscal impolitique et vexatoire. Ils n'en sont pas
moins les victimes de sophismes fondés sur la corruption et
le terrorisme. Se targuant d'être le peuple le plus libre du
monde, ils ont permis à quelques intérêts particuliers de
leur dicter des conditions impérieuses pendant leur crise
nationale suprême, et de les rançonner impitoyablement.
Des hommes d'État américains m'ont affirmé que le tarif
protectionniste de M. Morrill a été le prix de la fidélité des
États manufacturiers de l'Est. Certes les exigences de ces
derniers n'ont pas été énoncées en propres termes dans
un document formel, mais souvent les hommes agissent
en vertu de mobiles à demi voilés qu'ils auraient honte
d'avouer ouvertement.

D'autres raisons furent invoquées. On copia le précédent
de la guerre de l'Indépendance en empruntant sous forme
d'une dette flottante qu'on consolida par une émission de
papier monnaie. C'est, de tous les moyens d'emprunter, le
plus extravagant, car il aboutit à un débordement de papier

inconvertissable, qui pèse sur les cours de la dette lorsqu'on parvient enfin à la consolider, et il contraint l'Etat à payer une prime énorme au prêteur apparent, c'est-à-dire aux gens qui lancent le papier monnaie dans la circulation. Les *greenbacks* montèrent jusqu'à 250, l'or étant à 100, et les agioteurs de New-York réalisèrent des bénéfices colossaux aux dépens des travailleurs américains.

Comment s'y est-on pris pour faire accepter à ceux-ci un tarif, qui pèse beaucoup plus lourdement sur leurs épaules que sur celles des riches ? On leur a répété que cette nouvelle politique financière devait les affranchir de tout tribut envers l'étranger — et cependant l'Amérique a énormément emprunté en Europe — et qu'un prodigieux développement de toutes les branches de l'industrie permettrait au génie américain de déployer ses facultés aussi inépuisables que variées. On ajouta qu'en persistant dans les anciens errements, ce génie resterait voué à quelques travaux vulgaires, et que l'Amérique, au lieu de devenir le paradis du travail, serait vaincue par le travail à vil prix des esclaves affamés du despotisme européen. L'ouvrier industriel devait donc être protégé par la protection accordée à ses patrons, comme si ceux-ci payaient des salaires proportionnés à leurs profits et ne les réglaient pas sur l'état du marché du travail. Dès ce moment, j'ai prédit qu'avant peu l'Amérique serait envahie par des ligues anarchistes et socialistes : les événements de Pittsburgh et de Chicago, le succès des Chevaliers du Travail et de M. George ont justifié mes prédictions. Les esprits indépendants y sont terrorisés et doivent opter entre le silence et l'excommunication commerciale et sociale. La corruption la plus éhontée, régnant en maîtresse, n'est pas restée confinée dans les couloirs parlementaires et les recettes excessives de la Trésorerie ont été répandues à flots démoralisateurs, sous forme de constructions de canaux, de ports et de travaux publics jetés en pâture aux convoitises locales.

Dans les colonies anglaises, qui ont adopté une politique protectionniste, on fit appel à d'autres arguments. Ses avocats ont déclaré — ce qui n'est après tout qu'une mauvaise excuse — que sur un territoire faiblement peuplé il est difficile, pour ne pas dire impossible, de prélever des impôts directs ou des droits de consommation et que des droits de douanes élevés constituaient la seule ressource disponible. Disons en passant que s'il est difficile d'y percevoir l'accise, il doit être également difficile d'y prévenir la contrebande. Ils prétendirent également — à tort comme vous le savez — que la surélévation des prix détermine le renchérissement des salaires, mais leur principal cheval de bataille fut une phrase célèbre empruntée au Traité d'Economie Politique de M. Mill. Vous la trouverez au livre V, chapitre X de ce livre devenu classique.

« Le seul cas, dit M. Mill, où l'on puisse défendre l'établissement de droits protecteurs au nom de principes *purement* économiques, est celui où ils ne sont imposés que temporairement, chez une nation jeune et grandissante, dans l'espoir de naturaliser une industrie étrangère, en elle-même parfaitement viable dans le pays, où l'on veut l'introduire. La prééminence industrielle d'un pays sur un autre n'est souvent qu'une question de priorité. Il se peut qu'il n'existe aucun avantage, ni aucun désavantage naturel de l'un ou de l'autre côté, et qu'on se trouve en présence d'une simple supériorité momentanée, basée sur l'expérience ou sur des talents acquis. Néanmoins, il n'est pas possible d'espérer qu'au risque de pertes presque certaines, des capitalistes se dévoueront pour introduire une industrie nouvelle et consentiront à en supporter le fardeau jusqu'au jour où les agents producteurs se seront élevés au niveau d'une habileté fondée sur une longue tradition. Un droit protecteur, accordé pour un laps de temps raisonnable, est peut-être le moyen le moins discutable par lequel la nation puisse s'imposer un sacrifice à l'effet de tenter cette expérience. Toutefois cette protection ne doit être accordée que lorsqu'il existe des présomptions sérieuses qu'elle sera à même de s'en passer dans l'avenir ; il faut que les producteurs soient dûment prévenus qu'ils n'ont à compter sur elle que pour le temps que durera un essai loyal. »

J'ignore ce que sont des principes *purement* économiques, mais passons. Dans tout pays nouveau existent des capacités latentes, peut-être encore inconnues. Le meilleur moyen de les aider à se faire reconnaître, c'est de les laisser faire spontanément leur trouée. Le meilleur moyen de leur imprimer un développement factice et maladif, est de permettre au Gouvernement sollicité par des intérêts individuels et peut-être aveugles, de les assister aux dépens de la bourse générale. Comment déterminer la convenance qu'il y a à les protéger ? Si elle résulte d'aptitudes inhérentes au pays, celles-ci sauront bien se manifester. Si elle résulte, ce qui paraît être le sens véritable du passage en question, d'aptitudes acquises par ces capacités, ces capacités seront-elles juges des titres qu'elles soumettront au Gouvernement ou bien celui-ci sera-t-il chargé de leur appréciation et quel sera le critérium qu'il leur appliquera ? Le dilemme est inextricable. Chaque pays est en outre naturellement protégé par des prix de transport considérables. En parlant du risque de perte certaine que courent les initiateurs de l'industrie nouvelle, M. Mill pensait à la Compagnie des Indes Orientales ; il a vécu pour constater son insuccès commercial. Encore les privilèges accordés à la Compagnie s'expliquaient-ils par la distance de plus de trois mille lieues, qui la séparait de son terrain d'opérations, tandis que cette même distance est la protection la plus efficace des industries à établir dans nos colonies. Et pourquoi nous taxerions-nous et nous imposerions-nous un sacrifice certain pour forcer, à l'instar d'une plante de serre, une industrie qu'on confesse ne pas devoir donner de profits?

Qui nous dira le jour où elle pourra vivre sans le secours de la Protection? Ce n'est certes pas l'industriel, qui a sollicité ce secours. Il prétendra au contraire que l'intervention du Gouvernement l'a investi d'un droit acquis, que sans protection son industrie va péricliter et qu'il va être condamné à licencier ses ouvriers et à se ruiner lui-même. Il dira à l'Etat : « Vous auriez été en droit de refuser de nous écouter dès le début, mais après nous avoir poussés dans cette entreprise, il est cruel de nous abandonner aujourd'hui. Nous nous sommes trompés dans l'appréciation du temps qu'il nous faudrait pour nous implanter ; cette erreur doit-elle être expiée par notre ruine ? Créature de la sagesse de l'Etat, ne faites pas de nous la victime de son caprice. M. Mill a constaté la convenance qu'il y avait à nous appeler à la vie, il n'a pas pu prévoir celle de notre mort. » Ce raisonnement est, après tout, assez naturel.

Qu'est-ce encore qu'un essai loyal? Qui en jugera? le producteur national, le Gouvernement ou bien un tribunal? On pourra plaider que les circonstances excluaient l'hypothèse d'un essai loyal, puisque la naissance de l'industrie a été l'effet d'une excitation factice, qui ne pouvait engendrer qu'un tempérament malingre et débile. En conférant à l'Etat la mission de décider du choix des industries qu'il faut protéger, vous mettez obstacle à ce que les industriels apprennent à discerner quelles sont les industries qui peuvent naturellement prospérer. Vous commencez par les aveugler et vous finissez en leur enjoignant d'y voir clair. Tout ce passage de Mill n'est que de la mauvaise métaphysique.

CHAPITRE XVIII

De l'Interprétation des Tableaux des exportations et des Importations.

Importance de ce sujet aride en apparence. — Des alarmes excitées par la comparaison des importations avec les exportations. — Causes véritables de la décadence des nations. — Effets commerciaux des dettes nationales. — Influence du coût du frêt. — La douane et les entrepôts. — Projet de Walpole. — Effets des réexportations. — Commerce des Etats-Unis avec l'Angleterre. — Dangers des comparaisons hâtives. — Craintes non fondées des alarmistes. — L'industrie des cuirs.

Vous pensez peut-être, mais c'est à tort, qu'il doit être possible de nous rendre compte du mécanisme et des effets du commerce international sans nous engager dans le labyrinthe des chiffres, qui résument les relations économiques établies entre les différentes collectivités nationales. N'oubliez pas que ces chiffres représentent l'essence de l'économie politique pratique ; tout en me gardant de vous arrêter à chaque pas, je dois vous prier de me suivre devant ce tableau réduit de l'activité britannique, en tant qu'elle se manifeste dans l'enceinte des frontières du Royaume Uni, devenu le principal créancier des peuples étrangers et le centre du commerce universel.

Nos exportations ont toujours attiré l'attention de nos économistes et de nos hommes d'Etat : ces derniers ont peu à peu, et non sans peine, appris des premiers comment il fallait les interpréter. Dès l'abord, on a compris que les exportations devaient rembourser les importations, quoique la théorie de la balance du commerce et l'intervention du Changeur du Roi se soient efforcées de nous assurer la possession d'un bénéfice réalisé en monnaie métallique. Chaque négociant isolé se souciait à la vérité beaucoup plus de la probabilité d'un profit quelconque que de son encaissement sous forme de numéraire, mais, constamment hantée par la crainte de voir s'écouler à l'étranger notre réserve monétaire, la nation prise en masse s'est ingéniée à inventer les moyens de s'assurer ce qu'on appelait une balance convenable. Le but est resté le même après qu'elle a été forcée d'abandonner les premiers moyens qu'elle avait adoptés.

Tant que notre commerce ne dépassa pas Séville et la Baltique, on s'enquit assez peu des principes sur lesquels est basée cette doctrine. Du jour où le commerce avec l'Inde se développa, on éprouva le besoin de les étudier de plus près, car il devint évident qu'il exigerait une exportation constante de monnaie d'argent. L'Inde n'en produit pas et en importe depuis des siècles ; en outre, aucun de nos produits d'alors n'était susceptible d'être échangé contre les siens. La permission d'y expédier de l'argent fut accordée ; on la justifiait en déclarant que la réexportation des produits de l'Inde nous restituerait des quantités d'argent supérieures à celles qui étaient sorties de chez nous. Cette justification est applicable à tous les échanges internationaux, mais nos gouvernants du xviie et du xviiie siècle ne s'inclinaient devant ce syllogisme que pour le cas particulier de nos relations avec l'Inde. Oresme au xive et Roger North au xviie siècle avaient pourtant entrevu les vrais principes. On se torturait à propos des exportations et des importations, en regardant venir la ca-

tastrophe qu'on considérait comme inévitable, si le pays
continuait à importer davantage qu'il n'exportait. Les
hommes les plus intelligents tremblaient en songeant au
danger d'une balance contraire et la plupart de nos lois
protectionnistes ont été imaginées, non seulement pour
protéger certains intérêts particuliers aux dépens du public, mais dans l'intention honnête d'écarter ce qu'on redoutait comme un péril imminent. Plus d'un de nos compatriotes est encore accessible à la même appréhension et la
vieille théorie de la balance du commerce règne encore
dans plus d'un esprit.

Un gouvernement peut dépenser plus que la nation ne
gagne, mais la totalité des dépenses individuelles ne peut
pas excéder le gain total de la nation. En effet, dans cette
sphère restreinte, si quelques-uns de ses membres sont dé-
pensiers, les membres économes s'approprient les richesses
que les premiers ont gaspillées. Je ne prétends pas qu'une
nation ne puisse pas tomber de l'opulence dans la pauvreté et même dans le dénûment absolu. Plus d'une région
jadis industrieuse et prospère n'est plus qu'un désert,
mais une telle décadence est plus généralement le fait
d'une conquête dévastatrice ou de guerres prolongées et
ruineuses. Presque toujours, ce sont les gouvernements, qui
ruinent les peuples, et la faiblesse de ceux-ci ne permet
pourtant pas aux hommes vivant en société de se passer de
gouvernement. Aussi Mill recommande-t-il la méfiance vis-
à-vis des gouvernements, qui seuls, a dit Adam Smith,
consomment la ruine des peuples. Le gouvernement militaire
de Rome a aspiré les ressources de ses sujets et de vastes
territoires ont été épuisés par ses exactions. Je ne dis pas
que ce spectacle ne se représentera plus, mais il est impossible qu'il soit la conséquence de l'opération des importations et des exportations. Ce sont les exactions des gouvernants qui ont commencé par extorquer aux populations

tout ce qui était susceptible d'échange et ne leur ont laissé que la faible énergie qu'il fallait pour rechercher leur subsistance quotidienne. Dans les temps modernes, un gouvernement malfaisant ne parvient généralement qu'à arrêter le progrès naturel d'une nation.

Il arrive qu'un gouvernement dépense ce que son peuple serait peut-être en état de payer, mais ce qu'il serait impolitique de lui réclamer. Dans ce cas, il emprunte, tantôt à son propre peuple, ainsi que cela se passe en Angleterre, tantôt chez les nations étrangères, qui possèdent des accumulations de capitaux disponibles, dont elles se séparent à la condition de recevoir l'intérêt de leurs prêts. Il emprunte communément sous le prétexte de se défendre contre une agression du dehors et à force d'entendre répéter sa protestation, on finit par y croire. Mais dans les contrées neuves et riches, où les capitaux trouvent des emplois nombreux et rémunérateurs, les emprunts sont souvent affectés à des travaux publics, qui facilitent l'exploitation de leurs richesses naturelles. Le capital n'y est pas surabondant et le gouvernement préfère emprunter à l'étranger afin de ne pas entamer la réserve nationale ; s'il paraît stable et solvable, il trouve des capitaux à des conditions moins onéreuses. C'est ainsi que nos colonies ont creusé leurs ports et construit leurs docks et leurs chemins de fer. Dans ce cas, ce sont les profits futurs de la nation qui sont hypothéqués, puisque toute richesse est le produit du travail et du capital combinés. Telle est l'origine des dettes publiques, qui dans la plupart des vieilles nations ne reposent que sur leur crédit, tandis que quelques contrées jeunes offrent des gages tangibles, dont la valeur est susceptible d'accroissement. Toujours et partout, il est sous-entendu que le pays créditeur touchera ses intérêts. En Angleterre, nous détenons des quantités prodigieuses de titres de dettes étrangères, plus de deux milliards sterling, nous assure-t-on. Cette somme colossale ne représente même pas la totalité de nos créances sur les colonies : les capitaux anglais se sont déversés sur toute la surface du globe et dans toutes les parties du monde se sont établies des maisons anglaises, dont les bénéfices sont compris dans l'ensemble des remises annuelles, qui sont envoyées en Angleterre.

Ces emprunts et ces remises d'intérêts créent une apparence de confusion dans la statistique des échanges internationaux. Le montant des emprunts n'est pas expédié en numéraire, mais en marchandises, au grand avantage du producteur-exportateur et du consommateur-importateur. Si plusieurs emprunts se succèdent à court intervalle, les exportations du pays prêteur augmentent rapidement, son industrie est stimulée et son commerce devient d'une activité extrême. C'est ce que nous avons vu après les guerres d'Amérique et de France. Toutefois les produits exportés figurent à la colonne des exportations et les titres de dette reçus en échange ne figurent pas à celle des importations. Ces titres de dette passent des mains de nos négociants exportateurs à celles de nos capitalistes en quête de placements financiers.

Quand un pays continue comme le nôtre à prêter pendant une longue série d'années, les arrérages accumulés qu'il perçoit annuellement finissent par dépasser le montant des nouveaux prêts qu'il consent dans un même intervalle. Supposons que par une cause quelconque, les colonies et les nations débitrices cessent d'emprunter, elles n'en continueront pas moins à grossir nos importations des produits qu'elles nous expédient en paiement des intérêts annuels dont elles nous sont redevables. Trouver à redire à notre balance commerciale, équivaut donc à se plaindre de ce que nos débiteurs tiennent leurs engagements envers nous ; s'efforcer d'entraver leurs exportations chez nous, équivaut à les pousser à répudier leur dette, puisque nous leur rendons plus onéreux l'accomplissement de leurs obligations. Toutes les fois qu'un pays est largement créancier de l'étranger et que ses débiteurs paient ponctuellement les intérêts de leurs dettes, ses importations dépasseront considérablement ses exportations, car ces importations exceptionnelles représentent les arrérages qu'il perçoit. Les importations s'élèvent, même si les intérêts sont dûs sur une dette improductive. Les importations ne représentent dans ce cas que les bénéfices réalisés sur les marchandises expédiées, tandis que s'il s'agit de dettes productives, le profit réalisé sur leur placement dans le pays prêteur s'ajoute au paiement et représente la valeur totale des marchandises expédiées. Un fort excédent des importations sur les exportations dénote donc, non pas qu'un pays donne plus qu'il ne reçoit, mais tout au contraire, qu'il reçoit plus qu'il ne donne.

La Bourse est prompte à s'apercevoir quand un pays dépense plus qu'il ne produit ; c'est alors qu'il inonde le marché de ses titres de dette, dont les cours éprouvent une chute profonde. Il est certain que telle n'est pas la situation de l'Angleterre, où les capitaux sont surabondants et où les capitalistes se plaignent de la modicité de l'intérêt que rapportent les placements de tout repos.

Une autre particularité n'est pas explicitement exprimée dans les statistiques commerciales. Quand une marchandise est importée à Londres, on déclare sa valeur au port d'arrivée ; quand elle est exportée, on déclare sa valeur au port de sortie. La première déclaration comprend le coût du frêt, la seconde ne le comprend pas, puisqu'il n'est pas encore exigible et qu'il ne sera payé qu'au port de destination. C'est ce que M. Giffen appelle très heureusement les importations et les exportations invisibles. Dans une leçon précédente, j'ai évalué le frêt moyen universel à 10 pour cent de la valeur, mais des personnes compétentes ont calculé qu'il varie entre 11 et 15 pour cent. Cette addition de valeur, qui ne se manifeste pas à première vue, ne doit pourtant pas être négligée. Quand les transports sont effectués sous pavillon étranger, le frêt rentre de même dans le coût de la marchandise, mais le profit sur le transport est acquis à des capitalistes étrangers. Malgré les lois, qui protègent les pavillons étrangers, plus de 70 pour cent du trafic maritime universel sont aux mains de capitalistes anglais et la même proportion de frêt figure, invisible, dans les tableaux de notre commerce.

Une autre circonstance influe encore sur notre commerce extérieur. Par suite de sa politique libre échangiste, notre pays, sauf pour une demi douzaine d'articles, est en fait un immense port franc : aussi l'amplitude des opérations commerciales, qui s'y concluent, en a-t-elle fait le marché régulateur par excellence ; or les marchés régulateurs attirent les marchandises. Notre système d'entrepôts est en même temps si parfait et si simple que même pour les articles soumis aux droits de douane et d'accise, le Royaume-Uni offre virtuellement les facilités d'un port franc. Quelques explications au sujet de ce système ne seront pas inutiles.

A l'origine, toutes les marchandises acquittaient des droits d'entrée et de sortie, dont le produit était attribué au roi en sa qualité de chef suprême des forces militaires nationales, chargé de la défense de nos eaux territoriales et de notre commerce au-delà comme en deçà de leurs limites. Le produit des douanes fut peu à peu englobé dans les revenus ordinaires de la Couronne et la mission de défendre notre commerce maritime fut alors imposée aux Cinq Ports [1] et à l'ensemble de notre marine ; l'intérieur du pays y

1. Douvres, Hastings, Romney, Hythe et Sandwich. Au xiii⁰ siècle, chacun des deux premiers ports devait entretenir une flottille de vingt et un

contribua par la taxe des navires. Cette extension graduelle de charges était justifiée, car une nation commerçante doit participer à la police des mers. Ce principe est si universellement admis que la piraterie est considérée comme un crime, non seulement contre la nation, qui en a souffert, mais contre la civilisation en général, et que tous les Etats ont le droit reconnu d'attaquer les pirates sur la haute mer, de les capturer et de les châtier. Nous fûmes longtemps à conformer notre conduite à ce principe ; je vous ai raconté comment nos héros nautiques ne furent longtemps que des pirates que le gouvernement pendait de temps à autre pour avoir outrepassé leurs pouvoirs.

On eut de la peine à se débarrasser des droits de sortie. Les nations, comme les individus, sont promptes à s'exagérer leur propre importance et quand un acheteur étranger se présente, elles s'imaginent qu'il obéit à la nécessité plutôt qu'au désir de réaliser un profit. De plus, l'Angleterre se rappelait qu'elle avait été maîtresse du marché des laines et que les droits de sortie sur ses laines, acquittés par les acheteurs étrangers, avaient suffi à défrayer plus d'une guerre. Elle cherchait aussi à implanter chez elle l'industrie lainière et croyait qu'un droit prohibitif à la sortie stimulerait le tissage national. Bref, le patriotisme semblait réclamer l'imposition de ce droit et il serait difficile de supputer les folies et les crimes, qui ont été commis au nom du patriotisme. La même tendance persista lorsque la prérogative d'établir les impôts passa du roi au Parlement.

Walpole, qui fut pendant près d'un quart de siécle le ministre des finances de Georges II, avait compris que si les marchandises assujetties aux droits de douane et d'Accise, étaient emmagasinées sous la surveillance de l'Administration, qui n'en exigerait l'acquittement qu'au moment de

bâtiments ; les trois derniers étaient tenus d'en fournir chacun cinq. Chaque bâtiment avait un équipage de 21 hommes.

leur livraison à la consommation, ce système, très économique pour le consommateur, ferait de l'Angleterre un véritable port franc, dont il pourrait laisser sortir librement les marchandises de provenance étrangère. Par malheur, Walpole, comme la plupart des hommes d'Etat à conceptions étendues, avait des ennemis, qui saisirent cette occasion de le décrier. Ils ne demandaient qu'un prétexte et ils auraient poussé les mêmes clameurs s'il avait présenté les dix Commandements de Dieu. Ils excitèrent l'hostilité des grandes maisons de Londres, qui redoutaient la concurrence des maisons secondaires très favorables à ce système d'entreposage, qui devait leur accorder des facilités pour le paiement des droits. Walpole sacrifia son jugement financier à l'amour du pouvoir et céda, tout comme le second Pitt sacrifia depuis les droits de succession aux réclamations des gentilshommes campagnards. Pardonnons aux ministres de se croire indispensables ; tant de flatteurs le leur répètent sans cesse.

Ce projet de Walpole, comme bien d'autres projets financiers de l'époque, était imité des Pays-Bas. S'il avait été accepté, les contemporains n'en auraient pas moins continué à croire qu'il n'y a d'autre commmerce profitable que celui où le total des exportations visibles dépasse en valeur celui des importations visibles, c'est-à-dire le commerce qui donne plus qu'il ne reçoit. Dans un de ses excellents Essais, M. Giffen cite un alarmiste qui, ayant additionné pendant vingt années les différences entre nos entrées et nos sorties, était convaincu que nous nous étions endettés d'un milliard sterling et que notre banqueroute était imminente. Cet observateur perspicace ignorait que pendant ce temps, le Stock Exchange avait constamment prêté à l'étranger au lieu de lui emprunter.

Notre pays est devenu un immense entrepôt de produits étrangers, particulièrement de matières premières, qui ne

sont pas en état d'être immédiatement livrées à la consommation. C'est ainsi, qu'en dehors de ce que nous en con-
sommons, nous réexportons d'énormes quantités de coton.
Le producteur expédie de préférence vers les marchés, où
les prix sont les mieux assis et par conséquent faciles à prévoir : tel était Amsterdam il y a deux siècles, tels sont de
nos jours Londres et plusieurs autres centres commerciaux
du Royaume-Uni. De plus une part notable des importations est absorbée par le réservoir invisible du commerce
maritime, quand ce ne serait que sous la forme des dépenses d'armement et de ravitaillement des navires. On calcule
que le coût annuel d'entretien d'un navire est de 13 L 12
sh. par tonne de jauge et de fret, et M. Giffen estime que
notre marine marchande encaisse bon an mal an 80 millions
sterling de frêts, qui sont compris dans la valeur des importations, mais ne figurent pas à la sortie.

Quelques chiffres éclairciront ce que je viens de vous
dire. En 1885, nos importations ont été évaluées à
376.967.955 L, l'exportation des marchandises d'origine
britannique et irlandaise à 213.044.500 L et la réexportation des marchandises coloniales et étrangères à
58.359.194 L. Il semblerait donc que nous avons payé
213.044.500 L pour en obtenir 318.608.761 et qu'il reste
un solde de 105.564.261 L, dont il faut découvrir l'origine·
Déduisons le coût du fret calculé à raison de 13 pour cent,
le solde se réduit à 56.558.418 L, qui représentent les intérêts annuels dûs sur les emprunts que le Royaume-Uni a
consentis à ses colonies et à l'étranger.

Il y aurait encore une réserve à faire au sujet des valeurs
déclarées par les importateurs. Comme aucun de nos droits
n'est perçu *ad valorem*, l'importateur n'est pas sollicité à
déclarer des valeurs inférieures à la valeur réelle ; il est au
contraire souvent porté à les exagérer. Il y a quelques
années, par exemple, la douane fut surprise de voir arriver

de Hambourg des quantités considérables de vins de Xérès. Elle fit une enquête et apprit que ces vins n'avaient jamais vu l'Espagne et qu'ils étaient fabriqués à Hambourg de toutes pièces et sans le moindre mélange de raisin. L'entreprenant et peu scrupuleux Teuton, qui nous expédiait son abominable mixture, avait des motifs sérieux de la déclarer à la valeur des vins de Xérès authentiques. Par contre, rien ne pousse à exagérer la valeur des exportations, puisque dans la plupart des pays protectionnistes, les droits sont perçus à la valeur.

N'oublions pas non plus que si les tableaux officiels vont du 1er janvier au 31 décembre, les marchandises, qui y figurent, ne sont pas toutes destinées à être consommées dans l'année. La qualité des unes ne perd pas à attendre, d'autres gagnent en vieillissant, d'autres encore subissent des fluctuations de valeur pendant l'intervalle, qui s'écoule entre leur entrée et leur sortie. Tel est surtout le cas pour les matières premières, dont se composent nos principales importations. Les circonstances poussant les pays débiteurs à vendre beaucoup plus qu'elles n'inclinent le pays créditeur à acheter, peuvent déterminer chez le premier une appréciation erronée des besoins du marché. — En un mot, les mouvements du commerce international ne sont pas susceptibles d'être toujours traduits avec une précision mathématique.

Les États-Unis sont le pays qui exporte le plus ; ils nous ont expédié en 1885 des marchandises pour une valeur de 87 millions sterling et n'en ont reçu de nous que pour 31 millions. L'écart est souvent plus considérable. Une grande partie de ces importations se compose de matières premières, de coton, de céréales et de salaisons, qui sont la matière première du travail et qui ne font que transiter chez nous. Nous n'en recevons que peu de manufactures assez grossières. Il n'en faut pas moins expliquer cet écart.

Commençons par tenir compte du fret pour l'ajouter aux 31 millions que nous leur expédions, car la Douane américaine, ce qui est équitable dans un pays, qui a un tarif *ad valorem*, évalue les marchandises prises au port d'embarquement. En outre, une légion d'Américains voyagent et résident en Europe et paient leurs dépenses en traites sur les Etats-Unis ; on calcule qu'ils dépensent annuellement de 10 à 15 millions de plus que les visiteurs européens ne dépensent chez eux. Les Etats-Unis nous paient en plus des sommes considérables pour les intérêts des avances individuelles que leur ont faites nos capitalistes. L'écart, que j'ai signalé, s'explique donc à merveille.

Ce que nous savons de la France, prouve que le peuple français place en partie ses épargnes à l'étranger, moins toutefois qu'on ne veut le dire, mais à un degré suffisant pour appuyer mes conclusions. Le phénomène le plus curieux qui caractérise son commerce extérieur, ce sont les oscillations du rapport entre ses importations et ses exportations. De 1862 à 1865 inclusivement, les exportations ont largement dépassé les importations, de 1866 à 1871 ce rapport a été renversé. En 1872 et en 1873 les exportations l'ont de nouveau emporté, mais à partir de cette année, les importations ont repris le dessus, selon le cours naturel du commerce. L'excédent est toutefois minime, car l'ensemble du tonnage des navires naviguant sous pavillon français, ne s'élève qu'au quinzième du tonnage britannique, et un pays, dont les transports s'effectuent principalement sous pavillon étranger, n'aura un fort excédent à l'importation que s'il est créancier de l'étranger pour des sommes considérables.

A propos de la France, j'ai appris de source certaine que les lainages légers de Bradford sont supplantés par les étoffes similaires françaises ; les fabricants de Bradford se tiennent trop rigidement, paraît-il, à des matières et à des modèles surannés. C'est un des cas où les industriels d'un pays protectionniste jouissent d'un avantage, car ils vendent à un prix, qui laisse une perte apparente, alors qu'ils se remboursent de la différence sur les consommateurs et les travailleurs nationaux.

Parfois on invoque les progrès rapides que font d'autres nations pour affirmer que notre industrie est en décadence. On cite par exemple les Etat-Unis, où depuis quarante ans les importations ont monté de 700 pour cent et les exportations de 5 à 600, tandis que pour le Royaume-Uni les exportations ne témoignent pendant la même période que d'une progression de 335 pour cent et les importations d'une progression de 186 pour cent pour les vingt-six dernières années. Antérieurement les valeurs n'étaient pas déclarées à l'entrée. Mais des faits concomitants ne sont pas nécessairement dans un rapport de dépendance. Les Etats-Unis ont une expansibilité presque indéfinie, et leur croissance marche à pas de géant. L'immigration des adultes connaissant un métier représente chaque année chez eux une importation de plus de cent millions sterling, que n'accusent pas les statistiques, et qui lui arrive de l'Ancien Monde. Nonobstant cette importation de richesse potentielle, nous les distançons, et de loin, puisqu'ils n'importent que 150 millions au lieu de 400 et qu'ils n'exportent que 170 millions, presque en totalité de matières premières, au lieu des 223 millions qui figurent à notre sortie. Le commerçant qui débute avec un capital de 1000 L et qui au bout de dix ans en possède 10.000, a fait des progrès relatifs supérieurs à celui dont la fortune a passé dans le même intervalle du chiffre de 100.000 à celui de 200.000 L, mais il ne viendra à l'idée de personne de soutenir que ce dernier est le moins riche des deux et celui dont le chiffre d'affaires est le moins élevé.

De même on exagère quand on nous dit avec assurance

que nous sommes aujourd'hui tributaires de l'étranger pour
des articles, dont nous avions autrefois le monopole. Sans
mettre en doute la sincérité de notre interlocuteur, il suffit
parfois de quelques recherches pour acquérir la preuve que
ses informations pèchent par l'inexactitude. On a mené
grand bruit des terres laissées en friche en Angleterre ; je
vous ai dit que leur proportion se réduit à six cent mil-
lièmes de l'aire cultivable. On a encore cité les importations de fer ouvré de Belgique ; elles sont si insignifiantes
qu'elles ne sont même pas mentionnées au tableau détaillé
des douanes. L'autre jour j'ai entendu affirmer qu'on importe des verres à vitre belges, depuis que les Belges peuvent les fabriquer à un prix de revient inférieur de 5 pour
cent au nôtre. Le transport seul doit coûter plus de 5 pour
cent pour une marchandise aussi périssable, et suffirait à
rétablir l'équilibre entre nos verreries et les verreries belges. Ce qui est vrai, c'est que de fortes quantités de verres
à vitre passent par l'Angleterre en transit et laissent un
bénéfice à nos commerçants. Je ne vois pas pourquoi ce
commerce ne durerait pas jusqu'au jour, où nos verriers
pourront ou voudront bien combler le vide que creuse-
rait sa prohibition. Le verre n'est-il pas en outre une matière première pour le vitrier et celui-ci doit-il être condamné au chômage afin de complaire aux souffleurs des
verreries ?

Après de longs siècles d'inertie, nous sommes devenus un
peuple très habile, mais nous ne l'emportons pas en tout
sur nos concurrents. Parfois notre climat nous est contraire :
il nous empêche de tisser et de teindre la soie avec le même
succès que dans le Midi de l'Europe et nous agissons sagement en important des soieries, qui donnent de l'ouvrage à
nos tailleurs et à nos ateliers de confection. Parfois ce
sont les aptitudes innées qui nous font défaut : nous n'avons
pas le goût des Français pour les bibelots, des Italiens pour

le verre travaillé et colorié. Cette répartition inégale des aptitudes se manifeste à l'intérieur de nos propres frontières : Barnsley s'efforce en vain depuis des générations de rivaliser avec les toiles damassées d'Irlande et d'Ecosse. Sachons en quoi nous excellons et appliquons-nous y sans relâche.

Permettez-moi de finir par un souvenir personnel. J'ai longtemps représenté aux Communes un des quartiers les plus industriels de Londres — le faubourg de Southwark — où le travail du cuir joue un rôle considérable. En 1885 on avait importé en Angleterre pour 5 3/4 millions sterling de cuir et on en avait exporté pour 4 millions. Assailli des doléances de mes électeurs, j'examinai la situation, bien que le quart des importations fût destiné à la réexportation. Je reconnus que les cuirs importés consistaient surtout en cuirs ayant subi un commencement de tannage, qui ne les rendait pas propres à être livrés immédiatement à la consommation, mais qui rendait leur manipulation et leur débit plus faciles que celui des peaux brutes et salées. C'était donc une matière première, n'ayant subi qu'une préparation préliminaire, qui venait s'offrir au travail plus habile de l'ouvrier anglais, et qui ne sortait du royaume qu'après avoir passé par ses mains. Ces cuirs venaient de la Poméranie. Je fus heureux d'apprendre qu'un groupe de la race Teutonique était parvenu à inventer quelque chose d'autre que la métaphysique et les diplômes d'honneur. Mais je ne voyais pas, et je ne vois pas encore, pourquoi nos fabricants et nos ouvriers n'auraient pas le droit de faire, et les citoyens anglais celui d'acheter des bottes, des souliers et des gants en cuir de Poméranie, alors que les tanneurs anglais ne parviennent pas à leur fournir ce qu'ils demandent. Dans le cours de mes investigations, j'ai aussi découvert que des maisons françaises achètent les chaussures fabriquées à Southwark, les marquent de leur

estampille et les réexpédient à Londres, où elles sont achetées comme chaussures parisiennes par notre monde élégant et intelligent.

Je vous ai fait connaître l'usage qu'il convient de faire
des tableaux de notre commerce et les déductions erronées
que des observateurs superficiels, prévenus ou intéressés
en ont tirées. Horace nous recommande l'indulgence pour
les caprices des poètes et des artistes : les Protectionnistes feraient bien de solliciter la même faveur.

CHAPITRE XIX

Le Domaine et les Revenus de la Couronne,

Affectation des revenus de la Couronne au Moyen Age. — Le Roi était le premier agriculteur du Royaume. — Causes des soulèvements contre Jean sans Terre, Henri III et Edouard II. — Mariages riches des cadets de la famille royale. — Les Prieurés étrangers. — Appauvrissement de la Couronne pendant la minorité de Henri VI. — Guerres civiles au XVe siècle. — Les *Attainders* parlementaires. — Pauvreté d'Edouard VI, de Marie Tudor et d'Elisabeth. — Accroissement des revenus royaux sous Jacques I. — Les donations de Charles II. — Essai de Davenant sur la doctrine des Résomptions. — Manque de jugement de Guillaume III. — Acte de la reine Anne. — Ce sujet n'offre plus qu'un intérêt rétrospectif.

Nos ancêtres d'il y a six ou sept siècles suivaient avec intérêt les vicissitudes du Domaine de la Couronne. Un simple coup d'œil jeté sur le cadastre de Domesday nous apprend qu'il était considérable après la conquête et au-dessus de toute comparaison avec celui des sujets les plus opulents : il comprenait des seigneuries et des terres, des villes et les fermes payées par ces villes, sans compter d'autres redevances variées et nombreuses d'un caractère éventuel et aléatoire. Mais il devait faire face à des charges onéreuses. Il était tenu de suffire aux dépenses de la maison du roi, de ses dignitaires et de son Echiquier, de l'exercice des droits de justice et de police, dont l'accomplissement était coûteux au milieu de nobles turbulents et puissants, qui estimaient que leurs titres de propriété valaient bien ceux des descendants du tanneur de Falaise. Il était grevé de l'entretien des troupes royales, car l'obligation du service militaire était discutée et discutable, sauf en cas d'invasion. Des actes de répression rigoureuse furent fréquents et indispensables et je crois que sous Henri II, les familles nobles, dont l'origine remontait à la conquête, avaient été pour la plupart extirpées, malgré les prétentions qui de nos jours se basent sur une similitude de noms, dont il serait malaisé de démontrer la légitimité.

Le domaine de la Couronne devait encore subvenir à l'établissement des enfants royaux ; les rois les pourvoyaient d'apanages taillés dans le domaine, mais qui ne furent point érigés en principautés indépendantes. Henri II donna la Guyenne à Richard, la Bretagne à Geoffroy et l'Irlande à Jean, à qui on avait jusque-là donné le surnom de Sans Terre, qui lui est resté. C'est aussi de son règne que date la coutume de marier les cadets royaux à de riches héritières et l'usage qu'ont adopté nos rois d'employer l'appellation de cousin vis à vis des lords d'un rang égal ou supérieur à celui de comte. Cet usage fut souvent à son origine basé sur une parenté véritable.

A l'exemple des autres seigneurs, le roi faisait exploiter son domaine par l'intermédiaire d'intendants et comme producteur de laine, de bétail et de céréales, il était autant que ses sujets intéressé au maintien de la paix publique. Cet intérêt commun à toute la hiérarchie sociale, du Roi au dernier des paysans, a largement contribué au respect de la propriété individuelle qui a constamment prévalu en Angleterre. Jusqu'aux bourgeois étaient propriétaires terriens ou s'adonnaient à la culture. Certaines municipalités avaient des banlieues rurales étendues : tout le comté de Middlesex formait la circonscription de la Cité de Londres, plus de

3000 acres de terres celle de la ville d'York ; Coventry, Southampton et d'autres villes avaient également leurs dépendances rurales, dont les habitants avaient rang parmi les bourgeois de la ville. Les terres étaient assujetties à des redevances fixes et invariables qu'on ne réussissait à élever que par des moyens détournés, par exemple en imposant le paiement d'un droit à l'ouverture d'une succession ou au renouvellement d'un bail.

Les revenus propres de la Couronne manquaient donc d'élasticité et étaient restés les mêmes sous les Tudors que sous les Plantagenets. Après le renchérissement des salaires, qui fut déterminé par les ravages de la Grande Peste, la Couronne se trouva dans le même état de gêne que les autres propriétaires fonciers du royaume et fut réduite à solliciter les subsides extraordinaires du Parlement, au-delà des dépenses occasionnées par les grandes guerre de France. La royauté eut de plus en plus recours à cette procédure sous le règne court, obscur et confus de Henri IV.

Le maintien dans son intégrité du domaine royal devint donc pour le contribuable anglais une question de la plus haute importance. Sous les règnes de Jean et de Henri III, la plus grande partie du domaine continental de la Couronne ayant été perdu, le mécontentement général s'exprima avec énergie. Avec des ressources insuffisantes, Jean avait tenté de maintenir sur le sol anglais une armée de mercenaires commandés par des étrangers et il avait ainsi outrepassé les prérogatives de la Couronne. Henri s'appauvrit par son népotisme et ses folles entreprises. Il avait découpé dans le domaine royal de larges apanages pour ses frères et pour son second fils et s'était montré d'une libéralité imprudente envers ses demi frères et les parents de la reine. A partir du règne d'Edouard I, nous voyons se conclure des mariages entre les cadets royaux et les héritières des grands fiefs, mariages destinés à éviter de nouvelles aliénations du domaine royal. Malheureusement il fut impossible d'empêcher les intrigues redoutables de ces cadets, témoin celles de Lancastre sous Edouard II, de Jean de Gaunt sous Edouard III, de Glocester sous Richard II et de Humphrey de Glocester sous Henri VI.

L'agitation populaire se fit jour lorsque la Couronne se fut derechef appauvrie en faveur des favoris, Gaveston et les Despenser. La pétulance du premier et l'arrogance du plus jeune Despenser ne suffiraient pas à expliquer les crises qui suivirent, si le peuple n'avait pas eu le sentiment du danger qu'il courait, de devoir subvenir aux besoins de la Couronne qui s'était dépouillée pour eux. La contre révolution de palais, qui renversa Mortimer après la déposition d'Edouard, fut de même excitée par le pillage auquel s'était livré le favori de la reine Isabelle

Edouard III pourvut ses fils en les mariant avec les héritières de Kent, des de Burgh propriétaires de l'Ulster, et de la maison de Lancastre. Je crois ces unions dictées par le désir de sauvegarder le domaine royal : il valait mieux pour le roi, disait-on du temps de Henri VI, épouser une de ses sujettes que d'installer dans le royaume une étrangère cupide, qui n'ajoutait rien à la fortune royale et qui contribuait à l'épuiser. L'enrichissement de De Vere sous Richard II et le train de maison extravagant de la Cour firent éclater la révolution de 1399, produite par les mêmes causes qui avaient excité celle de 1327.

Mais le mal s'aggrava au quinzième siècle. Henri IV, qui avait épousé l'héritière des Bohuns, annexa à la vérité au domaine de la Couronne les vastes possessions du duché de Lancastre, mais elles reçurent et ont conservé une affectation distincte. Toujours entraîné dans des guerres étrangères et civiles, il ne vint pas à bout des troubles du pays de Galles et eut à réprimer la turbulence des Percy. Toutefois ces difficultés prises isolément n'expliquent pas la détresse du roi et les expédients singuliers auxquels il fut forcé d'avoir recours. L'aristocratie était, il est vrai, dépensière et les revenus héréditaires de la Couronne se trouvèrent une fois de plus insuffisants : les doléances du Parlement témoignent qu'il jugeait les dépenses exorbitantes.

Son fils Henri V confisqua les biens des prieurés étrangers au profit du domaine de la Couronne [1]. Il en vendit une partie, une autre resta sous la gestion de l'Echiquier. Je ne suis pas parvenu à me rendre compte de leur superficie et ne connais l'affectation définitive que de deux d'entre eux, qui furent achetés par le primat Chichele et attribués aux deux collèges qu'il fonda à Oxford et à l'école de Higham Ferrers. Une part considérable en fut longtemps après affectée à la création du collège d'Eton et de Kings College à Cambridge. N'oublions pas non plus que les guerres de France avaient créé de grands besoins d'argent.

Ce fut sous Henri VI que le domaine de la Couronne tomba au plus bas. D'après un rapport présenté au Parlement le 18 octobre 1433, alors que le roi n'était âgé que de treize à quatorze ans, le revenu royal, non compris celui du duché de Lancastre, était réduit à 9.000 L par an. Les principales dépenses étaient de 13.678 L pour la maison royale à Windsor, de 11.152 L pour les pensions aux membres de la famille royale, de 10899 L pour le gouvernement des Marches de l'Ecosse, du pays de Galles et celui de l'Irlande et de 11.913 L pour celui de Calais. Le total des dépenses atteignait 56.878 L, chiffre qui laissait un déficit de 47.877 L. En outre il existait une dette flottante de 164.815 L, sans compter d'autres charges qui étaient garanties. Une forte proportion du domaine royal avait été aliénée à perpétuité ou à terme, tant au profit des nobles que des cadets de la

---

1. On appelait Prieurés Etrangers les succursales des maisons religieuses étrangères, qui détenaient des terres en Angleterre. Chichele (1362-1443), dont il est question plus bas, fut primat du Royaume.

famille royale. Le trésorier, lord Cromwell, qui, lorsqu'il mourut quelques années plus tard, était peut-être l'homme le plus riche d'Angleterre, s'était sans doute emparé d'une bonne part du butin.

Ce pillage éhonté et la jalousie de ceux qui en avaient été exclus, contribuèrent à fomenter et à rendre plus acharnée la guerre civile du quinzième siècle. Ce fut essentiellement une lutte entre les grands seigneurs, à laquelle le peuple ne prit que peu de part, si ce n'est que les Lollards de l'Est paraissent avoir préféré la faction d'York à celle de Lancastre, qui les avait persécutés. Les progrès constants du peuple et l'absence de plaintes pendant la durée de cette guerre meurtrière attestent que la prospérité nationale ne fut pas atteinte. Ce fut d'ailleurs une guerre de batailles rangées, et non de sièges, et il est curieux d'observer que c'est précisément à cette époque qu'on cessa de construire les donjons massifs des siècles précédents.

Elle donna naissance à une série de confiscations, d'actes d'*Attainder* et de retours à la Couronne toute disposée à contre carrer la création de propriétés inaliénables et à en circonscrire les effets. Le Parlement de Coventry en 1459, où Marguerite fit prononcer *l'attainder* du parti d'York tout entier, lui servit d'instrument pour écraser ses adversaires les plus élevés. Cette décision fut à la vérité rapportée l'année suivantes, mais le précédent ne fut pas oublié et il fut ressuscité après l'avènement d'Edouard en 1461 et après la défaite complète du parti de Lancastre à Barnet et à Tewkesbury en 1471. Henri VII y eut également recours au lendemain de sa victoire décisive à Bosworth, après qu'il se fût proclamé roi de droit et de fait.

Si ce qu'on rapporte de l'étendue des biens des couvents est exact, leur suppression a donné une extension énorme au domaine de la Couronne. Henri VIII se trouva, dit-on, propriétaire du tiers du territoire du royaume, ce qui ne l'empêcha pas de mourir absolument ruiné. On assure que les moines, voyant venir l'orage, avaient pris leurs précautions, et consenti, moyennant finance, des baux à longs termes ; on ajoute qu'ils imaginèrent à cette occasion les baux bénéficiaires, mais le butin n'en fut pas moins prodigieux. Ce que le Roi distribua à ses courtisans, n'en représente qu'une faible part ; d'ailleurs les dépouilles des nobles, qu'il a proscrits, auraient suffi à gorger ses créatures.

Depuis cette époque le domaine de la Couronne est resté considérablement amoindri ; les régents d'Edouard VI enfant achevèrent de faire main basse sur ce qu'Henri VIII n'avait pas eu le temps de saisir et ses deux filles, Marie et Elisabeth, furent toujours à court d'argent. Elisabeth fut forcée d'imaginer de nouveaux moyens pour doter les quelques courtisans, dont elle fit la fortune, et nous savons qu'elle les satisfit aux dépens des biens diocésains des évêchés. Elle tenait à ce que l'Eglise fût administrée par des évêques, mais elle ne voyait aucun inconvénient à leur faire payer leur élévation spirituelle du prix de leurs richesses temporelles.

Les revenus indirects de la Couronne, restés stationnaires sous Elisabeth, grandirent rapidement sous Jacques I. Ce dernier eut bien tort de s'irriter des remontrances de son Parlement, qui servaient de soupape de sûreté au mécontentement public. Au temps des Plantagenets, la faveur témoignée à Carr et à Villiers se serait manifestée d'une manière plus impérieuse. Jacques se créa des sources de revenu ignorées de ses prédécesseurs. Non content d'outrer les droits féodaux de la Couronne, il tint marché d'honneurs héréditaires et institua un ordre de Chevalerie, où l'on entrait à bons écus comptants. En fait, l'attention publique s'était détournée du domaine de la Couronne pour se porter sur la question plus grave du droit que s'arrogea celle-ci de reviser et de relever les droits de douane qu'elle percevait dans les ports. La lutte, qui s'ouvrit par la publication du « Livre des Tarifs » de Cecil, eut pour dénouement la tragédie de Whitehall. Jacques mourut endetté vis-à-vis de la Cité de Londres, qui acquit de lui une partie des domaines qu'elle possède encore en Irlande. Quelques-uns lui furent attribués en remboursement de ses avances.

Pendant sa querelle avec le Parlement, Charles essaya d'étendre le domaine de la Couronne en instituant des enquêtes sur les limites des forêts royales, enquêtes basées sur l'ancien adage déclarant qu'aucune prescription n'était opposable à la Couronne. Il détermina ainsi la naissance d'un parti hostile parmi les Pairs et par une sanglante ironie du destin, le fils du premier lord Salisbury de la famille des Cecil, occupa son siège à la Chambre des Lords pendant la mémorable journée du supplice du Roi.

Le Protectorat négligea et laissa tomber en désuétude les redevances du domaine de la Couronne et se contenta de frapper tous les propriétaires fonciers de taxes directes lourdes et inexorables. Cromwell avait un train de maison modeste à Whitehall, mais la charge de l'armée était sérieuse. A la Restauration, sous le prétexte futile que Cromwell n'avait pas été formellement proclamé Roi, on refusa à ses adhérents le bénéfice de l'Acte de Henri VII[1] et les légistes déclarèrent nulle toute la législation des dix-huit dernières années.

Le domaine de la Couronne, devenu une ressource secondaire pour le Roi, fut abandonné à sa discrétion, et considéré comme sa propriété personnelle. Il en distribua de gros morceaux à sa nombreuse descendance illégitime et maria trois de ses fils dans des familles appartenant à la

---

1. Cet Acte stipule que nul ne pourra être poursuivi pour avoir servi le roi en possession (*for the time being*).

pairie. Ses donations donnèrent lieu par la suite à des controverses au sein du Parlement, qui affirma que conformément aux traditions anciennes, le domaine de la Couronne était inaliénable et ne pouvait se transmettre que suivant les lois strictes de la descendance.

Déjà au xvᵉ siècle, on tenait qu'une donation de la Couronne, même si le Roi n'était que donateur nominal, expirait avec lui et était révocable à son décès. Ainsi les collèges d'Oxford et de Cambridge, quoique fondés avec l'agrément de la Couronne, sollicitaient la confirmation de leurs Chartes à l'avènement de chaque souverain successif. Magdalene College, par exemple, eut à payer largement le renouvellement de sa Charte à l'avènement de Henri VIII et cependant la Couronne ne lui avait jamais octroyé le moindre acre de terre. Dans les différents Actes réglant les résomptions de la Couronne, il fut jugé nécessaire de mentionner expressément que les Collèges d'Oxford, de Cambridge, de Winchester et d'Eton constituaient des exceptions à une loi générale. De même jusqu'à l'avènement de Georges III, les lettres patentes de nomination des juges étaient considérées comme caduques à la mort du souverain, bien que depuis l'Acte de *Settlement* de 1700, ils ne pussent être révoqués qu'à la requête des deux Chambres du Parlement.

Tout ce qui se rapporte à ce sujet a été tout à la fin du xviiᵉ siècle étudié avec soin par Davenant dans son « Discours sur les Donations et les Résomptions Royales, » pamphlet qui fit grand bruit à une époque où les pamphlets étaient l'arme politique par excellence. Fils d'un auteur dramatique, Davenant occupa d'abord une place dans l'Administration des Finances et fut quelque temps de la Chambre des Communes. Il s'attacha aux Tories et devint leur plus habile avocat dans la presse du jour. Un de ses libelles lui valut un riche présent de Louis XIV, et de ce jour, Davenant entra en communications confidentielles avec l'agent du Roi de France.

Son essai est très adroitement écrit. Il dépeint l'importance, qui a de temps immémorial été attachée à l'intégrité du domaine de la Couronne et les troubles et les révoltes qui n'ont jamais manqué d'éclater à l'occasion des malversations des ministres et des favoris des rois. Il insiste sur le fait que dans tous les procès d'Etat on a appuyé sur l'accusation de s'être indûment enrichi aux dépens de la Couronne. Il cite tout au long la formule des serments imposés aux fonctionnaires de la Couronne et insinue que les ministres de Guillaume se sont rendus coupables de péculat et de parjure, et que les amis étrangers de Guillaume d'Orange, les Bentinck, les Keppel, les Ginckel et les Ruvigny ont encouru la même responsabilité que les favoris des anciens rois. Rien ne pouvait être plus habile et il me semble que Macaulay n'a pas apprécié ce remarquable essai à sa juste valeur. « En donnant les anciens domaines de la Couronne, Guillaume, nous dit Macaulay, n'a fait que ce qu'il avait le droit de faire et ce que tous ses prédécesseurs avaient fait avant lui. » Mais c'est là le nœud même de la question. Davenant affirmait à bon droit qu'historiquement parlant, la Couronne ne pouvait conférer que la jouissance viagère d'une propriété détachée de son domaine et les rôles du Parlement, le Journal de la Chambre des Communes et celui des Lords, le Livre des Statuts lui-même témoignent tous en faveur de cette jurisprudence. Au sein du Parlement la tempête se déchaîna à propos des donations faites à Bentinck et à Keppel, deux gentilshommes hollandais peu fortunés et attachés à Guillaume par des services diplomatiques et des liens personnels. Je m'étonne que la sagesse de Guillaume n'ait pas prévu les clameurs qu'il allait soulever.

De plus les droits de la Couronne sur les revenus de

l'État avaient été complétement bouleversés par la Révolution, qui avait eu pour objet, non seulement de réprimer des envahissements judiciaires et administratifs, mais de mettre également un terme à des errements financiers odieux. L'emploi de la fortune nationale, quelles qu'eussent été les prérogatives des anciens rois, devait être dorénavant contrôlé par le Parlement. Guillaume se refusa toujours à reconnaître ce nouveau régime financier et se jugeait le droit de disposer à son gré de tout ce qu'un Parlement issu de la violence avait accordé à Jacques. Il se croyait autorisé à disposer des revenus royaux selon ses visées particulières avec moins de mesure que Charles lui-même, sous le règne duquel les royalistes les plus aveugles n'avaient pas hésité à comprendre le péculat au nombre des accusations lancées contre ses ministres, Clarendon et Danby.

Il n'était pas non plus à l'honneur du roi et de l'administration que durant les années de paix aucun effort n'avait été tenté pour diminuer le déficit et les dettes flottantes contractées pendant la guerre. Le peuple, le Parlement lui-même en ignoraient l'étendue et cette ignorance les portait à en exagérer l'importance. Il semblait à la nation, irritée des taxes nouvelles, supportant avec colère un impôt foncier direct élevé, qu'il eût été équitable d'appliquer au remboursment des frais de la guerre d'Irlande, le produit des confiscations irlandaises et d'alléger d'autant le fardeau de la dette. L'administration ne se mit pas en peine de l'éclairer ni de proposer des mesures pour liquider la situation. Il est très difficile d'après les pièces soumises au Parlement, et même en s'aidant des détails donnés par Postlethwayte, d'estimer quel fut le coût de la guerre, qui se termina à la paix de Ryswick.

Toutefois le Parlement se montra conciliant envers Guillaume et ce ne fut que dans la première année du ré-

gne de la reine Anne, qu'il mit des restrictions formelles à
l'aliénation des biens de la Couronne. Celle-ci ne fut plus
autorisée à accorder des baux de plus de trente et un ans
et aucun bail ne put plus être renouvelé avant l'expiration
de l'ancien. Toute pension imputée sur les revenus héréditaires de la Couronne cessait de plein droit d'être exigible au décès du souverain. La Reine avait lors de son avènement conféré au duc de Marlborough une pension de
5.000 L sur le produit des postes. Quand le Parlement s'as-
sembla au mois d'octobre suivant, elle lui envoya un message à l'effet de transformer cette pension viagère en pension
perpétuelle annexée à sa pairie comme récompense de ses
services en Flandre. Tout en reconnaissant que le duc avait
rétabli l'honneur national, le Parlement repoussa la requête de la Reine [1], déclarant à une majorité écrasante
que « pendant le dernier règne les revenus de la Couronne
avaient été compromis par des donations excessives. »

Les revenus de la Couronne n'étaient plus que l'ombre de
ce qu'ils avaient été. Les 57,000 L, auxquels ils s'élevaient
au XVe siècle et dont la préservation inspirait tant de soucis
à la Chambre des Communes, équivaudraient de nos jours à
un revenu de deux millions et un quart, au multiplicateur
40, qui me paraît modéré. Je ne sais au juste à quel chiffre
ces revenus s'élevaient pendant les premières années du
XVIIIe siècle, mais les fermages ayant décuplé depuis cette
époque, je ne crois pas me tromper en les estimant à
40,000 L, somme devenue absolument insuffisante, même
pour subvenir aux seules dépenses de la maison royale,
pour lesquelles on a depuis institué une liste civile, votée
et appropriée au commencement de chaque règne.

1. Ce qui n'empêcha pas qu'au moment de sa plus grande faveur, les
émoluments annuels du duc atteignaient 54.825 L et que la duchesse
en touchait 9.500 de son côté, sans tenir compte du revenu des donations
que leur avaient conférées la Reine et le Parlement.

En fait, le domaine de la Couronne s'est fondu dans le domaine national et il en fait maintenant partie intégrante. Il n'appartient plus à la famille régnante à titre d'héritage, car lors du vote de la loi qui l'a appelée à succéder à la reine Anne, qui venait de perdre son dernier fils, il existait des parents beaucoup plus rapprochés des Stuarts. Les terres actuelles de la Couronne ne lui appartiennent pas plus que l'accise héréditaire établie sous la Restauration. Ces terres ont donc été restituées à la nation, qui à vrai dire ne les avait jamais aliénées, pour être gérées par et pour l'Etat, sous la surveillance du Parlement. Par malheur la défense de les aliéner fut imposée trop tard, de même que sous Elisabeth on n'interdit l'aliénation des biens appartenant à l'Eglise et aux corps académiques que lorsque plusieurs sièges épiscopaux étaient déjà ruinés par les courtisans d'Elisabeth, agissant de connivence avec elle.

L'Acte de restriction ne fut pas étendu à l'Irlande et les domaines irlandais confisqués, autour desquels on avait fait tant de bruit sous Guillaume, servirent à doter plantureusement les favoris de la reine, en particulier la famille des Seymour Conway. Jusqu'à l'Acte d'Union, la Trésorerie irlandaise a été la proie des courtisans et des pensionnaires anglais, récompensés ainsi de services que le Parlement britannique, même aux jours de sa corruption sous Walpole, aurait jugés dignes d'un tout autre traitement. Peut-être de tous les griefs de l'Irlande, tant antérieurs que postérieurs à la déclaration de son indépendance législative en 1782, n'y en a-t-il pas eu de plus insultant que la liste des pensions et le gaspillage effronté des finances irlandaises. Elles ont enrichi autant de familles que les biens d'Eglise sous Henri VIII et le Parlement irlandais, qui porte pourtant le nom de Grattan, comptait des membres dont la présence n'aurait pas été tolérée dans le Parlement Anglais le plus avili.

La jouissance de deux des anciens domaines de la Couronne, les duchés de Lancastre et de Cornouailles, a été réservée au monarque régnant et à l'héritier présomptif. Ce sont des survivants des antiques tenures féodales, qui montrent combien leurs terres étaient disséminées, car les deux duchés en détiennent dans la plupart des comtés anglais. Par exemple, le duché de Cornouailles possède une terre considérable à quelques milles d'Oxford. Jusque récemment ces domaines étaient soumis au régime des baux bénéficiaires[1] et il s'est élevé un concert de plaintes quand l'antique tradition a été abandonnée. Mais il est naturel que leurs revenus attribués aux personnes royales entrent en ligne de compte lors de la fixation de la liste civile et qu'ils contribuent à quelques-unes des charges qu'on imposait jadis à l'ancien domaine de la Couronne.

J'ai traité ce sujet parce qu'il a joué un rôle important dans le passé économique de l'Angleterre. Nos révolutions, la déposition des princes, les changements de dynasties, l'établissement du contrôle du Parlement ont été amenés par une infinité de causes, mais la cause économique ou fiscale a toujours largement prédominé. L'insignifiance relative du domaine de la Couronne, réduit à un revenu du deux centième du revenu national total, a fortifié le droit de succession monarchique. Il y a deux siècles que le Parlement a modifié l'ordre de succession au trône et lui enleva tout caractère divin et même héréditaire, et vous ne trouverez pas deux siècles dans notre histoire où le droit de la famille régnante ait été moins contesté. La cause du mécontentement toujours renaissant ayant été écartée, la personne royale, quoique distincte, s'est trouvée couverte par la personnalité du Parlement.

1. C'est-à-dire autorisant la sous-location, moyennant paiement périodique d'un pot de vin calculé d'après l'écart entre les prix de la location principale et de la sous-location.

La disposition des biens de la Couronne réservée au Parlement et les restrictions de l'Acte de la reine Anne ont contribué à amoindrir graduellement la corruption parlementaire. On peut critiquer la Chambre des Communes, sa manière de procéder, son goût pour une législation à l'aveugle, ses lenteurs, ses querelles de partis, mais nul ne l'accuse, ni n'accuse aucun de ses membres d'obéir à un mobile autre que l'ambition. C'est son intégrité qui fait sa force et nous en sommes redevables aux hommes, qui ont engagé la lutte, plus ou moins adroitement, sous Guillaume et qui l'ont menée à bonne fin sous le règne de la reine Anne. La question du droit de Résomption n'a plus d'ailleurs qu'un intérêt historique depuis que sous Georges III, en 1768, un Acte fut passé, déclarant que le droit de reprise par la Couronne des biens donnés par elle, se prescrivait au bout de soixante ans. Cet Acte fut introduit à l'occasion d'une tentative de Sir John Lowther pour obtenir par l'influence toute puissante sur le Roi de son beau père, lord Bute, l'attribution d'un domaine conféré jadis à Bentinck par Guillaume III.

CHAPITRE XX

DES DETTES PUBLIQUE

Système financier de la république des Pays-Bas et ses premiers emprunts. — Des diverses sources des emprunts d'Etat. — Les emprunts des Etats-Unis, de la France, de l'Inde et des Colonies. — Eléments de sécurité et causes de méfiance. — Les emprunts en papier monnaie. — Le cours forcé. — L'impôt sur les coupons. — Objet ordinaire des emprunts. — Emprunts perpétuels et emprunts terminables. — Les emprunts de la Révolution de 1688. — Les divers systèmes d'emprunt. — Raison d'être et défauts des emprunts consolidés. — Retour en 1819 au système des paiements en espèces et objections de ses adversaires. — Politique financière de Peel.

Les Pays-Bas ont enseigné à l'Europe le système financier, qui sous forme d'emprunts publics affecte les revenus nationaux à la garantie du paiement de l'intérêt d'une dette et de son remboursement futur. Les gouvernements ont souvent emprunté en offrant la garantie spéciale du produit des impôts ; c'est cette garantie qu'Edouard III offrit aux banquiers florentins. Mais il manqua à sa parole et un de leurs descendants reçu naguère à Londres a rappelé incidemment cette violation de la parole donnée, sans exiger bien entendu le remboursement d'une dette cinq fois séculaire. Je ne cite moi-même cette anecdote que pour prouver combien est vivace le souvenir d'une répudiation de dette ;

le crédit de l'Espagne par exemple ne s'est jamais remis de
la banqueroute de Philippe II refusant de tenir ses engagements vis-à-vis de la Banque de Gênes.

La guerre de l'Indépendance des Pays-Bas est un des évènements les plus marquants de l'histoire de l'Europe et de
la civilisation. Elle s'ouvrit à la prise de la Brille par les
Gueux de mer en 1572 et se termina par la reconnaissance
implicite de l'indépendance néerlandaise en 1609. Elle fut
surtout soutenue par les commerçants et par les classes populaires, car l'aristocratie lui fut souvent infidèle. Inflexibles comme l'acier, le marchand et le paysan ne se lassèrent
pas de lutter en dépit des déceptions, dont ils furent les
victimes.

La civilisation moderne a contracté envers les Hollandais
des obligations ineffaçables. Elle leur doit la connaissance
de l'art de l'agriculture et des secrets du crédit commercial.
La Banque d'Amsterdam lui donna les premières leçons de
finance mercantile et pratique. A l'école de la Hollande, elle
apprit la science de la navigation et les Hollandais ont été
les pionniers du droit des gens, de la physique, de la mécanique, de la médecine rationnelle, de l'érudition et de la
jurisprudence. Leurs découvertes géographiques ont servi de
base aux premières cartes dignes de ce nom. Mais par dessus tout, ils nous ont enseigné les principes de la science
de l'impôt, car leur petite république a été contrainte d'essayer de tous les moyens pour se procurer les ressources
indispensables dans sa lutte contre la puissance militaire colossale et la fortune réputée intarissable de l'Espagne.

Les Hollandais ne se décidèrent à emprunter que lorsqu'ils eurent épuisé toutes leurs autres ressources. Sous le
régime de l'Accise déclarée perpétuelle pour garantir les intérêts des emprunts contractés par la République, tout acte
de la vie journalière, du berceau à la tombe, fut assujetti
à l'impôt. Les citoyens hollandais vivaient sous la sur-

veillance d'un octroi toujours aux aguets, le jour comme la nuit. Toutefois ils ne nourrirent jamais l'espoir fallacieux de pouvoir taxer à leur bénéfice les nations étrangères ; ils savaient que le commerce doit être libre pour être prospère, que quelque gênés qu'ils fussent, l'épargne les assisterait à sortir de leur gêne, mais que détourner l'étranger des ports hollandais, eût été la sentence de mort de leur négoce. Leur système financier fut donc essentiellement basé sur la perception de droits de consommation et sur celle d'un impôt sur le revenu. Le commerce resta libre et Amsterdam devint un marché régulateur, où accouraient tous les marchands de l'Europe. Cromwell voulut implanter ce système en Angleterre, mais malgré l'éclat de sa carrière, le temps lui fit défaut pour lui permettre de le voir se développer à l'abri de son génie.

Lorsque le contribuable hollandais eut été mis à sec par l'accise, le gouvernement songea à emprunter auprès des citoyens les plus riches ; il n'avait en effet aucune raison d'espérer que l'étranger lui consentirait des avances. S'il avait décrété un emprunt forcé sous forme d'une contribution spéciale sur les riches, il aurait sans doute encaissé les capitaux dont il avait besoin, mais il n'ignorait pas que ceux-ci sont fuyants, prompts à s'échapper et qu'il est plus sage de les attirer que de les effrayer. Le moindre membre du Conseil général était versé dans les affaires et comprenait combien cette conduite serait impolitique. Quoique se rendant compte du poids dont les emprunts pèsent sur les générations présentes et futures, ils furent leurs propres prêteurs et le taux de l'intérêt auquel ils trouvèrent à emprunter sur leur propre marché, montre l'étendue des ressources, auxquelles ils faisaient appel, et l'esprit judicieux qui les inspirait.

Lorsqu'il s'agit de céder à une nécessité reconnue, un gouvernement jouit d'un pouvoir à peu près illimité d'emprunter au peuple qui lui est soumis, toutes les fois que ce peuple a des habitudes d'épargne et que son travail jouit d'une liberté suffisante. Au dire de lord Rothschild, les Juifs sont devenus les grands prêteurs de l'Europe, parceque chacun d'eux a pour coutume d'épargner la moitié de son gain. Tel est aussi, d'après ce que m'a dit un jour M. Sylvain Van de Weyer, qui fut tant d'années ministre de Belgique à Londres, le secret de la prospérité de son pays : chaque Belge, du duc d'Arenberg au dernier des paysans, s'efforce également de mettre de côté la moitié de ses revenus. Les peuples économes doivent ou thésauriser, ce qui est passé de mode, ou acheter de la terre, comme les paysans belges et français, ou bien encore placer leurs économies en actions et en obligations industrielles ou en prêts à l'Etat. Dans ce dernier cas, il arrive qu'elles sont consacrées à des entreprises productives, comme les chemins de fer, à des travaux d'une productivité moins immédiate, comme des travaux de défense et de creusement des ports, ou bien encore à des dépenses de guerre, qui, quels qu'en soient le prétexte et la justification, constituent une perte sèche et un fardeau destiné à peser perpétuellement sur le travail national.

Aux conditions que je viens d'énumérer, le pouvoir d'un gouvernement d'emprunter sur place est à peu près illimité. Mais il arrive qu'il lui est difficile ou impossible d'emprunter sur son propre marché. Ses sujets peuvent être trop pauvres, comme en Russie, ils peuvent se méfier de lui, comme dans l'Hindoustan, ou bien ils ont à leur portée des placements plus fructueux, comme dans les colonies britanniques. Dans ce cas, le gouvernement est forcé de s'adresser aux capitalistes étrangers et il est malaisé de préciser les limites de son crédit, qui seront assurément beaucoup plus resserrées que dans l'hypothèse précédente. Depuis que le gouvernement russe a frappé à la porte des

Bourses européennes, il a scrupulement et sagement respecté ses engagements, mais on assure que chaque rouble de sa dette est dans des mains étrangères. Au moment où je parle, on doute qu'il puisse trouver à contracter de nouveaux emprunts, et si nos renseignements sont
exacts, il a cherché en vain à en négocier à Berlin, à
Paris et à Amsterdam. C'est que les prêteurs n'obéissent à
aucun mobile patriotique ou politique ; les assurances les
plus formelles qu'il s'agit d'une œuvre de libération slave,
n'arracheraient pas les écus du panslaviste le plus enflammé.
Un Hollandais ou un Allemand, un Français ou un Anglais
sera encore bien moins accessible aux raisons politiques
que pourrait faire valoir le gouvernement de St Pétersbourg.
On ne prête qu'en vue d'un revenu assuré et l'emprunt
« patriotique » de Pitt ne trouva aucun preneur.

L'appréciation régnante du crédit d'un pays n'est pas
susceptible d'être formulée mathématiquement, mais se
manifeste clairement à la suite d'une guerre. La guerre
civile des États-Unis fut dispendieuse au-delà de tout précédent, mais la République n'éprouva aucune difficulté à
emprunter après et même pendant la guerre. L'Angleterre
prit ses emprunts et ne les céda que lorsque les États-Unis
eurent décidé de faire de leur dette publique la base de
leur circulation fiduciaire. Les cours furent alors tellement poussés que les détenteurs anglais jugèrent profitable
de se défaire de ces titres ; aujourd'hui le dernier dollar est
rentré dans les coffres forts des capitalistes américains. La
guerre franco-allemande n'épuisa aucun des combattants
et la France trouva aisément à emprunter de quoi payer
l'indemnité de guerre et ses propres dépenses. Après la
guerre turco-russe, les deux belligérants étaient au contraire épuisés. Le crédit de la Turquie était détruit et celui
de la Russie si entamé qu'elle n'aurait pas trouvé à emprunter. Le tableau des importations et des exportations

est alors une pierre de touche infaillible, car toute guerre entraîne un anéantissement de richesses et les nations incapables de combler les vides par leurs propres ressources, paient leurs achats en titres de dette qu'elles exportent. Or, à ce moment, les titres russes étaient le plus souvent repoussés des marchés étrangers. « Le czar, me dit un jour le fils de M. de Bismarck, a dû choisir entre la Révolution et la guerre suivie d'une banqueroute. » Mon interlocuteur traduisait en langage politique ce que je m'efforce de vous exposer en langage économique.

Il est évident pour qui regarde sous la surface, que les titres de la dette de l'Inde Britannique contractée en vue de travaux productifs comme la construction de chemins de fer ou pour couvrir les frais de guerres improductives, ne sont pas restés dans l'Inde même. Cela n'a rien de rassurant. La masse des Hindous est pauvre, mais les gens riches abondent dans la classe des marchands et dans les professions libérales. Un membre du barreau de Calcutta gagne autant que ses confrères d'Angleterre. Quelques-uns d'entre eux se plaignirent un jour à moi de ce que les ressources de l'Inde sont drainées pour envoyer en Angleterre les intérêts des fonds d'État et des obligations de chemins de fer de l'Inde. Je leur répondis que le remède était facile, qu'il leur suffisait de les racheter. Mais mon avis ne parut pas de leur goût.

Aux Colonies la plupart des emprunts ont été contractés en vue de travaux productifs. Les capitaux britanniques ont construit la plupart des chemins de fer coloniaux, car les habitants du pays ne sont pas en peine de placements plus avantageux. Mais ici encore, un danger les guette. Si j'étais colon, je me méfierais de tout politicien qui me vanterait les ressources illimitées de la colonie et le grand rôle qu'elle est appelée à jouer dans la politique de l'Empire. Peut-être l'avenir lui donnera-t-il raison, mais il est trop tôt pour évoquer de si vastes projets ; dans un pays neuf, quelque brillant avenir que lui prédisent les géologues et les physiciens, la mesure de son crédit présent est d'ordre économique et doit tenir compte de sa population, de son capital, de son industrie, que par déférence pour l'opinion de Stuart Mill, on se hâte généralement d'emprisonner dans un réseau de droits protecteurs. Toute la dette étant détenue au dehors, si l'opinion se propage que la Colonie a du mal à faire face au paiement de ses arrérages, le crédit se ferme immédiatement devant elle. Il n'est que trop à craindre qu'une politique financière dictée par l'ignorance ou par la cupidité, ne tardera pas à entraîner de sérieuses complications économiques. Si les événements se précipitent, les emprunteurs coloniaux et les prêteurs anglais auront bientôt à se repentir d'avoir prêté l'oreille aux avocats d'un système de progrès désordonné.

Les fonds d'Etat les plus solides sont donc ceux dont les titres sont détenus par les capitalistes nationaux. Mais je ne suis pas encore au bout de la liste des dangers, qui menacent les prêteurs. Il est au pouvoir des gouvernements de leur infliger un coup terrible et qu'ils ne peuvent parer, en émettant du papier à cours forcé et en créant ainsi une dette intérieure, qui équivaut en pratique à un emprunt forcé. Les classes pauvres y contribuent plus largement que les classes riches et surtout que les classes commerçantes plus habiles à se défaire de ce papier, parfois même avec un léger bénéfice. Le numéraire est invariablement chassé par un papier inconvertible, mais les nations ont un tel besoin d'une mesure de la valeur que tant que le papier monnaie est émis en quantités modérées, il se maintient sur le marché intérieur à un cours bien supérieur à celui qu'il aurait comme mesure d'échange internationale. Deux gouvernements européens, l'Autriche et la Russie, ont actuellement une circulation de papier monnaie. Le cours du florin papier est de 15 à 20 pour cent au-dessous de celui du florin d'argent, celui du rouble-papier n'atteint pas de la moitié de celui du rouble-argent. Néanmoins les prix sont restés immobiles dans ces deux pays, non pas qu'on s'attende à un remboursement prochain de leur papier, mais parce que dans leurs échanges journaliers, les habitants ne disposent pas d'une autre mesure de la valeur. Cette circulation ne constitue pas moins une dette qu'il importe d'amortir comme n'importe quelle autre dette publique et il faut en tenir compte quand on estime la solvabilité d'un gouvernement.

Les effets du papier monnaie sur le marché intérieur dépendent de la discrétion du gouvernement, qui l'émet. Si ce papier ne fait que prendre la place de la monnaie métallique, l'effet sera minime. Si par nécessité ou par ignorance, les émissions dépassent considérablement les besoins de la circulation, sa dépréciation sera rapide et les prix monteront à un niveau tel que le papier finira par perdre tout pouvoir d'acquisition. C'est ce qui est arrivé aux assignats de la Révolution Française qu'il était enjoint d'accepter sous peine de mort et que le gouvernement français finit par ne pas pouvoir rembourser. Tel fut aussi le sort du papier monnaie américain émis pendant la guerre de l'Indépendance. Tel fut encore, mais à un degré moindre, celui des *greenbacks* de la guerre de Sécession dont, à la suite des intrigues des agioteurs de Wall Street, le cours forcé fut maintenu au-delà de toute nécessité justifiable. Nous avons subi la même expérience après la cessation des paiements en espèces de la Banque d'Angleterre en 1797. Jusqu'en 1819, le billet de Banque fut en quelque sorte un papier-monnaie gouvernemental, puisque le gouvernement en avait ordonné l'émission. D'autre part c'était aussi un billet émis par une société commerciale ordinaire, puisque en théorie cette mesure ne devait profiter qu'à la Banque. Pendant plusieurs années, sa valeur resta intacte, bien qu'il ne restât dans la circulation qu'un peu de monnaie d'argent en mauvais état. C'est que les Billets avaient simplement pris la place de l'or disparu. Vers 1807, les directeurs de la Banque se départirent de leur prudence antérieure et forcèrent leurs émissions. Immédiatement le change tomba et les prix montèrent en proportion. Tout à l'heure, je vous montrerai l'effet de cette dépréciation sur l'accroissement de notre dette publique, qui grossissait à vue d'œil.

Une cause de méfiance légitime se présente lorsqu'un pays frappe d'une retenue les coupons qu'il s'était engagé à payer : c'est, de quelque manière qu'on l'explique, une répudiation partielle qui ne diffère pas en principe, mais seulement en degré, d'une répudiation totale. En Angleterre *l'income tax* frappe, non le coupon lui-même, mais les revenus provenant des fonds d'Etat. Sir Robert Peel et après lui M. Gladstone se sont attachés à disculper cette mesure en se basant sur la réduction des droits de consommation, qui a été votée et qui a profité aux rentiers comme aux autres consommateurs. Mais une réduction des droits, à moins qu'elle ne soit notable, n'entraîne pas nécessairement une réduction des prix. La suppression d'un droit sur les briques et sur les tuiles ne déterminerait pas nécessairement une baisse des loyers. A la vérité, on eût été en droit de compenser l'abolition complète de tout droit sur les denrées alimentaires par l'établissement d'un impôt sur le revenu, mais les premières réformes fiscales de Peel ont surtout profité aux commerçants et aux manufacturiers. Du reste le gouvernement s'est efforcé de rester fidèle au principe qu'il invoquait. Notre *income tax* est bien un impôt sur les consommateurs, car tout Anglais vivant à l'étranger en est exonéré, tandis que l'Italie frappe tous les rentiers indistinctement. Celle-ci a donc bien à sa charge une répudiation ou une confiscation partielle. Il est juste d'ajouter qu'elle a supprimé le cours forcé .

Un gouvernement trouve donc à emprunter sans trop de difficultés sur la garantie des produits futurs du travail national :

1° S'il emprunte à ses propres sujets,

2° Si le pays emprunteur présente la garantie des habitudes d'épargne de ses habitants et de leur aptitude au progrès,

3° S'il a toujours scrupuleusement respecté ses engagements vis-à-vis de ses créanciers,

4° S'il existe dans le pays une classe capable et désireuse de prêter ses capitaux,

5° Si le gouvernement emprunteur accorde toutes les facilités voulues pour le transfert rapide et économique de ses titres de dette, de façon à ce qu'ils puissent servir de placements temporaires ou de nantissement pour des avances temporaires, d'où la convenance et l'utilité de n'imposer aucun droit sur leur transfert et leur aliénation

6° S'il consacre autant que possible le produit de l'emprunt à des entreprises productives.

Un emprunt qui satisferait à ces six conditions serait un emprunt idéal : très peu d'emprunts ont satisfait à la dernière, tant chez les nations civilisées que chez celles que l'on flatte plus ou moins en les qualifiant ainsi. La Russie, quand elle a emprunté pour construire ses chemins de fer, avait en vue, en se gardant de l'avouer, un but plutôt stratégique que commercial. Dans les colonies anglaises les gouvernements ont eu la main forcée et ont contracté des emprunts destinés à des travaux dont la productivité est si éloignée que les intérêts sur les avances auront absorbé les capitaux prêtés avant qu'ils ne commencent à rapporter. D'autres fois, les véritables intérêts de la Colonie ont été sacrifiés au désir de faire grand et de jouer un rôle dans la politique de l'Empire, phrase ronflante, qui ne signifie absolument rien. Les nations, comme les individus, s'abusent, ainsi que l'a remarqué Adam Smith, sur l'étendue de leurs ressources. Si je ne me trompe, l'état économique de plusieurs de nos colonies est loin d'être rassurant, conséquence de la faiblesse inconsciente de nos hommes d'Etat et de la folie des politiciens coloniaux.

En face d'un danger pressant, une nation a le droit d'avoir recours à tout moyen propre à éviter sa ruine ou l'arrêt de sa marche en avant. Cependant il est permis de se demander si la facilité avec laquelle les nations ont trouvé à contracter des emprunts, ne les a pas encouragées à se lancer dans des aventures, où le succès était autant à redouter que l'aurait été un échec. Chatham s'imaginait qu'en conquérant pour l'industrie anglaise un monopole de débouchés, il justifiait les charges perpétuelles résultant de la guerre de Sept Ans. Les suites de la guerre de l'Indépendance Américaine, au cours de laquelle une dette plus considérable encore fut contractée, attestent la faiblesse de sa théorie. L'avenir doit-il être le garant à perpétuité des erreurs du passé? Et si nous nous souvenons que tout système financier repose en dernière analyse sur la taxation de ceux qui vivent de leurs salaires, que répondre aux ouvriers de l'avenir quand ils se plaindront de n'avoir pas recueilli leur part d'héritage du présent? Le plus sage serait de rembourser notre dette au plus tôt et de nous garder d'en contracter autant que possible de nouvelles.

Répondant dans un passage célèbre, aux alarmes des générations contemporaines du grossissement de notre dette, Macaulay a fait valoir que nos richesses se sont accrues plus rapidement encore. Mais celles-ci ont été fort inégalement réparties et sont tombées en partage à une infime minorité. M. Porter a démontré dans son histoire du « Progrès de la Nation » que les charges de la grande guerre du continent ont particulièrement pesé sur les classes vivant de salaires industriels. Toutes les fonctions de la vie furent alors taxées en Angleterre ; les classes laborieuses n'avaient pas voix au chapitre et on laissa leurs plaintes s'exhaler dans le vide. Quand les impôts sont lourds, c'est le pauvre qui souffre, car une confiscation ouverte pourrait seule atteindre la fortune des riches.

Les emprunts sont ou perpétuels et consolidés ou temporaires et terminables. Dans le premier cas, le débiteur ne s'engage qu'à servir les intérêts et se réserve la faculté de rembourser ou d'amortir le principal au gré de ses convenances. Dans le second cas, le paiement des intérêts et l'amortissement du principal se confondent dans une seule et même opération. Ce dernier système avantageux à l'Etat est depuis quelques années en faveur auprès de nos financiers qui ont conçu tout un plan d'extinction de la dette basé sur son application. Mais ce plan se heurte à deux difficultés : peu de capitalistes recherchent un placement, dont la valeur décroît annuellement et il importe d'autre part à l'Etat que cette décroissance soit rapide. Le marché des valeurs terminables étant limité aux capitalistes, qui ne recherchent pas un placement aisément mobilisable, on est forcé de les émettre à un cours inférieur à leur valeur véritable. De plus, elles donnent lieu à des difficultés pour la perception de l'*income-tax*, qui pour elles porte à la fois sur le principal et sur l'intérêt, tandis qu'il n'atteint que l'intérêt des dettes perpétuelles.

La Dette publique anglaise date pour ainsi dire de la Révolution de 1688, mais les despotes comme Sésostris et Ninus ont certainement dû emprunter et nous trouvons des vestiges d'emprunts contractés et probablement remboursés par Athènes et par la république romaine. Philippe II et Louis XIV répudièrent leurs dettes ; un despote est nécessairement égoïste. La Cité de Londres prêta de l'argent à Jacques I et à Charles I, mais eut soin d'exiger des gages, qui sont l'origine de ses propriétés dans le comté de Derry en Irlande. Pour en revenir à la Révolution de 1688, ma loyauté d'historien m'oblige à confesser que son Parlement n'était que le simulacre d'un Parlement. Mais debout derrière lui et faisant écouter leur voix, se tenaient ce qu'on appelait les intérêts financiers. Les quatre députés de la Cité avaient plus d'autorité que deux cents députés des bourgs pourris, car il dépendait d'eux d'affermir ou d'ébranler le gouvernement. Au temps de la Révolution et de la guerre de la succession d'Espagne le commerce de Londres ne se fit pas payer son appui à un prix exagéré. Grâce à son attitude, la nation était délivrée des prérogatives les plus odieuses du pouvoir personnel et quelque bizarre que paraisse la constitution parlementaire d'alors, quelque attachée qu'elle fût à des formes surannées et mortes, elle valait mieux qu'une magistrature corrompue et qu'un pouvoir royal maître de suspendre l'action des lois. Le souvenir du danger public qu'on avait couru sous les Stuarts était si vivace qu'on considérait l'existence de la Dette publique comme une garantie plus précieuse que la dévolution de la Couronne à la maison de Hanovre.

La plupart des anciens emprunts furent contractés en annuités terminables et eurent pour gage spécial le produit d'impôts déterminés ; c'est ce qu'on stipule encore de nos jours vis-à-vis des gouvernements discrédités. Je vous ai dit l'insouciance scandaleuse de Guillaume et de ses conseillers par rapport à la dette flottante et j'estime que Zulenstein et Bentinck, oubliant leur diplomatie, auraient bien pu signaler à Montagne et à Godolphin quelques-uns des principes financiers dès longtemps respectés en Hollande. Quant à la dette consolidée, elle eut pour point de départ le vol commis trente ans auparavant par Charles II aux dépens des banquiers, alors qu'il conspirait avec Louis XIV contre les Pays-Bas. Cette dette fut reconnue vers la fin du règne de Guillaume, mais le gouvernement aux prises avec l'impossibilité d'établir des droits de douane fructueux et l'impopularité, qui s'attachait à l'accise, ne s'engagea à rembourser que la moitié du principal.

C'est entre les mains des financiers de la reine Anne que la dette publique prit la forme à laquelle nous sommes accoutumés. La guerre de la succession d'Espagne fut l'œuvre des Whigs ; les Tories firent avec raison quelques concessions et conclurent la paix d'Utrecht. L'Angleterre avait humilié Louis XIV, affaibli la France et obtenu le droit de participer, conformément au traité de l'Asiento, au commerce lucratif, mais honteux, de la traite des nègres dans les possessions espagnoles. Sous l'empire de l'esprit de monopole, elle se mit à en importer dans celles des Iles sous le Vent, qui lui appartenaient, et dans les Colonies de l'Amérique du Nord. Le traité de l'Asiento a eu pour première conséquence la rage de spéculation, qui fit éclater la crise dite de la mer du Sud, et pour dernière la guerre civile, qui a failli déchirer en deux la grande République Américaine. Les causes économiques engendrent des effets éloignés qui échappent à la perception de la soi-disant philosophie de l'histoire.

Walpole inaugura une politique financière toute nouvelle. Nos premiers emprunts avaient été contractés sous des formes diverses, à des taux d'intérêt variés et gagés sur le produit d'impôts différents. Pendant la longue paix, qui suivit le traité d'Utrecht, le commerce s'était développé, particulièrement avec les colonies d'Amérique, l'agriculture s'était perfectionnée, la vie était à bon marché et la richesse s'était accumulée aussi bien aux mains des classes agricoles que des classes commerçantes. La prospérité générale fit tomber le taux de l'intérêt au-dessous de tout ce qui s'était vu et les bons placements devinrent rares et furent recherchés. Les fonds d'Etat dépassèrent le pair et les circonstances étaient favorables à un essai d'innovation financière. Après avoir amorti une partie de la dette, Walpole résolut de consolider le reste et d'unifier les ressources, qui garantissaient le service des intérêts. Profitant des craintes qu'inspirait le chiffre de la dette, il parvint par l'offre du remboursement au pair, à obtenir une réduction du taux de l'intérêt et à unifier les dettes distinctes en un fonds commun, qui a gardé le nom de fonds consolidé.

L'innovation de Walpole a été imitée par toutes les nations. Il est évident que l'emprunteur doit offrir des taux d'intérêt variant selon l'état du marché, l'abondance ou la pénurie des capitaux et la solidité de garanties qu'il présente. Il en est de même du taux d'escompte des effets de commerce, qui suit le taux officiel de la Banque d'Angleterre. Celle-ci se règle principalement sur l'état de sa réserve métallique, mais elle tient également compte d'autres circonstances, par exemple de la concurrence des effets présentés à l'escompte en prévision de besoins réels ou imaginaires. Il s'en suit que le taux de l'escompte subit des fluctuations auxquelles échappe le taux de l'intérêt ordinaire. Les fonds d'État servent souvent de nantissement à des avances et participent à la fois de la nature des créances à courte échéance et de celle des placements ordinaires ; aussi sont-ils sujets à des fluctuations moindres que les premières, mais plus marquées que ces derniers.

Le gouvernement emprunteur stipule toujours que son créancier ne pourra pas comme un déposant dans une Banque réclamer le remboursement de sa créance à vue ou après avis. Il ne peut pas s'exposer à voir en temps de crise tous ses créanciers se précipiter vers les guichets de la Trésorerie. Par contre il se réserve le droit de rembourser son créancier à sa propre convenance. S'il a des *boni* en caisse, il peut et doit même en Angleterre, suivant une loi récente, acheter des titres de sa dette à la Bourse, et les anéantir. Cette règle est si absolue que si des prévisions de dépenses se trouvent avoir été supérieures aux dépenses effectuées, l'excédent disponible doit recevoir cette destination. Quoiqu'une prévision inexacte dénote, à moins d'explication suffisante, une gestion financière imprévoyante et que les différents départements s'attachent à éviter des prévisions exagérées, ils cherchent pourtant à s'assurer une certaine marge, qui fournit régulièrement les moyens de ce mode d'amortissement.

Les cours élevés de la dette annoncent une abondance de capitaux en quête de placements. Dans ce cas, le Trésor risquera une opération plus étendue. Après avoir soigneusement étudié le marché, il offre au rentier l'option entre un remboursement au pair, quelqu'ait été le cours d'émission, et l'acceptation d'un taux d'intérêt réduit. Il ne propose évidemment ce dilemme qu'en offrant un avantage à son créancier pour lui faire accepter une réduction de ses intérêts. Parfois il lui délivre un titre de dette d'une valeur nominale supérieure, par exemple 105 de capital à l'intérêt réduit contre 100 à l'ancien taux. Si, comme en France, la dette est divisée par petits paquets entre les mains d'une foule de créanciers, l'opération de la conversion est rendue plus délicate, non pas nécessairement à cause du mécontentement que peut engendrer la réduction de l'intérêt, mais à cause des frais de la conversion, qui absorbent une partie du bénéfice que l'État en attend.

Walpole avait converti la plus grande partie de la dette en titres 4 0/0. Ses successeurs ont préféré suivre un autre système. Ils maintinrent un taux d'intérêt invariable et varièrent les cours d'émission suivant les offres du public ou des banquiers intermédiaires. Les cours d'émission des consolidés sont tombés pendant les grandes guerres continentales au-dessous de 50, de sorte que le gouvernement délivrait à ce moment un titre nominal de 100, alors qu'il n'encaissait que 50. En d'autres termes, il empruntait à 6 0/0.

Ce procédé a été vivement critiqué et il est évident qu'en l'adoptant, le Gouvernement se privait de la faculté de réduire dans l'avenir le taux de l'intérêt sur les sommes qu'il avait effectivement reçues. « Une forte proportion de la dette, a-t-on dit, n'est pas représentée par des capitaux versés à l'Etat. Les heureux rentiers, qui ont acheté à 50, touchent à perpétuité un intérêt de 6 0/0, alors même que le taux normal est descendu à 3 0/0. Les ministres des finances, qui ont ainsi engagé la responsabilité de la nation, l'ont mise dans une situation pire que leurs prédécesseurs de la Révolution, qui empruntaient à 6 0/0, mais laissaient la porte ouverte à une réduction ultérieure de l'intérêt. Ils ont fermé cette porte, car il n'est pas probable que le taux normal tombe beaucoup au-dessous de 3. En un mot, la nation a été engagée à rembourser de l'argent qu'elle n'a pas reçu et à payer dans l'intervalle un intérêt élevé, quoique dissimulé ».

Cette critique est plausible, mais n'est pas irréfutable. « Les inconvénients mêmes que vous alléguez, répond-on, étaient présents à l'esprit de ceux qui ont négocié l'emprunt et de ceux qui l'ont souscrit. Le prêteur savait que le risque de conversion était minime, et a élevé son offre en conséquence : il a payé un prix plus élevé qu'il n'aurait payé dans l'hypothèse contraire. Si l'Etat avait emprunté à un taux rendant probable l'éventualité d'une conversion, il aurait eu à payer, non pas 6 0/0 à perpétuité, mais 8 et même 10 0/0 pendant un long intervalle, jusqu'au jour, où, oublieux des services que lui avaient rendus les prêteurs dans une période de détresse, il se serait trouvé en mesure de leur imposer la conversion à des conditions défavorables pour eux. » Je dois dire que la plupart des financiers que j'ai connus, approuvaient ce raisonnement et estimaient qu'en somme nos gouvernements passés ont adopté le mode d'emprunt le plus commode et le moins onéreux.

Ce sujet a été traité non seulement par les économistes, qui en matière financière peuvent corriger la rigueur de leurs abstractions au contact des événements, mais il a encore été fréquemment débattu dans la Chambre des Communes. Après les discussions ardentes et prolongées, auxquelles donna lieu la reprise des paiements en espèces, après que les absurdités débitées par M. Vansittart, le Chancelier de l'Echiquier, et par lord Stanhope eurent été combattues par lord King et M. Horner, une question que le Gouvernement s'était efforcé de laisser dans l'ombre, fut soulevée par ses propres défenseurs. Oublieux de leur assertion que le papier monnaie n'avait pas baissé, mais que la valeur de l'or avait monté : « Nous sommes en présence, s'écrièrent-ils, d'une dette énorme, prix d'une guerre juste et nécessaire. Les intérêts agricoles sont menacés d'une ruine complète et le mécontentement est général. Nous sommes forcés de le réprimer, mais quoi de plus odieux que ces agioteurs, qui se sont engraissés de notre misère et qui absorbent la moitié du produit de l'impôt. Non seulement ils ont acquis leurs titres de rente à moitié prix, mais ils les ont payés en billets de banque qui perdaient 30 0/0. Les rembourser en bonnes guinées serait donc un suicide. Pendant longtemps la livre sterling papier n'a valu que 14 shillings et demi ; frappons des souverains de cette valeur et servons-nous en pour rembourser ces harpies financières, qui ne méritent pas un pareil sort. » Ainsi raisonnaient, non pas des démagogues honnêtes, mais égarés comme Cobbett et Hunt, qui avaient sans trève combattu la guerre et le cours forcé, mais nos hommes d'Etat et les membres de l'aristocratie.

De plus sages conseils l'emportèrent. Peel rendit au crédit et à la nation un service aussi précieux que celui qu'il rendit plus tard au commerce, en le délivrant de ses entraves. Peel me paraît le plus grand de nos tacticiens par-

lementaires. Ses écrits publiés par Cardwell, sont médiocres, ses discours étaient soigneusement étudiés, mais ses
ripostes étaient irrésistibles. Toujours sous les armes il
avait le don de déconcerter un adversaire par une question et par une réponse également topiques. Il était honnête
au suprême degré. Lent à changer d'opinion, il cédait
quand la conviction avait pénétré dans son esprit. Conservateur d'instinct, il fut le plus dangereux allié du conser-
vatisme aveugle. Sachant qu'il est inutile de s'enfermer
dans une forteresse politique quand une grande bataille est
perdue sous les murs de celle-ci, son tact lui valut la victoire sur les Whigs, dont les positions paraissaient inatta-
quables après la réforme parlementaire de 1832.

Je n'ai pas eu le temps de vous entretenir de l'absurde
système d'amortissement de Price adopté par Pitt, ni du
système plus efficace qui, dirigé par le plus grand disciple de
Peel, a tant contribué à réduire notre dette. Il consiste dans
une création judicieuse d'annuités terminables, dans l'attribution au service de la dette d'une somme annuelle invariable,
affectée en partie au remboursement du principal et en partie au service des intérêts. Fort heureusement de nos jours
les partis ne se combattent plus sur le terrain des finances
et les adversaires les plus irréconciliables des idées politiques de cet homme d'État éminent rendent un hommage
unanime à son habileté financière et à sa liquidation méthodique de notre dette nationale.

CHAPITRE XXI

Des impôts modernes en Angleterre.

Situation et difficultés financières en 1640 et en 1688. — Contraste entre les deux Révolutions. — Les Douanes et les Accises. — Analyse des anciennes théories de l'impôt. — La Land-Tax ou impôt foncier. — Développement de la Contrebande. — Politique financière de Walpole. — Les guerres du XVIIIᵉ siècle : guerre de la succession d'Autriche et guerre d'Amérique. — Accroissement de la dette et des impôts. — Droits de succession ; théorie de Mill. — Comment les riches parviennent à les éluder. — Histoire de l'Income-Tax ou impôt sur le revenu. — Cet impôt n'est jamais strictement proportionnel. — Système financier contemporain.

La seconde Révolution Anglaise — j'appelle ainsi celle de 1688 pour la distinguer de celle de 1640 — fut dès l'abord caractérisée par l'adoption d'un nouveau système d'impôt. On procéda avec maladresse et par tâtonnements, mais jamais non plus des hommes politiques ne s'étaient trouvés aux prises avec de pareilles difficultés. Etrangers à la science des finances, abasourdis par les clameurs des inventeurs de taxes nouvelles, les ministres de Guillaume III avaient à découvrir 1° celles que le peuple supporterait sans trop d'impatience, 2° celles qui seraient les moins funestes au commerce et à l'industrie, 3° celles dont la perception serait à peu près assurée. Les pamphlets financiers foisonnaient et après

avoir exploré la masse de ceux qui reposent à la Bibliothèque Bodléïenne, je dois conclure que les Anglais de
l'époque se croyaient la science des finances infuse et je vois
où Swift est allé chercher les commentaires caustiques, dont
il accompagne les dissertations des philosophes et des politiques de Laputa.

La situation était hérissée de difficultés. L'impôt foncier
direct et rigoureux établi par Cromwell et arrivé à échéance
sous les Suarts avait semblé intolérable, et l'accise avait
été tout aussi détestée du commerçant et du consommateur,
du premier parce qu'elle faisait de lui un collecteur de taxes
responsable, du second parce qu'elle lui rappelait à chaque
acte de la vie journalière l'existence du gouvernement sous
ses dehors les plus déplaisants. On se réjouissait assurément
d'en avoir fini avec le règne arbitraire du roi et des courtisans et avec l'oppression de la tyrannie ecclésiastique, mais
les violations de la loi par le pouvoir d'en haut n'avaient
été que peu ressenties par la multitude. La Chambre Etoilée
et la Haute Cour étaient plus odieuses à Hampden et à Pym,
à Hyde et à Selden, à Cromwell et à St John qu'aux boutiquiers et aux paysans qui les avaient élus. Leur terrorisme ne s'était pas appesanti sur la foule et l'accise de Cromwell avait un aspect plus vexatoire que la taxe des Navires
de Charles 1er. En outre, la foule se soucie peu qu'un
impôt, qui l'irrite, ait reçu la sanction de l'autorité constitutionnelle.

Le peuple n'avait pas beaucoup gagné à passer de la
surveillance des évêques de Laud au contrôle tracassier des
assemblées presbytériennes ou des autres polices théologiques imaginées dans la Babel des Sectes religieuses. Tout
en ne comprenant pas encore que la seule vraie liberté religieuse est basée sur la tolérance, il en éprouvait le vague
désir, bien qu'il n'eut réussi qu'à remplacer le ministre anglican accommodant et bon vivant par quelque fanatique

acide et tyrannique. Je ne crois pas que les campagnes aient embrassé le Puritanisme ; sinon je ne m'expliquerais pas l'influence dont jouit sous la Restauration le clergé rural, pauvre et d'obscure naissance, et la popularité des lois proposées par Clarendon [1]. Les deux soulèvements de 1640 et de 1688 furent essentiellement aristocratiques ; la République en détruisant l'organisation puritaine, avait détruit son principal moyen d'action. Toutefois son influence morale avait survécu et le peuple ne prit aucune part aux révoltantes orgies de la Restauration.

La première Révolution n'avait eu rien à redouter d'une intervention de l'étranger ; l'Europe était épuisée par la guerre de Trente ans, Louis XIV était encore enfant et ni la politique, ni les liens de la gratitude ne devaient incliner Richelieu et Mazarin à embrasser la cause de Charles. Bien qu'un véritable homme d'Etat soit inaccessible à un désir aveugle de vengeance, la sotte tentative de Charles et de Buckingham sur la Rochelle n'était sans doute pas sortie de la mémoire de Richelieu. La démocratie hollandaise, guidée par la maison d'Orange, montra seule quelque sympathie pour les Stuarts qui la payèrent de la plus noire ingratitude.

Les auteurs de la seconde Révolution eurent de tout autres dangers à affronter. La paix de Nimègue avait élevé Louis XIV à une hauteur qui ne fut égalée que par celle de Napoléon après Tilsitt, et de son neveu après la campagne d'Italie et l'annexion de Nice et de la Savoie. Il avait toutes les raisons possibles de soutenir les Stuarts et ne regardait à aucune dépense destinée à se les attacher. Le détrônement de Jacques et sa fuite après la campagne d'Irlande furent pour lui un échec sensible, quoiqu'il commandât au royaume le plus peuplé et le plus riche de l'Europe. Du moins

---

1. Pour la réintégration de l'Eglise anglicane dans ses biens confisqués et aliénés pendant la période révolutionnaire.

on l'estimait tel : la politique financière de Colbert avait ébloui les yeux de la France, ou plutôt de cette partie de la France, qui vivait aux dépens du labeur des paysans. C'est à partir de ce moment que la soif de prestige a commencé à exercer une action permanente sur la politique française. L'Angleterre n'avait qu'une alliée, la Hollande, à qui elle fût unie par les liens du danger commun : elle se constitua sa protectrice pendant les deux guerres suivantes et lui fit chèrement payer ses services par la suite.

Cette esquisse était indispensable pour vous faire saisir les nécessités financières de la Révolution. Les financiers les plus habiles ne savaient où trouver de nouvelles recettes. L'ancienne accise était impossible à rétablir et une nouvelle accise frappant le consommateur populaire par l'intermédiaire du commerce eût_été peu productive. Une taxe quasi personnelle sur les feux, établie par la Restauration, fut abandonnée à regret. On n'osait rétablir l'impôt foncier sur ses anciennes bases, ni à titre de rachat des redevances féodales, et l'accise héréditaire, qui l'avait remplacé, ne rendait pas le dixième des recettes dont on avait besoin. Restaient les douanes, mais les patriotes les plus chaleureux, tout en applaudissant les tirades sur le patriotisme, achetaient aux contrebandiers qui importaient les produits français.

Les métaphysiciens de l'économie politique se sont souvent demandé sur quel droit reposent l'institution et la perception de l'impôt. Au bon vieux temps, les théologiens et les légistes soutenaient que l'argent des sujets appartient au prince, qui n'a d'autre devoir que celui de les défendre. Peu à peu, après une longue série de luttes et de révolutions, on jugea imprudent de lui laisser trop de latitude dans l'interprétation de son droit. On eut alors recours à une métaphore périlleuse : on compara l'État à une vaste association et on déclara que chaque associé devait fournir sa quote-part des frais de gestion de l'association. Malheureusement l'analyse montre que parmi les associés non indigents, les membres, qui profitent le moins de l'association, contribuent la plus forte part relative de ses dépenses. Enfin on en vint à affirmer, avec plus de raison, que l'Etat, qui ne possède rien en propre, n'en accomplit pas moins un service supérieur et nécessaire, où la protection du travail joue un rôle de premier ordre, et que l'impôt est la rétribution de ce service. Reste la difficulté d'en apprécier la valeur. Avec sa clairvoyance accoutumée, Adam Smith prouva que l'impôt ne doit frapper que la jouissance, c'est-à-dire qu'il doit éviter de frapper les consommations indispensables à l'entretien et à la subsistance du travailleur.

La Révolution se mit à la recherche des impôts que le peuple pourrait supporter. Elle établit des droits de capitation gradués suivant la fortune et fut effrayée de leur peu de rendement. Ils ne furent maintenus que huit ans. En remplacement de l'impôt sur les feux, on frappa les fenêtres d'une taxe progressive, on imposa des licences au commerce et, à l'imitation des Hollandais, on assujettit les pièces de procédure à un droit de timbre. On frappa les importations de la Chine et des Indes Orientales et quelques articles d'Europe. L'accise sur la bière fut augmentée, on en créa une nouvelle sur les spiritueux et le sel fut soumis à des droits exorbitants. Pour ne pas vous lasser par un luxe de détails inutiles, je vous dirai que toutes ces tentatives durent être arrêtées à cause de leur influence désastreuse sur l'industrie.

La décision du Parlement déclarant que lui seul avait le droit d'accorder un charte conférant un monopole commercial, prépara une opération financière, qui sauva la situation. Deux grandes Compagnies, la Banque d'Angleterre et la Nouvelle Compagnie des Indes Orientales, avaient en vertu de ce principe été créées sous Guillaume III. Elles payèrent leur privilège d'une somme, qui nous paraît médiocre, mais

3.200.000 L n'étaient pas à dédaigner à cette époque et représentaient le sixième des frais de guerre, de l'avénement de Guillaume à la paix de Ryswick. Ce qui fut plus important encore, c'est qu'en créant la Banque d'Angleterre, le Parlement créa un organe financier de premier ordre, dont l'existence fut indissolublement liée à celle du nouveau régime et qui devint l'instrument solide et fidèle, qui pendant les guerres suivantes négocia les emprunts, établit le crédit public sur une base inexpugnable et rendit possible la réduction de l'intérêt de la dette sous l'administration longue et pacifique de Walpole.

La *Land Tax* de Cromwell, objet de la haine des propriétaires terriens, fut réimposée en 1692 après une lutte acharnée entre les Communes et les Lords, qui s'efforcèrent en vain d'assurer certains privilèges à leur ordre. Elle fut établie sur la base d'une cote mensuelle, frappant toute espèce de biens, à raison de 4 sh. par L du revenu estimatif. Un an plus tard, on exigea des répartiteurs un serment, qui n'augmenta en rien le rendement de l'impôt. Après plusieurs essais ayant pour but de le rendre plus fructueux, le Parlement fixa en 1697 le montant total qu'il devait rapporter et le répartit entre les comtés et les villes conformément à une évaluation, qui fut déclarée permanente. En théorie, la *Land-Tax* de 1697 s'appliquait à tous les biens, meubles et immeubles. En pratique elle est devenue un impôt immobilier, dont l'assiette et le rendement légal, restés invariables, ont à la longue perdu tout caractère de proportionnalité. La richesse mobilière devait nécessairement lui échapper, car s'il est aisé de retrouver le propriétaire d'un immeuble, il est chimérique de discerner au bout d'un siècle l'ayant droit ou l'acquéreur du bien mobilier, qui a été taxé à l'origine.

Il y a deux siècles la rente foncière, qui avait sans aucun mérite du bénéficiaire plus que décuplé pendant le cours du xviiᵉ siècle, devait sembler éminemment imposable. La terre venait d'être exonérée de toute redevance féodale par acte du Parlement, après avoir été à différentes reprises l'objet de ses faveurs législatives : en outre l'impôt foncier offrait le seul moyen d'échapper à l'établissement de droits d'accise particulièrement vexatoires ou de droits de Douane d'un produit capricieux et peu assuré. Malgré les progrès de la culture et la hausse des fermages, on ne cessa pourtant de se plaindre au xviiiᵉ siècle. Mais le coût de la guerre de Sept Ans et de la guerre d'Amérique imposèrent son maintien. On conserva son assiette primitive en élevant le taux des cotes ; en 1798, Pitt à court de ressources, le fit déclarer perpétuel, mais rachetable.

La guerre de la succession d'Espagne a coûté à la Grande Bretagne — l'Union avec l'Ecosse fut accomplie en 1707 — plus de 50 millions sterling dont 3/7 furent avancés par des emprunts. Le gouvernement ne tarda pas à s'apercevoir que le public s'accoutumait au fonctionnement des Douanes et de l'Accise et qu'il devenait possible de les rendre plus productives. La perception de ces droits étant maintenant accordée pour des termes plus longs, cet accroissement de garanties rendait aisé de conclure des emprunts à des conditions plus favorables. Le Parlement vota de nouvelles taxes sur le houblon, celles-ci à charge du cultivateur, sur le savon, sur le papier, sur les tissus imprimés, sur les journaux et les annonces. Toutes ont survécu jusqu'à nos jours. La taxe sur les journaux se percevait sous forme d'un droit de timbre et l'opinion assimila avec quelque raison ses effets à ceux d'une autorisation préalable. D'ailleurs les journaux de l'opposition brillaient d'un tout autre éclat que ceux du gouvernement : Swift, Saint-John, Prior étaient des polémistes plus redoutables que les écrivains ministériels. Defoe semble avoir été prêt à combattre dans les deux camps et avoir jugé que l'argent est toujours bon à prendre

Le contrebandier est le vengeur naturel du contribuable pressuré par des droits de douane excessifs ; une nation ne tolère que des droits de douane équitables, qui n'ont pas pour objet de servir des intérêts particuliers ou des caprices politiques. Les Anglais se décidèrent en rechignant à remplacer le vin de Bordeaux par le Porto, les eaux-de-vie de Cognac par l'alcool de grain et le rhum des Colonies. Le Midi de notre île était porté à accepter ces taxes, qui avaient pour but d'affaiblir l'ennemi héréditaire et d'assurer une balance du commerce favorable. Mais il n'en fut pas de même pour le thé et le tabac, dont la consommation allait croissant et ne rapportait cependant presque rien au Trésor. Le commerçant ordinaire, ne pouvant concourir avec le contrebandier, s'était entendu avec lui. La modération des droits est le meilleur remède contre la contrebande ; aussi, de nos jours, en dépit des droits formidables dont sont frappés quelques articles étrangers, celle-ci a-t-elle cessé d'être une profession, depuis que ces droits sont établis dans un but purement fiscal et ne visent plus la protection des uns aux dépens des autres ; le sens moral du consommateur n'en est plus offensé. Il n'en est pas de même dans les pays protectionnistes : la tendance vers une Union Douanière entre les Etats-Unis et le Canada est née de la difficulté qu'il y a à exercer une surveillance efficace le long d'une frontière purement géométrique.

« Walpole, écrit l'archidiacre Coxe, son biographe et panégyriste, trouva notre tarif le plus défectueux du monde et le laissa le plus parfait ». Les biographes pèchent souvent par excès de louange de leur héros, mais il n'y a pas moyen d'en disconvenir, Walpole fut un maître de la tactique parlementaire. Il se révéla dès ses débuts en 1702. Les Tories résolus à exiger la reprise des portions du domaine de la Couronne, qui avaient été données aux amis de Guillaume, étaient de force à enlever le vote. Walpole feignit d'être d'accord avec eux et proposa de faire remonter les reprises jusqu'à la Restauration. Somers et Montague, même Bentinck et Keppel, étaient des hommes, dont les services ne pouvaient être niés, quoiqu'ils eussent été récompensés outre mesure. Mais il n'était pas aisé de découvrir les mérites des bâtards de Charles II : le contraste était trop grotesque et le *Bill* fut abandonné. Heureusement pour lui, Walpole n'était pas au ministère lors de la crise de la Compagnie de la Mer du Sud, quoiqu'on dise que, par des achats et des reventes d'actions, il avait réussi à notablement augmenter sa fortune. Ses mesures habiles contribuèrent à sauvegarder le crédit public ébranlé par la fièvre de spéculation, où plusieurs membres du gouvernement s'étaient compromis.

Comme tous ses contemporains il amassa une fortune considérable au service de l'Etat. Toutefois l'opinion ne lui en fit pas un crime et ratifiait l'appréciation du Jacobite Shippen : « Robert et moi nous sommes deux honnêtes gens, seulement il est pour le roi Georges et moi je suis pour le roi Jacques. »

Walpole se décida à réformer le tarif, à admettre les matières premières en franchise et à accorder la restitution des droits à la sortie. Il supprima plusieurs taxes, qui décourageaient la navigation, et autorisa, à peu d'exceptions près, la libre sortie des articles produits ou fabriqués en Angleterre, biffant ainsi d'un trait de plume la plupart des droits de sortie. Il projetait une révision de l'assiette de l'impôt foncier, au grand effroi des gentilshommes campagnards, surtout de ceux des comtés de l'Ouest et du Nord, qui avaient été singulièrement ménagés. Ils le forcèrent à renoncer à son projet.

Il caressait encore le plan de donner plus d'extension au système d'entrepôts. En 1711, des importateurs avaient été autorisés à entreposer leurs thés et leurs cafés et en 1723

Walpole avait rendu l'entreposage obligatoire. S'apercevant qu'il avait ainsi réussi à réprimer la fraude, il proposa d'appliquer le même régime aux vins et au tabac et de ne percevoir les droits d'accise qu'au moment de la mise en consommation. Les grands négociants virent dans cette proposition le dessein de leur susciter des concurrents ; ils se joignirent à ses ennemis pour l'accuser de vouloir rétablir l'accise de Cromwell, des pétitions affluèrent de tous les côtés et l'émeute gronda jusque dans l'enceinte du Parlement. Walpole retira son projet de loi, calma l'irritation populaire et par cette retraite prudente s'affermit pour huit ans au pouvoir.

En 1739, l'Angleterre déclara la guerre à l'Espagne sous le prétexte de venger de mauvais traitements infligés aux matelots anglais contrairement aux stipulations du traité de l'Asiento, en réalité parce que les Colonies espagnoles offraient une proie facile à saisir. Vers la même époque éclatait la guerre de la succession d'Autriche et du premier agrandissement de la Prusse ; elle entraîna une guerre entre nous et la France, l'expédition du prince Charles Edouard en Ecosse, et prit fin au traité d'Aix-la-Chapelle. Pour subvenir aux frais de la guerre, on dut augmenter les droits de douane et d'accise, la taxe sur les maisons et frapper les voitures d'une taxe nouvelle. Puis, en considération des charges imposées à l'industrie nationale, on établit de gros droits sur les fabricats étrangers similaires et c'est ainsi que nous sommes devenus protectionnistes sans le savoir. Henri Fox, qui comprenait les avantages de la liberté commerciale, avait en vain proposé de se procurer les ressources nécessaires en revisant l'assiette de l'impôt foncier ou en instituant des droits de consommation strictement perçus. Il avait calculé qu'une perception équitable de la *Land-Tax* rapporterait quatre à cinq millions sterling, mais les propriétaires n'en voulurent pas entendre par-

ler et le peuple menaça de se soulever contre un relèvement de l'accise.

La paix durait depuis huit années, quand éclata la guerre
de Sept Ans, entreprise pour la conquête du monopole commercial universel. Elle ne coûta pas moins de 82 millions
sterling et la dette se trouva accrue de 60 millions. On
frappa la vaisselle d'argent, les jeux de cartes et les dés à
jouer, ainsi que les cabaretiers ; on établit de nouveaux
droits de consommation, et les droits de douane furent
aggravés dans la proportion de 5 pour cent de la valeur des
marchandises importées. On frappa tout particulièrement
la bière et les spiritueux, mais une révolte fut sur le point
d'éclater quand on voulut toucher au cidre et au poiré.
La richesse imposable et la patience de la nation semblaient épuisées. Tel était l'effarement du ministère arrivé
au pouvoir à la paix de Paris, qu'il proposa de taxer les
colonies au nom de l'autorité du Parlement. La guerre
avait fait des colons de race anglaise les maîtres incontestés
des plus riches régions de l'Amérique du Nord, ils avaient
bravement payé de leurs personnes et de leur argent, mais
en les affranchissant de la crainte de la France, l'Angleterre était devenue la seule puissance qu'ils eussent à redouter.

Les colons affectèrent de croire, et non sans motif, qu'en
se soumettant à l'Acte du Ministre Grenville, ils recon-
naîtraient au Parlement le pouvoir illimité de leur imposer des taxes au profit du Trésor de l'Empire. Ils ne lui
firent cependant pas une opposition absolue : ils avaient
déjà accepté le système colonial qui, réglant leur commerce, réglait par le fait les droits perçus dans leurs ports
et consentirent certains droits de douane sur les entrées et
les sorties, mais ils demeurèrent résolus à résister jusqu'au
bout à l'Acte imposant les droits de timbre. Les deux
chambres anglaises l'avaient voté sans appréhension et ce-

pendant peu de mesures ont exercé une influence aussi prolongée sur le cours de l'histoire des nations. Cet Acte eut bien d'autres effets que celui d'exciter les Américains à la rébellion : il nous a conduits à la reconnaissance de l'indépendance fiscale des colonies anglaises et du principe que le droit de taxation est corrélatif du droit de représentation. Par une interprétation abusive, elles en ont déduit le droit de repousser par des droits protecteurs les produits de la métropole, tout en se réservant la latitude d'entraîner son Gouvernement dans les guerres locales ou politiques, dans lesquelles il leur plaît de s'engager. Il est encore trop tôt pour prédire quelles seront les conséquences politiques de cette dernière interprétation ; quant à ses conséquences économiques, elles ont été funestes aux Colonies.

Le droit de timbre, qui ne couvrait pas ses frais de perception, fut aboli en 1766, mais le Parlement accompagna son abrogation d'une nouvelle affirmation de son droit de taxation. Les Colonies firent un pas en avant et contestèrent ce droit, qu'il s'exerçât dans l'intérieur du territoire ou dans leurs ports. Le droit sur le thé qu'on estimait devoir rendre 30,000 L par an, ne fut adopté par le Cabinet qu'à la majorité d'une seule voix, celle de lord North.

Je ne vous fatiguerai pas des détails de ce conflit, je ne retiendrai que ceux qui se rapportent au développement du système fiscal britannique. La plus grande partie des frais de la guerre fut couverte par des emprunts et par des droits de consommation. Malgré les évènements, notre richesse nationale s'accrut, mais la condition des classes ouvrières empira à vue d'œil. Les jours des récoltes abondantes et de la vie à bon marché étaient passés et l'accroissement de la population, doublée depuis le commencement du siècle, contribua avec les lois céréales à pousser les prix à un niveau de famine. En 1782, la dette était montée de 126 à 230 millions et cependant le peuple se taisait, car pour qu'un peuple puisse faire sentir le poids de son mécontentement, il faut qu'il soit prospère : la misère frappe en aveugle et sa colère est vite écrasée.

En 1783 le second Pitt arriva au ministère, en 1784 il fit élire un Parlement docile par des moyens qui ne sont pas encore tous divulgués. Les impôts qu'il établit furent les plus mauvais qu'on pût imaginer, car ils atteignaient la consommation, le commerce et l'industrie. On lui a fait l'honneur de le proclamer l'élève d'Adam Smith : plus d'un disciple a trahi son maître. Même pendant les neuf années de paix de son ministère, son système financier dédaigna les règles posées par Adam Smith et il devint de plus en plus funeste pendant les vingt-deux années de guerre, où son auteur plongea le pays.

On sait les tentatives des gouvernements du Continent pour réprimer les premières manifestations de la Révolution Française et l'esprit de résistance désespérée qui jeta la France dans des excès atroces et dans un état d'enthousiasme belliqueux, qui submergea l'Europe. La guerre ajouta 622 millions à notre dette, qui était de 237 millions sterling, quand elle fut déclarée. Abandonnée à elle-même, la Révolution se serait consumée sur place ; elle aurait peut-être abouti à une république constituée sur le modèle des Etats-Unis, si les idées fédéralistes n'étaient pas bientôt devenues suspectes, ou à l'établissement d'une monarchie constitutionnelle. L'intervention de l'Europe donna l'essor à un despotisme militaire, qui broya tout sur son passage, et, comme la guerre de Trente Ans, elle laissa les vainqueurs et les vaincus dans un état d'épuisement, dont il fallut une génération pour les relever.

En 1795, Pitt proposa de taxer toutes les successions collatérales mobilières et immobilières. Les Hollandais l'avaient précédé dans cette voie et avaient eux-mêmes

emprunté cette taxe à la « *vicesima hereditatum* » ou taxe
de 5 pour cent sur les héritages imposée dans l'Empire
Romain. Il projetait, dit-on, de ne présenter qu'un seul
projet de loi, mais changea apparemment d'avis, puisqu'il
présenta un projet pour les successions mobilières et un second projet pour les successions immobilières. La distinction
à établir entre les deux classifications est forcément délicate et
arbitraire et il ne réussit à faire voter que le premier. Le
parti des propriétaires l'avait menacé de l'abandonner s'il
persistait à maintenir le second et pourtant le renchérissement des fermages était général à cette époque. Je ne
serais pas surpris d'apprendre que Pitt avait prévu cette
opposition à laquelle il sembla se soumettre sans répu-
gnance [1].

Certains économistes spéculatifs ont pris la défense des
droits de succession. « Le bénéficiaire d'un héritage, allè-
guent-ils, n'a aucun droit à invoquer. Les biens, dont il
hérite, ont été acquis par le travail ou la bonne fortune
d'un autre, qui a perdu par sa mort tout droit parmi les
vivants : ses biens sont délaissés et appartiennent à l'Etat.
Par une tolérance peut-être coupable, les sociétés humaines
ont généralement permis aux descendants directs du dé-
funt d'entrer en possession de ces biens auxquels ils n'ont
aucun droit. L'Etat est donc fondé à se faire largement
payer sa tolérance. En droit strict l'enfant n'aurait droit
qu'aux aliments que l'opinion publique accorde à la descendance illégitime d'un décédé. » Je ne parodie pas, je
résume l'argumention de mon ami Stuart Mill, qui acceptait néanmoins le droit de tester. Rigoureusement parlant,
un homme mourant sans testament — malheur qui peut
arriver au plus réfléchi et au plus prévoyant — ne pourra
donc laisser à ses enfants que quelques shillings par se-

1. Les biens fonds ne sont assujettis aux droits de succession que depuis 1853 ; encore sont-ils considérablement atténués.

maine, mais celui qui aura été assez avisé ou assez prudent pour régler ses dispositions testamentaires, devra être écouté après sa mort. L'enfant sera puni de la négligence de ses parents ou d'un accident qui leur est arrivé. Par contre, Ricardo s'élevait contre les droits de succession, donnant pour motif qu'ils arrêtent l'accumulation des capitaux, comme si cet argument ne pouvait pas être invoqué contre tout impôt indistinctement.

Il rentre dans la mission de l'économiste d'étudier les mobiles qui portent les hommes à l'épargne. Le mobile primitif, qui est aussi le plus persistant, c'est le désir de s'assurer contre les vicissitudes de la fortune ou de la santé, contre les risques de la vie sociale et contre l'usure de l'énergie humaine. L'attente d'un profit est un mobile secondaire et subordonné ; chez quelques tempéraments exceptionnels ou morbides, la soif du pouvoir que donne la richesse, agit peut-être comme stimulant, mais ce cas est trop rare pour qu'il convienne de le prévoir. L'économiste reconnaît encore que l'habitude de l'épargne est un bienfait direct et indirect pour la société et qu'il faut l'encourager. D'autre part, on m'accordera, je présume, qu'il est louable de la part d'un père de chercher à empêcher ses enfants de tomber dans une condition inférieure à la sienne, et, s'il est dans une position aisée, de de les mettre à l'abri du besoin après sa mort. L'opinion publique blâmerait sévèrement un père, qui ayant des revenus viagers considérables, ne se préoccuperait pas de l'avenir de ses enfants. Un père est donc tenu de leur léguer sa fortune et l'Etat serait coupable si, se prévalant de l'absence de testament, il s'emparait de ce viatique parfaitement légitime. Pour moi l'Etat n'est à blâmer que s'il sanctionne un testament par lequel l'enfant est protégé contre les conséquences de ses propres vices.

Ils sont d'ailleurs rares les patriotes qui économiseraient

avec la même énergie pour l'Etat que pour leurs enfants, ou même leur parenté. Si l'Etat décourageait l'épargne par des droits de succession exagérés, nous verrions se gonfler le flot des pires consommations improductives, dont nous ne réprimons que celles qui sont absolument nuisibles. Tout homme préférera dépenser lui-même son bien plutôt que d'en abandonner la disposition posthume à l'autorité gouvernementale. Je n'insiste pas sur la question morale et sur le devoir qu'a l'Etat de fortifier le sentiment de la famille. Ce serait porter un coup mortel à ce dernier que d'enseigner aux parents qu'en vertu de la morale d'Etat, leurs obligations s'arrêtent aux quelques shillings par semaine qu'un tribunal alloue pour l'éducation d'un bâtard. Quand l'économie politique se lance dans la métaphysique, il est vraiment impossible de prévoir où elle nous entraînera.

On peut opposer une objection très sérieuse aux droits sur les successions mobilières ; c'est qu'ils n'atteignent pas les riches au même degré que les pauvres : les uns les éludent, les autres y restent assujettis. Un homme riche en biens mobiliers leur échappe en faisant une donation entre vifs ; rien n'est plus facile et cela se fait tous les jours. J'ai connu de fort honnêtes gens, qui ne se cachaient pas d'avoir usé de ce subterfuge, ajoutant que la loi ne s'y opposait pas. Qu'elle le permette ou l'interdise, je considère comme un privilège condamnable toute facilité accordée aux uns et refusée à d'autres. La plupart d'entre nous ne peuvent pas, comme le roi Lear, se dépouiller de tout, car à mesure que nous vieillissons, la nécessité de l'épargne devient plus impérieuse. Je suis certain que les propriétaires contemporains de Pitt avaient parfaitement conscience des facilités dont jouissent les riches possesseurs de biens mobiliers. Leurs terres étaient visibles, bien qu'inaliénables du fait des substitutions ; si la loi était votée, nul moyen de les soustraire à son action. Un pair d'Angleterre qui avait gagné une grande fortune mobilière dans une profession, qui fournit régulièrement des membres à la pairie [1], s'était vanté qu'il saurait éluder les droits de succession. Dans sa vieillesse, il donna la nue propriété de tous ses biens mobiliers à son fils aîné, ne se réservant qu'un revenu viager. Son fils devint fou et mourut. Le père inconsolable dut acquitter tous les droits sur ses propres biens et expira bientôt après, abîmé dans sa double douleur. Sa mort fut naturellement suivie d'une nouvelle perception.

Si le système financier de Pitt fut mauvais, celui de ses successeurs, Perceval et Vansittart, fut exécrable. Ce dernier est peut-être le chancelier de l'Echiquier le plus incapable de tous ceux qui ont embrouillé nos finances. Robinson et Huskisson lui furent incomparablement supérieurs et des principes plus sains commencèrent graduellement à prévaloir. Promoteurs de réformes politiques, les Whigs restèrent pendant neuf ans à la tête des affaires, mais leur gestion financière les fit tomber en 1841, et sir Robert Peel inaugura alors une politique financière nouvelle.

En 1830, sir Henry Parnell, depuis lord Congleton, avait publié un traité de la Réforme des finances, fruit de l'expérience qu'il avait acquise comme président de la Commission des Finances de la Chambre des Communes. Il recommandait l'abolition des droits sur les matières premières, celle des droits d'accise qui pesaient sur le travail industriel et un dégrèvement des spiritueux et du tabac suffisant pour décourager la fraude. Il proposait de parer au déficit, qui semblait devoir résulter de ces réformes, par la création d'un droit sur le capital et les revenus.

L'*income-tax* de Pitt, introduit en 1799 au moment de sa plus grande détresse, avait frappé les revenus d'une retenue

---

1. Le Barreau et la Magistrature.

de 10 pour cent. La retenue entière n'était applicable qu'aux revenus supérieurs à 200 L, elle était progressive pour ceux de 60 à 200, et n'atteignait pas les revenus inférieurs à 60 L. L'*income tax*, supprimée à la paix d'Amiens, rétablie à la reprise des hostilités, fut alors rendue exigible sur tout revenu provenant des propriétés situées en Angleterre, quel que fût le lieu de résidence du bénéficiaire et sur le revenu de toute propriété quelconque, dont le possesseur résidait en Angleterre. L'impôt rendit à peu près six millions sterling et venant se superposer aux taxes qui frappaient toutes les consommations, il était d'un poids accablant pour le contribuable. En 1815 la nation exigea sa suppression, en dépit de Castlereagh, qui supplia le Parlement de ne pas se tourner le dos à lui-même, tour de force qu'il doit être difficile d'exécuter.

Quand Peel arriva aux affaires en 1841, le budget était en déficit depuis plusieurs années. Le tarif des Douanes s'appliquait à 1200 articles, tant nos hommes d'Etat s'étaient torturé l'esprit à la recherche de matières à imposer. Peel reprit les idées de Parnell, réforma le tarif et demanda comme compensation à la diminution prévue des recettes, le vote pour un terme de quatre années de l'*income tax* sur l'ancienne base de la perception de 7 pence par livre sterling de revenu. Il en remania l'assiette, exempta les revenus inférieurs à 150 L. et accorda une faveur marquée aux fermiers d'Angleterre et d'Ecosse en évaluant les profits des premiers à la moitié, et ceux des seconds au tiers des fermages qu'ils payaient. C'était là assurément une sanglante satire du cours des fermages surélevés par l'effet des Lois Céréales. Peut-être entendait-il ménager ses adhérents ou préparer la voie au rappel des Lois Céréales ; toujours est-il que des fermages du double et du triple des profits et des dépenses domestiques des fermiers ne peuvent pas avoir une base équitable.

L'*income-tax* de 1842 a survécu aux périodes de paix et de guerre que nous avons traversées et l'expérience a démontré la sagesse financière de Peel. Mais le déficit qu'il avait prévu ne se produisit pas. L'industrie, débarrassée de mille entraves, fit des progrès merveilleux, la dette fut en partie remboursée et des opérations préparant la liquidation du reste devinrent réalisables, malgré l'accroissement considérable de nos dépenses. Lorsque le temps aidant, il ne resta plus qu'une douzaine d'articles soumis aux droits de douane et d'accise, on prétendit que l'existence de l'*income-tax* constituait un titre en faveur de dégrèvements plus étendus encore. Cet argument pèche par l'exactitude, puisque les dégrèvements antérieurs ont profité à toutes les classes et spécialement à celle qui subsiste de ses salaires, tandis que le poids de l'*income-tax* est supporté par une classe limitée. Il n'est pas vrai que ceux qu'elle atteint, sont toujours mieux en état de le supporter que ceux qu'elle épargne. En premier lieu tous les revenus provenant de salaires hebdomadaires ou payés à de courts intervalles, sont exemptés de fait, sinon de droit, et pourtant dans certains métiers exigeant de l'habileté, ils dépassent le minimum exempté ; en second lieu, les exigences professionnelles imposent à certaines classes des dépenses, dont les ouvriers sont affranchis. Un homme appartenant aux professions libérales ou même un simple commis, quelque restreint qu'il soit dans ses dépenses domestiques, ne peut pas se vêtir ou se loger comme un ouvrier. Telles dépenses sont pour eux une charge considérable, à déduire de leur revenu professionel, et le receveur des taxes les condamne trop souvent à l'héroïsme de la pauvreté.

Il n'est donc pas possible de contester le défaut de proportionnalité de l'*income-tax* de Peel, qui applique la même mesure aux revenus précaires et aux revenus permanents. Il ne suffit pas de répondre avec Stuart Mill que les percep-

tions sur les revenus précaires ont un terme et que les autres
n'en ont pas. Le Parlement s'est engagé — et ses engagements devraient le lier, me semble-t-il, — à ne pas maintenir indéfiniment l'*income-tax*. Un économiste même débu-
tant comprend que, pour les revenus précaires, la taxe atteint le capital et les profits, tandis que pour les revenus
permanents, elle n'atteint que les profits. Elle constitue un
obstacle à la réduction de notre dette par l'émission d'annuités
terminables, dont elle arrête l'acquisition par les banques et
par les compagnies d'assurances sur la vie. Elle ne distingue
pas entre les dépenses d'un avocat ou d'un médecin forcé
d'habiter un quartier cher dans une grande ville et celles de
l'homme qui est libre de se fixer où bon lui semble. Elle ne
tient pas compte de la différence dans les charges de famille
et n'en déplaise à certains disciples de Malthus qui diraient
volontiers que la continuation de la race humaine ne peut
se passer d'une excuse, l'homme chargé de famille souffre bien plus de la taxe que son voisin libre de ce fardeau.
Je n'admets pas qu'on me réponde que tout impôt est forcément d'incidence inégale ; c'est aux hommes politiques
à ne pas choisir le plus inégal de tous. J'admets encore
moins qu'on me dise que les intéressés n'ont qu'à faire
leur déclaration en conséquence. Une loi, qui est incapable
d'être juste, doit être condamnée, surtout si elle nous contraint à commettre une fraude pour échapper à une injustice.

Il est trop facile de transférer sur autrui l'incidence de
l'*income-tax*. Un boutiquier, pour qui elle remplace le droit
de patente, l'endosse à ses clients en même temps que son
loyer et les autres dépenses qu'il considère comme insépa-
rables de l'exercice de sa profession. Il y a une quinzaine
d'années une députation des marchands au détail de Londres se rendit chez M. Lowe, qui était alors chancelier de
l'Échiquier, à l'effet de se plaindre de la concurrence que

leur faisaient les magasins coopératifs. Ils déclaraient que ces derniers étant exemptés de l'*income-tax*, la concurrence devenait impossible pour eux : l'aveu est précieux à retenir.

Notre politique financière actuelle consiste à ne frapper qu'un très petit nombre d'articles. Elle a résolu avec succès le problème de répartir le fardeau de l'impôt par moitié entre ceux qui gagnent moins et ceux qui gagnent plus de 100 L par an. Les premiers supportent la plus grande partie des impôts indirects et des droits de douane et d'accise, une faible proportion des droits de timbre et de succession. Les derniers acquittent *l'income-tax*, la forte part des droits de succession et de timbre, les contributions directes et la plupart des droits de douane sur les articles de luxe importés de l'étranger. Sans doute, même dans ces conditions, la contribution des classes moins favorisées de la fortune représente pour elles un sacrifice relatif plus grand, mais je ne vois pas comment il serait possible de l'éviter, à moins d'abolir absolument les impôts indirects et de leur substituer des impôts directs. Encore faudrait-il pour les rendre supportables que *l'income-tax* fût supprimée et remplacée par un impôt sur le capital, frappant indistinctement et également toute espèce de propriété.

CHAPITRE XXII

Des Taxes Locales en Angleterre.

Le gouvernement central et les administrations locales. — Circonstances favorables ou défavorables aux gouvernements fédératifs. — L'Amérique, la France et l'Angleterre. — Des anciennes charges locales d'après le rôle des taxes de Tandridge. — Développement récent des taxes locales. Le droit des pauvres ; justification de l'Assistance publique. — L'entretien des routes. — La commission d'enquête de M. Goschen. — Frais de police, entretien des prisons et des hôpitaux. — Les dépenses de l'éducation nationale et de l'assainissement public. — Dettes locales. — Subventions allouées aux budgets locaux. — Motion présentée à la Chambre des Communes le 23 mars 1886.

Deux forces d'attraction se sont invariablement manifestées dans les sociétés arrivées à un certain point d'organisation politique et sociale : l'une qui les attire vers un gouvernement central, l'autre qui les pousse à se rattacher à des autorités locales.

Les historiens des origines constitutionnelles nous apprennent que la seconde de ces forces s'est manifestée la première, qu'il y a eu lutte entre elles et que le gouvernement central n'est parvenu à circonscrire et à surveiller le domaine des autorités locales qu'en invoquant des considérations de sécurité extérieure. De son côté, la tendance rivale s'est appuyée et s'appuie encore sur la tradition et sur les avantages moraux et économiques qui découlent de l'autonomie locale. Il existe des arguments en faveur de la centralisation, il en existe d'autres en faveur de la décentralisation et il existe une sphère d'action où elles peuvent agir de concert.

Les événements de leur passé ont puissamment contribué à déterminer les nations dans leur choix entre le gouvernement fédératif et le gouvernement centralisé.

En France, toute initiative a été enlevée aux pouvoirs locaux. Aux Etats-Unis, la doctrine constitutionnelle déclare que chaque Etat est souverain, et les pouvoirs du Président, du Sénat, de la Chambre des Représentants de Washington sont limités, quoique déclarés inaliénables. Elle a subi, à la vérité, des atteintes assez rudes au lendemain de la guerre de l'Indépendance et pendant la dernière guerre civile. En France, d'autre part, les hommes politiques, qui cherchaient après 1789, à se régler sur le modèle de l'Union Américaine, rejetèrent la clause caractéristique de la Constitution, l'union libre, mais permanente, des divers Etats ; peu après les tendances fédéralistes furent assimilées au crime de trahison. Ce sont des causes historiques qui ont déterminé ces divergences constitutionnelles.

Les Colonies Américaines avaient été au début des établissements de colonisation libre, auxquels la Couronne d'Angleterre avait laissé une large indépendance. Quelquefois, comme dans la Nouvelle Angleterre, les colons étaient un groupe d'hommes ayant fui une organisation ecclésiastique abhorrée, non pour pratiquer la tolérance religieuse, mais pour adopter un régime aussi rigide et aussi absolu que celui auquel ils avaient échappé. Quelques autres, comme New-York et la Nouvelle Jersey, furent des colonies de conquête arrachées sans grand effort aux premiers occupants. D'autres encore, comme le Maryland, la Pensylvanie, la Virginie et les Carolines furent concédées en toute propriété à leurs fondateurs : les ayants droit de ceux-ci en furent les administrateurs héréditaires et ce ne fut qu'à la longue, et après deux tentatives infructueuses, que les droits de ces derniers furent rachetés par la métropole. Leur commerce tomba peu à peu sous l'administration du Parlement, mais elles restèrent autonomes dans de certaines limites. Tous leurs souvenirs les rattachaient donc au sentiment conscient de leur indépendance et lorsqu'elles se fédérèrent, elles en sacrifièrent le moins qu'elles purent. Afin de consolider le gouvernement de Washington, il devint à la vérité indispensable de lui attribuer le contrôle de leurs droits, mais, en théorie, la confédération est restée libre et volontaire. Cette doctrine fut celle qu'invoqua le Sud insurgé. Chaque Etat particulier a ses droits bien déterminés et la Cour Suprême a décidé que le pouvoir central n'a aucune autorité sur la législature de chaque État, notamment en matière d'emprunt et de répudiation ou de conversion de dettes.

L'édifice national français fut lent à ériger, en partie sur la conquête, en partie sur l'affirmation répétée de la souveraineté royale. Au xiie siècle, les droits du roi sur les grands fiefs de Normandie, de Guyenne et de Toulouse étaient des plus vagues et notre Henri II fut le vrai maître du littoral, des Pyrénées à l'embouchure de la Seine. Les coutumes féodales reconnaissant au vassal le droit de déclarer la guerre à son suzerain, le roi de France avait à redouter les grands feudataires et s'attacha malgré leur résistance à les réduire en détail. Deux fois, ils aidèrent les Anglais à conquérir et à démembrer le royaume. Les campagnes de Charles le Téméraire, les luttes au xvie siècle entre le Roi, la Ligue et les Huguenots furent en somme des révoltes aristocratiques, dont la dernière en date fut la guerre de la Fronde. Tout ce qui s'écartait de la déférence et de la soumission au pouvoir central, avait semblé pendant des siècles tendre au dommage de la dignité et de l'unité de la nation. Il est donc naturel que la France ait regardé d'un œil méfiant la moindre revendication d'indépendance locale et que les républicains de 1789, soulevés au cri de Liberté, Egalité, Fraternité, aient interprété à leur façon cette devise célèbre.

Le développement social de l'Angleterre a suivi une voie moyenne. Aux temps reculés, l'autonomie de chaque village et de chaque cité paraît avoir été à peu près complète. Comme mesure de police et de sûreté générale, le gouvernement du Conquérant prit en main la poursuite du crime de meurtre et étouffa ainsi les guerres de partisans, qui éclatèrent partout au lendemain de sa première victoire. Il édicta des lois forestières rigoureuses, mais ne s'en servit que pour réprimer le brigandage. A part ces exceptions, le droit de justice fut laissé à la police locale de la Cour du Manoir et s'il est permis de s'en rapporter à des centaines d'exemples puisés dans les rôles de ces cours, cette police était respectée et efficace. Le même rouage fonctionnait dans les villes qui n'avaient pas de chartes ; si elles s'efforcèrent d'en obtenir, ce fut précisément pour réserver l'administration de la justice à leurs magistrats électifs. Lors des troubles qui suivirent la Grande Peste, les premiers paysans récalcitrants furent traduits devant la Cour seigneuriale, mais comme elle ne pouvait être saisie qu'en vertu d'une accusation émanée d'un jury composé d'habitants du manoir, il n'est pas surprenant que ceux-ci n'aient manifesté qu'un empressement tout à fait médiocre et les juges de paix furent alors chargés de faire respecter les Statuts sur le Travail. Je ne répète ces détails, dont je vous ai déjà entretenu, que pour établir la prédominance en Angleterre du régime de l'autonomie locale.

Le sujet anglais sédentaire n'était astreint qu'à trois obli-

gations : la défense du royaume en cas d'invasion, la réparation des ponts et l'entretien des routes. Mais j'ai été frappé
de ne rencontrer, dans aucun des milliers de documents que
j'ai compulsés, aucune trace d'une redevance destinée à
faire face à ces charges. Il existait pourtant des ponts
et le bon marché des transports fournit la preuve de
l'existence et du bon état des routes qui étaient certainement meilleures que celles que nous dépeignent les romans
du siècle dernier. Les paysans, les seigneurs et les couvents
entretenaient apparemment celles dont ils se servaient et
dont le morcellement et l'éparpillement des terres ne leur
permettaient pas de se passer.

Les plus anciennes taxes locales, dont j'aie trouvé la
mention, ont été perçues au profit de l'Assistance publique ;
de 1541 à 1601, douze lois se rapportant à ce sujet ont été
votées par le Parlement et la dernière a régi la bienfaisance
légale pendant plus de deux siècles. Nous les retrouvons
dans deux Recueils des Statuts, entr'autres dans celui qui
fut pour la première fois imprimé par ordre de Henri VIII
et dont il n'existe à ma connaissance que deux exemplaires intacts. Nous savons fort peu de chose de la manière
dont elles furent appliquées. J'ai eu la bonne fortune de découvrir le rôle d'une taxe de cette nature, imposée en 1600
dans la paroisse de Tandridge dans le comté de Surrey, à
l'effet de pourvoir à l'entretien des soldats estropiés, des
prisons et des hôpitaux du comté, aux transports du charbon destiné à la maison de la Reine, à la fourniture d'avoine
pour ses écuries et à l'obligation de procurer du travail et
des secours aux habitants indigents. Ce document est le
manuscrit original rédigé par la Commission paroissiale,
chargée d'en asseoir la répartition.

Le territoire de Tandridge est d'une fertilité moyenne.
Avant la Réforme, il dépendait en grande partie d'un hôpital,
qui fut confisqué par Henri VIII ; ses terres furent morcelées

et vendues, probablement aux anciens tenanciers bénéficiaires. En 1600, le blé valant 25 sh. 4 p. par quarter, le malt 13 sh. 4 p. et la viande de bœuf 2 p. par livre, les soldats estropiés touchaient chaque semaine une allocation de 2 pence et la somme affectée annuellement à cet emploi étant de 8 sh. 8 pence, il va de soi que cette allocation ne représentait pas la totalité de leur pension. Une somme double est attribuée aux prisons et à l'hôpital et le solde du produit de la taxe est affecté aux autres charges que j'ai énumérées et dont vous remarquerez le nombre et la variété. Vous remarquerez aussi que l'entretien des routes n'est pas prévu, mais il est probable que, dans la mesure des exigences de l'époque, les habitants les négligeaient d'autant moins, que s'étant exonérés à prix d'argent des obligations résultant du droit royal de pourvoyance, ils étaient restés soumis à celle de faire certains charrois destinés à la maison royale. Je crois qu'elle se bornait au transport annuel d'une charge de charbon, transport qui figure à la comptabilité comme coûtant 7 sh. 6 pence. Les redevances annuelles fixes s'élevaient en tout à 33 sh 6 p. et la taxe perçue à raison de 1 penny par acre, devait produire 9 L. 12 sh. 7 p. Une somme de 7 L. 19 sh. 1 p. était donc réservée à l'assistance publique. Le gardien des pauvres avait ordre de procéder à une seconde perception de la taxe, aussitôt qu'il ne lui resterait que 20 sh. en caisse. A raison de 1 sh. par semaine et par indigent, les habitants prévoyaient donc avoir à pourvoir à la subsistance de trois indigents. Si nous estimons les fermages à Tandridge en l'an 1600 à 1 sh. par acre, nous trouvons que les taxes locales absorbaient au moins 1 sh. 8 p. par livre sterling de revenu foncier.

Sous Henri VIII, le Parlement élu en 1529 obligea les Juges de Paix à veiller à la réparation des ponts appartenant aux comtés, soin dont s'étaient acquittés les ordres monastiques supprimés. Ces magistrats reçurent le pouvoir de lever à cet effet une taxe spéciale sur tous les habitants, propriétaires ou non propriétaires, et il fut prescrit aux gardiens des pauvres d'obéir à leurs injonctions. Les ponts des comtés sont encore, paraît-il, régis par cette loi.

Peu à peu les charges locales de pourvoyance et de transport du chauffage pour la maison royale, ainsi que l'obligation de contribuer à la pension des soldats estropiés, tombèrent en désuétude, mais celles qui se rapportaient à l'entretien des routes, à la réparation des ponts, à l'assistance publique et aux dépenses des prisons et des hôpitaux demeurèrent en vigueur. Au dix-septième siècle la charge de l'Assistance publique, devenue de plus en plus coûteuse, finit par être hors de toute proportion avec les autres dépenses tant locales que nationales. A la fin du règne de Charles II, Davenant l'estime à 665.362 L. par an, c'est-à-dire au tiers des revenus de l'Etat en temps de paix. Comme il ne mentionne aucune déduction du fait d'autres obligations locales, il semble bien qu'elle absorbait la totalité de cette somme.

Les taxes locales se sont beaucoup développées dans les temps modernes. Les attributions des autorités locales se sont étendues en même temps que les exigences sanitaires ; d'autre part le contribuable s'y est accoutumé et elles fournissent un moyen commode de faire payer aux uns les avantages qu'on veut procurer aux autres. Les privilégiés ont même trouvé habile de se proclamer les défenseurs de la culture et de se poser en avocats éclairés et désintéressés de mesures fiscales qu'ils savent fort bien devoir retomber sur les classes, qui se livrent au travail de la terre.

Les anciennes lois sur l'Assistance publique ont été présentées comme une compensation due aux ouvriers agricoles par suite de la suppression des droits communaux dont ils jouissaient et dont vinrent les priver les innombrables

Actes autorisant la clôture des champs au XVIII° siècle et au commencement du nôtre. On voulait bien reconnaître la validité de leurs droits antérieurs de vaine pâture
sur les terres qu'on soustrayait au libre parcours de leur
bétail, mais on leur accordait, disait-on, un dédomma-
gement suffisant en assurant leur subsistance aux dépens
des fermages qu'on affectait à la garantie de cette obligation. On mena même grand bruit à propos d'un ou deux
districts où la totalité de la rente foncière fut absorbée par
les taxes prélevées au profit des Pauvres.

Tout droit des Pauvres a sans doute pour objet de suppléer l'insuffisance des salaires, même si le secours est refusé à l'indigent valide. Mais est-il possible à l'ouvrier
prévoyant de s'assurer contre le risque d'une maladie prolongée et au père de famille de s'assurer contre celui d'une
mort accidentelle ? L'ouvrier ordinaire, subsistant de son
seul salaire et n'ayant aucun autre revenu, ne parvient pas
à épargner de quoi subsister pendant sa vieillesse. La charité publique ou privée, en d'autres termes l'impôt ou l'aumône, doivent forcément faire face à cette insuffisance. Il
s'ensuit que les entrepreneurs, qui emploient le travail en
vue d'un profit à réaliser et qui lui paient un salaire inférieur au salaire naturel, devraient être seuls à supporter les
conséquences de cette infériorité. C'est ce qui se passait
à l'époque où la loi d'Elisabeth fut votée. Tous, habitants
des villes et des campagnes, détenaient des terres et les faisaient valoir. Les membres du clergé rural, propriétaires
de dîmes acquittées en nature et exigeant un travail agricole de mise en valeur, cultivaient, neuf fois sur dix, les
terres dépendant de leurs cures, dont quelques-unes n'étaient
pas autrement dotées. L'opinion générale rattachait à l'institution de la dîme l'obligation de pourvoir à l'entretien des
indigents et lui imposa même une contribution démesurée
qu'on justifiait en disant que la dîme, résultat du travail

humain, devait assurer la subsistance de la main d'œuvre, qui l'avait produite. Cet argument aurait mérité d'être pris en considération lorsque la dîme eut pris le caractère d'un péage dont les recettes croissaient avec l'habileté déployée par le cultivateur.

Le respect, dont sont entourées nos institutions anciennes, ne suffit pas à justifier l'imposition d'une taxe perçue au profits des indigents, en tant qu'elle frappe des personnes qui ne louent pas les services du travail dans un dessein de lucre, à l'exemple des industriels et les agriculteurs, ou qui ne tirent aucun avantage de la densité de la population, comme les heureux possesseurs des emplacements recherchés dans nos grandes villes. Il est vrai que la plupart de celles qu'atteint la taxe des pauvres, ont à leur service des domestiques sortis de la classe qui reçoit les secours paroissiaux, mais le montant des gages de ces domestiques, que leurs maîtres nourrissent, est égal au total des salaires du laboureur et de sa famille et ces domestiques, en particulier les femmes, viennent généralement en aide à leurs parents nécessiteux. Au point de vue économique, l'assiette actuelle de la taxe sur les pauvres ne doit donc pas être approuvée.

La question ne relève pas seulement de considérations et de devoirs économiques. Il est des devoirs d'un ordre supérieur à ceux qui sont du ressort de l'économiste. Nous pouvons, sans nous contredire, affirmer que l'indigent n'a aucun droit sur ce qui nous appartient et que nous sommes cependant tenus de l'assister. Nos devoirs ne se mesurent pas aux droits d'autrui : ils nous sont dictés par notre propre conscience. Il est à regretter que Mill ait basé l'obligation de la charité légale sur le fait que l'indigent n'est pas l'auteur de son existence, car la personne que la loi oblige à le secourir, répondra très justement qu'elle ne l'est pas davantage. Il est infiniment plus sage et plus logi-

que de lui donner pour base les prescriptions générales de
l'esprit d'humanité et le danger d'endurcissement des
mœurs, qui résulterait du spectacle de la misère laissée à
l'abandon et sans assistance.

Le produit des taxes pour les pauvres eut encore à supporter les frais d'entretien des routes et des prisons et les
charges de police, qui n'étaient pas imposées aux particuliers. Mais depuis 1773, les routes ont été entretenues au
moyen de péages perçus aux barrières, péages qui n'étaient
appliqués aux charrois des riverains qu'avec de larges atté-
nuations. Elles furent dès lors mieux entretenues, mais ce
n'est pas ce but qu'on invoquait pour autoriser la perception des péages ; on représentait plutôt ceux-ci comme
devant permettre de ménager les finances locales.

La charge de la construction et de l'entretien d'une route,
qui dessert un domaine, devrait incomber au seul propriétaire de ce domaine. En 1773, les propriétaires fonciers
profitèrent de ce qu'ils étaient en force au Parlement pour
se décharger sur autrui du soin de cet entretien, sans lequel leurs domaines seraient devenus inaccessibles et im-
productifs ; ils firent imposer des droits de barrière aux vé-
hicules, qui circulaient le long des routes, en ayant soin de
s'en faire exempter, eux et leurs tenanciers. A mesure que le
mouvement des diligences s'accrut et que les recettes des
barrières augmentèrent, on dépensa plus d'argent pour la
voirie ; des rectifications de tracés étaient urgentes et il
devint nécessaire de couper des tranchées dans les collines
et d'élever des chaussées au-dessus des bas-fonds marécageux. Nous avons encore dans le voisinage d'Oxford quelques échantillons de l'art de l'ingénieur à cette époque. Les fonds furent fournis par les particuliers, qui affer-
maient l'exploitation des barrières et, il y a cinquante ans,
cette exploitation passait pour fort lucrative, mais après
l'inauguration des chemins de fer, les droits de barrière

finirent par ne plus même couvrir leurs frais de perception. Après un intervalle d'un siècle, pendant lequel les
frais de voirie avaient été acquittés par les voyageurs et le
roulage, les propriétaires et les fermiers se trouvèrent de
nouveau menacés de les voir retomber à leur charge.

Jusque dans les temps récents, la défense de la sécurité
publique, tant dans les campagnes que dans les villes, a été
imposée à tous les habitants à tour de rôle ; nul n'avait le
droit de se soustraire à l'accomplissement des fonctions de
constable. A Londres même, chaque district avait les siens.
A la longue, il devint évident que ce service non rétribué
laissait à désirer et on commença par organiser à Londres
une police judiciaire (*detectives*), à laquelle sir Robert Peel
ajouta un corps de police régulier, qui, en dehors des limites de la Cité, releva directement du Ministère de l'Intérieur. Le système fut étendu à d'autres grandes villes et
à la fin le constable du *hundred* ou district rural céda la
place à une police organisée et payée par le comté. Le
constable est maintenant aussi oublié que la *Court Leet*,
qui le nommait.

La défense de la sécurité publique et l'arrestation des
malfaiteurs, obligations qui sont encore en théorie imposées à tous les sujets britanniques, sont organisées dans l'intérêt commun et les dépenses qu'elles entraînent, devraient
être supportées indistinctement par tous ceux qu'elles contribuent à protéger, et non pas uniquement par les propriétaires et les exploitants du sol, la quote part de ceux-ci
étant calculée d'après l'étendue de leur faire valoir. Il est
vrai que leurs biens exposés aux déprédations de tout venant, demandent à être gardés contre les maraudeurs,
mais tel habitant de la même paroisse abrite une valeur
égale sous son toit et ne payera qu'un dixième de la taxe
du fermier. Celle-ci devrait être acquittée par tous les habitants proportionnellement à la valeur de la maison qu'ils

occupent. S'il me convient d'occuper une maison, qui a coûté un demi million à bâtir, c'est à moi de payer une taxe en conséquence. En toute équité, les frais d'assistance publique devaient incomber aux employeurs du travail, les frais de voirie aux propriétaires du sol, les frais de police à tous les habitants en raison de l'importance de leur habitation.

Je suis bien loin d'avoir épuisé la question des impôts locaux, dont le total dépasse, après déduction du service de la dette, les dépenses de l'Etat, telles qu'elles existaient il y a soixante ans, et qui, s'ils continuent à grandir dans la même progression, ne sera pas longtemps à dépasser leur total actuel. J'avoue qu'une bonne part de ces impôts n'est pas dépensée inutilement, mais ils n'atteignent pas les personnes, qui en profitent le plus. Ce défaut persistera tant que l'occupation constituera la base principale de leur perception.

Par l'exemple de Tandridge, nous avons constaté que les taxes locales contribuent depuis longtemps aux dépenses d'hospitalisation et à celles de la détention des criminels. Celles-ci font à la rigueur partie des frais de police ; il en est de même des frais de réclusion des aliénés, qui ne sont privés de liberté que s'ils ont troublé ou semblent enclins à troubler la tranquillité publique.

Dans ces derniers temps, l'Etat a sagement résolu de rendre l'instruction obligatoire pour toutes les classes de la société. Un peuple mal dégrossi ne peut soutenir la concurrence industrielle contre un peuple instruit et convenablement éduqué : l'ignorance du travailleur est un obstacle au progrès industriel et économique. Le coût de cette éducation doit incomber à la nation tout entière, car c'est elle, et non l'individu, qui récolte les fruits de l'éducation primaire des enfants. Il devrait être couvert par une taxe graduée, comme aux Etats-Unis, suivant l'habitation ou la fortune ; le con-

trôle des écoles devrait être confié à des commissions locales plutôt qu'à des examinateurs capricieux et déraisonna-
bles.

Les dépenses d'assainissement sont celles qui grèvent le
plus lourdement les budgets locaux ; ce sont peut-être celles
dont le mode de recouvrement laisse le plus à désirer. La
science moderne a démontré que la santé publique dépend
de l'adduction d'eau pure et de l'élimination des matières
d'égoût. Il ne devrait donc être permis de construire des
maisons d'habitation que dans les districts pourvus d'eau
potable, où l'enlèvement des matières nuisibles est assuré ;
il faudrait en outre empêcher l'entassement des familles sous
un même toit et veiller en un mot à ce que les lois de l'hygiène soient partout respectées. Je ferais rentrer les frais
d'inspection de la solidité des constructions dans les dépenses de police, mais les frais d'adduction d'eau potable et
d'enlèvement des matières d'égoût devraient rester à charge
des terrains bâtis et des terrains à bâtir. Tant que ces conditions de salubrité ne seraient pas remplies, le terrain n'aurait ainsi qu'une valeur égale à celle des terres de culture ;
sans l'ignorance de nos ancêtres, ces conditions auraient
été depuis longtemps rendues obligatoires. L'obligation de
pourvoir Londres d'eau potable a été imposée à l'édilité de
la Cité et c'est pour l'assister à y satisfaire, qu'on lui a concédé de vastes terrains à l'Ouest de St-James Street ; ces
charges devraient donc uniqnement peser sur les emplacements urbains.

Les travaux d'embellissement et d'assainissement sont
entrés pour une forte part dans la formation des dettes locales, qui sont en général représentées par des titres terminables. Il en résulte que les occupants acquittent à la fois
les intérêts et le remboursement du principal, au grand bénéfice du propriétaire qui leur réclame en sus des intérêts sur les améliorations déjà payées de leurs propres de-

niers. Les *Workhouses* ou hospices de l'assistance publique, les prisons, les Hôtels des Comtés ont tous été construits aux dépens de l'occupant, mais au bénéfice des propriétaires. Un tel système est une injure à toutes les lois de l'équité économique.

Pourtant je n'ai pas tout dit encore. Il peut être appelé de l'estimation du répartiteur à l'assemblée des Juges de Paix du Comté et l'Acte de Guillaume IV prescrit à ces Cours d'appel de tenir compte de la valeur locative de de l'immeuble occupé. Le plus souvent cette garantie est efficace, mais elle est inopérante lorsqu'il s'agit des demeures somptueuses des magistrats d'appel eux-mêmes. Sous le prétexte que les éléments d'appréciation de leur valeur locative font défaut, ceux-ci les estiment trop souvent à une valeur absolument dérisoire, procédé dangereux, car rien ne pousse au socialisme comme la conviction que l'action gouvernementale est pervertie et mise au service d'un intérêt de classe. En Angleterre les tendances socialistes sont une protestation contre des abus injustifiables, beaucoup plus qu'une attaque contre les fondements du progrès économique.

Deux attaques, indirectes il est vrai, ont dans ces derniers temps été dirigées contre le régime actuel de la taxation locale. L'une demandait que le droit de rachat de l'immeuble qu'ils occupent, fût reconnu aux locataires à bail, l'autre exigeait une taxe spéciale sur la rente des emplacements. La première visait les substitutions et les artifices légaux, par lesquels la possession d'une terre se perpétue dans une même famille ; la seconde est une protestation contre le principe qui impose à l'occupant toute la charge de la taxation locale. La première est l'expression de l'opinion qui réclame que dans un pays très peuplé, on favorise le morcellement de la propriété foncière et qu'on entrave son accumulation. Peut-être la stricte application

des règlements sanitaires serait-elle plus efficace. Aux
Etats-Unis, on a, avec l'appui de l'opinion publique, combattu cette accumulation en exigeant la rigoureuse perception des taxes locales sur tous les immeubles occupés ou
inoccupés, et en les mettant entièrement à la charge du propriétaire. Cependant s'il faut en croire un rapport récent de
l'Etat de Pensylvanie, les habitations ouvrières s'y trouvent,
malgré l'énormité des loyers, dans des conditions plus dé-
plorables que partout ailleurs. Bien des circonstances fiscales exceptionnelles existent en Amérique et expliquent
cette situation malheureuse, toutefois il faut avouer que
les facilités accordées à l'acquisition de la propriété, n'ont
pas suffi à la corriger.

A moins de l'envisager comme un correctif de l'injuste
répartition des taxes locales et comme une application du
principe de l'impôt progressif, l'impôt spécial sur les emplacements serait un impôt identique à celui qui frapperait
la fertilité spéciale d'une pièce de terre et l'excédent de
revenu qu'elle donne à son propriétaire. En matière d'emplacements, cette fertilité, c'est la proximité du marché :
la rente des emplacements n'est exceptionnellement élevée à
Londres, que parce qu'ils assurent aux personnes, qui les occupent, des avantages commerciaux exceptionnels. Si nous
admettons avec M. Mill qu'il soit juste et prudent de frapper à part cette fertilité adventice, qui n'a pas été créée
par son propriétaire, la même mesure devrait alors être
étendue à tous les avantages exceptionnels et spontanés. Or
l'analyse permet difficilement, même pour la terre, de tracer la démarcation entre un avantage adventice et un avantage créé par la prévoyance du propriétaire.

Il y a une vingtaine d'années, la Chambre des Communes
confia à une Commission parlementaire présidée par
M. Goschen, la mission de faire une enquête sur le produit,
l'incidence et l'assiette des taxes locales. Pris comme de

coutume par moitié dans les deux partis, n'ayant pour les départager que la voix du président appartenant comme toujours au parti ministériel, les membres citèrent les intéressés et les ayant écoutés chargèrent leur président de rédiger le rapport. La moitié d'entre eux l'approuva, l'autre moitié le rejeta et il ne passa que grâce au vote du président. C'est cette procédure défectueuse qui est cause du peu de poids qui s'attache aux rapports des Commissions de la Chambre et qui cette fois encore a privé ce travail de toute sanction pratique immédiate. Ne voulant pas perdre ses peines, M. Goschen publia un ouvrage sur la question, où, après l'avoir examinée et élucidée à fond, il conclut au partage de l'assiette des taxes locales en deux moitiés, dont l'une atteindrait la propriété et l'autre l'occupation.

Les propriétaires furent pris de peur. Quoiqu'ils allèguent obstinément que le paiement des taxes par les occupants équivaut à un paiement indirect par eux-mêmes, leurs alarmes semblaient constituer un aveu. Si l'occupant ne faisait qu'une avance, leurs alarmes seraient sans raison. De plus, chaque fois que le Parlement transférait une taxe des budgets locaux au budget de l'Etat, on s'est demandé s'il ne faisait pas un cadeau au seul propriétaire, qui pouvait ainsi grossir la rente qu'il encaisse, de toute la part d'impôt qui était remise au locataire. Cette hypothèse n'est pas admissible, car elle nous mènerait à conclure que le propriétaire a le pouvoir de déterminer à sa volonté la hausse de la rente et légitimerait la fixation de la rente par l'Etat. En fait, il n'a pas ce pouvoir : ne voyons-nous pas, non seulement les fermages, mais les loyers des maisons suivre une tendance ininterrompue et baisser lentement. La valeur des terrains à bâtir et des maisons qu'on y construit, est réglée par les lois ordinaires de la valeur. Celle-ci dépend du locataire plus que du propriétaire, à moins toutefois que l'Etat ne favorise ce dernier en lui garantissant un prix de monopole.

Les Parlements de 1868 et de 1874 ont considérablement dégrevé l'occupant en transportant au budget général des dépenses locales considérables ; celui-ci supporte actuellement toutes les dépenses d'entretien des prisons, des hospices d'aliénés et dans une forte mesure celles de la réfection des routes. Ces charges avaient toujours pesé sur la terre et sur son usage. Elles sont actuellement acquittées par les contribuables soumis à *l'income-tax ;* la moitié du produit de cet impôt passe à cette destination et a été affectée, selon l'interprétation commune, à une subvention dissimulée accordée à la propriété qu'on a délivrée de redevances traditionnelles. A la vérité, aucun nouvel impôt n'a été établi et quelques-uns ont été réduits.

En fin de compte, une partie de l'impôt local et de tous les impôts en général adhère à celui qui l'acquitte. Je pense, en dépit de la théorie courante, que tel est même le cas pour les droits de douane et d'accise ; sinon je ne m'expliquerais pas les récriminations des marchands de tabac en 1878 et des brasseurs en 1885. Le pouvoir de transférer l'incidence de l'impôt du producteur au consommateur ne s'exerce pas toujours avec une facilité uniforme. Abstraction faite de la réduction de la consommation qui résulte de l'élévation du prix, le tout dépend des relations, plus ou moins directes, qui existent entre le producteur et le consommateur. J'en conclus, que si, conformément au vœu de M. Goschen, une moitié des taxes locale était mise à la charge de la propriété et l'autre à celle de l'occupation, la première serait impuissante à s'en décharger sur la seconde et que la condition de la seconde ne serait guère affectée dans ses conventions futures avec la première.

C'est ce mode de répartition que j'ai proposé par ma motion à la Chambre des Communes du 23 mars 1886, prenant pour modèle ce qui se passe en Irlande et en Ecosse. Après un débat prolongé, j'obtins 40 voix de majorité. Trois mois après survint le bouleversement politique que vous connaissez. Toutefois j'ai la conviction que c'est la solution que l'avenir donnera au problème qui nous a occupés aujourd'hui.

CHAPITRE XXIII

.

De l'Etat comme Entrepreneur de Services Publics et comme Chef d'Industrie.

Tendance des gouvernements à étendre le cercle de leurs attributions. — Rôles de l'économiste et de l'homme politique. — Exploitation du service des Postes. — L'expropriation des télégraphes. — Méfiance inspirée par les empiètements de l'Etat. — Système d'exploitation des chemins de fer en Angleterre, aux Etats-Unis et sur le continent européen. — Arguments favorables et arguments contraires à leur rachat par l'Etat. — Proposition de M. Mill érigeant l'Etat en propriétaire foncier universel. — Règles suivies par le Parlement en matière d'expropriations. — L'Etat entrepreneur d'industrie. — Les arsenaux et les chantiers maritimes. — Arguments invoqués par les défenseurs de l'Etat. — Exécution frauduleuse des contrats par les fournisseurs. — Précautions à prendre à leur égard.

Il y a une tendance innée chez les gouvernements à empiéter sur le domaine de l'activité privée ; la crainte du blâme et leur propre présomption les poussent également dans cette voie. Sur le Continent, des bords du Rhin aux confins de l'Asie, les chemins de fer, ces organes essentiels d'une prompte mobilisation militaire, ont été presque partout créés par eux et sont exploités sous leur contrôle. Tous ces gouvernements célèbrent leur sagesse et rabaissent l'initiative privée. Ils ont tout accaparé et comme conséquence, nous les voyons partout assaillis par une critique

négative et acerbe ; leurs hommes d'État les plus puissants
sont contraints de subir, tantôt l'expression du mécontentement national, tantôt celle de l'opinion étrangère et rivali-
sent tour à tour de déférence pour l'internationale rouge,
pour l'internationale noire et pour l'internationale jaune ;
en un mot, leurs empiétements incessants et irréfléchis ont
semé l'anarchie sur leur passage.

Les gouvernements avisés se proclament, même lorsqu'ils l'éludent, les interprètes de là volonté populaire ; ils
ne s'exposent de la sorte qu'au reproche d'avoir mal compris leur mandat : ils savent que l'opinion est plus indul-
gente pour les erreurs de principes que pour les erreurs de
détail. J'ai connu un vieux général qui fut nommé au gouvernement d'une Colonie de la Couronne ; à ses fonctions
se rattachaient celles de premier juge de la Colonie. Il alla
trouver le ministre et lui exposa ses appréhensions au sujet
des sentences qu'il aurait à rendre. Le ministre lui répondit
de ne rien craindre tant qu'il ne motiverait pas ses décisions. Cette réponse qui semble une satire de nos institutions judiciaires, implique cependant la supériorité de l'é-
quité naturelle sur le droit positif. Elle nous apprend aussi
qu'il est plus sage de laisser aux autres le soin de plaider
notre cause que d'exposer nous mêmes les raisons, qui
nous ont déterminés. Les gouvernements étrangers qui
sont en butte à des manifestations hostiles, doivent attribuer leur situation critique à ce qu'ils se sont engagés
dans trop de chemins divergents et à ce qu'ils sont forcés
de se justifier par des raisons trop discordantes.

Quoiqu'un économiste fasse bien de s'abstenir de la politique pure, il ne peut éviter de rechercher les causes des
phénomènes sociaux et d'en prédire les conséquences. A
l'économiste reviennent l'observation et l'analyse, à l'homme
politique revient l'action. Comme les hommes politiques ne
sont pas toujours libres de céder aux conseils de l'écono-

miste, celui-ci a souvent pour devoir de blâmer les décisions qu'ils ont prises. Ses conclusions reposent fréquemment sur ce que j'appelle des inductions négatives ; cependant il convient aussi de faire cas de ses inductions positives, lorsqu'il réussit par exemple à prouver que le respect
outré des droits privés peut, tout légitimes qu'ils soient,
nuire au bien-être de la société. Adam Smith et ses prédécesseurs en France ont procédé par inductions négatives,
tandis que leurs successeurs ont dirigé leurs efforts les plus
salutaires dans le sens opposé.

Cette courte préface a pour objet d'établir qu'un gouvernement prudent y regarde à deux fois avant de s'immiscer
dans des entreprises particulières ou d'essayer de leur faire
la concurrence. Moins il sort de sa sphère, qui est de prononcer en arbitre et par la voix du Parlement entre les intérêts en conflit, moins il s'attirera de critiques hostiles. Sa
tâche est suffisamment ardue, puisque son verdict sera
quand même contesté, mais il ne peut s'y soustraire et doit
décider après avoir mûrement pesé les témoignages recueillis. S'il sort de ces limites, il est sommé de se justifier. Il
est des cas où sa justification est complète et où le public
l'approuve de s'être chargé de l'exécution de certains services. Il est plus douteux qu'il agisse sagement en se mettant à la tête d'entreprises industrielles. L'examen des faits
va nous permettre d'apprécier.

Le fonctionnement des Postes nous montrera le gouvernement à l'œuvre comme entrepreneur de services publics.
Établie par Cromwell, dans un dessein de police autant que
de facilité commerciale, la Poste fut créée par un Acte du
Parlement déclarant qu'elle était instituée en vue du bien
« du Commerce, du transport des dépêches officielles et de
la découverte des desseins criminels et attentatoires à la sûreté de l'État. »

L'Acte de 1657 fut ratifié à la Restauration et la Poste

devint une source de revenus notables pour le Trésor royal, qui ne négligea pas de la charger de pensions assez nombreuses. On lui conféra le monopole du transport de la correspondance à des prix élevés, quoique inférieurs à ceux qu'on avait jusque-là payés aux messagers particuliers. Les profits de son exploitation furent plus tard englobés dans les recettes de l'Etat et en 1840, les ports de lettres furent réduits en vertu du principe que c'est la distribution et non le poids de la lettre qui est le facteur dominant du coût de revient du service rendu. Malgré des prédictions optimistes, les recettes mirent plusieurs années à regagner le niveau des recettes anciennes. La réduction avait semblé prématurée à Peel ; il avait prévu qu'il faudrait du temps pour sortir des déficits annuels et rendre aux recettes l'élasticité désirable.

Les défenseurs de ce monopole administratif affirment que le gouvernement s'acquitte de ce service avec une ponctualité, une rapidité et une exactitude que n'atteindrait pas un service particulier organisé sur la base de la concurrence, et que le monopole de l'Etat se justifie par les résultats obtenus. Ils invoquent, en outre de la modicité du prix du service, les recettes considérables qu'il procure au Trésor. En grande partie ce raisonnement est fondé. Sous l'ancien système, le gouvernement tenait avant tout à ses excédents, mais il est probable que même avec le monopole, il les aurait perdus s'il ne s'était pas acquitté de sa tâche avec le succès que j'ai dit : des concurrences clandestinés se seraient établies et ont en effet parfois existé avant l'adoption de la réforme postale. Mais ce succès a aussi été dû à la critique publique et incessante de tous les détails de l'Administration des Postes, critique qui émanait précisément des classes que le gouvernement était anxieux de se concilier. La Poste, telle qu'elle fonctionne chez nous, est donc tout autant l'œuvre du public que celle du gouvernement.

La situation particulière du gouvernement vis-à-vis de ses administrés, lui a fait refuser d'assumer la responsabilité qui pèse sur les autres entrepreneurs de transports, obligés de remettre à destination les objets qui leur sont confiés. Cette réserve montre combien un gouvernement doit être circonspect avant d'entreprendre un service que des particuliers pourraient accomplir. Il est de droit commun que le voiturier répond des choses qui lui sont confiées, quoique cette solidarité ait été limitée par des arrangements spéciaux pour le transport d'objets de valeur. Mais dès le règne de Guillaume III, les juges ont décidé que la poste n'est pas responsable de la remise des lettres à destination et cette décision a été confirmée depuis. Le tribunal appréhendait, je le suppose, la rigueur des jurés pour l'administration et les abus qui résulteraient de ce penchant à la sévérité. Même aujourd'hui que la poste fait la banque, qu'elle transporte des paquets, qu'elle émet et rembourse des annuités et qu'elle transmet les messages télégraphiques, elle décline encore, sauf dans certains cas et dans une limite spécifiée, les responsabilités, qui pèsent sur les entrepreneurs de services analogues.

Le rachat des lignes télégraphiques par l'Etat nous fournit un autre exemple des difficultés auxquelles il se heurte toutes les fois qu'il veut assumer un service public. Désireux d'obtenir le monopole de la transmission électrique des dépêches, il entra en négociations avec les diverses compagnies qui s'en étaient jusque-là chargées. Elles demandèrent un prix exorbitant, hors de toute proportion avec la valeur de ce qu'il voulait acquérir. Le chancelier de l'Echiquier, M. Lowe, était disposé à rompre les pourparlers, car les intéressés capitalisaient leur demande au taux des rentes consolidées et leur matériel était à renouveler endéans douze ou quinze ans : aucune société civile ou commerciale n'aurait payé ce prix. Le gouvernement pouvait en toute

justice créer une concurrence aux compagnies et les amener
ainsi à des conditions raisonnables. Mais on lui força la
main et le marché fut conclu. Il n'est pas d'individu au
monde auquel, en cas d'expropriation, on parvienne à imposer des prix plus extravagants qu'au Trésor public, surtout quand les détails de l'arrangement sont confiés à une
commission parlementaire. « Le Trésor Public, disait déjà
Lamb avec autant de vérité que d'esprit, est une abstraction dont nul ne se soucie. » Aussi malgré des circonstances
plus favorables, la transmission des télégrammes coûte-
t-elle plus cher en Angleterre que partout ailleurs, alors
que les recettes suffisent à peine à couvrir les intérêts du
prix de rachat.

Si donc le gouvernement cherche à acquérir une entreprise existante, on lui fait payer un prix excessif. S'il entre
en concurrence avec elle, on fait surgir une obstruction
jalouse, tenace et singulièrement effective. L'expérience du
Parlement anglais et des Parlements étrangers dévoile les
pièges dont doit se garder une législature désireuse de réformes à accomplir au détriment d'intérêts existants. Voyez les
mandats postaux au porteur et les dépôts à la Caisse d'Epargne postale. On a souvent demandé l'émission de billets de
banque d'un import réduit, dont la circulation économise-
rait le frai de la monnaie d'or et faciliterait l'envoi de petites sommes par la poste. On a répondu que cette émission
diminuerait notre réserve métallique et que le montant de
celle-ci, soumis à la seule influence des changes internationaux, serait assujetti à des fluctuations trop fréquentes,
que ce papier, remplissant l'office de monnaie, contribuerait
au renchérissement artificiel des prix et jetterait le trouble
dans les valeurs. On aurait pu ajouter — la remarque est de
moi, car je ne l'ai vu mentionner nulle part — qu'accorder
cette faculté à des banques particulières ou à des banques
locales, aurait pour résultat de faire courir des risques à des

personnes, qui n'ont aucun moyen d'action, ni de contrôle
sur ces banques. Tel aurait été le cas des ouvriers du War-
wickshire qui auraient accepté les billets de la banque
Greenway. Mais ces objections ne s'appliquent pas aux
mandats postaux. Cependant les banquiers, qui siègent à la
Chambre des Communes, contraignirent le gouvernement
à grever les mandats d'une commission élevée et à limiter
leur montant et la durée de leur validité. Ils ont de même
fait limiter le montant annuel des dépôts et le montant total
des dépôts pour chaque déposant individuel. Il semble vraiment qu'ils redoutaient quelque danger pour les dépôts effectués chez eux. Le gouvernement du Royaume-Uni se
heurte donc à plus d'un obstacle dès qu'il veut entrer en
concurrence avec les entreprises particulières : il est retenu
par mille liens ou exploité lors de l'expropriation.

Les administrations municipales ne sont pas en butte à
un mauvais vouloir aussi actif, le Parlement ne se mettant
d'ailleurs pas en peine de leur procurer des facilités de rachat demesurées. Aussi les municipalités intelligentes com-
mencent-elles par arrêter les bases du marché et se con-
tentent-elles d'en demander la ratification au Parlement.
Elles jouissent presque toujours d'une influence locale qui
leur permet de susciter une concurrence et de peser ainsi
sur les négociations. Aussi s'adonnent-elles aux entreprises
industrielles et ont-elles acheté ou créé des usines pour la
fabrication du gaz et le service des eaux. Quelques-unes
ont même fondé des services de distribution de lumière électrique, sans doute sous l'impression que les procédés de fabrication sont assez avancés pour en permettre la production
dans des conditions économiques. La réflexion nous fait
voir pourquoi elles sont plus aptes que le gouvernement à
s'acquitter de ces services. Plus rapprochées du peuple,
qui ressent immédiatement les avantages de bon marché
et de qualité qu'elles lui offrent, elles sont aussi bien plus à

la portée du contrôle du contribuable. La politique qui fait dépendre la durée d'un Parlement du vote ou du rejet du budget, confère aux ministres un pouvoir, qui n'est pas avantageux au public. Les intérêts municipaux ne seraient pas gérés avec l'esprit de suite qui les caratérise si le rejet d'un projet financier devait donner le signal de la dissolution du conseil municipal et d'une élection nouvelle.

Les taxes municipales ne seraient pas non plus supportées avec longanimité si la gestion économique de nos villes était comme au Parlement asservie au respect d'intérêts particuliers. Je vous ai démontré combien il y a à reprendre à plusieurs d'entre elles, toutefois n'oublions pas qu'elles affectent les dehors de charges librement acceptées. Les surcharger sans excuse légitime serait appeler la lumière sur l'inégalité de leur incidence et le défaut de proportionnalité de leur assiette. Je reconnais la bonne gestion financière des conseils des Juges de Paix dans les Comtés ; s'ils joignaient le gaspillage aux défauts inhérents à leur organisation, celle-ci serait depuis longtemps réformée.

Après m'être étendu sur le fonctionnement du service des postes et avoir effleuré la question des pouvoirs des municipalités, je vais aborder celle du rachat des chemins de fer par l'Etat.

Nos chemins de fer sont en totalité l'œuvre d'entreprises particulières alimentées par des capitaux particuliers. Leurs promoteurs ont tracé les plans qu'ils ont présentés à l'approbation du Gouvernement et des deux Chambres, ont acquis le terrain nécessaire, construit, élargi et prolongé leurs lignes et les ont exploitées sans autre appui que celui de leurs actionnaires. L'Etat ne leur a rien donné, ni rien concédé. Il leur a au contraire imposé sans motif des dépenses préliminaires incroyables : le peuple anglais ne sait pas à quel point ces utiles entreprises ont été rançonnées. Aussi le barème des voyageurs et des transports de marchandises est-il supérieur à celui des autres nations civilisées. Partout ailleurs le gouvernement est intervenu dans la dépense. Même aux Etats-Unis, il leur a concédé de chaque côté de la voie de larges bandes de terrain, dont la vente a été d'un grand rapport. Chez nous, au contraire, une règle immuable de la Chambre des Lords a interdit aux Compagnies d'acquérir un seul pied de terrain au-delà de leurs besoins immédiats, de sorte qu'à mesure qu'elles se sont développées, elles ont été contraintes de payer chèrement des plus values qu'elles avaient créées elles-mêmes.

En France, l'Etat a fourni le terrain et les Compagnies ont construit la ligne dont la propriété leur a été concédée pour un temps assez long. En Belgique, en Allemagne, en Italie, en Espagne règne le système de la construction et de l'exploitation par l'Etat. En Russie, les chemins de fer sont l'œuvre exclusive et purement stratégique du Gouvernement. Dans l'Inde et dans nos colonies, ils ont été construits par les capitaux britanniques, le gouvernement de l'Inde ou de la Colonie garantissant l'intérêt des obligations et parfois un minimum d'intérêts pour les actions. Le tout a été entrepris et achevé en déans les cinquante dernières années et jamais depuis que l'histoire existe, une telle masse de capitaux n'a été consacrée dans un aussi court intervalle à un aussi grandiose ensemble de travaux publics.

Il ne manque pas de gens pour prôner la gigantesque opération du rachat des chemins de fer anglais par l'Etat « L'opération, disent-ils, est colossale, mais se ferait sur le papier. Elle est devenue nécessaire depuis que le chemin de fer a complètement supplanté tous les autres modes de transport des voyageurs et des marchandises. La dette contractée resterait la même, mais le total des actions évaluées au taux de capitalisation de leurs dividendes, serait inscrit, avec le reste de la dette nationale, au Grand Livre de la Banque d'Angleterre. Établir une concurrence sérieuse, est une impossibilité et constituerait, quoiqu'on puisse dire en théorie, une grave violation des engagements pris au nom de l'État. La concurrence naturelle entre les grandes lignes, sur laquelle le Parlement fondait tant d'espoir, ne s'est pas produite ; les Compagnies se sont aperçues qu'une concurrence de tarifs serait ruineuse et se sont ralliées à la maxime de Stephenson disant que la concurrence s'efface toutes les fois qu'une entente est possible. Leurs directeurs se sont concertés pour encourager le développement du trafic avec prudence et avec intelligence ; ils ont de commun accord adopté des tarifs modérés, sachant que les prix élevés chassent les voyageurs. Ils ne se font de concurrence que pour la rapidité et la ponctualité de leurs trains, en particulier de ceux qui desservent les mêmes points extrêmes. Notre réseau est achevé et nous pouvons exactement évaluer les services que nous rendent les chemins de fer ; leurs progrès ultérieurs ne seront que des progrès de détail. Leur valeur évaluée sur leurs rendements, est exactement déterminable. »

« L'économie résultant de leur rachat par l'État, continuent-ils, serait énorme sans toucher en rien au confort des voyageurs, et rien qu'en supprimant des trains en double et superflus. A quoi bon deux trains partant à la même minute de Londres, l'un de la *North Western*, l'autre de la *Midland Station,* et arrivant à la même minute à Manchester ? Quelle économie que la suppression des innombrables Conseils de directeurs avec leurs émoluments et leur droit de libre parcours sur toutes les lignes, qui sont en contact avec celle qu'ils dirigent! La moitié pourrait être supprimée sans que le service en souffrît. Le Parlement serait délivré des querelles qui s'engagent autour des *Railway Bills*, de l'animosité qu'elles engendrent, d'enquêtes coûteuses et inconvenantes, des heures perdues dans les Comités. Les

temps sont mûrs, le prix marchand de ces entreprises est
facile à connaître et le contrôle du public qui, de votre aveu,
a assuré le fonctionnement parfait de l'administration des
Postes, exercera la même influence bienfaisante sur celui
des chemins de fer. »

Ces arguments, dont je ne conteste pas le poids, ne sont
pas sans réplique. « Ce n'est pas à la légère, répondra-
t-on, qu'il faut remettre la direction de cet immense trafic
aux mains de l'administration. Aucun parallélisme n'existe
entre la Poste et les chemins de fer. Pour la première,
la question de la distribution prime tout : la distance
n'a qu'un effet insignifiant. Le contraire est vrai des chemins de fer. L'irresponsabilité de l'État n'offre pas d'inconvénients majeurs en matière de correspondance, mais
notre vie et nos biens courraient de sérieux dangers si le
Gouvernement déclinait les responsabilités qu'il a imposées
aux Compagnies de chemins de fer. Celles-ci mises en
émoi par les indemnités auxquelles elles ont été condamnées, ont été contraintes dans leur propre intérêt à prendre toutes les précautions, qui assurent la sécurité des
voyageurs. Un fonctionnaire serait-il accessible à de semblables appréhensions ? Que lui importent les dividendes ;
même négligent, le gouvernement le couvrira. Pour éviter
le danger et pour réduire la dépense, il nous fera peut-être
voyager avec la lenteur des trains d'Allemagne ; à chaque
pas nous rencontrerons des employés hautains, sûrs de leur
place, qui nous traiteront avec le sans-gêne qui caractérise
les fonctionnaires. Vous dites que les Compagnies ne luttent
que de vitesse, de ponctualité et, j'ajouterai, de politesse
de la part de leurs employés. Sommes-nous certains de jouir
de ces avantages quand nous serons remis à la discrétion
de l'Administration ? Nous perdrons beaucoup au changement. »

De plus, l'expérience nous enseigne qu'il est urgent de

songer à resserrer, au lieu d'élargir, le cercle des attributions du Gouvernement. La centralisation a été poussée à
l'excès, le Parlement entreprend plus qu'il ne peut accomplir, tant et si bien que le Gouvernement et les bureaux constituent la véritable législature, tandis que les deux Chambres
tournent, l'une en parlotte, l'autre en Chambre d'apparat.
Votre projet grossira démesurément la classe des fonctionnaires, livrera au Gouvernement l'un des rouages les plus
importants de la société moderne et nous abandonnera
pieds et poings liés à une bureaucratie toute puissante. Nos
fonctionnaires civils sont devenus insatiables depuis qu'on
leur a conféré la franchise électorale, ils se précipitent par
centaines sur le moindre poste vacant, puis ils maugréent
et se lamentent aussitôt qu'ils ont obtenu leurs appointements et leur place. Tous les employés de chemins de fer
seront-ils des fonctionnaires inamovibles, ce qu'ils ne man-
queront pas de réclamer ? Nous savons ce qui se passe dans
nos arsenaux, ce qu'on y pèse sur les ministres pour ne
pas renvoyer des bras inutiles qu'on occupe à des travaux
tout aussi inutiles. Toute petite ville habitée par des employés de chemins de fer deviendra un foyer de conspirations
contre la bourse publique. Qu'attendre de l'économie résultant de l'abolition des Conseils des Directeurs, quand tous
vos nouveaux fonctionnaires, du haut en bas, réclameront
à l'envi une diminution de leurs heures de travail et une
augmentation de leurs appointements ? Vous dites qu'à
l'étranger, ils se contentent d'appointements modestes ;
c'est qu'ils se dédommagent peut-être par leur grossièreté.
Notre sort sera pire : nous aurons à leur payer à la fois de
gros appointements et à essuyer leur insolence par dessus
le marché.

« Vous pensez que la valeur d'acquisition des chemins
de fer est exactement déterminable en nous fondant sur les
rendements acquis. Qui vous dit que le Parlement s'en

tiendra à cette base d'estimation ? Elle est contraire à tous les précédents, car il a invariablement accordé une majoration de 10 pour cent sur la valeur d'expertise, à titre d'indemnité pour privation de jouissance. A une certaine époque, il avait un faible pour la clause figurant dans les *Railway Acts* et stipulant que les dividendes ne pourront pas dépasser 10 pour cent et qu'il sera tenu compte de l'excédent en faveur des dividendes inférieurs. Et quels seront vos experts? Evalueront-ils le matériel, ainsi que cela s'est vu, comme s'il était indestructible? Vous avez passé par l'expérience du rachat des télégraphes [: croyez-vous que les propriétaires des chemins de fer se montreront plus traitables que les actionnaires des télégraphes qui ont tenu bon et forcé le Gouvernement à céder? Les propriétaires des chemins de fer sont-ils moins puissants? A la Chambre des Communes, les directeurs sont en force et les actionnaires disposent d'une majorité écrasante. En dehors de la Chambre, ils ne sont pas à dédaigner. D'après les dernières statistiques, les intérêts des actions et des obligations se répartissent par paiements individuels moyens de 14 L, quoiqu'une grande partie de ces titres soit concentrée par gros paquets dans les mêmes mains. Chacun des détenteurs remuera ciel et terre pour extorquer au Gouvernement des conditions avantageuses. Les bonne lignes vanteront la solidité de leur succès, les mauvaises feront valoir les services qu'elles ont rendus au public et leurs chances d'avenir. Aujourd'hui ces dernières ne peuvent s'en prendre qu'à leurs directeurs ou à leur mauvaise étoile, mais si votre projet aboutit, elles s'arrangeront de façon à se faire rembourser leurs pertes par le Gouvernement, en d'autres termes par le contribuable anglais. »

Ces arguments pour et contre le rachat par l'Etat des voies ferrées anglaises, ne sont pas imaginaires ; ils ont retenti chaque fois que le commerce s'est plaint de la cherté des tarifs. Toutefois j'ose prédire que si l'on apprenait demain que le gouvernement incline sérieusement pour le rachat et que le Parlement est disposé à maintenir ses bases d'évaluation consacrées, tout ce bruit se calmerait comme par enchantement. Ce qui n'empêche pas qu'en ce moment du moins, l'opinion paraît reconnaître que le marché et l'exploitation subséquente ne seraient pas aussi avantageux pour le public que le contrat à intervenir le serait pour les actionnaires expropriés.

Il y a quelques années, feu mon ami, M. Stuart Mill, a très sérieusement proposé que l'Etat s'érige en seul et unique propriétaire de toute la terre anglaise. Malgré ses convictions très arrêtées au sujet de la propriété des biens laissés *ab intestat*, il n'entendait pas purement et simplement déposséder les propriétaires, mais reconnaissait leur droit à une indemnité équitable, égale à la pleine valeur de leurs biens. Dans l'estimation à faire, il aurait même tenu compte du préjudice moral résultant de la rupture de liens traditionnels ; les descendants les plus dégénérés des grands hommes d'autrefois n'auraient du reste pas manqué de les faire valoir. Conformément à la loi actuelle, toutes les fois par exemple qu'une expropriation pour cause d'élargissement de voirie a été prononcée contre le propriétaire d'une maison, qui ressemble plus à une porcherie qu'à une habitation humaine, il lui a été invariablement alloué 10 0/0 pour privation de jouissance en sus de la pleine valeur calculée sur la base des loyers que lui-même ou son sous-locataire soutirent aux misérables qui s'y sont réfugiés. Le Parlement resterait sans doute fidèle aux précédents et si le projet de M. Mill était accepté, la nation aurait assurément à payer un prix supérieur de 20 0/0 à la valeur courante actuelle. Il suffit de se rapporter à ce qui se passe en Irlande et aux exigences des propriétaires irlandais qui ont cependant perdu toute influence parlementaire.

Je discerne clairement les raisons qui ont déterminé
M. Mill à appuyer ce projet gigantesque. Il voyait la rente
foncière monter énormément depuis le commencement des
temps historiques et continuer son mouvement ascensionnel. Avec Ricardo, il attribuait ce mouvement à l'accroissement de la population et à l'opération de la loi des rendements décroissants, tandis que d'autres économistes
avaient déjà reconnu qu'avec la liberté du commerce des céréales, dont M. Mill était pourtant l'avocat convaincu, cette
hausse était surtout déterminée par l'espoir de profits croissants résultant des progrès du commerce et de l'agriculture,
espoir qui poussait les agriculteurs à se faire la concurrence
auprès des propriétaires. Croyant donc à l'intensité future
de la demande, il n'attachait guère d'importance à assurer la continuité des profits agricoles et à la nécessité d'attirer le capital et la compétence vers l'agriculture en leur
accordant certaines garanties devenues nécessaires. Il ne
prévoyait pas que les capitaux agricoles seraient détruits
par la double influence de la cupidité du propriétaire et de
l'incapacité de l'agriculteur; c'est pourtant la capacité de ce
dernier, qui fait naître les profits sans lesquels la rente cesserait d'exister. Honnête jusqu'au scrupule, M. Mill était
prêt à payer la pleine valeur capitalisée d'une rente résultant
d'un monopole. Convaincu de son accroissement ultérieur,
il donna à celui-ci le nom devenu historique de *plus value
gratuite* et afin d'assurer à la nation la possession de cette
plus value, il recommanda il y a plus de vingt ans le rachat
par l'État de toute la terre d'Angleterre.

Il est facile d'être sage après coup ; aujourd'hui le premier venu confesse que si le projet de M. Mill avait passé
dans le domaine des faits accomplis, le marché aurait été désastreux pour la nation et que son mécontentement se serait
probablement traduit par une répudiation expresse. Je ne
prétends pas avoir prévu dès le début la baisse des fermages

qui a été causée depuis par une succession de mauvaises récoltes, par la réduction des frêts et par une diminution des capitaux et de la compétence agricole. Ce n'est qu'en me rendant compte il y a une douzaine d'années de son affaiblissement, que j'ai prévu, et seulement en partie, l'issue finale de la crise. Mais je m'étais aperçu depuis plus de vingt ans que la théorie de la rente de Ricardo est une théorie en l'air, que le grossissement de la rente sous un régime de libre échange était dû à une série d'influences temporaires, parmi lesquelles la fertilité du sol, l'accroissement de la population et la loi des rendements décroissants ne jouaient qu'un rôle absolument subordonné. Pour moi, la plus value de l'avenir n'avait qu'une existence hypothétique, peut-être même chimérique ; dans tous les cas elle était trop peu assurée pour la faire servir de fondement à une combinaison aussi gigantesque.

Mais admettons un instant que la plus value ait été grandissant, et que le rachat ait été effectué à des conditions raisonnables. Quelle serait la situation actuelle ? Au lieu d'un propriétaire, qui est après tout un être humain, susceptible, quand ce ne serait que par intervalles, de sentiments de bienveillance et de modération, désireux de vivre en paix avec ses voisins, la culture se trouverait face à face avec une bureaucratie n'ayant pour guide qu'un recueil de règlements rigides et inflexibles. Par la nature même de ses fonctions, cette bureaucratie serait inaccessible aux moindres considérations d'humanité. Son principal objet serait d'assurer la rentrée, coûte que coûte, des intérêts du capital employé au rachat. Ses bureaux seraient accablés de besogne et coûteux en proportion. Le fermier rencontrerait moins de bon vouloir et la plus value serait engloutie par les frais d'administration : sous notre système actuel, les fermiers de la Couronne ne sont pas les plus satisfaits des fermiers et les fermages de la Couronne coûtent très cher à faire rentrer. Sous le régime recommandé par M. Mill, les fermiers se mettraient en révolte ouverte et le plan de campagne des Irlandais paraîtrait plein d'aménité à côté de celui qu'ils adopteraient. Le plus mauvais des propriétaires connaît sa terre et sait plus ou moins ce qu'elle peut rapporter, l'État propriétaire n'aurait cure que de son prix d'achat.

Je n'ai pas tout dit encore. Les gouvernements sont faibles et accessibles aux influences suspectes ; les plus faibles sont ceux qui font étalage de leur fermeté, car pour se montrer fermes vis-à-vis des uns, ils sont forcés de désarmer vis-à-vis des autres. Dans une administration le soin de la préservation personnelle prime toute autre considération ; sa responsabilité anonyme lui permet d'user des moyens devant lesquels reculerait un individu isolé, d'autant plus que les méfaits administratifs sont à peu près assurés de l'impunité. Le ministère de la Terre deviendrait un vaste nid de tripotages. La vertu d'aucun Parlement ne serait de taille à résister aux tentations, qui s'échapperaient de ce ministère, l'unique propriétaire du royaume, dont les bureaux seraient sous la coupe de l'administration. Naguère encore l'administration des Eaux et Forêts a été accusée de favoritisme et de corruption. Alors que les terres coloniales étaient régies par le Ministère des Colonies; nous avons vu conclure des marchés scandaleux en faveur des plus chauds patriotes des deux Chambres ou du dehors et nous avons vu les personnages les plus haut placés impliqués dans des négociations frauduleuses. Je crois que la plus value gratuite n'a qu'une existence hypothétique, mais fût-elle une réalité tangible, ce serait la payer trop cher que de la payer du prix de la corruption et du mécontentement universels.

Voilà ce que je pensais il y a vingt ans et les années n'ont rien changé à ma manière de voir. On nous propose, pour la nationalisation du sol, un autre plan assez étonnant, mais qui n'est pas, je crois, conçu dans une intention sciemment malhonnête. Il se réclame de la remise en vigueur d'un droit depuis longtemps abandonné. Je le répète, il est rare qu'il n'y ait pas quelque élément de plausibilité et de vérité dans les erreurs économiques les plus flagrantes et il n'est ni sage, ni juste, de traiter de brigands et d'anarchistes les hommes dont les théories nous étonnent. De longues études d'économie sociale m'ont confirmé dans l'idée que tout mécontentement durable, quelque vains que soient les remèdes qu'il suggère, a des causes que le raisonnement a le droit de rechercher et de divulguer.

Il me reste à étudier avec vous le rôle du gouvernement comme chef d'industrie. En étudiant la manière dont il s'acquitte des fonctions d'entrepreneur de services publics, j'ai admis que dans certaines circonstances il a eu raison de les assumer. Je vais l'examiner maintenant comme chef d'industrie entrant en concurrence avec les chefs d'industrie ordinaires pour la fourniture des articles qu'il consomme lui-même. Toutefois je n'étendrai pas mes critiques au rôle auquel l'invitent quelques-uns des socialistes du continent, celui de chef d'industrie unique et universel, s'appropriant tous les capitaux existants, réglant toutes les industries et présidant à la distribution des produits au profit des travailleurs. Je n'envisagerai que la manière dont il s'acquitte d'un rôle moins étendu, en vertu, tantôt de traditions déjà anciennes, tantôt d'impulsions nouvelles qu'on a cherché à légitimer.

Du jour où le Parlement a voté des subsides affectés à nos constructions navales, la Couronne a installé des chantiers et des arsenaux maritimes. Dès ces temps lointains, il en existait sur la Tamise et la Mersey, mais Henri VIII fut le véritable fondateur ou restaurateur de la ville et de l'arsenal de Portsmouth, ainsi que des arsenaux de la Tamise

et de la Medway. Les Romains paraissent en avoir déjà
possédé à Portsmonth. Pendant longtemps l'activité de ces
ports, Portsmonth, Greenwich et Deptford, ne se manifesta que par saccades. Si ce n'est par leur armement en canons, il n'y avait aucune différence sensible entre un navire de commerce et un vaisseau de guerre ; les bâtiments
de la Compagnie des Indes Orientales étaient les plus gros
bâtiments de l'époque. Le souverain avait le droit de réquisitionner la marine marchande en temps de guerre et il
semble que la coutume, qui autorisait encore naguère la
presse des matelots pour le service de la flotte, s'appuyait
sur l'ancien droit de réquisition générale des navires et de
leurs équipages. Aussitôt que l'opinion publique eut commencé à s'intéresser aux préparatifs de guerre et à la défense de nos côtes, nos arsenaux demeurèrent constamment
en activité. La méfiance avec laquelle les Anglais ont pendant plusieurs générations regardé l'armée de terre ne
s'étendit pas à la marine ; il fut au contraire admis que
pour une nation maritime, la meilleure arme défensive est
une marine fortement organisée.

Les arsenaux royaux ont été longtemps les seuls chantiers outillés en vue de la construction et de l'armement
d'un vaisseau de guerre ; ils devinrent aussi indispensables
pour la flotte que l'étaient le ministère de la guerre et les
dépôts pour l'armée de terre et on y concentra un état-major
permanent de constructeurs, chefs et ouvriers, qui devint
un rouage nécessaire de nos forces navales. A la longue
pourtant, les armateurs de la Tyne et particulièrement ceux
de la Clyde établirent des chantiers capables de rivaliser
avec les anciens arsenaux déjà cités et avec les arsenaux
réorganisés de Chatham, de Plymouth et de Devonport.
L'adoption des blindages et des canons de calibre monstre
les trouva préparés à soutenir la concurrence des arsenaux
de l'Etat et nos armateurs du Nord se montrèrent en état

d'exécuter les commandes des puissances étrangères pour la construction de leurs vaisseaux et la fourniture de leurs munitions et de leurs projectiles. Toutefois le Gouvernement anglais persista à développer l'industrie officielle et entreprit même la fabrication des fusils et des armes blanches : bref, il concentra dans ses usines la fabrication de tous les engins nécessaires à notre défense.

Ce système a été adopté depuis la guerre de Crimée ; auparavant le gouvernement traitait avec les industries particulières sous le régime d'adjudications publiques. On peut reprocher à ce système d'être incomparablement plus coûteux que l'industrie particulière, de faire entrer des dépenses administratives dans le coût de production et de ne pas présenter en échange des comptes de revient sincères, puisque l'amortissement des immeubles et du matériel n'entrent pas en ligne de compte. Il a fait du Trésor Public la proie d'une nuée d'inventeurs, dont les échecs, que nous payons, sont passés sous silence ; il mène inévitablement au favoritisme, car ceux des hommes du métier qui sont placés à la tête de l'administration technique, en écartent naturellement leurs rivaux et découragent ainsi plutôt qu'ils ne stimulent l'esprit d'invention et de progrès. Les gouvernements étrangers ont toute liberté pour le choix de leur matériel naval et militaire, mais nous payons des prix exorbitants pour les produits d'une fabrication inférieure.

La multiplication des arsenaux a été une source de pertes financières et d'embarras politiques. Les localités, où ils ont été créés, nommaient des députés agréables à l'administration, grâce aux effectifs maintenus au complet par elle. S'il lui arrivait de témoigner quelque velléité d'entrer dans la voie des économies raisonnables, elle courait le risque de voir échouer ses candidats. Or, il est dangereux d'avoir un corps d'électeurs intéressés à la continuation

d'un système de gaspillage. Au nom de la moralité publique
et de la bonne gestion de nos finances, il importerait donc
de renfermer le gouvernement dans la sphère de ses attributions légitimes et son activité industrielle dans un cercle
aussi restreint que possible. Sinon, non content de fabriquer ses fusils et son artillerie, nous le verrons se lancer
dans la fabrication des draps et des souliers de la troupe.

On a répondu à ce raisonnement en affirmant que le
gouvernement était sage de ne se fier qu'à lui-même, au
lieu de s'en rapporter à l'intégrité et aux lumières d'agents
chargés du contrôle des objets fournis par l'industrie privée.
Ce contrôle, dit-on, exige des connaissance et une expérience consommées ; nous les enrôlons à notre service exclusif en fabriquant nous-mêmes. Nos magasins remplacent à la
minute le moindre rouage défectueux, tandis qu'il serait impossible de nous reposer sur des fournisseurs et de nous garantir contre la fraude ou la négligence ; un fini apparent re-
couvrirait trop souvent de sérieux défauts. En Crimée, notre armée a été exposée à de graves dangers à cause des erreurs de l'intendance. Plutôt que de subir une perte, les
fournisseurs s'efforceraient de nous glisser des articles qu'aujourd'hui nous rebutons ; notre méthode est peut-être un
peu plus coûteuse, mais en compensation elle nous donne
plus de sécurité.

Ce débat roule sur une question d'appréciation matérielle. Nos adversaires ne contestent pas que si la bonne foi
et l'habileté des fournisseurs étaient hors de doute, le système de l'adjudication offrirait des avantages considérables.
Aujourd'hui le gouvernement préfère renoncer à la recherche des économies et des améliorations, que stimule
la concurrence entre producteurs. L'administration dispose
d'une bourse qu'elle considère comme inépuisable et
compte sur la patience tout aussi inépuisable du public.
L'économie, qui dans l'industrie se confond presque inva-

riablement avec le progrès, est une vertu qui ne se pratique que sous l'empire de la nécessité. En outre l'industriel
ordinaire ne se contente pas de viser l'économie, qui n'intéresse que lui ; il poursuit en même temps la qualité, qui
intéresse ses clients. Le système de l'adjudication publique
suivie d'un contrôle efficace, est donc celui qui garantirait
le mieux la sécurité nationale.

L'argument qui insiste sur la difficulté qu'un gouvernement éprouve à assurer un contrôle efficace, est celui qui
me semble le plus faible. Il implique l'existence simul-
tanée ou séparée de la corruption et de l'incapacité chez
les agents officiels. J'accorde qu'il n'est pas aisé de tenir en main une hiérarchie de fonctionnaires inamovibles,
système qu'un particulier se garderait d'adopter. Il y a
quarante ou cinquante ans, tous les défauts des corporations fermées se recrutant elles-mêmes, s'épanouissaient
dans nos administrations. Au temps de ma jeunesse, mon
père avait prié un de ses amis, qui était lord de l'Amirauté,
de me faire entrer au Ministère de la Marine. L'ami nous
répondit qu'il le ferait volontiers, mais que si j'étais admis,
l'existence me deviendrait à charge. Les fonctionnaires de
l'Amirauté formaient, disait-il, un clan, composé de quelques familles, où nul intrus ne devait pénétrer. Je renonçai
à mon projet et cédai la place à un membre d'une de ces familles ; j'eus, un quart de siècle plus tard, la pénible satisfaction de le faire condamner à la prison pour une fraude
d'un quart de million sterling.

Il est donc urgent de circonscrire les attributions du
gouvernement. Parlant en économiste et non en politicien,
je suis convaincu que le pays serait mieux et plus économi-
quement servi par un système de large concurrence et de
contrôle minutieux. Nos ministères sont trop faibles et
trop exposés à des conseils peut-être sincères, mais dangereux ; il faut ne leur laisser que le choix public entre des

concurrents sérieux et la mission de veiller à l'exécution des marchés. Nos pères soumettaient leurs achats à l'inspection d'un jury formé de membres des corps de métiers ; les marchands tailleurs, par exemple, vérifiaient les fournitures de drap pour la troupe. Je les cite sans arrière-pensée méchante, bien qu'il ne se rencontre pas un seul homme se connaissant en draps parmi les membres actuels de la Corporation, qui porte encore ce nom.

Il serait possible de constituer des corps d'experts semblables, absolument compétents et indépendants, qui vérifieraient toutes les fournitures publiques. Ménagers des deniers de l'État, ils communiqueraient une impulsion vivifiante à l'industrie. Le producteur protégé n'a qu'une existence malingre et coûteuse, qu'il s'agisse du gouvernement ou de l'industriel protégé par des barrières artificielles. Que vaut le contrôle d'un fonctionnaire, qui a le pouvoir de se faire payer son indulgence et qui abuse de ce pouvoir ? Plusieurs fournisseurs m'ont donné l'assurance qu'ils sont forcés de faire entrer cette prévision dans leur prix de revient : il se trame donc des pratiques criminelles qu'il faut réprimer, quelque difficulté que nous éprouvions à les découvrir. Nos pères, qui ne manquaient pas de sagesse, avaient recours à des jurys d'experts ; imitons leur système en y introduisant les modifications que le temps a rendues nécessaires. La nation nous applaudira le jour où nous dévoilerons les fraudes, dont elle est la victime.

FIN

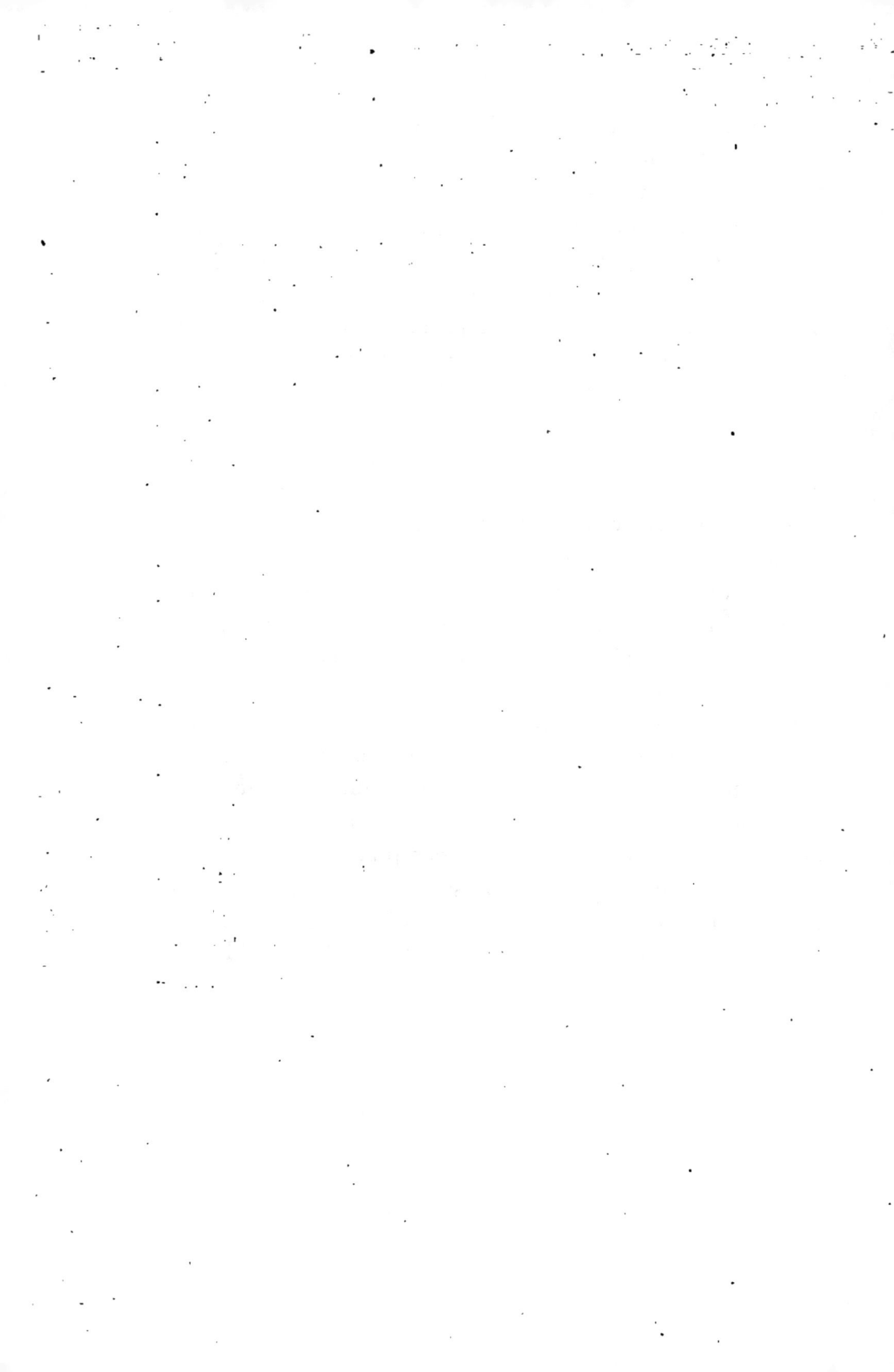

TABLE DES MATIÈRES

CHAPITRE PREMIER
L'aspect économique de l'histoire.

Conception étroite de l'histoire et de l'économie politique. — Abondance des matériaux. — La Philosophie de l'histoire. — L'économie politique spéculative. — Exemple de l'influence des faits économiques : la laine anglaise (1272-1603) et la Conquête de l'Egypte par les Turcs. — Institutions anglaises primitives : les paroisses rurales et les villes. — *Du Self Government* dans les Villages. — Les Famines. — Le Travail et le Capital, leurs diverses fonctions et leurs rapports réciproques. — Les salaires du travail et les profits du capital sont identiques en principe. — La Grande Peste de 1349 et le soulèvement agraire de

CHAPITRE II
Les lois sur le travail et leurs conséquences.

Effets de la Grande Peste. — Coutume de fixer les prix par voie d'autorité. — Le premier Statut des Laboureurs. — Statuts postérieurs. — Les travailleurs invoquent l'autorité de Domesday-Book. — Les événements de 1381. — Législation sous Henri IV, V et VI. — Guildes des artisans. — Henri VII et Henri VIII. — Prodigalité de celui-ci. — Ses émissions de fausse monnaie. — Situation d'Elisabeth. — But du Statut des Laboureurs passé sous son règne. — Ressources indirectes des travailleurs. — Taux effectifs des salaires. — Tarification plus large sous

CHAPITRE III
Des amodiations successives du sol anglais.

Effets des progrès agricoles. — Le duc d'Argyll et la rente. — Histoire des progrès agricoles. — Les erreurs de la théorie. — Les denrées agricoles. — Régularité de la comptabilité agricole au Moyen Age. — Loi des prix de Gregory King. — Famines en Angleterre. — L'agriculture

CHAPITRE IV
De l'influence sociale des mouvements religieux.

CHAPITRE V
De la diplomatie commerciale de l'Angleterre.

CHAPITRE VI
Du caractère des anciens impôts en Angleterre.

CHAPITBE XXII
Des Taxes Locales en Angleterre.

CHAPITRE XXIII
De l'Etat comme Entrepreneur de services publics et comme Chef d'Industrie.

FIN DE LA TABLE

CORRECTIONS ET ADDITIONS

Page 96. — Au bas de la page, au lieu de « Lappenburg » lisez « Lappenberg. »

Page 120. — Ajoutez au second paragraphe la note suivante : « A la bataille de Lewes, où l'armée royale fut défaite par Simon de Montfort, les bourgeois de Londres formaient une des ailes de l'armée de ce dernier. »

Page 132, note. — Après *Curia Litis* ajoutez : « ou plutôt Cour du Peuple (de l'anglo-saxon *leod*, en allemand *Leute*). »

Page 260, note. — Supprimez les mots : « des villages. »

Imprimerie DESTENAY Saint-Amand (Cher).

LIBRAIRIE GUILLAUMIN & Cie

Rue Richelieu, 14, à Paris.

1er ET 2e SUPPLÉMENTS AU CATALOGUE GÉNÉRAL

Novembre 1886 à Septembre 1890

NOUVEAU DICTIONNAIRE
D'ÉCONOMIE POLITIQUE

PUBLIÉ SOUS LA DIRECTION DE

M. Léon SAY

Membre de l'Académie française et de l'Académie des sciences morales et politiques.

ET DE

M. Joseph CHAILLEY

2 vol. grand in-8° raisin, prix, brochés.............................. **55 fr.**
—   —   demi-reliure veau ou chagrin................. **64 fr.**

COMPLÉTÉ PAR TROIS TABLES

Table des auteurs, table méthodique et table analytique.

PRINCIPAUX ARTICLES

Abondance. — Absentéisme. — Accaparement. — Agents naturels. — Lois agraires. — Agriculture. — Amortissement. — Apprentissage. — Assistance. — Association. — Assurance. — Banque. — Beaux-Arts. — Besoins. — Boissons. — Bourse. — Budget. — Balance du commerce. — Bureaux de bienfaisance. — Cadastre. — Change. — Caisse des Dépôts et Consignations. — Canaux. — Capital. — Chasse. — Chemins de fer. — Circulation. — Colonies. — Commerce. — Comptabilité commerciale et publique. — Concurrence. — Consommation. — Consul. — Contrôle des finances. — Coopération. — Corporations d'arts et métiers. — Crédit. — Crédit agricole et commercial. — Crédit foncier. — Crises agricoles. — Crises commerciales. — Culture. — Débouchés. — Dégrèvements d'impôts. — Démographie. — Dépôts de mendicité. — Dette publique. — Division du travail. — Domaine national et public. — Douanes. — Droit. — Eaux et Forêts. — Economie politique. — Economie rurale. — Emigration. — Emprunts publics. — Assistance de l'enfance. — Enquêtes agricoles, commerciales, industrielles, financières et monétaires. — Enseignement agricole. — Entrepôt. — Epargne et Caisses d'épargne. — Esclavage. — Escompte. — Etablissements dangereux. — Etat. — Faillite. — Finances de l'ancien régime. — Finances de l'Angleterre. — Fortune de l'Etat. — Haras. — Hôpitaux. — Horticulture. — Hypothèques. — Impôts. — Industrie. — Inscription maritime. — Irrigation. — Jachère. — Jeu et Loterie. — Liberté des échanges. — Liberté économique. — Logements et livrets d'ouvriers. — Luxe. — Magasins généraux. — Grands magasins. — Mainmorte. — Malthus. — Marchandage. — Marchés à terme. — Matières premières. — Maximum. — Mendicité. — Métaux précieux. — Méthode. — Mines. — Monnaie. — Monopole. — Monts-de-Piété. — Morale. — Morcellement. — Mutualité. — Octrois. — Vénalité des offices. — Offre et demande. — Pacte colonial. — Taxe du pain. — Participation aux bénéfices. — Patronage. — Paupérisme. — Pêche. — Physiocrates. — Polices d'assurance. — Politique. — Population. — Ports de commerce. — Positivisme. — Postes et Télégraphes. — Prairie. — Prêt à intérêt. — Prévoyance. — Prix. — Production. — Droit de propriété. — Conseils de prud'hommes. — Reboisement. — Régie. — Retraites. — Impôt sur le revenu. — Richesse — Saint-Simon. — Science et Art. — Socialisme. — Socialisme d'Etat. — Socialisme chrétien. — Sociologie. — Statistique. — Système colonial. — Tabac. — Act Torrens. — Traités de commerce. — Transhumance. — Transports. — Travail. — Réglementation du travail. — Travaux publics. — Turgot. — Unions monétaires. — Utilité. — Vaine pâture. — Valeurs. — Valeurs en douanes. — Valeurs mobilières. — Warrants. — Zollverein.

RECUEILS — ANNUAIRES

JOURNAL

DES ÉCONOMISTES

REVUE MENSUELLE

DE LA SCIENCE ÉCONOMIQUE ET DE LA STATISTIQUE

QUARANTE-NEUVIÈME ANNÉE

Rédacteur en chef : **M. G. de MOLINARI**, correspondant de l'Institut.

CONDITIONS DE L'ABONNEMENT :

France et Algérie.	un an,	**36 francs;**	six mois,	**19 francs.**	
Pays de l'Union postale	—	**38**	—	—	**20**	—
Autres pays étrangers	—	**44**	—	—	**22**	—

On ne fait pas d'abonnement pour moins de *six mois.* — Ils partent de janvier ou de juillet.

PRIX DU NUMÉRO : **3 francs 50**

NOUVEAU DICTIONNAIRE D'ÉCONOMIE POLITIQUE, publié sous la direction de MM. Léon Say, membre de l'Académie française et de l'Académie des sciences morales et politiques, et Joseph Chailley.

Prix des deux volumes, grand in-8° jésus. . . . . 55 fr.

Demi-reliure, veau ou chagrin. . . . . 64 fr.

PETITE BIBLIOTHÈQUE ÉCONOMIQUE FRANÇAISE ET ÉTRANGÈRE, publiée sous la direction de M. Joseph Chailley.

Chaque volume se vend séparément.

Prix du volume in-32, cartonné et orné d'un portrait. . . . . 2 fr. 50

En vente quatorze volumes. (*Voir Économie politique, page* 3.)

ANNUAIRE DE L'ÉCONOMIE POLITIQUE ET DE LA STATISTIQUE, fondé par MM. Guillaumin et Joseph Garnier, continué par M. Maurice Block, membre de l'Institut. — France, Ville de Paris, Algérie et Colonies, Pays étrangers au point de vue de la population, de l'agriculture, de l'industrie, des finances, moyens de transports, etc. 1887 à 1892. — 44° à 49° année. Prix de chaque vol. . . . . 9 fr.

ANNALES DE LA SOCIÉTÉ D'ÉCONOMIE POLITIQUE, publiées sous la direction de Alphonse Courtois fils. Tome 1er, 1846-1853. — Tome 2°, 1854-1857. — Tome 3°, 1858-1859. Prix de chaque volume. . . . . 9 fr.

ÉCONOMIE POLITIQUE, SOCIALE ET INDUSTRIELLE

ŒUVRES DE CHARLES DUNOYER, revues sur les manuscrits de l'auteur. Tomes I et II, *De la Liberté du travail.* 2 vol. in-8. Prix .... 20 fr.

ESSAI SUR LA RÉPARTITION DES RICHESSES et sur la tendance à une moindre inégalité des conditions, par PAUL LEROY-BEAULIEU, membre de l'Institut, professeur d'économie politique au collège de France. 3ᵉ édition, revue et corrigée. 1 vol. in-8. Prix. 9 fr.

PRÉCIS D'ÉCONOMIE POLITIQUE, par LE MÊME. 1 vol. in-18. Prix .... 2 fr. 50

LA MORALE ÉCONOMIQUE, par G. DE MOLINARI, correspondant de l'Institut, rédacteur en chef du *Journal des Économistes.* 1 vol. in-8. Prix .... 7 fr. 50

LES LOIS NATURELLES DE L'ÉCONOMIE POLITIQUE, par LE MÊME. 1 volume in-18. Prix .... 3 fr. 50

LES PROGRÈS DE LA SCIENCE ÉCONOMIQUE DEPUIS ADAM SMITH, revision des doctrines économiques, par MAURICE BLOCK, membre de l'Institut. 2 vol. in-8. Prix. 16 fr.

LES QUESTIONS D'ÉCONOMIE SOCIALE DANS UNE GRANDE VILLE POPULAIRE, (*étude et action*) avec une statistique des institutions de prévoyance et de philanthropie à Marseille, par EUGÈNE ROSTAND, lauréat de l'Académie française, président de la Caisse d'épargne et de prévoyance des Bouches-du-Rhône. 1 vol. in-8. Prix .... 10 fr.

LA QUESTION SOCIALE ET SA SOLUTION SCIENTIFIQUE, par JULES EDOUARD BLONDEL. 1 vol. in-8. Prix .... 9 fr.

ÉCONOMIE SOCIALE OU SCIENCE DE LA VIE, par l'abbé CAMILLE RAMBAUD. 1 vol. in-8. Prix .... 4 fr.

NOUVEL EXPOSÉ D'ÉCONOMIE POLITIQUE ET DE PHYSIOLOGIE SOCIALE, par ADOLPHE COSTE. 1 vol. in-18. Prix .... 3 fr. 50

ÉTUDE SUR L'ABOLITION DE LA VÉNALITÉ DES OFFICES, par M. L. THEUREAU, avocat. 1 vol. in-8. Prix .... 5 fr.

RICHARD COBDEN, notes sur ses voyages, correspondances et souvenirs recueillis par Mᵐᵉ SALIS SCHWABE, avec une préface par M. G. DE MOLINARI, correspondant de l'Institut. 1 vol. in-8. Prix .... 6 fr.
— Cartonné toile. Prix .... 7 fr.

CHARLES DARWIN, par GRANT ALLEN, traduit de l'anglais par M. Paul Le Monnier. 1 vol. in-18. Prix .... 3 fr. 50
— Cartonné toile. Prix .... 4 fr. »

DU PONT DE NEMOURS et L'ÉCOLE PHYSIOCRATIQUE, par G. SCHELLE, chef de Division au Ministère des Travaux publics. 1 vol. in-8. Prix .... 7 fr. 50

PETITE BIBLIOTHÈQUE ÉCONOMIQUE FRANÇAISE ET ÉTRANGÈRE, publiée sous la direction de M. JOSEPH CHAILLEY. XIV volumes parus. Chaque vol. se vend séparément. Prix du volume in-32 cart. et orné d'un portrait 2 50

I. VAUBAN. DÎME ROYALE, par GEORGE MICHEL. 1 vol. in-32.

II. BENTHAM. PRINCIPES DE LÉGISLATION, par Mˡˡᵉ S. RAFFALOVICH. 1 vol. in-32.

III. HUME. ŒUVRES ÉCONOMIQUES, par M. LÉON SAY, de l'Académie française. 1 vol. in-32.

IV. J.-B. SAY. ÉCONOMIE POLITIQUE, par M. H. BAUDRILLART, membre de l'Institut. 1 volume in-32.

V. ADAM SMITH. RICHESSE DES NATIONS, par M. COURCELLE-SENEUIL, membre de l'Institut. 1 vol. in-32.

VI. SULLY. ÉCONOMIES ROYALES, par M. JOSEPH CHAILLEY. 1 vol. in-32.

VII. RICARDO. RENTE, SALAIRES ET PROFITS, par M. P. Beauregard. 1 vol. in-32.

VIII. TURGOT. ADMINISTRATION ET OEUVRES ÉCONOMIQUES, par M. Robineau. 1 volume in-32.

IX. JOHN-STUART MILL. PRINCIPES D'ÉCONOMIE POLITIQUE, par M. Léon Roquet. 1 vol. in-32.

X. BASTIAT. OEUVRES CHOISIES, par M. Alf. de Foville. 1 vol. in-32.

XI. MALTHUS. PRINCIPES DE POPULATION, par M. G. de Molinari. 1 volume in-32.

XII. FOURIER. OEUVRES CHOISIES, par M. Ch. Gide. 1 vol. in-32.

ÉLÉMENTS D'ÉCONOMIE POLITIQUE PURE ou théorie de la richesse sociale par Léon Walras, professeur d'économie politique à l'Académie de Lausanne, 2e édit. 1 vol. in-8. Prix.. 10 fr.

PREMIERS PRINCIPES DE L'ÉCONOMIQUE, par Adolphe Houdard. 1 volume in-18. Prix.. 4 fr.

DÉPRÉCIATION DES RICHESSES, *crise qu'elle engendre, maux qu'elle répand, souffrances qu'elle provoque dans les classes laborieuses.* Mémoire lu à l'Académie des sciences morales et politiques de France, par M. Alphonse Allard accompagné des observations de MM. Frédéric Passy, Paul Leroy-Beaulieu, Levasseur, H. Germain, Léon Say, membres de l'Institut, suivi de l'avis de M. Emile de Laveleye, correspondant de la même Académie. 1 vol. in-8. Prix.. 6 fr.

LA RÉPUBLIQUE DU TRAVAIL ET LA RÉFORME PARLEMENTAIRE, par Godin, fondateur du familistère de Guise (œuvre posthume). 1 vol. in-8. Prix.......... 8 fr.

ÉTUDE SUR L'ÉTAT ÉCONOMIQUE DE LA FRANCE PENDANT LA PREMIÈRE PARTIE DU MOYEN AGE, par Ch. Lamprecht, professeur à l'université de Bonn, traduit de l'allemand, par A. Marignan. 1 vol. grand-in-8. Prix.............. 12 fr.

LA VIE. ÉTUDE D'ÉCONOMIE POLITIQUE, par Victor Modeste. 1 volume in-18. Prix.. 3 fr. 50

CAHIERS DE 1889. LES SYNTHÈSES ÉCONOMIQUES, par Clément Favarel, pour faire suite à la *Théorie du Crédit* du même auteur. 1 vol. in-18. Prix.............. 3 fr.

LA QUESTION DES MONOPOLES. — LES POUDRES ET SALPÊTRES, CONFÉRENCES DOCUMENTAIRES, par J.-A. de Saint-André. 1 vol. in-8. 2e édition. Prix... 5 fr.

DE L'ADMISSION ET DE L'EXPULSION DES ÉTRANGERS PAR L'ÉTAT, par M. H. Pascaud, conseiller à la Cour d'appel de Chambéry. Broch. in-8. *(Épuisé.)*

LA FIN DE LA CRISE, par H. Buvet-Bolens. 1 vol. in-8. Prix.............. 4 fr.

LA CRISE ÉCONOMIQUE ET SOCIALE EN FRANCE ET EN EUROPE, par Ambroise Clément, correspondant de l'Institut. 1 vol. in-8. Prix.................. 2 fr. 50

LE VRAI REMÈDE A LA CRISE SOCIALE, exposé succinct des institutions créées en vue du bien-être matériel, moral et intellectuel des classes travailleuses, par Édouard Michaux. Broch. in-8. Prix... 1 fr.

LE TRAVAIL ET LA MANIVELLE DE SISMONDI. Étude économique, par M. E. Cheysson ingénieur en chef des ponts et chaussées. Broch. in-8. Prix.............. 1 fr. 50

L'ÉCONOMIE SOCIALE A L'EXPOSITION UNIVERSELLE DE 1889. Communication faite au congrès d'Économie sociale le 13 juin 1889, par le même; broch. in-8°. Prix... 1 fr.

L'ASSISTANCE RURALE ET LE GROUPEMENT DES COMMUNES. Communication faite à la société d'économie sociale, le 20 mai 1886, par le même. Broch. in-8. Prix. 1 fr. 50

L'INDIVIDU ET L'ÉTAT, par M. Édouard Vignes, membre de la Société d'Économie politique de Paris. Broch. in-8. Prix....................................... 1 fr.

LES FONCTIONS PUBLIQUES ET LA RÉFORME ADMINISTRATIVE, par Jules Clavé. Broch. in-8. Prix.. 1 fr.

LORD SHAFTESBURY, SA VIE ET SES TRAVAUX, par Sophie Raffalovich. Broch. in-8. Prix.. 1 fr.

JOHN BRIGHT ET HENRI FAWCETT, par LA MÊME. 1 vol. in-32. Prix....... 2 fr.

L'ALCOOLISMO sue conseguenze morali e sue cause par le Dʳ NAPOLEONE COLAJANNI. 1 vol. in-18. Prix.. 3 fr.

LE CENTENAIRE DE PELLEGRINO ROSSI, par ALPHONSE COURTOIS fils. Broch. in-8. Prix... 1 fr.

ALLÉGORIE SOCIALE. — CAIN ET ABEL. — Légende du Pays Basque, par J.-B. LES-CARRET, correspondant de l'Institut. 1 vol. in-18. Prix...................... 1 fr.

CONTES ET ALLÉGORIES SOCIALES, par LE MÊME. 1 vol. in-18. Prix...... 2 fr. 50

SANITATION VERSUS MILITARIANISM, by EDWIN CHADWICK, C. B. Broch. in-8. Prix... 1 fr.

UN CENTENAIRE ÉCONOMIQUE 1789-1889. Communication faite à la Société de statistique de Paris, par M. ALFRED NEYMARCK. Broch. grand in-8. Prix..... .... 3 fr.

L'ÉCONOMIE SOCIALE A L'EXPOSITION DE 1889, par M. E. FOURNIER DE FLAIX. Broch. in-8° prix.. 1 fr.

LES CONGRÈS D'ÉCONOMIE SOCIALE A L'EXPOSITION DE 1889, par le même. Broch. in-8°, prix.. 1 fr.

L'ÉCONOMIE SOCIALE. SA MÉTHODE, SES PROGRÈS, par LE MÊME. Broch. in-8. Prix.. 1 fr. 50

LES RÉFORMES ÉCONOMIQUES A LA FIN DU XIXᵉ SIÈCLE, par PROSPER DELAFUTRY. Broch. in-18. Prix... 1 fr.

L'ÉCONOMIE SOCIALE A L'EXPOSITION UNIVERSELLE DE PARIS EN 1889, par ANTONY ROULLIET. Broch. in-8°, prix.................................... 1 fr.

FINANCES PUBLIQUES — IMPOTS — CRÉDIT PUBLIC
OCTROIS

TRAITÉ DE LA SCIENCE DES FINANCES, par PAUL LEROY-BEAULIEU, membre de l'Institut, professeur au collège de France, 5ᵉ édition. 2 forts vol. in-8. Prix.... 25 fr.

COURS DE FINANCES. — LE BUDGET, SON HISTOIRE ET SON MÉCANISME, par RENÉ STOURM, professeur à l'École libre des Sciences politiques. 1 vol. in-8. Prix.. 9 fr.

L'IMPOT SUR L'ALCOOL DANS LES PRINCIPAUX PAYS, par LE MÊME. 1 vol. in-18. Prix.. 3 fr.

LES BUDGETS CONTEMPORAINS. — LES BUDGETS DE LA FRANCE DEPUIS VINGT ANS ET LES PRINCIPAUX ÉTATS DE L'EUROPE DEPUIS 1870. Développement des chemins de fer. — Navigation. — Commerce. — Forces militaires des principaux pays, par FÉLIX FAURE, député. 1 vol. in-4. Prix....................................... 30 fr.

LES SOLUTIONS DÉMOCRATIQUES DE LA QUESTION DES IMPOTS. Conférences faites à l'école des sciences politiques, par M. LÉON SAY, membre de l'Institut, sénateur. 2 vol. in-18. Prix.. 6 fr.

MÉLANGES DE FINANCES ET D'ÉCONOMIE POLITIQUE ET RURALE. — FINANCES, par LE COMTE DE LUCAY, ancien maître des requêtes. 1 vol. in-8. Prix.......... 5 fr.

LE MONOPOLE DE L'ALCOOL ET LES RÉFORMES FISCALES, par ÉTIENNE MARTIN. 1 vol. in-18. Prix.. 3 fr.

L'ALCOOL ET L'IMPOT DES BOISSONS, par GEORGES HARTMANN. 1 vol. gr. in-8. Prix.. 5 fr.

L'IMPOT SUR LES ALCOOLS ET LE MONOPOLE EN ALLEMAGNE, par A. RAFFALOVICH. Broch. in-8. Prix... 1 fr. 50

L'IMPOT SUR LE REVENU. Rapport fait au nom de la commission du budget sur les questions soulevées par diverses propositions relatives à l'impôt sur le revenu, par M. Yves Guyot, député. 1 vol. in-18. Prix.................................... 3 fr. 50

LA CRISE AGRICOLE ET L'IMPOT EN MATIÈRE D'ENREGISTREMENT, de notariat et de procédure civile, par Xavier Capmas. 1 vol. in-8. Prix...... 2 fr.

UN NOUVEL IMPOT SUR LE REVENU, par le docteur Koenig, mémoire qui a inspiré le projet du gouvernement relatif à la réforme de la Contribution personnelle mobilière déposé sur le bureau de la chambre, par M. Dauphin, ministre des finances, le 26 février 1887. 1 vol. in-18. Prix... 3 fr.

LES IMPÔTS SUR LE REVENU EN FRANCE AU XVIIIᵉ SIÈCLE. *Histoire du dixième et du cinquantième.* Leur application dans la généralité de Guyenne. Par Maurice Bouques-Fourcade, docteur en droit, avocat à la Cour d'appel de Bordeaux. 1 vol. gr. in-8, Prix... 5 fr.

LES RÉFORMES FISCALES. — *Révolution pacifique par l'impôt sur les revenus.* Système de M. Jacques Lorrain, premier Lauréat du concours ouvert par la Société d'Études Économiques, fondée en 1878, par A. Raynaud, avec une préface d'Augustin Galopin. 1 vol. In-8. Prix.. 6 fr.

TRAITÉ DE CRITIQUE ET DE STATISTIQUE COMPARÉE DES INSTITUTIONS FINANCIÈRES SYSTÈME D'IMPÔTS ET RÉFORMES FISCALES DES DIVERS ÉTATS AU XIXᶜ SIÈCLE. Par E. Fournier de Flaix. — Première série. Angleterre. — Canada et Dominion. — Colonies anglaises d'Afrique. — Australasie. — États-Unis. — Russie. — Empire d'Allemagne. — États Allemands. — Italie.

De nombreux tableaux sont affectés aux impôts et aux finances de chaque état. 1 vol. in-8, prix,... 15 fr.

DE LA SUPPRESSION DES OCTROIS ET DE LEUR REMPLACEMENT, suivi d'un résumé des taxes commerciales établies en Belgique, par Alfred Guignard, 1 vol. in-8°, prix... 6 fr.

LA SUPPRESSION DES OCTROIS DE LA VILLE DE PARIS, par Charles Carré, négociant. 1 vol. gr. in-8. Prix... 4 fr.

LES VALEURS MOBILIÈRES EN FRANCE, Étude financière lue à la société de Statistique de Paris le 16 mai 1888, par M. Alfred Neymarck, broch. in-4°, prix..... 2 50

UN CONSEIL SUPÉRIEUR DES FINANCES, par le même. Broch. in-8. Prix..... 1 fr.

UN PLAN DE FINANCES ; DES DIFFICULTÉS ET DE LA NÉCESSITÉ DE SON APPLICATION, par le même. Broch. in-8. Prix.......................... 1 fr. 50

ÉTUDE SUR LA RÉFORME DE L'ASSIETTE DE L'IMPÔT. — *L'impôt sur le capital fixe,* (unique et proportionnel), par M. Félix Roy, broch. in-4, prix.......... 2 fr.

LES FINANCES DE L'ÉTAT EN 1889, par Albert Aubry, broch. in-8, prix 1 50

ESSAI SUR LES LOIS DE L'IMPÔT PROGRESSIF, par M. Jules Carvallo, broch. in-8, prix.. 1 fr.

L'IMPÔT SUR LES RAFFINERIES, question des sucres, par Marcel Poullin, broch. in-8, prix.. 1 50

LE RÉTABLISSEMENT D'UN IMPOT SUR LA PETITE VITESSE, ses inconvénients, ses dangers, par Eugène Lahaye. Broch. in-8. Prix...................... 1 fr.

RÉFORME DE L'IMPOT FONCIER, par H. Deleuze. Broch. in-8. Prix....... 75 c.

LA RÉFORME DE L'IMPOT FONCIER ET LE PROJET DE BUDGET DE 1891, par Alph. Vivier, broch. in-8. Prix... 1 fr.

ÉTUDES D'HISTOIRE FINANCIÈRE ET MONÉTAIRE, par Th. Ducrocq, professeur de droit administratif à la Faculté de droit de Paris. 1 vol. in-8. Prix............ 7 fr.

SUPPRESSION DES OCTROIS ET DE TOUTES LES TAXES FRAPPANT LES BOISSONS HYGIÉNIQUES, LES HUILES, ETC., par un contribuable, — graphiques et tableaux. Broch. in-8. Prix... 1 fr. 25

DEUX RÉFORMES POSSIBLES EN MATIÈRE DE CONTRIBUTIONS DIRECTES. Broch. in-8. Prix... 1 fr.

LES DANGERS DE L'AUGMENTATION DES DROITS D'ENTRÉE SUR LES CÉRÉALES ET LES BESTIAUX EN FRANCE, par PAUL PIERRARD, membre de la Société de statistique de Londres. Broch. in-8. Prix................................ 60 c.

MONNAIES — CRÉDIT — BANQUES — CRÉDIT FONCIER
CRÉDIT POPULAIRE

NOUVEAU TRAITÉ D'ÉCONOMIE POLITIQUE ET MONÉTAIRE, la Banque de France. — Renouvellement de son privilège. — la lutte pour l'or, — les crises, — causes et remèdes, — tableau encyclopédique, — études comparatives des principales Banques d'émission de l'étranger, par P. DUCHATEIL, 1 vol. in-4, prix.................... 15 fr.

LE CRÉDIT TERRITORIAL EN FRANCE ET LA RÉFORME HYPOTHÉCAIRE par FLOUR DE SAINT-GENIS, conservateur des hypothèques. 1 vol. in-8, prix............. 6 50

LE PRIVILÈGE DE LA BANQUE DE FRANCE, Réponse à l'Économiste français, par P. F. DEGOIX, broch. in-8, prix.. 2 50

LE CRÉDIT AGRICOLE MOBILIER, par JULES JEANNENEY, docteur en droit, avocat à la cour d'appel de Paris. 1 vol in-8, prix.................................. 6 fr.

ÉTUDE SUR LA CRISE AGRICOLE, COMMERCIALE ET OUVRIÈRE et ses causes monétaires en Angleterre, par M. ALPHONSE ALLARD. 1 vol. in-4, prix........... 7 50

LA CRISE SOCIALE. DISCOURS prononcé par le même au Congrès monétaire international de Paris, 1889, par LE MÊME. Broch. in-8. Prix.................... 1 fr. 50

LE CHANGE FOSSOYEUR DU LIBRE ÉCHANGE, par LE MÊME, broch. in-8. Prix... 1 fr. 50

LE PRÊT A INTÉRÊT DERNIÈRE FORME DE L'ESCLAVAGE, question de droit, par M. VICTOR MODESTE. 1 vol. in-18, prix................................. 3 50

ANATOMIE DE LA MONNAIE, par HENRI CERNUSCHI. Broch. in-8. Prix......... 2 fr.

LE PAIR BIMÉTALLIQUE, notes soumises à la Gold and silver Commission, par LE MÊME. 1 vol. in-8. Prix.. 3 fr.

LA MONNAIE, par l'abbé E. GELIN, docteur en philosophie. Broch. in-8,   (*Épuisé.*)

VADEMECUM DES PROMOTEURS DES BANQUES POPULAIRES ET LE MOUVEMENT COOPÉRATIF, par FRANCESCO VIGANO. Broch. in-8. Prix................. 3 fr.

LES BANQUES POPULAIRES ET LE CRÉDIT AGRICOLE, par A. VILLARD, avocat. Broch. in-8.   (*Épuisé.*)

LES CHAMBRES SYNDICALES ET LE RENOUVELLEMENT DU PRIVILÈGE DE LA BANQUE DE FRANCE. Observations et discours prononcés au syndicat général de l'Union du Commerce et de l'Industrie (alliance des Chambres syndicales) dans ses séances des 10 novembre, 8 décembre 1886, 9 février et 8 mars 1887, par M. ALFRED NEYMARCK. Broch. in-8. Prix.. 2 fr. 50

DE LA NÉCESSITÉ D'UN EMPRUNT DE LIQUIDATION ET DES MOYENS D'Y POURVOIR, par LE MÊME. Broch. in-8. Prix............................. 2 fr.

L'ÉPARGNE FRANÇAISE ET LES COMPAGNIES DE CHEMINS DE FER, classement et répartition des actions et obligations dans les portefeuilles au 31 décembre 1889, communication faite à la société de statistique de Paris, par le même. Broch. in-8. 1 fr. 50

LES PLUS HAUTS ET LES PLUS BAS COURS DES PRINCIPALES VALEURS depuis 1870. Première partie : Rentes françaises, actions et obligations de chemins de fer français. Banques, Sociétés de crédit françaises et étrangères. Banques coloniales, Société immobilières, Fonds d'États étrangers, par LE MÊME. 1 vol. in-8. Prix........... 3 fr.

LE DERNIER MOT SUR UNE CONTROVERSE RELATIVE A LA NOTION DE LA VALEUR. Véritable théorie de la valeur, par HIPPOLYTE DABOS. Broch. in-8. Prix. 1 fr. 50

LA QUESTION DES CAISSES D'ÉPARGNE, par ADOLPHE GUILBAULT. Broch. in-8. Prix.. 1 fr.

LE BILLET DE BANQUE FIDUCIAIRE, sa fabrication, son mode d'émission, son rôle, sa suppression, par ARTHUR LEGRAND, député. Broch. in-8. Prix.................. 1 fr.

LES MARCHÉS DE LONDRES DE PARIS ET DE BERLIN, par ARTHUR RAFFALOVICH. Broch. in-8. Prix.. 1 fr.

L'EFFONDREMENT DU COMPTOIR D'ESCOMPTE, par LE MÊME. Broch. in-8. Prix... 1 fr.

LE CONGRÈS MONÉTAIRE INTERNATIONAL de 1889, par LE MÊME Broch. in-8. Prix.. 1 fr. 50

LA BOURSE DE PARIS ET LE MONOPOLE DES AGENTS DE CHANGE, par LE MÊME. Broch. in-8. Prix.. 50 c.

LA QUESTION MONÉTAIRE EN BELGIQUE en 1889. Échange de vues entre MM. FRÈRE-ORBAN et EM. DE LAVELEYE. 1 vol. in-8. Prix.............................. 3 fr. 50

LA QUESTION MONÉTAIRE EN 1889. Discours prononcé au Congrès monétaire international de 1889. Compte rendu critique des débats. Les métaux précieux et la question monétaire. Rapport au Congrès sur les matérialien du docteur Adolphe Soetbeer, par ADOLPHE COSTE. Broch. in-8. Prix.. 3 fr. 50

SUPPLÉMENT A LA QUESTION MONÉTAIRE EN BELGIQUE en 1889. Observations présentées à M. *Frère-Orban*, par M. ROCHUSSEN, ancien Ministre, membre du Conseil d'État des Pays-Bas. Broch. grand in-8. Prix...................................... 1 fr.

MONNAIES (MÉTALLIQUES ET FIDUCIAIRES) DES DIVERS ÉTATS DU MONDE et leur rapport exact avec les monnaies, poids et mesures de France, par M. A. de MALARCE. Broch. in-4, contenant un résumé des travaux de l'auteur). Prix.............. 2 fr.

DU RELÈVEMENT DU MARCHÉ FINANCIER FRANÇAIS, par JACQUES SIEGFRIED, ancien banquier et RAPHAEL GEORGES LÉVY, banquier 2e édition. Broch. in-8. Prix...... 1 fr.

DISCOURS DE M. FRÉDÉRIC PASSY, membre de l'Institut au Congrès *monétaire international* de 1889. Broch. in-8. Prix.. 1 fr.

CONGRÈS MONÉTAIRE INTERNATIONAL. RAPPORT SUR L'ENQUÊTE MONÉTAIRE ANGLAISE, par M. FOURNIER DE FLAIX. Broch. in-8. Prix...................... 2 fr.

LE PROBLÈME MONÉTAIRE — AVEC TABLEAUX, par LE MÊME. 1 vol. in-8. Prix.. 5 fr.

PREMIER CONGRÈS DES BANQUES POPULAIRES FRANÇAISES (associations coopératives de Crédit), tenu à Marseille du 2 au 5 mai 1889. *Actes du Congrès.* 1 vol. in-8. Prix.. 3 fr.

CONGRÈS MONÉTAIRE INTERNATIONAL DE PARIS. SEPTEMBRE 1889, communication de M. PEDRO S. LAMAS. Broch. in-8. Prix.............................. 1 fr.

LE BIMÉTALLISME INTERNATIONAL, par ÉMILE DE LAVELEYE, broch. in-8.
(*Épuisé.*)

POPULATION

LA CHARITÉ AVANT ET DEPUIS 1789 dans les campagnes de France, avec quelques exemples tirés de l'étranger, par P. HUBERT-VALLEROUX, avocat à la Cour d'appel, docteur en droit. 1 vol. in-8. Prix.. 8 fr.

(Ouvrage couronné par l'Académie des Sciences morales et politiques.)

L'INDIGENCE ET L'ASSISTANCE DANS LES CAMPAGNES, DEPUIS 1789 JUSQU'A NOS JOURS, par G. Saunois de Chevert, licencié en droit, officier d'Académie. 1 vol. in-8. Prix.. 10 fr.

(Ouvrage récompensé par l'Académie des sciences morales et politiques.)

MALTHUS. *Essai sur le principe de population*, par G. de Molinari, correspondant de l'Institut. 1 vol. in-32. Prix... 2 fr. 50

(Fait partie de la Petite Bibliothèque économique française et étrangère.)

DE L'ASSISTANCE DANS LES CAMPAGNES, *indigence prévoyance, assistance*, par Émile Chevallier, docteur en droit, Maître de Conférences à l'Institut agronomique, avec une préface de M. Léon Say, de l'Académie Française, ouvrage couronné par l'Institut. 1 vol. in-8. Prix.. 9 fr.

LA QUESTION DE LA POPULATION EN FRANCE ET A L'ÉTRANGER. Rapport fait à la société d'économie sociale dans la séance du 20 mai 1883, par E. Cheysson, ingénieur en chef des ponts et chaussées. Broch. in-8. Prix.......................... 1 fr. 50

RAPPORT CONCERNANT L'APPLICATION DE LA LOI DU 23 DÉCEMBRE 1874, présenté à M. le Ministre de l'intérieur, au nom du Comité supérieur de *protection des enfants du premier âge*, par M. Paul Bucquet. Broch. in-4. Prix..................... 2 fr.

COUP D'OEIL SUR L'ASSISTANCE, PAR UN ANCIEN ADMINISTRATEUR DE BUREAU DE BIENFAISANCE. Broch. in-18. Prix.. 60 c.

QUESTIONS OUVRIÈRES

ENQUÊTE DE LA COMMISSION EXTRAPARLEMENTAIRE DES ASSOCIATIONS OUVRIÈRES, nommé par M. le Ministre de l'Intérieur, 3ᵉ partie, 1 vol. in-4. Prix. 10 fr.

LE LOGEMENT DE L'OUVRIER ET DU PAUVRE. — États Unis.— Grande Bretagne. — France.— Allemagne.— Belgique, par Arthur Raffalovich. 1 vol. in-18. Prix, 3 fr. 50

DES HABITATIONS A BON MARCHÉ. — LÉGISLATION, par Antony Roulliet. 1 vol. grand in-8. Prix... 2 fr.

QUELQUES MOTS SUR L'HABITATION OUVRIÈRE, par Ch. Lagasse, ingénieur en chef, directeur des ponts et chaussées. Broch. in-8. Prix....................... 1 fr.

LES SOCIÉTÉS COOPÉRATIVES, par le même. 1 vol. in-18. Prix.............. 1 fr.

LA QUESTION DES HABITATIONS OUVRIÈRES EN FRANCE ET A L'ÉTRANGER. — La situation actuelle, — ses dangers, — ses remèdes. Conférence faite à l'exposition d'hygiène de la caserne Lobau, le 17 juin 1886, par M E. Cheysson, ingénieur en chef des ponts et chaussées. Broch. in-8. Prix................................... 1 fr. 50

LA LÉGISLATION INTERNATIONALE DU TRAVAIL, par le même. Broch. in-8. Prix.. 1 fr.

BIBLIOGRAPHIES DES HABITATIONS A BON MARCHÉ, par MM. Arthur Raffalovich et Antony Roulliet. Broch. in-8 pur. Prix..................................... 1 fr. 50

DEUXIÈME CONGRÈS DES SOCIÉTÉS COOPÉRATIVES DE CONSOMMATION DE FRANCE, tenu à Lyon les 19, 20, 21 et 22 septembre 1886, au palais des Beaux-Arts. Broch. in-4. Prix.. 1 fr.

TROISIÈME CONGRÈS DES SOCIÉTÉS COOPÉRATIVES DE CONSOMMATION DE FRANCE, tenu à Tours les 18, 19 et 20 septembre 1887. Broch. in-4. Prix.... 1 fr.

CONGRÈS INTERNATIONAL DE LA PARTICIPATION AUX BÉNÉFICES, tenu au Palais du Trocadéro et au Cercle populaire de l'Esplanade des Invalides du 16 au 19 juillet 1889. *Compte rendu in extenso des Séances.* 1 vol. grand in-8. Prix............ 3 fr.

LA PARTICIPATION AUX BÉNÉFICES, *Etudes pratiques sur ce mode de rémunération du travail*, par le Dʳ Victor Böhmert, directeur du Bureau statistique de Saxe, traduit de l'allemand avec l'autorisation de l'auteur et mis à jour par Albert Trombert, avec une préface de M. Charles Robert, ancien Conseiller d'Etat. 1 vol. gr. in-8. *(Épuisé.)*

TROISIÈME CONGRÈS NATIONAL DES SOCIÉTES DE SECOURS MUTUELS DE PRÉ-VOYANCE ET DE RETRAITES, tenu à Paris les 4, 5, 6, 7, 8 et 9 juin 1889, sous la présidence de M. HIPPOLYTE MAZE, sénateur. *Compte rendu des Travaux.* 1 vol. grand in-8. Prix.. 5 fr.

HISTOIRE DE LA COOPÉRATION A NIMES ET SON INFLUENCE SUR LE MOUVE-MENT COOPÉRATIF EN FRANCE, par DE BOYVE. Broch. in-8. Prix........ 2 fr.

LES CAISSES DE PRÉVOYANCE OBLIGATOIRES AU PROFIT DES OUVRIERS MINEURS, par CHARLES GOMEL, ancien maître des requêtes au Conseil d'État. Broch. in-8. Prix. 1 fr.

LES SOCIÉTÉS DE SECOURS MUTUELS. — LÉGISLATIONS COMPARÉES QUI LES RÉGISSENT. — RÉFORMES NÉCESSAIRES, par A. VILLARD. Broch. grand in-8. Prix.. 2 fr.

UNE SOCIÉTÉ DE SECOURS MUTUELS DE PROVINCE. — L'Émulation chrétienne de Rouen, aperçu historique, analytique et critique. Broch. in-8. Prix............ 1 fr.

LES SYNDICATS PROFESSIONNELS, leur rôle historique et économique avant et depuis la reconnaissance légale. La loi du 21 mars 1884, par ÉMILE REINAUD, avocat à la Cour de Nîmes, docteur en droit. 1 vol. in-18. Prix.......................... 3 fr. 50

LES SYNDICATS PROFESSIONNELS ET AGRICOLES. Le crédit agricole, par VICTOR DU BLED, docteur en droit. Broch. in-18. Prix.............................. 50 c.

LES SYNDICATS PROFESSIONNELS, esquisse de leur législation, par PROSPER CASTANIER. Broch. in-12. Prix.. 50 c.

LES SYNDICATS INDUSTRIELS ET EN PARTICULIER. LES SYNDICATS MINIERS EN ALLEMAGNE, par M. ED. GRUNER, ingénieur civil des mines. Broch. in-8. Prix... 1 fr.

DISCOURS PRONONCÉS, par M. FRÉDÉRIC PASSY, à la Chambre des députés, séances des 2, 9, 12 et 18 juin 1883. Première délibération sur le projet et la proposition de loi concernant la loi *sur le travail des enfants, des filles et des femmes dans les établissements industriels.* Broch. in-32. Prix.. 60 c.

DISCOURS PRONONCÉS, par M. FRÉDÉRIC PASSY, à la Chambre des députés, séances des 25 et 26 juin, 2, 5 et 10 juillet. Deuxième délibération sur le projet et les propositions de loi *relatifs à la responsabilité des accidents dont les ouvriers sont victimes dans leur travail.* Broch. in-32. Prix.. 60 c.

PROTECTION ET ORGANISATION DU TRAVAIL, par ED. GUILLARD. 1 vol. in-18. Prix.. 1 fr. 50

PROFIT SHARING BETWEEN, EMPLOYER AND EMPLOYEE, a Study in the evolution of the Wages system by Nicholas Paine Gilman. 1 vol. in-18. Prix............ 10 fr.

ÉTUDE SUR LA RÉTRIBUTION LÉGITIME DU TRAVAIL MANUEL INTELLECTUEL ET DU CAPITAL, par J.-J.-A. CLOUZARD. 1 vol in-18. Prix................ 3 fr.

DE LA LIMITATION DES HEURES DE TRAVAIL, par M. GEORGES SALOMON, ingénieur civil des mines. Broch. in-8. Prix................................... 1 fr
(Extrait des mémoires de la Société des Ingénieurs civils.)

LA PARTICIPATION DES OUVRIERS AUX BÉNÉFICES DES PATRONS, par JEAN BOURLIER, avocat à la cour de Paris. Broch. in-8. Prix.................... 1 fr.

HISTOIRE DES GRÈVES, par CHARLES RENAULT, docteur en droit. 1 vol. in-18. Prix. 3 fr. 50
Ouvrage couronné par l'Académie des Sciences morales et politiques.

LA LIBERTÉ DU TRAVAIL ET LES GRÈVES, par A. GIBON, directeur des usines de Commentry. Broch. in-8. Prix... 2 fr.

LES ACCIDENTS DU TRAVAIL ET L'INDUSTRIE, par LE MÊME. 1 vol. in-4. Prix. 3 fr.

CONSEILS DE L'INDUSTRIE ET DU TRAVAIL, par CH. MORISSEAUX, directeur de l'industrie et des travaux publics. 1 vol. in-8. Prix....................... 6 fr.

LA QUESTION OUVRIÈRE A BERLIN, 1890, par ALPHONSE ALLARD. Broch. in-8. Prix... 1 fr.

SOCIALISME

PROGRÈS ET PAUVRETÉ, *enquête sur la cause des crises industrielles et de l'accroissement de la misère au milieu de l'accroissement de la richesse. Le remède*, par HENRY GEORGE, traduit de l'anglais sur la dernière édition, par P. LE MONNIER. 1 vol. in-8. Prix... **9 fr.**

LE SOCIALISME MODERNE, SON DERNIER ÉTAT, par A. VILLARD. 1 vol. in-18, prix.. **3 50**

L'ASSISTANCE DES INDIGENTS A DOMICILE. Les œuvres d'initiative privée, le dispensaire général de Lyon. Étude par J.-C. PAUL ROUGIER, avocat. Broch, in-8. Prix .. **1 fr.**

L'INTERNATIONALE ET LE SOCIALISME, par EUGÈNE GUYON, broch. in-8. Prix... **1 fr.**

LA QUESTION SOCIALE. — LE CHÈQUE BARRÉ, par ERNEST GRILLON. 1 vol. in-8. Prix.. **5 fr.**

QUESTIONS COLONIALES

L'ALGÉRIE ET LA TUNISIE, par PAUL LEROY-BEAULIEU, membre de l'Institut, professeur au collège de France. 1 vol. in-8. Prix..................................... **8 fr.**

LA FRANCE DANS L'AFRIQUE DU NORD, par LOUIS VIGNON, ancien chef du Cabinet du président du Conseil, ministre des finances. 2ᵉ édition. 1 vol in-8. Prix....... **7 fr.**
    (Ouvrage honoré d'une récompense par l'Académie des sciences morales et politiques.)

QUESTIONS COLONIALES. — CONSTITUTION ET SÉNATUS-CONSULTES, par A. ISAAC, sénateur de la Guadeloupe. 1 vol. in-18. Prix.......................... **3 fr.**

LA QUESTION DE L'ESCLAVAGE AFRICAIN et la conférence de Bruxelles, par G. DE MOLINARI. Broch. in-8 , Prix.. **1 fr.**
    (Extrait du *Journal des Économistes*, décembre 1889.)

COLONISONS LA FRANCE. Conférences faites à la loge « Les vrais frères » Orient de Bergerac, par M. AUGUSTE DESMOULINS, publiciste. Broch. in-8 . Prix.......... **» 40**

QUESTIONS PÉNITENTIAIRES

DE L'ÉTAT ANORMAL EN FRANCE DE LA RÉPRESSION EN MATIÈRE DE CRIMES CAPITAUX et des moyens d'y remédier, précédé d'un avant-propos et d'une introduction, par M. CH. LUCAS, membre de l'Institut. 1 vol. in-8. Prix...................... **3 fr.**

DE L'INDEMNITÉ ALLOUÉE AUX INDIVIDUS INDUMENT CONDAMNÉS OU POUR-SUIVIS *en matière criminelle, correctionnelle ou de police*, par HENRI PASCAUD, conseiller à la cour d'appel de Chambéry, (mémoire lu au congrès des Sociétés Savantes à Paris le 24 mai 1888). Broch. in-8 . Prix.. **2 fr.**

ÉCONOMIE RURALE — QUESTIONS AGRICOLES

TRAITÉ D'ÉCONOMIE POLITIQUE RURALE, *Agriculture, Économie forestière*, élevage des chevaux et du bétail, — industrie des châlets et des basses-cours, — chasse et pêche d'eau douce, par GUILLAUME ROSCHER, professeur à l'université de Leipzig, traduit sur la dernière édition par CHARLES VOGEL, avec une préface de M. LOUIS PASSY, secrétaire perpétuel de la société d'Agriculture de France. 1 fort vol. in-8 . Prix............ **18 fr.**
    (Fait partie de la collection des Économistes et Publicistes contemporains.)

LES POPULATIONS AGRICOLES DE LA FRANCE, par H. BAUDRILLART, membre de l'institut. — *Maine, Anjou, Touraine, Poitou, Flandre, Artois, Picardie, Ile-de-France,* — passé et présent, — mœurs, coutumes, instruction, population, famille, valeur et division des terres, fermage et métayage, ouvriers ruraux, salaire, nourriture, habitation. 1 fort vol. in-8. Prix .... 10 fr.

LES ENTREPRISES AGRICOLES ET LA PARTICIPATION DU PERSONNEL AUX BÉNÉFICES. par ALBERT CAZENEUVE. 1 vol. grand in-8 . Prix .... 5 fr.

DE L'ASSISTANCE DES CLASSES RURALES AU XIXᵉ SIÈCLE, par LÉON LALLEMAND, conclusions d'un mémoire couronné par l'Académie des Sciences morales et politiques. 1 vol. in-8. Prix.. 3 fr.

L'AGRICULTURE DANS SES RAPPORTS AVEC LE PAIN ET LA VIANDE, par JULES LECONTE (médaille d'or de la Société des Agriculteurs de France). 1 vol. in-8. Prix. 2 fr.

CARTE ÉCONOMIQUE DE LA FRANCE, au point de vue des principales productions naturelles et industrielles du sol, ainsi que des secours à distribuer par les bureaux de Bienfaisance. 1 feuille-raisin. Prix .... 1 fr. 50

 Carte extraite de l'ouvrage : *L'Indigence et l'assistance dans les campagnes en France depuis 1789 jusqu'à nos jours,* par G. Saunois de Chevert.

ÉTUDE D'ÉCONOMIE RURALE. *Une ferme de 100 hectares,* d'après les données moyennes de l'enquête agricole de 1882, par ADOLPHE COSTE. Broch. in-8. Prix......... 1 fr.

LIBERTÉ COMMERCIALE

PROTECTION OU LIBRE ÉCHANGE, *examen de la question du tarif en ce qui concerne les intérêts des classes laborieuses,* par HENRY GEORGE, traduit de l'anglais et précédé d'une préface, par LOUIS VOSSION, consul de France à Philadelphie, orné d'un portrait de l'auteur. 1 vol. in-8. Prix... 9 fr.

LES COALITIONS DE PRODUCTEURS *et le protectionnisme* par ARTHUR RAFFALOVICH. Broch. in-8 . Prix.. 1 fr.

DE L'ÉGALITÉ DANS LA PROTECTION DOUANIÈRE, par E. MARTINEAU, juge d'instruction. Broch. in-8. Prix... 1 fr.

 (Extrait du *Journal des Économistes,* nᵒ mai 1888.)

A PROPOS D'UN PROJET D'UNION DOUANIÈRE ENTRE LES ÉTATS DU CENTRE DE L'EUROPE, par HENRI CHARDON, auditeur au Conseil d'État. Broch. in8 . Pr. 1 fr.

LES TRAITÉS DE COMMERCE. par M. ALFRED NEYMARCK. Broch. in-4 . Prix... 1 50

STATISTIQUE

ANNUAIRE DE L'ÉCONOMIE POLITIQUE ET DE LA STATISTIQUE, fondé par MM. GUILLAUMIN et JOSEPH GARNIER, continué par MAURICE BLOCK, membre de l'Institut. — Années 1887 à 1892. (49ᵉ année), prix de chaque année.............. 9 fr.

LE CONSEIL SUPÉRIEUR DE STATISTIQUE DE FRANCE. Rapport fait au nom de la commission spéciale par M. E. CHEYSSON, ingénieur en chef des ponts et chaussées. Broch. in-8. Prix........................ :.................................... 1 fr. 50

LES CHARGES DE L'AGRICULTURE ET LES MONOGRAPHIES DE FAMILLES. Communication faite à la société de statistique dans la séance du 17 avril 1889, par LE MÊME. Broch. in-8 . Prix.. 1 fr.

LES MOYENNES EN STATISTIQUE. Rapport fait à la société de statistique de Paris, au nom du jury du concours des moyennes, par LE MÊME. Broch. in-8. Prix.... 1 fr. 50

LES CARTOGRAMMES A TEINTES GRADUÉES. Système de classification rendant comparables les divers cartogrammes d'une même série, par LE MÊME. Broch. in-8. Prix. 1 fr. 50

LES MÉTHODES EN STATISTIQUE, par LE MÊME. Broch. in-8. Prix........ 1 fr. 50

BULLETIN ANNUEL DES FINANCES DES GRANDES VILLES. Septième, huitième et neuvième années, 1883, 1884 et 1885, par JOSEPH KÖRÖSI. broch., in-4. Prix chacun... 2 fr.

LA FRANCE ÉCONOMIQUE STATISTIQUE RAISONNÉE ET COMPARÉE, territoire, population, propriété, agriculture, industrie, commerce, moyens de transports, monnaie, par ALFRED DE FOVILLE, professeur au Conservatoire des Arts et Métiers. Année 1889. 1 vol. in-18. Prix.. 6 fr.

ÉTUDE STATISTIQUE SUR LES SALAIRES DES TRAVAILLEURS ET LE REVENU DE LA FRANCE, par ADOLPHE COSTE. Broch., grand in-8. Prix................. 1 fr.

LA STATISTIQUE DES RELIGIONS — AVEC TABLEAUX, par M. FOURNIER DE FLAIX. Broch. in-4. Prix.. 3 fr.

ADMINISTRATION

L'ÉTAT MODERNE ET SES FONCTIONS, par PAUL LEROY BEAULIEU, membre de l'Institut. 2e édition. 1 vol. in-8 . Prix.......................... 9 fr.

LA RÉORGANISATION CADASTRALE, ET LA CONSERVATION DU CADASTRE EN FRANCE, par JULES BRETON, ancien géomètre de la compagnie des chemins de fer de l'Ouest, 1 vol. in-8 . Prix.. 7 fr. 50

RÉFORME DES SERVICES DE LA TRÉSORERIE ET RÉORGANISATION DE L'AD-MINISTRATION DES CONTRIBUTIONS DIRECTES, par R. LEMERCIER DE JAUVELLE, directeur des contributions directes. 1 vol. in-8. Prix................. 3 fr. 50

LES TRAVAUX PUBLICS ET LE BUDGET, par CH. GOMEL, ancien maître des requêtes au Conseil d'État, broch. in-8. Prix........................... 1 fr.

POLITIQUE

ÉTAT DE LA FRANCE EN 1789, par PAUL BOITEAU. Deuxième édition, ornée d'un portrait de l'auteur avec une notice par M. LÉON ROQUET et des annotations de M. GRASSOREILLE, archiviste. 1 vol. in-8. Prix.................................. 10 fr,

LA FRANCE AVANT ET PENDANT LA RÉVOLUTION. Les classes, les droits féodaux, les services publics, par EDOUARD OLIVIER. 1 vol. in-18. Prix............. 3 fr. 50

LA NUIT DU 4 AOUT 1789-1889, par VICTOR MODESTE. 1 vol. in-18. Prix...... 3 fr.

LA DÉMOCRATIE, par J.-G. COURCELLE-SENEUIL, membre de l'Institut. Broch. in-8. Prix.. 1 fr.

L'ÉCOLE DE LA LIBERTÉ, conférence faite à Genève le 9 avril 1890, par M. FRÉDÉRIC PASSY, membre de l'Institut. 1 vol. in-18. Prix...................... 2 fr.

ESSAI DE RÉFORME CONSTITUTIONNELLE 1887. 1 vol. in-8. Prix......... 3 fr.

LES ÉLECTEURS PURS ET CANDIDATS. — LES ÉLUS CONSTITUANTS. — LÉGIS-LATEURS ET CENSEURS, par LOUIS-JACQUES ALLARD. 1 vol. in-18. Prix....... 3 fr.

LE ROLE ET LA LIBERTÉ DE LA PRESSE, par DUPONT-WHITE. Broch. in-8. Prix. 1 fr.

LE SUFFRAGE UNIVERSEL, par LE MÊME. (Épuisé.)

LA RÉPUBLIQUE RÉVOLUTIONNAIRE, par F. DUHAMET. 1 vol. in-18. Prix.. 3 fr. 50

LA LIBERTÉ DE LA PRESSE ET LE SUFFRAGE UNIVERSEL, par M. Dupont-White. Broch. in-8. Prix... 2 fr.

LA POLITIQUE SOCIALE EN BELGIQUE, par A. Béchaux, professeur d'Économie politique à la Faculté de droit de Lille. Broch. in-8. Prix........................... 3 fr.

L'AFFRANCHISSEMENT DU SUFFRAGE UNIVERSEL, par Ernest Brelay. Broch. in-8. Prix.. 1 fr.

RECHERCHE DE LA MEILLEURE DES RÉPUBLIQUES, par Emile Lefevre, architecte. 1 vol. in-18.   (*Épuisé.*)

LA RÉFORME ÉCONOMIQUE ET LE RÉGIME PARLEMENTAIRE, par A. de la Croiserie. 1 vol. in-18.. 2 fr. 10

UN CHAPITRE DES MŒURS ÉLECTORALES EN FRANCE, dans les années 1889 et 1890, par Paul Leroy-Beaulieu, membre de l'Institut, broch. in-8. Prix.... 75 cent.

DROIT, LÉGISLATION

PRÉPARATION A L'ÉTUDE DU DROIT. Études des principes, par J.-G. Courcelle-Seneuil, membre de l'Institut. 1 vol. in-8. Prix........................... 8 fr.

ÉTUDES DE DROIT PUBLIC, par Th. Ducrocq, professeur de droit administratif à la Faculté de droit de Paris. 1 vol. in-8. Prix............................ 7 fr.

L'ANCIEN DROIT CONSIDÉRÉ DANS SES RAPPORTS AVEC L'HISTOIRE DE LA SOCIÉTÉ PRIMITIVE ET AVEC LES IDÉES MODERNES, par Henri Sumner Maine, professeur de droit à l'Université d'Oxford, ci-devant membre jurisconsulte du suprême gouvernement de l'Inde, traduit sur la 4e édition anglaise, par J.-G. Courcelle-Seneuil, membre de l'Institut. 1 vol. in-8. Prix.............................. 7 fr. 50

LES PRINCIPES FONDAMENTAUX DU DROIT, par le comte de Vareilles-Sommières, doyen de la faculté catholique de droit de Lille. 1 vol. in-8. Prix.......... 8 fr. 50

LE DROIT ET LES FAITS ÉCONOMIQUES, par A. Béchaux, professeur d'économie politique à la faculté libre de droit de Lille (ouvrage récompensé par l'Institut prix Wolowski). 1 vol. in-8. Prix... 6 fr.

LE SYNDIC DE FAILLITE (fonctions et pouvoirs), par Paul Fossé, docteur en droit, avocat à la Cour d'appel de Paris. 1 vol. in 8.   (*Épuisé.*)

DÉFENSE DE LA PROPRIÉTÉ MOBILIÈRE, discours prononcé à l'hôtel de l'Union des syndicats le 24 avril 1888, par M. Ernest Brelay. Broch. in-8. Prix.......... 1 fr.

DÉFENSE DE LA PROPRIÉTÉ IMMOBILIÈRE. *Réformes fiscales projetées*, 2e discours prononcé à la salle des Conférences le 26 avril 1889, par le même. Broch. in-8. Prix.. 1 fr.

LES PROJETS DE RÉFORME DE LA LÉGISLATION SUR LES MINES, par M. C. Gomel, ancien maître des requêtes au Conseil d'État. Broch. in-8. Prix.............. 2 fr.

LE PROJET DE LOI SUR LES DÉLÉGUÉS MINEURS, par le même. Broch. in-8. Prix... 1 fr.

LES DÉLÉGUÉS MINEURS, par Ernest Nibaud, ingénieur civil. 1 vol. in-18. Prix.   1 fr. 50

OBSERVATIONS RELATIVES AU PROJET DE LOI BAIHAUT SUR LES MINES, par le même. 1 vol. in-18. Prix.. 2 fr.

UNE INIQUITÉ SOCIALE. LES FRAIS DE VENTES JUDICIAIRES D'IMMEUBLES, par Georges Michel. Broch. in-8. Prix............................... 1 fr.

DROIT DES GENS

LE DROIT INTERNATIONAL CODIFIÉ, par BLUNTSCHLI, traduit de l'allemand, par C. LARDY, docteur en droit, précédé d'une biographie de l'auteur par ALPH. RIVIER, secrétaire de l'Institut de droit international, professeur à l'Université de Bruxelles. 4e édition, revue et très augmentée, accompagnée d'un portrait de l'auteur, des actes de la Conférence africaine de 1885, etc. 1 vol. in-8. Prix........................ 10 fr.

LE DROIT INTERNATIONAL THÉORIQUE ET PRATIQUE, précédé d'un exposé historique des progrès de la science du droit des gens par CH. CALVO, envoyé extraordinaire et ministre plénipotentiaire de la République Argentine, auprès de S. M. l'empereur d'Allemagne. 5 volumes grand in-8. Prix.............................. 75 fr.

ASSURANCES

LE LIVRE D'OR DES ASSURANCES, par E. LECHARTIER. Tome 2e. Compagnie d'assurances sur la vie. 1 vol. in-8, relié. Prix.......................... 25 fr.

LES RÉSULTATS DE L'ASSURANCE OBLIGATOIRE CONTRE LES ACCIDENTS. (Loi allemande du 6 juillet 1884), par CHARLES MORISSEAUX. Broch. in-4°. Prix.... 2 fr. 50

L'ASSURANCE DES OUVRIERS CONTRE LES ACCIDENTS. Exposé fait à la société d'Economie politique le 5 mars 1888, par M. E. CHEYSSON. Broch. in-8. Prix.... 1 fr

ÉDUCATION — ENSEIGNEMENT

PROGRAMMES GÉNÉRAUX DES COURS D'ENSEIGNEMENT COMMERCIAL ET TECHNIQUE, institués en 1857, par la ville de Lyon et la Chambre de Commerce, publiés par mademoiselle E. LUQUIN, officier de l'instruction publique. Broch, in-4. Prix...... 3 fr.

LA QUESTION DU LATIN. Discours prononcé par M. FRÉDÉRIC PASSY, membre de l'Institut, député de la Seine, à la distribution des prix du lycée Janson-de-Sailly, le 3 août 1886. Broch. in-8. Prix................................... 1 fr.

CONFÉRENCE SUR L'ENSEIGNEMENT PROFESSIONNEL EN FRANCE DEPUIS 1789, par M. CHARLES LUCAS, architecte. Broch. in-8. Prix..................... 1 fr.

LES FACULTÉS DE DROIT ET L'ENSEIGNEMENT DES SCIENCES POLITIQUES, par GABRIEL ALIX. Broch. in-8. Prix.............................. 1 fr.

MORALE ET PHILOSOPHIE

LA MORALE ÉCONOMIQUE, par G. DE MOLINARI, correspondant de l'Institut, rédacteur en chef du *Journal des Économistes*. 1 vol. in-8. Prix................. 7 fr. 50

(Fait partie de la collection des Économistes et Publicistes contemporains).

COMMERCE — INDUSTRIE — QUESTIONS COMMERCIALES
QUESTIONS INDUSTRIELLES

LE COMMERCE, ENSEIGNEMENT SYNTHÉTIQUE EN SEIZE TABLEAUX, renfermés dans un carton, par Mlle ÉLISE LUQUIN, officier de l'Instruction publique, lauréat de l'Académie des Sciences morales et politiques. In-plano. Prix............... 30 fr.

ÉTUDES COMMERCIALES. — COMPTABILITÉ. — TENUE DES LIVRES ; par LA MÊME. 1 vol. in-8. Prix.. 8 fr.

DES CRISES COMMERCIALES ET DE LEUR RETOUR PÉRIODIQUE EN FRANCE, EN ANGLETERRE ET AUX ÉTATS-UNIS, par CLÉMENT JUGLAR, vice-président de la Société d'Économie politique. Deuxième édition, mémoire couronné par l'Institut (Académie des Sciences morales et politiques). 1 fort vol. grand in-8. Prix............... 12 fr.

L'INDUSTRIE MINÉRALE EN FRANCE ET A L'ÉTRANGER, par M. CHARLES GOMEL, ancien maître des requêtes au Conseil d'État, Broch. in-8, Prix.............. 1 fr.

CONGRÈS INTERNATIONAL DU COMMERCE ET DE L'INDUSTRIE, tenu à Paris du 23 au 28 septembre 1889 sous la présidence de M. POIRRIER, sénateur, président de la Chambre de commerce de Paris, *Rapports, discussions, travaux et résolutions du Congrès,* publiés sous la direction de M. JULIEN HAYEM, secrétaire général. Ouvrage honoré de la souscription du Ministère du commerce, de l'industrie et des colonies, 1 vol. in-8. Prix .... 9 fr.

COMPTE RENDU DES TRAVAUX DU CONGRÈS INTERNATIONAL AYANT POUR OBJET L'ENSEIGNEMENT TECHNIQUE COMMERCIAL ET INDUSTRIEL sous le patronage de M. le Ministre du commerce et de l'industrie, de M. le Ministre de l'instruction publique, du département de la Gironde, de la ville et de la chambre de commerce de Bordeaux. 20-25 septembre 1886. 1 vol. gr. in-8. Prix .... 5 fr.

LA STATISTIQUE GÉOMÉTRIQUE, méthode pour la solution des problèmes commerciaux et industriels. Conférence faite au Congrès de l'enseignement technique industriel et commercial à Bordeaux, le 24 septembre 1886, par M. E. CHEYSSON, ingénieur en chef des ponts et chaussées. Broch. in-8°. Prix............................ 1 fr. 50

L'ENSEIGNEMENT PROFESSIONNEL, INDUSTRIEL ET COMMERCIAL, par GEORGES SALOMON, ingénieur civil des mines, conférence faite à la Bibliothèque Forney, le 31 mars 1887. Broch. in-18. Prix.. 1 fr.

THE STANDARD WOOL-BALE and the improvement necessary in the *universal wool-trade* par PAUL PIERRARD. Broch. in-8. Prix................................... 1 fr. 50

LA CRISE DE L'INDUSTRIE DU SUCRE EN RUSSIE, par EDMOND DE MOLINARI. Broch. in-8. Prix..).. 1 fr.

ESSAI SUR LE COMMERCE DE MARSEILLE. — Marine. — Commerce. — Industrie, 1875-1884, par LOUIS BERNARD, ancien avoué, 1 vol. in-4°.   (*Épuisé.*)
    Ouvrage qui a obtenu le prix de 10 000 francs au concours fondé par le baron Félix de Beaujour.

LA CHAMBRE DE COMMERCE DE PARIS ET LA REPRÉSENTATION COMMER-CIALE, par GEORGES HARTMANN. Broch. in-8. Prix........................ 2 fr.

CALCUL — CHANGES — BANQUE — COMPTABILITÉ

TRAITÉ COMPLET D'ARITHMÉTIQUE THÉORIQUE ET APPLIQUÉE AU COMMERCE, A LA BANQUE, AUX FINANCES ET A L'INDUSTRIE. Avec un traité des poids et mesures, un recueil de problèmes raisonnés et diverses notes et notices, par JOSEPH GARNIER, membre de l'Institut. 4e édition, avec figures, revue et augmentée. 1 vol. in-8. Prix. 8 fr.

ORGANISATION ET COMPTABILITÉ INDUSTRIELLES, par JULES GERNAERT. 1 vol. in-4.
Prix... 6 fr. 50

THÉORIE ET PRATIQUE DE L'INTÉRÊT ET DE L'AMORTISSEMENT, par
E. CUGNIN. 1 vol. grand in-8. Prix..................................... 10 fr.

FORMULAIRE COMMERCIAL DE L'EXPORTATION ET L'IMPORTATION. Comptes
faits, formules, notes, tables relatives aux poids, mesures, monnaies, changes, heures des
divers pays. Tables d'intérêts, d'escompte, de change, etc., par PIERRE V. AZNAVOUR.
1 vol. in-32. Prix.. 2 fr.

THÉORIE DE LA COMPTABILITÉ EN PARTIE DOUBLE, par un mathématicien.
2ᵉ édition. Broch. in-4°. Prix... 2 fr. 50

BARÈME DÉCIMAL OU INTÉRÊTS CALCULÉS DEPUIS 2 A 10 POUR 100. TABLES
DE MULTIPLICATION ET DE DIVISION DEPUIS 1 A 2 000. — NOUVELLE
MÉTHODE DE TENUE DES LIVRES EN PARTIE DOUBLE, mise à la portée de tout
le monde. — THÉORIE DES COMPTES COURANTS, par AD. WILLEQUET, directeur de
banque. 2ᵉ édition. 1 vol. in-8. Prix................................. 4 fr.

LE CALCUL MENTAL, par le système de l'unité, méthode rapide, raisonnée et facile sur la
manière de calculer mentalement, par HENRI EDOM. Broch. in-8. Prix........... 2 fr.

CALCUL DES OBLIGATIONS, par A. ARNAUDEAU, ingénieur civil. Broch. in-8. Prix. 2 fr.

LA SCIENCE DES COMPTES MISE A LA PORTÉE DE TOUS. TRAITÉ THÉORIQUE
ET PRATIQUE DE COMPTABILITÉ DOMESTIQUE, COMMERCIALE, INDUS-
TRIELLE, FINANCIÈRE ET AGRICOLE, à l'usage des capitalistes, des commerçants en
général, de l'administrateur, des comptables et des professeurs de comptabilité, par
EUGÈNE LÉAUTEY et ADOLPHE GUILBAULT, 5ᵉ édit. 1 vol. in-8. Prix.......... 7 fr. 50

NOUVELLE MÉTHODE DE COMPTABILITÉ DE BANQUE ET DE BOURSE, par
E. MAIREL, directeur de banque, premier lauréat du concours de comptabilité de l'Union
des Banquiers des départements. 1 vol. in-8. Prix...................... 10 fr.

COMPTABILITÉ NOUVELLE DONNANT LA PARTIE DOUBLE par les seules écritures
de la partie simple, par L. TISSOT. 1 vol. gr. in-8. Prix.................. 7 fr. 50

VOIES DE COMMUNICATION

LE TRANSPORT PAR LES CHEMINS DE FER. — HISTOIRE. — LÉGISLATION,
par ARTHUR T. HADLEY, traduit, par A. RAFFALOVICH et L. GUÉRIN, précédé d'une préface,
par ARTHUR RAFFALOVICH. 1 vol. in-8. Prix.............................. 7 fr.

LE RÉGIME DES CHEMINS DE FER FRANÇAIS DEVANT LE PARLEMENT 1871-1887,
par VÉRON DUVERGER, ancien Conseiller d'Etat, ancien directeur général des chemins de fer
1 vol. in-8. Prix... 7 fr.

TRAVERSES DE CHEMINS DE FER, LEUR CONSERVATION PAR LA CRÉOSOTE,
par A. LEKEU et J. GERNAERT, ingénieurs. Broch. in-8. Prix............... 2 fr. 50

L'ORGANISATION GÉNÉRALE DES CHEMINS DE FER FRANÇAIS et les systèmes de
tarification des transports, par M. CHARLES-M. LIMOUSIN. Communication faite à la section
d'économie politique de l'association française pour l'avancement des Sciences au congrès de
Nancy (1886). Broch. in-8. Prix....................................... 1 fr.

LES PRIVILÉGIÉS DE LA NAVIGATION INTÉRIEURE (une gratification de 91 millions),
par LE MÊME. Broch. in-18. Prix...................................... 1 fr.

ÉTUDE FINANCIÈRE. — LES CHEMINS DE FER FRANÇAIS, ALGÉRIENS ET
COLONIAUX, actions et obligations, leur valeur réelle, leur valeur relative, leurs garanties
respectives, par P.-F. DEGOIX et J. MEYER. 1 vol. gr. in-8. Prix............. 2 fr.

GUIDE PRATIQUE ET RAISONNÉ EN MATIÈRE DE TRANSPORTS PAR CHEMINS DE FER, en grande et en petite vitesse, comprenant tout ce qui se rattache aux transports, suivi de conseils pratiques sur les droits et les devoirs des commerçants dans les opérations de trafic, par X. CHAMAISON. 1 vol. in-8. Prix.......................... 2 fr. 50

LA CRISE DES TRANSPORTS ET LES ÉCONOMIES DES COMPAGNIES DE CHEMINS DE FER, par CH. GOMEL, ancien maître des requêtes au Conseil d'Etat. Broch. in-8. Prix... 1 fr.

MARINE MARCHANDE ET COLONIES, par ALPH. ROCHAID, avec une carte des chemins de fer de l'Algérie. Tunisie. 1 vol. in-18. Prix............................ 1 fr. 50

COMMERCE EXTÉRIEUR, par LE MÊME, broch. in-8. Prix.................. 1 fr.

CONSIDÉRATIONS ÉCONOMIQUES SUR LES TARIFS DE CHEMINS DE FER, par A. ROUSSEAU. Broch. in-8. Prix..................................... 1 fr.

L'APPROPRIATION DES PORTS A LA GRANDE NAVIGATION, par E. FOURNIER DE FLAIX. Broch. in-8, Prix.. 2 fr. 50

ÉTUDE SUR LA MARINE MARCHANDE (La Crise; les Remèdes), par DENIS GUILLOT, avocat (ouvrage couronné par la Société havraise d'études diverses). 1 vol. in-18. Prix... 2 fr.

COMPAGNIE GÉNÉRALE TRANSATLANTIQUE. Les nouveaux paquebots à grande vitesse de la ligne du Havre à New-York et les chantiers de Penhoët. Broch. in-4°. Prix... 1 fr. 50

LE PÉAGE SUR LES VOIES NAVIGABLES. Broch. in-8. Prix.............. 1 fr.

OUVRAGES RELATIFS A DIVERS PAYS

LA RÉPUBLIQUE AMÉRICAINE. Institutions de l'Union, — États-Unis, — Institutions d'État, — Régime municipal, — Système judiciaire, Condition sociale des Indiens. Avec une carte de la formation politique et territoriale des États-Unis, par AUGUSTE CARLIER. 4 vol. in-8. Prix... 36 fr.

LE MARIAGE AUX ÉTATS-UNIS, par LE MÊME. In-18, Paris, 1860. Prix....... 2 fr.

DE L'ESCLAVAGE DANS SES RAPPORTS AVEC L'UNION AMÉRICAINE, par LE MÊME. 1 vol. in-8. Paris, 1862. Prix.................................... 4 fr.

L'HISTOIRE DU PEUPLE AMÉRICAIN, — ÉTATS-UNIS — ET DE SES RAPPORTS AVEC LES INDIENS DEPUIS LA FONDATION DES COLONIES ANGLAISES JUSQU'A LA RÉVOLUTION DE 1776, par LE MÊME. 2 vol. in-8. Paris, 1868. Prix..... 8 fr.

DE L'ACCLIMATEMENT DES RACES EN AMÉRIQUE, par LE MÊME. In-8. Paris, 1868. Br. in-8. Prix... 2 fr.

LA CONSTITUTION AMÉRICAINE ET SES AMENDEMENTS, TEXTE, NOTICES HISTO-RIQUES ET COMMENTAIRES, par LOUIS VOSSION, consul de France à Philadelphie, avec une préface par JOSEPH CHAILLEY. 1 vol. in-8°. Prix....................... 5 fr.
Récit du Centenaire célébré en 1887 à Philadelphie, portrait de Washington, Franklin et Cleveland et fac simile des signataires de la constitution.

LA SUPRÉMATIE DE L'ANGLETERRE, SES CAUSES, SES ORGANES ET SES DAN-GERS, par JEANS, auteur de *l'Acier, ses usages*, etc., traduit par M. BAILLE, colonel en retraite, officier de la Légion d'honneur. 1 vol. in-8. Prix.................. 10 fr.

LETTRES D'IRLANDE, par Mlle MARIE-ANNE DE BOVET, avec une préface de VICTOR CHERBULIEZ, de l'Académie française. 1 vol. in-18. Prix................. 3 fr. 50

ESSAI SUR L'HISTOIRE ÉCONOMIQUE DE L'ESPAGNE, par J. GOURY DU ROSLAN, chef du secrétariat de la première présidence de la Cour des comptes. 1 vol. in-8. Prix.. 7 fr. 50

HISTOIRE ET ORGANISATION DE LA COOPÉRATION EN ANGLETERRE, par DE BOYVE. *Rapport* présenté le 20 septembre 1886, au deuxième Congrès des sociétés coopératives de France à Lyon. Broch. in-8. Prix............................... 1 fr.

THE SILVER POUND AND ENGLAND'S MONETARY POLICY SINCE THE RESTORATION together with the history of the Guinea illustrated by contemporary documents by S. DANA-HORTON a delegate of the United States of America to the international monetary conference of 1878 and 1881. 1 vol. grand in-8. Prix..................... 20 fr.

CONVERSION DE LA DETTE 3 % ANGLAISE, par ARTHUR RAFFALOVICH. Broch. in-8. Prix.. 1 fr.

ON PREVENTIVE ADMINISTRATION AS COMPARED WITH CURATIVE ADMINISTRATION, as practised in Germany by sir EDWIN CHADWICK, correspondant of the Institut. Broch. in-8. Prix... 1 fr.

DE L'ADMINISTRATION PRÉVENTIVE COMPARÉE A L'ADMINISTRATION CURATIVE PRATIQUÉE EN ALLEMAGNE, par LE MÊME. Broch. in-8. Prix....... 1 fr.

CIRCULATION OR STAGNATION, being a translation of a paper by F. O. ward read at the Sanitary congress held in Brussels in 1886 on the arterial and venous system for the sanitation of towns with a statement of the progress for its completion made since then, par le même. Broch. in-8. Prix................................... 1 fr. 25

LA DOBROUDJA ÉCONOMIQUE ET SOCIALE, son passé, son présent et son avenir, par J. J. NACIAN, professeur à l'école de sylviculture de Bucarest. 1 vol. in-18. Prix. 3 fr. 50

DE L'IMMIXTION DE LA POLITIQUE ALLEMANDE EN ROUMANIE et des derniers échecs de la France par LE MÊME. Broch. in-8. Prix....................... 1 fr.

DE LA NATURE DE LA MISSION CONSULAIRE EN GÉNÉRAL ET SPÉCIALEMENT DE LA POSITION PERSONNELLE DES CONSULS ÉTRANGERS EN ROUMANIE et des Consuls Roumains à l'Étranger, au point de vue du droit civil et pénal, par GEORGES G. FLAISLEN, docteur en droit, juge au tribunal de Jassy. 1 vol. in-4. Prix...... 3 fr.

LA RÉPUBLIQUE ARGENTINE PHYSIQUE ET ÉCONOMIQUE, exposé de ses conditions et ressources naturelles, de son agriculture, de ses industries, de son commerce, de son crédit et de ses finances au point de vue de l'émigration et des capitaux Européens, d'après les derniers documents officiels, par M. LOUIS GUILAINE, avec une préface d'EMILE GAUTIER. 1 vol. in-8. Prix .... 7 fr. 50

EXPOSÉ SOMMAIRE DE LA SITUATION ÉCONOMIQUE ET FINANCIÈRE DE LA RÉPUBLIQUE ARGENTINE, à propos de nouvelles concessions de chemin de fer et de la loi des émissions des banques, par PEDRO S. LAMAS. Broch. in-8. Prix......... 1 fr.

A PANAMA. — L'ISTHME DE PANAMA. — LA MARTINIQUE. — HAITI. Lettres adressées au *journal des Débats* par G. DE MOLINARI, rédacteur en chef du *journal des Économistes*. Illustré de 6 gravures hors texte et accompagné d'une carte coloriée. Édition populaire. 1 vol. in-18. Prix... 1 fr.

LES FINANCES DU CHILI, dans leur rapport avec celles des autres pays civilisés, par EDOUARD OVALE CORREA, diplômé de l'Ecole libre des sciences politiques de Paris. 1 vol. in-8. Prix.. 4 fr.

LES SOCIÉTÉS COOPÉRATIVES EN ALLEMAGNE, par ERNEST BRELAY. Broch. in-8. Prix.. 1 fr.

LA CONDITION DU LOGEMENT DE L'OUVRIER DANS LA VILLE DE GAND, par le baron A. DE T'SERCLAES DE WOMMERSON, avocat à la Cour d'appel de Gand. Broch. gr. in-8. Prix .... 1 fr.

CRÉDIT FONCIER MUTUEL A L'INSTAR DE LA SOCIÉTÉ DE CRÉDIT COMMUNAL BELGE. PRÊTS RURAUX à 3 fr. 75 pour cent, amortissement compris, par LE MÊME. Broch. in-8. Prix.. 2 fr.

LE MONOPOLE DE L'ALCOOL EN SUISSE, ÉTUDE SUR LA LOI FÉDÉRALE DU 23 DÉCEMBRE 1886, concernant les spiritueux, par HENRI PASCAUD, Conseiller à la Cour d'Appel de Chambéry. Broch. in-8. Prix............................ 1 fr. 50

LES CAISSES RURALES ITALIENNES. RAPPORT POUR L'EXPOSITION UNIVERSELLE DE PARIS EN 1889, par M. LÉONE WOLLEMBORG. Broch. in-4. Prix.......... 3 fr.

IL VÉRITAS FINANZIARIO, Annuario delle Banche, dei Banchieri e del capitalista. Anno I. I. vol. gr. in-8. Prix.. 20 fr.

BATTELLO SOTTOMARINO E REGNO DI GIORDANO BRUNO. Romanzo bizzarro di FRANCESCO VIGANO. Seconda Edizione. 1 vol. in-18. Prix.................... 3 fr. 50

NOTICE GÉOGRAPHIQUE ET ÉCONOMIQUE SUR LA TUNISIE, par ERNEST FALLOT, rédacteur au gouvernement Tunisien. 1 vol. in-8. Prix.................... 2 fr. 50

STATISTIQUE DU COURS DU CHANGE ET DES EFFETS PUBLICS AUX BOURSES DE RUSSIE EN 1887. Broch. gr. in-8. Prix.................................. 3 fr.

LES FINANCES DE LA RUSSIE 1887-1889. Documents officiels avec une préface, par ARTHUR RAFFALOVICH. 1 vol gr. in-8. Prix.......................... 2 fr. 50

MÉLANGES — DIVERS

MÉLANGES SCIENTIFIQUES ET LITTÉRAIRES, par LOUIS PASSY, secrétaire perpétuel de la société nationale d'agriculture. 2 vol. in-8. Prix...................... 12 fr.

DISCOURS SUR LES TRAVAUX PUBLICS, prononcés par M. ALBERT CHRISTOPHLE, ministre des travaux publics. 1 vol. in-8. Prix.......................... 6 fr.

CE QUE LA FRANCE A GAGNÉ A L'EXPOSITION DE 1889. Communication faite à la Chambre syndicale des industries diverses, séance du 19 novembre 1889, par M. ALFRED NEYMARCK. Broch. in-8. Prix... 3 fr.

LES FORCES PRODUCTIVES DE LA FRANCE COMPARÉES 1789-1889, par M. E. FOURNIER DE FLAIX. Broch. in-8. Prix.................................... 2 fr.

NOTICE SUR LA VIE ET LES TRAVAUX DE MICHEL CHEVALIER, par ALPH. COURTOIS fils, secrétaire perpétuel de la Société d'économie politique. Broch. in-8. Prix.... 1 fr.

L'EXPLOITATION DES TÉLÉPHONES. Rapport présenté à la Chambre syndicale des industries diverses, séance du 28 février 1888, par LÉON DUCRET. Broch. in-18. Prix. 1 fr.

RETRAITES. QUESTIONS DIVERSES. La caisse des retraites. Mari et femme. L'enfant. Retraites scolaires. Variation du taux d'intérêt, par PAUL MATRAT. Broch. in-8. Prix. 1 fr.

LE LANOMÈTRE OU DENSIVOLUMÈTRE breveté en France et à l'Etranger, par PAUL PIERRARD. Broch. in-8. Prix... 1 fr.

LA TOUR EIFFEL, leçon faite au Conservatoire des arts et métiers, le 20 novembre 1888, par A. DE FOVILLE. Broch. in-8. Prix.................................. 1 fr.

LE PAIN DU SIÈGE, conférence faite à l'École supérieure de guerre, par M. E. CHEYSSON, ingénieur en chef des ponts et chaussées. Broch. in-8. Prix................. 1 fr. 50

LES FABLES DE LA FONTAINE, conférence faite à la mairie de Passy sous la présidence de M. LÉON DONNAT, conseiller municipal, par M. FRÉDÉRIC PASSY, membre de l'Institut. Broch. in-8. Prix... 1 fr.

L'INSTITUT DE FRANCE. Tableau des cinq académies au 1er juillet 1887, par M. EDMOND RENAUDIN. Broch. in-8. Prix................................... 1 fr.

AVIS

Baisse de prix de 50 % sur les ouvrages suivants :

P. ROSSI

Cours d'économie politique, revu et augmenté de leçons inédites recueillies par M. A. PORÉE, avec une notice bibliographique sur les œuvres de Rossi par JOSEPH GARNIER, membre de l'Institut. 5ᵉ édition. 4 vol. in-8. Au lieu de 30 fr. .... 15 fr. »

Cours de droit constitutionnel, professé à la Faculté de droit de Paris, recueilli par M. A. PORÉE, précédé d'une introduction par M. C. BON-COMPAGNI. 2ᵉ édition. 4 vol. in-8. Au lieu de 30 fr. .... 15 fr. »

Traité de droit pénal, avec une introduction par M. FAUSTIN-HÉLIE. 4ᵉ édit. 2 vol. in-8. Au lieu de 15 fr. .... 7 fr. 50

MAC CULLOCH

Principes d'économie politique suivis de quelques recherches relatives à leur application et d'un tableau de l'origine et du progrès de la science, traduit de l'anglais par AUGUSTIN PLANCHE. 2ᵉ édition. 2 vol. in-8. Au lieu de 12 fr. 6 fr. »

CIBRARIO

Économie politique du moyen âge, traduit de l'italien par M. BARNEAUD et précédé d'une introduction par M. WOLOWSKI, membre de l'Institut, 2 vol. in-8. Au lieu de 12 fr. .... 6 fr. »

MARQUIS DE MIRABEAU

L'Ami des hommes, avec une préface et une notice bibliographique par M. ROUXEL. 1 vol. in-8. Au lieu de 10 fr. .... 5 fr. »

GROTIUS

Le Droit de la guerre et de la paix divisé en trois livres. trad. par PRADIER-FODÉRÉ, prof. de droit public et d'économie politique. 3 vol. in-8. Au lieu de 25 fr. .... 12 fr. 50
Le même. 3 volumes in-18. Au lieu de 15 fr. .... 7 fr. 50

G.-F. DE MARTENS

Précis du droit des gens modernes de l'Europe, augmenté des notes de PINHEIRO-FERREIRA, précédé d'une introduction par M. CH. VERGÉ, membre de l'Institut. 2ᵉ édition. 2 vol. in-8. Au lieu de 14 fr. .... 7 fr. »
Le même, 2 vol. in-18. Au lieu de 8 fr. .... 4 fr. »

J.-L. KLUBER

Le Droit des gens modernes de l'Europe, revu, annoté et complété par A. OTT. 2ᵉ édition. 1 vol. in-8. Au lieu de 8 fr. .... 4 fr. »
Le même. 1 vol. in-18. Au lieu de 5 fr. .... 2 fr. 50

LÉON FAUCHER

Études sur l'Angleterre. 2ᵉ édition. 2 vol. in-8. Au lieu de 12 fr. .... 6 fr. »
Mélanges d'économie politique et de finances. 2 vol. in-8. Au lieu de 12 fr. .... 6 fr. »
Le même. 2 vol. in-18. Au lieu de 7 fr. .... 3 fr. 50

PAUL BOITEAU

Fortune publique et finances de la France. 2 vol. in-8. Au lieu de 15 fr. .... 7 fr. 50
Les Traités de commerce. Texte de tous les traités en vigueur, notamment les traités conclus avec l'Angleterre, la Belgique, la Prusse (Zollverein) et l'Italie. 1 vol. in-8. Au lieu de 7 fr. 50 .... 3 fr. 75

MARQUIS D'AUDIFFRET

Système financier de la France. 3ᵉ édition, revue et augmentée. 6 vol. gr. in-8 et une introd., *Souvenirs de ma carrière.* 1 vol., ensemble 7 *vol.* gr. in-8. Au lieu de 50 fr. .... 25 fr. »

MAURICE BLOCK

Statistique de la France comparée avec les divers pays de l'Europe. 2ᵉ édit., augmentée et mise à jour. 2 vol. in-8. Au lieu de 24 fr. .... 12 fr. »

LÉON BIOLLAY

Les Prix en 1790. 1 vol. in-8. Au lieu de 6 fr. .... 3 fr. »

Collection d'auteurs étrangers contemporains

HISTOIRE. — MORALE. — ÉCONOMIE POLITIQUE

VOLUMES PARUS

THOROLD ROGERS
Professeur d'Économie politique à l'Université d'Oxford.

INTERPRÉTATION ÉCONOMIQUE DE L'HISTOIRE
TRADUCTION ET INTRODUCTION
Par M. CASTELOT, ancien consul de Belgique.

1 vol. in-8°, cartonné... 10 fr.

HOWELL
Membre de la Chambre des Communes.

QUESTIONS SOCIALES D'AUJOURD'HUI
LE PASSÉ ET L'AVENIR DES TRADE UNIONS
TRADUCTION ET PRÉFACE
Par M. LE COUR GRANDMAISON, député.

1 vol. in-8°, cartonné... 7 fr.

GOSCHEN

THÉORIE DES CHANGES ÉTRANGERS
Traduction et préface de **M. LÉON SAY**, de l'Académie française.
TROISIÈME ÉDITION FRANÇAISE
SUIVIE DU RAPPORT DE 1875 SUR LE PAYEMENT DE L'INDEMNITÉ DE GUERRE
Par le Même

1 vol. in-8°, cartonné.................................. 9 fr.

HERBERT SPENCER

JUSTICE
Traduction de **M. E. CASTELOT**, ancien consul de Belgique.

1 vol. in-8, cartonné et orné d'un portrait....... 9 fr.

LOUIS GUMPLOWICZ
Professeur de sciences politiques à l'Université de Gratz.

LA LUTTE DES RACES
RECHERCHES SOCIOLOGIQUES
Traduction de **M. Charles BAYE**

1 vol. in-8°, cartonné... 9 fr.

PETITE BIBLIOTHÈQUE ÉCONOMIQUE FRANÇAISE ET ÉTRANGÈRE

PUBLIÉE SOUS LA DIRECTION DE M. J. CHAILLEY

VOLUMES PARUS

Ier volume
VAUBAN
DIME ROYALE
Par M. G. MICHEL

IIe volume
BENTHAM
PRINCIPES DE LÉGISLATION
Par Mlle RAFFALOVICH

IIIe volume
HUME
ŒUVRE ÉCONOMIQUE
Par M. LÉON SAY

IVe volume
J.-B. SAY
ÉCONOMIE POLITIQUE
Par M. H. BAUDRILLART

Ve volume
ADAM SMITH
RICHESSE DES NATIONS
Par M. COURCELLE-SENEUIL

VIe volume
SULLY
ÉCONOMIES ROYALES
Par M. J. CHAILLEY

VIIe volume
RICARDO
RENTES, SALAIRES ET PROFITS
Par M. P. BEAUREGARD

VIIIe volume
TURGOT
ADMINISTRATION ET ŒUVRES ÉCONOMIQUES
Par M. L. ROBINEAU

IXe volume
JOHN-STUART MILL
PRINCIPES D'ÉCONOMIE POLITIQUE
Par M. LÉON ROQUET

Xe volume
MALTHUS
PRINCIPE DE POPULATION
Par M. G. DE MOLINARI

XIe volume
BASTIAT
ŒUVRES CHOISIES
Par M. DE FOVILLE

XIIe volume
FOURIER
ŒUVRES CHOISIES
Par M. CH. GIDE

XIIIe volume
F. LE FLAY
ÉCONOMIE SOCIALE
Par M. F. AUBURTIN

XIVe volume
COBDEN
LIGUE CONTRE LES LOIS-CÉRÉALES
ET DISCOURS POLITIQUES

EN PRÉPARATION

Karl Marx, par M. VILFREDO PARETO.

Quesnay, par M. YVES GUYOT.

Schulze-Delitzsch, par M. A. RAFFALOVICH.

Michel Chevalier, par M. P. LEROY-BEAULIEU.

Chaque volume se vend séparément.

Prix du volume in-32, cartonné et orné d'un portrait........   **2 fr. 50**

TABLE

PAR ORDRE ALPHABÉTIQUE DES NOMS D'AUTEURS

DES 1ᵉʳ ET 2ᵉ SUPPLÉMENTS AU CATALOGUE GÉNÉRAL

	PRIX	Pag.
POULLIN (Marcel). L'impôt sur les raffineries. Br. in-8	1 50	6

Q

	PRIX	Pag.
Question (La) **monétaire en Belgique en 1889.** 1 vol in-8	3 50	8

R

	PRIX	Pag.
RAFFALOVICH (Arthur). L'impôt sur les alcools et le monopole en Allemagne. Br. in-8	1 50	5
— Le logement de l'ouvrier et du pauvre. 1 vol. in-18	3 50	9
— Les finances de la Russie 1887-1889. 1 vol. in-8	2 50	20
— Conversion de la dette 3 o/o anglaise. Br. in-8	1 »	19
— Les coalitions de producteurs. Br. in-8.	1 »	12
— Les marchés de Londres, de Paris et de Berlin. Br. in-8	1 »	8
— L'effondrement du comptoir d'escompte Br. in-8	1 »	8
— Le congrès monétaire international de 1889. Br. in-8	1 50	8
— La bourse de Paris et le monopole des agents de change. Br. in-8	» 50	8
— Voy. HADLEY (T.).		
RAFFALOVICH (Arth.). et **ROULLIET** (Antony). Bibliographie des habitations à bon marché. Br. in-8	1 50	9
RAFFALOVICH (Sophie). Lord Shaftesbury, sa vie et ses travaux. Broch. in-8	1 »	5
— John Bright et Henri Fawcett. 1 vol..		
— Voy. BENTHAM.		
RAMBAUD (Camille). Economie sociale ou science de la vie. 1 vol. in-8	2 »	5
	4 »	3
RAYNAUD. Les réformes fiscales. 1 vol. in-8	6 »	6
REINAUD (Emile). Les syndicats professionnels. 1 vol. in-18	3 50	10
RENAUD (Charles). Histoire des grèves. 1 vol. in-8	3 50	10
RENAUDIN (Edmond). L'institut de France au 1er juillet. 1887. Br. in-8	1 »	20
RICARDO. Rente, salaires et profits par Paul Beauregard. 1 vol. in-32.	» »	4
Cartonné	2 50	4
ROBINEAU. Voy. TURGOT.		
ROCHAID (Alph.). Marine marchande et colonies. 1 vol. in-18	1 50	18
— Commerce extérieur. Br. in-8	1 »	18
ROCHUSSEN. Supplément à la question monétaire en Belgique en 1889. Br. in-8.	1 »	8
ROQUET (Léon). Voy. **JOHN STUART MILL.**		
ROSCHER (Guillaume). Traité d'économie politique rurale. 1 vol. in-8	18 »	11
ROSTAND (Eugène). Les questions d'économie sociale dans une grande ville populaire. 1 vol. in-8	10 »	3
ROUGIER (Paul). L'assistance des indigents à domicile. Broch. in-8	1 »	11
ROULLIET (Antony). L'économie sociale à l'Exposition universelle de Paris en 1889. Br. in-8	1 »	5
ROULLIET (Antony). Des habitations à bon marché vol. gr. in-18	2 »	6

	PRIX	Pag.
— Bibliographie. V. **RAFFALOVICH.**		
ROUSSEAUX (A.). Considérations économiques sur les tarifs de chemin de fer. Br. in-8	1 »	18
ROY (Félix). Etude sur la réforme de l'assiette de l'impôt. 1 vol. in-4	2 »	6

S

	PRIX	Pag.
SAINT-ANDRÉ (J. A. de). La question des monopoles. Les poudres et salpêtres. 1 vol. in-8	5 »	4
SAINT-GENIS (Flour de). Le crédit territorial en France. 1 vol. in-8	6 50	7
SAY (J.-B.). Economie politique par M. Baudrillart. 1 vol. in-32.	» »	3
Cartonné	2 50	3
SAY (Léon). Les solutions démocratiques de la question des impôts. 2 vol. in-18.	6 »	5
— Voy. **NOUVEAU DICTIONNAIRE D'ECONOMIE POLITIQUE.**		
— Voy. **HUME.**		
SALOMON (Georges). L'enseignement professionnel, industriel et commercial. Br. in-8	1 »	16
— De la limitation des heures de travail. Br. in-8	1 »	10
SCHELLE (G.). Du Pont de Nemours. 1 vol. in-8	7 50	3
SCHWABE (Mme Salis). Richard Cobden. 1 vol. in-8	6 »	3
— cartonné toile	7 »	3
SIEGFRIED (Jacques) et **LEVY** (Raphael-Georges). Du relèvement du marché financier français. Br. in-8	1 »	8
SMITH (Adam). Richesse des nations par M. Courcelle-Seneuil. 1 vol. in-32.	» »	3
Cartonné	2 50	3
Société (une) de secours mutuels de province. Br. in-8	1 »	10
Statistique du cours du change et des effets publiés aux bourses de Russie en 1887. Br. gr. in-8	3 »	20
STOURM (René). L'impôt sur l'alcool dans les principaux pays. 1 vol. in-18..	3 »	5
— Le Budget. 1 vol. in-8	9 »	5
SULLY. Economies royales par Joseph Chailley, 1 vol. in-32.	» »	3
Cartonné	2 50	3
SUMNER-MAINE (Henri). L'ancien droit, traduit par Courcelle-Seneuil. 1 vol. in-8	7 50	14
Suppression des octrois et de toutes les taxes frappant les boissons hygiéniques. Br. in-8	1 25	6

T

	PRIX	Pag.
Théorie de la comptabilité en partie double. Broch. in-4	2 50	17
THEUREAU (L.). Etude sur l'abolition de la vénalité des offices. 1 vol. in-8..	5 »	3
TISSOT (L.). Comptabilité nouvelle. 1 vol. gr. in-8	7 50	17
TSERCLAES de WOMMERSON. Les conditions du logement de l'ouvrier dans la ville de Gand. Br. gr. in-8	1 »	19
— Crédit foncier mutuel. Br. gr. in-8	2 »	19
TURGOT. Administration et œuvres économiques, par M. Robineau. 1 vol. in-32.	» »	3
Cartonné	2 50	4

(Ouvrages au rabais, voir page 21)

En dehors des ouvrages portés sur notre Catalogue, la maison se charge de fournir tous les ouvrages qui lui sont demandés.

TABLE
DES DIVISIONS DU CATALOGUE

Paris. — Imp. E. Capiomont et Cie, rue des Poitevins, 6.

www.ingramcontent.com/pod-product-compliance
Lightning Source LLC
Chambersburg PA
CBHW060928220326
41599CB00020B/3049